複合助詞の研究

藤田保幸　著

和泉書院

目次

凡例

序言……一

第1章　総論……五

1. はじめに――複合辞研究の立場――……五

第1節・注……一二

2. 複合辞が複合辞であるための共時的条件――動詞句由来の複合辞を中心に――……一五

一、はじめに……一五

二、当該語句が複合辞であることを支える条件……一七

三、当該語句を複合辞たらしめる条件……二〇

四、結び……二四

第2節・注……二五

3. 引用形式の複合辞への転成について……二八

一、はじめに……三八
二、「いう」「する」を述語とする引用形式の複合辞への転成……四〇
三、「思う」を述語とする引用形式の複合辞への転成……四六
四、結　び……五三
第3節・注……五三
4. 複合辞の連体形式について……五五
第4節・注……六三
第1章・参考文献……六五
第2章　各論（一）――複合助詞表現の諸相……六七
1. 「〜ごとに」〜雨がふるごとに、暖かくなる〜……六七
一、はじめに……六七
二、「〜スルごとに」の基本義――「〜スルたびに」との対比において――……六八
三、前件内容の制約……七三
四、後件について……七五
五、用法の時代による変化……七七
六、結　び……七九
第1節・注……七九

2. 「〜拍子に」〜転んだ拍子に、腰を打った〜……八〇
一、はじめに……八〇
二、「〜拍子に」の表現性の特質……八四
三、「〜拍子に」と「〜はずみで」……九三
四、結　び……一〇一
第2節・注……一〇四
3. 「〜として」〜誠は、長年研究所に貢献したとして、表彰された　など〜……一〇七
一、はじめに――「〜として」の概観――……一〇七
二、理由・口実を示す用法の「〜として」……一〇九
三、話の前提となる了解事項をさし出す「〜として」……一一七
四、結　び……一二一
第3節・注……一二三
4. 「〜とあって」〜今日は十日戎とあって、たくさんの人が出ている〜……一二六
一、はじめに……一二六
二、先行記述……一二九
三、「〜とあって」の表現性（1）……一三三
四、「〜とあって」の表現性（2）……一三八
五、「〜とあっては」について……一四二

六、結　び……一四七
第4節・注……一四七
5.「～にしても」～常識がないにしても、ほどがある　など～……一五〇
一、考察の対象と方向……一五〇
二、接続助詞的用法の「～にしても」の表現性……一五五
三、名詞句を承ける「～にしても」……一六二
四、結　び……一六六
第5節・注……一六六
6.「～（よ）うと／（よ）うが」～誰が来ようと、会うわけにはいかない～……一六九
一、はじめに……一六九
二、「～（よ）うと／（よ）うが」形式の位置づけ……一七三
三、考察のポイント……一七六
四、「～（よ）うと／（よ）うが」形式の表現性……一七九
五、結　び……一八四
第6節・注……一八四
7.「～ものなら」～そのようなことを口にしようものなら、ただではすまないぞ　など～……一八六
一、はじめに……一八六
二、用例集等の記述……一八八

三、先行論文……一九六
四、「～モノナラ」……二〇〇
五、「～ようモノナラ」……二〇九
六、結　び……二一六
第7節・注……二一六
8.「～となると」～直下型地震が起こったとなると、その被害は計り知れない～……二一九
一、はじめに……二一九
二、先行研究とこの節での整理……二二〇
三、「～となると」の各用法の成り立ちと各パタンの連続性……二二三
四、「～となると」の表現性……二二八
五、結　び……二三三
第8節・注……二三三
9.「～わりに」～ここの蕎麦は、高いわりにさほど美味くない～……二三四
一、はじめに……二三四
二、先行記述……二三七
三、「～わりに」の意味・用法の特質……二四四
四、「～わりに」の意味・用法の由来……二四八
五、結びに代えて……二五一

第9節・注……二五二

10.「〜はおろか」〜パソコンはおろかスマホさえ使ったことがない〜……二五六
一、はじめに……二五六
二、基本的な事柄……二五七
三、「〜はおろか」の関係構成の段階……二五九
四、「〜はおろか」の表現性……二六六
五、結　び……二六九
第10節・注……二六九

11.「〜からして」〜ものの言い方からして、気にくわない　など〜……二七二
一、はじめに……二七二
二、先行記述……二七五
三、①用法の「〜からして」について……二八一
四、②用法の「〜からして」について……二八七
五、結　び……二九六
第11節・注……二九六

12.「〜に至っては」〜大根も白菜も値上がったし、ほうれん草に至っては通常の倍の値段だ〜……二九八
一、はじめに……二九八
二、「〜に至っては」の意味・用法……三〇二

三、「～に至っては」の位置づけ……二二二
四、まとめ……二二三
第12節・注……二二三
13.「～に限って」～うちの子に限って、そんなことをするはずはない　など～……二二五
一、はじめに……二二五
二、これまでの記述から……二二八
三、動詞「限る」の意味と「～に限って」……二三〇
四、「～に限って」の複合辞化の要件……二三四
五、「～に限って」が〝独自の意味〟を担う場合（1）……二四〇
六、「～に限って」が〝独自の意味〟を担う場合（2）……二四五
七、結　び……二四七
第13節・注……二四八
14.「～に限らず」～オランダ語は、オランダに限らずベルギーの北部でも話されている～……二五一
一、対象の整理と位置づけ……二五一
二、これまでの記述から……二五六
三、項目非限定用法の「～に限らず」……二六〇
四、「～だけでなく」との比較……二六二
五、結　び……二六六

第14節・注……三六六

15.「〜について」「〜につき」〜会議中につき、静粛に願います　など〜……三六九

一、はじめに……三六九

二、「〜について」「〜につき」の用法概観……三七〇

三、複合辞として用いられることを支える条件——本動詞用法の衰退——……三七一

四、複合辞を複合辞たらしめる条件——文の機能・構造——……三七四

五、語形と用法……三八三

六、結　び……三八六

第15節・注……三八六

16.「〜に比べて」〜菜穂子は、弘実に比べて背が高い〜……三九〇

一、はじめに……三九〇

二、「〜に比べて」の用法の広がり……三九二

三、「〜より」と類義的に見える「〜に比べて」の「〜より」との表現性の違い……四〇〇

四、「〜に比べて」の文法的性格……四〇五

五、結　び……四〇八

第16節・注……四〇八

17.「〜に伴って」〜医学の進歩に伴って、難病の治療に光明が見えてきた〜……四一〇

Ⅰ．複合辞化の経緯……四一〇

一、問題の所在……四一〇
二、ニ格をとる「伴う」とヲ格をとる「伴う」——歴史的な用例の確認——……四一四
三、ニ格をとる「伴う」が複合辞になる経緯……四二一
四、いったんの結び……四二六
Ⅱ.「〜に伴って」の意味・用法……四二七
一、はじめに……四二七
二、前件と後件に関する制約など……四三〇
三、「〜に伴って」の基本義——「連動」ということの実質——……四三五
四、「変化の対応づけ」の用法について……四四三
五、結　び……四四五
第17節・注……四四五
第2章・参考文献……四四八
第3章　各論（二）——複合助詞に隣接する形式の研究……四五一
1.「形式名詞」再考——佐久間鼎「吸着語」の再検討を通して——……四五一
一、はじめに……四五一
二、「形式名詞」に関する所説の展開と本書の考え方……四五四
三、佐久間（一九五六）の「吸着語」の再検討（1）——名詞的な吸着語——……四六〇

四、佐久間（一九五六）の「吸着語」の再検討（2）
——時に関する吸着語、条件・理由についての吸着語など——……四七六
五、結　び……四八一
第1節・注……四八三
2. 接続助詞的に用いられる「～あげく（に）」について——単一転成辞形式の一事例研究——……四八七
一、はじめに……四八七
二、先行記述とその問題点……四九二
三、「～あげく（に）」の表現性の本質……四九八
四、「あげく」を含む接続詞的形式とのかかわりから……五〇六
五、「～すえ（に）」との相違……五〇八
六、結　び……五一二
第2節・注……五一三
第3章・参考文献……五一四
付　章　慣用句の研究……五一五
1. 「折り紙をつける」という言い方をめぐって……五一五
一、はじめに……五一五
二、「折り紙をつける」「折り紙つき」の基本的な文型……五一七

三、「折り紙をつける」の意味と類義語句との基本的な違い……五二六
四、「折り紙をつける」と類義語句の更なる比較……五三〇
五、「折り紙つき」とその類義語句について……五三五
六、結　び……五四〇
第1節・注……五四〇
2.「名詞慣用句」について……五四二
一、はじめに……五四二
二、「名詞慣用句」の整理……五四六
三、一、二の表現をめぐって……五六三
四、結　び……五七〇
第2節・注……五七一
付章・参考文献……五七四
初出一覧……五七五
あとがき……五七九
索　引（語句索引・事項索引）……五八三

凡例

1．本書は、序言と本編としての第1～3章及び付章、初出一覧、あとがき、索引からなる。「章」の下位区分として「節」、「節」の下位区分としては「項」を立て、表題を付す。また、「項」の内容の区切りを示すために、**1—1**、**1—2**、……のような形で、算用数字により適宜区分を示す（第1章第1節のみ、「項」の区分がないので、直接**1**、**2**、**3**……のような形で区切りを示している）。第2章第17節のみ、節をまず大きくⅠ・Ⅱに分け、Ⅰ・Ⅱで「項」を立て、更に算用数字で区切りを示す。

2．注・用例は節ごとに通し番号とし（ただし、第2章第17節のみ、ⅠとⅡでそれぞれ通し番号とする）、表については全編で通し番号とし、図は一葉のみなので番号は付さない。

また、注は各節の分を節ごとに、その末尾にまとめて掲げる。

3．参考文献については、各章ごとに、その末尾にまとめて掲げる。

序　言

本書は、筆者のこれまでの複合辞研究を一書にまとめて公刊するものである。複合辞の発達は、周知のとおり、近・現代日本語の一つの重要な文法的特徴であり、その意味・用法の究明は、現代日本語文法研究においては重要なテーマとなる。複合辞には、助詞的複合辞（複合助詞）と助動詞的複合辞（複合助動詞）とが区別されるが、筆者は、これまでもっぱら複合助詞の研究に力を注いできた。助動詞的複合辞（複合助動詞）については、盛んに研究が行われているモダリティ論の分野で、然るべく研究が進められようと思う。筆者としては、むしろそうした特定の研究の枠組みの中で捉えられない複合助詞の多様な表現性に光をあててみたいと考える。本書はそうした筆者の複合助詞研究の集成である。

ところで、複合助詞の機能としては、従来格助詞の表す関係表示のあいまいさを補って関係をより明確に示すといった点にしばしば注意が喚起されてきた。例えば、「私には、ビールです」というキャッチコピーがあったが、この文はコンテクスト・フリーにはあいまいであって、〝私は（これが）ビールと同じに思える〟というような意味にもとれる（それがもともと言いたいことなのだろう）が、〝私にくれたのは（／与えるべきは）ビールだ〟のような意味にもとれようし、更に他の読みもあり得るだろう。これは、一つには「私には」の「に」の表す関係的意味があいまいである故と考えられ、それを明確にするのには、複合助詞を用いて、「私にとっては、ビールです」とすれば前者の意味がはっきりし、「私に対しては、ビールです」とすれば後者の意味がよりよく伝わることになるだろう。このように、複合助詞には、確かに、文の表現内容を論理的に明確にする役割を果たす面がある。しかし、いったんふみ込んで考察してみれば直ちに実感されるところだが、複合助詞の働きはそうした表現の論理的な面にとどまるものではなく、むしろ話し手（書き手）のさまざまな思い（情意）のようなものが表されることも、実際多い。その意味では、ある種の副詞類と通じるような意味内容の複雑さもあり、それがまた、複合助詞研究の面白さともいえる。

本書の研究は、共時論の立場に立つものであり、研究の目的とするところは現代語の共時的な体系の中で複合助詞の表現性を考察することである。一部歴史的な変遷に言及するところもあるが、それもあくまで共時的考察の参考・手がかりとしてのことである。個々の複合助詞を共時的に考察するとはどういうことなのかは、本書の各論を見ていただきたいが、今これまでの各論的研究を集成して改めて見返してみると、筆者の研究は、複合助詞のもついくつもの用法のつながりを整理して、その関係の〝地図〟を描いていくような記述を試みたものが多いように思える。そのような形で、ことばの表現性をていねいに掘り下げ記述していくことが、複合助詞について、結局筆者がやりたかったことだといえる。

以下、本書の内容について、簡単にふれておく。

第1章は総論で、複合辞（本書では、複合助詞をもっぱら問題にするので、「複合辞」という場合も、特に断らなければ複合助詞のこととして考えていただきたい）について基本的にどう考えるのか、複合辞が複合辞であるための共時的条件、複合辞が引用形式から多く生じることの所以、複合辞の連体形式などについて述べる。

第2章は各論の（一）として、個々の複合辞についてこれまで筆者が行った記述研究を集める。かつて、丹羽哲也氏と話した時、丹羽氏が「(単一の) 助詞・助動詞については膨大な研究の蓄積があるのに、複合辞についてはまだまだ研究の蓄積が少ない」と言われた（後にこの話をすると、「そんなこと言った？」とおっしゃるのだが）。その時、誠にその通りだと思い、一つ一つの複合助詞の意味・用法をじっくり分析する試みを実に二十年ほどにわたって続けてきた。ここに収めたのは、そうした論考である。

第3章は各論の(二)として、複合辞と隣接する形式、すなわち、転成してできた辞形式だが複合していないものや、いわゆる「形式名詞」についての論考を収めた。

付章には、「慣用句」についての論考二篇を収める。場違いに見えるかもしれないが、筆者の大学院生時代には、宮地裕先生が指導教授であったので、そのゼミでは「複合言語形式」というテーマで、複合辞とともに慣用句が研究対象として取り上げられていた。それ故、大学に勤めるようになっても、筆者の頭の中では、複合した形式という点で複合辞にかかわって慣用句のことを想起することも少なくなかった。そんな、いわば〝因縁〟から書いたものが、この二篇である。本書に収めることを諒とせられたい。

筆者が複合助詞に関して書いた論文は、他に左記のものがある。
① 「~という/といって/といえば」等の引用形式由来の複合辞の個別記述の論考(拙著『国語引用構文の研究』(和泉書院)第4章第二節第2~5項所収)
② 「複合辞『~くせに』について」(山崎誠氏と共編の『複合辞研究の現在』(和泉書院)所収)
③ 「経緯を表す『~というので』という言い方について」(同『形式語研究の現在』(和泉書院)所収)
これらは、それぞれの書物に収めているので、それによって見ていただければと思う。ただ、拙編『形式語研究論集』所収の「複合辞『~ものなら』について」は、いささか手を入れたいところがあったので、加筆・改訂して本書に収めた。これを以て決定稿と見ていただきたい。

本書では、複合辞の研究史というようなことにはふれなかった(ただ、二〇〇〇年頃までの大きな研究の流れについては、『複合辞研究の現在』所収の拙稿「複合辞研究の展開と問題点」に述べている)。複合辞については、辞書的な書物や単発の記述論文はいろいろ出されているが、それらが相互に影響を与え、継承されて研究が深まるといったような展開はなされていないと考えている。むしろ、そうした思索の積み重ねがこれから行われなくてはなるまい。その意味で、複合辞研究は過去を云々するより未来に目を向けて、地道に考察を積み重ねていくことが大切だし、本書がそうした積み重ねの一つの道程となればと思う。

また、今日の日本語研究ではコーパスの利用が重要な方法となってきているが、本書の考察では、一部コーパスを利用したところはあるものの、基本的にはいわゆる内観（内省）による用例判定と背理法的推断（このような言い方が不可だからこうこうということになるといった論証の仕方）を主要な方法としている。この点には、あるいは批判的な見方をされる方がいるかもしれないが、筆者は必ずしもコーパスが万能だとも思っていないし、内観による分析で、コーパスによるだけでは見えないところも見えてくることもある。そうしたところにこだわりたいのである。更に言えば、筆者が日本語の文法研究を学びはじめた頃には、コーパスというものはなかったが、多くの優れた先人たちは主に内観による分析で立派な成果を積み重ねておられた。そうした方法を学んだ世代の研究者として、新しい手法を追いかけるより――そもそも私はパソコンなどの機械はからっきしなのだし――、自分が身につけてきた研究方法でどこまでできるのかを試みていくことの方が意義のあることだと思う。もっとも、内観によって分析するといっても、言うまでもなくそれは安易なことではない。十分陶冶されない生の直観で用例を見たところで、適切な判断などおぼつかなく、さまざまな偏りに流されてしまうことになることは、筆者自身の体験・反省として明言できるところである。的確な内観を行うということは、何かの書物を読んで身につくようなことではなく、多くの日本語の例とていねいに対話を重ね、また自分の判断を常にこれでいいのかと自己批判するところにしか育たないものだと考える。そして、その意味で本書の、特に各論は、筆者の複合助詞との対話と自己批判の跡といってもよい。

本書が、日本語文法研究にいくらかでも資するところがあれば、幸いである。

第1章　総　論

1．はじめに――複合辞研究の立場――

1　最初に、この第1節では、複合辞の研究にあたっての筆者の考え方・立場について述べたいが、そのために、まず研究対象とする「複合辞」とはいかなるものか、という対象規定・認定の問題から一瞥してみたい。なお、複合辞のうち本書でもっぱら考察するのは助詞的複合辞、すなわち複合助詞であるので、以下「複合辞」という場合は、複合助詞を念頭において述べるものと考えていただきたい（必要があれば、格助詞的複合辞などと記すこともある）。

「複合辞」という考え方が最初に提唱されたのは、周知のように永野（一九五三）においてであるが、そこで永野は、複合辞として認定されるためには、次の三つの条件のうち、少なくとも一つを満たす必要があるとした。

1．単なる構成要素のプラス以上の意味を持っていること。(1)

2．類語（意味の近似した他の助詞や複合助詞）の中にあって、独特の意味やニュアンスを分担していること。

3．構成要素の結合が固着していること。

もっとも、既に松木（一九九〇）にも批判があるように、「少なくとも一つ」というのでは、認定要件としては不適切であって、特に2の条件などは、単なる助詞の連接や動詞句のようなものにさえあてはまるのだから、[2]これらを永野のいうような形で複合辞の認定基準とすることは、もちろんまずい。しかし、これらを複合辞とはどのようなものかの特徴を記したものとするなら、基本的な特徴は素描されているといえる。すなわち、「複合辞」とは、

もちろん辞的形式であるが、いくつかの語が結びついたもので、

　その構成要素個々の意味を足し合わせただけでは考えにくい独自の意味をもつことで類語と対立するものであって、構成要素の結合が固定的になっているもの。

といったことになる。永野の三条件は、むしろ、いったんそのように理解したほうが意義があるように思われる。

2　更にその後、「〜について」（＜つく）、「〜に対して」（＜対する）、「〜をめぐって」（＜めぐる）、「〜くせに」など、動詞や名詞といった実質語を含む形の複合辞については、「実質的意味の稀薄化」ということが複合辞として認められる重要な要件として論じられることになる。

　複合辞は、辞なのであるから、実質的な意味をもたないもの・失っているものであることは当然であり、右のような議論は当然のことを確認しているようにも見えるが、大切なことは、むしろこうした「実質的意味の稀薄化」に伴って、複合辞の一部となっている「実質語」が、

　実質語としての文法的機能を失う。例えば、動詞なら文法範疇や主語等をとる働きなどを失ってしまう。

そして、それと相応じて、

　そうした「実質語」を含む結びつきが、形の上でもひとまとまりのものとして固定化する。

ということが指摘されていった点であろう（特に、砂川（一九八七）参照）。

　例えば、次の（1）の「〜といっても」は、「と」と「いっても」の間に語句の割り込みを許さない点でひとま

とまりのものとなっている。「〜といっても」の含む「言う」の部分にはもはや〝発言〟といった実質的な意味が感じられず、bcのように主語・修飾語もとれない。そのことと相応じて、「〜といっても」でひとまとまりの複合辞として働いているものと見られる。あるいは、（2）の「〜をめぐって」も「を」と「めぐって」の間に語句の割り込みが許されず、これに含まれる「めぐる」には実質的な意味はあまり感じられない。そして、cのような否定の言い方はもはや不可能で、肯定—否定といった文法範疇が失われていることもわかる。やはり、この場合も「〜をめぐって」でひとまとまりの複合辞として働くものと考えられる。

（1）—a　変人といっても、古い友人だ。
（1）—b ＊変人と人がいっても、古い友人だ。
（1）—c ＊変人とはっきりいっても、古い友人だ。
（2）—a　辻本氏は、引用をめぐって研究を進めている。
（2）—b ＊辻本氏は、引用をいろいろめぐって研究を進めている。
（2）—c ＊辻本氏は、引用をめぐらないで研究を進めている。

実際のところ、〝実質的な意味が稀薄化〟しているかどうかは、主観的には判断の難しい場合が多い。従って、こうした「実質語」を含む形の複合辞については、文法的・形態的な面から複合辞と認めてよいかどうかを確認することが有効なやり方といえる（「実質語」を含む形の複合辞は、複合辞の大半を占めるといってもよいのだから、このことは重要である(3)）。

こうした方法で、対象とする形式を複合辞と認定・確認することは、従来も行われてきたし、筆者の研究においても、まずそうした点で、対象とする「複合辞」を複合辞と確認して考察している。

ただし、「実質的な意味の稀薄化」に関しては、次のことに留意しておくべきではないかと考える。すなわち、一般的には、〝複合辞となっていくことで実質的な意味が乏しくなっていく〟かのように考えられていると思われるが、それでよいのだろうか。この点については、次の本章第2節で後述する。

3　以上をふまえ、今一度「複合辞」とはいかなるものかを規定するなら、

関係的（辞的）意味を表す複合形式で、その構成要素個々の意味を足し合わせただけでは考えにくい独自の意味をもって、類語と対立するものであって、構成要素の結びつきが固定的になっているもの。

といえるだろう。そして、更に整理すれば、複合辞には、

①　形態的固定性（ひとまとまり性）

②　独自の（辞としての）意味

があるということになる。

ところで、①の「形態的固定性」という点に関連して、例えば次の（3）（4）のａｂに見るとおり、「〜に関して」「〜をめぐって」には、「〜に関し」「〜をめぐり」のように基本的に同義の別形がある。

（3）—ａ　服部氏は、コーパスと日本語学に関して講演した。

（3）—ｂ　服部氏は、コーパスと日本語学に関し講演した。

（4）—ａ　両派は、利権をめぐって対立している。

（4）—ｂ　両派は、利権をめぐり対立している。

このように、格助詞的もしくは副助詞的とされる複合辞には同義的な別形のある場合が少なくないが、こうした別形が考えられることは、一つの複合辞に形態的なヴァリエーションがあるということだと考えるべきである。こうした場合、一般には両形は同義的であり、また、ともに複合辞として構成要素の結合が固定的になっている。右

の「～に関して」と「～に関し」や「～をめぐって」と「～をめぐり」にしても、どちらの形も語句の割り込みを許さない〝固定性〟を持っており、どちらも複合辞とみるべき形式だといえる。

（3）―c　＊服部氏は、コーパスと日本語学にも関して講演した。

（3）―d　＊服部氏は、コーパスと日本語学にも関し講演した。

（4）―c　＊両派は、利権をまでめぐって対立している。

（4）―d　＊両派は、利権をまでめぐり対立している。

こうした同義的別形の存在は、複合辞のいわば〝形の揺れ〟（ヴァリアント）と見るべきものである。

一方、複合辞に〝独自の意味〟が加わっていくことで、形が一方に特化するといったことも見られる。[4] 例えば、「～に限って」は、もとになった動詞から予測される「限定」の意味をもっぱら表している段階では、「～に限って」「～に限り」両形が可であるが、「忙しいときに限って（／＊に限り）、必要な書類が見つからない」「うちの子に限って（／＊に限り）、そんなことをするはずがない」のように、更に「反期待」や「限局」といった意味合いが加わった用法では、「～に限って」でないと不自然である。〝形の揺れ〟がないことが、ある場合との微妙な意味の違いの指標になっているわけである（「～に限って」については、第2章第13節に詳述する）。

なおまた、〝形の揺れ〟があれば、そこに用法の分担が生じる傾向があることは自然である。例えば、「日本語について／につき研究する」のような「～について」と「～につき」では、一応この例のような対象を示す用法では同義的と見られるものの、使用条件によっていくらか用法の分化が生じている。詳しくは、第2章第15節で述べる。

ともあれ、①の「形態的固定性」はそのようなことだとして、結局②の、個々の複合辞の独自の意味（及び、その反映としての）用法を掘り下げて究明することこそ、複合辞研究の最も中心的な課題となるだろう。本書の各論研究も、そうした課題に応えることにもっぱら力を注ぐものである。

4　併せて、ふれておきたい二、三の事柄についての考え方を記しておく。

ここで複合辞としている「〜について」「〜をめぐって」のような形式については、「ついて」「めぐって」の部分を「後置詞」とする教科研の人々のような考え方もなされている。(5) これは、「日本語について研究する」のような場合、「日本語に」は名詞の格の形と考え、「ついて」はそれを補助するための形式と見て、「後置詞」と呼ぶというような見方である。筆者は、「について」でひとまとまりの「複合辞」とする見方で考えているが、「複合辞」というとらえ方と「後置詞」というとらえ方のどちらが妥当かといった点について云々することは、さしあたりはしない。結局のところ、それは整理の立場の問題だろうし、「複合辞」という見方でその形式の〝独自の意味・用法〟を掘り下げて記述して得られる知見は、「後置詞」という見方で考える場合にも、意義のあるものとして生かされようと思うからである。

5　今一つ、このことはここで一度整理しておきたいのだが、例えば「〜について」「〜をめぐって」のような複合辞は、「つく」「めぐる」といった動詞を含む動詞句が、自立語である動詞の実質的意味が稀薄になって転成したものといえる。しかし、田野村（二〇〇二）も指摘するように、詞（自立語）由来の転成して生まれた辞的形式は、複合したものに限らない。例えば、次のaのように使われる「〜あげく」は、自立語として名詞の実質的意味は消失しているといってよく、いわば〝〜（シタ）結果、結局ドウナッタカトイウト〟のような意味合いでの関係づけの形式として働くものになっている。そして、bのように「〜あげくに」の形もあるが、「に」がなくても同義で使えるのだから、この「に」の有無は任意の〝形の揺れ〟と見られ、「〜あげく」の形を基本として見るべきだと考えられる。とすると、これは転成して生じた辞的形式だが、基本的には複合したものとはいえない。

（5）―a　さんざん苦労したあげく、千載一遇の好機を逸した。

（5）―b　さんざん苦労したあげくに、千載一遇の好機を逸した。

こうしたものをも位置づけるために、転成して生じた辞的形式について、次のような整理を考えておくことにしたい。

・転成辞[6]
  - 複合辞
  - 単一転成辞[7]

なお、複合辞には、助詞の複合から生じたものもあるが、もとの助詞の意味を足し合わせて片付かない意味をもつものとなって固着しているのだから、もとの助詞の意味・性質の変容のもとに生まれたといえるわけで、これも「転成辞」の一つで「複合辞」の一種と考えておくことにする。

また、「単一転成辞」といった見方をとるなら、いわゆる「形式名詞」との関係も問題になろうが、そもそも「形式名詞」そのものの内実も十分整理されてこなかったので、その内部整理が必要である。その点については、第3章第2節に私見を示すことにする。ともあれ、「形式名詞」も、実質的意味が稀薄で、名詞節を形成するような文法的役割を担って用いられる形式であるので、これも含め、文法的機能をもっぱら担うそうした転成形式をひとまとめに「形式語」と呼ぶことにする。

・形式語
  - 転成辞
    - 複合辞
    - 単一転成辞
  - 形式名詞

「複合辞」や、「〜あげく」のような形式、また「形式名詞」は、右のように広く「形式語」の中に位置づけられることになる。[8]

6　関連して、次のことにも一言ふれておく。

右のような〝辞的形式への転成〟の問題を論じるのには、近年「文法化」という用語・概念が盛んに用いられる。しかし、筆者としては、この用語・概念をとりたてて用いることはしない。「文法化」とは、畢竟歴史的な変化というものであり、通時的な概念というべきものと思われる。もっぱら共時的な立場で複合辞を記述する筆者の研究では、必ずしもこうした用語・概念を殊更ふりかざす必要は感じられないし、共時態については共時態なりの事柄のとらえ方があろうと思う。

【第1節・注】

（1）　例えば、永野は「憲法で反宗教宣伝の自由を規定しているからには、……国家は宗教にたいして中立を守っていないのではないか」というような例を挙げ、この「からには」について、「特に理由を提示して課題の場を設定し、次に来る陳述を強く期待させる場合に使われる言い方」（九七頁）としている。また、素朴に考えれば、「～（スル）以上は」に近い意味とも考えられるが、いずれにせよ、接続助詞「から」と格助詞「に」と係助詞「は」の個々の意味を足し合わせても、そのような意味が出てくるとは考えられない。

（2）　例えば、次の「とは」は単なる「と」とは異なる対比的なニュアンスを含んだ意味合いを表すが、2を満たせば複合辞というなら、これも複合辞ということになる。

（ア）　そうだとは思う。（シカシ……）

しかし、この「とは」は「と」＋「は」の単なる連接であって、個々の助詞に還元して考えることができる。

また、次の「に関連づけて」も同様で、2を満たすだけで複合辞だというのなら、これも「に関して」などの類語に対して独特の意味を分担するものだから複合辞ということになるが、もちろんこれは動詞句である。

（イ）　年金制度に関連づけて質問する。

cf.　年金制度に関して質問する。

（3）「実質語」を含まない、助詞が結びついて形成される複合辞についても、形の面から複合辞であることを確認することは大切である。

例えば、注2で見た単なる連接の「とは」の場合、対比の「は」をはずしても、述語との基本的な関係は「と」だけで示されるので、文として十分に成り立つ。

（ア）—a　そうだとは思う。

　—→b　そうだと思う。

しかし、次の（ウ）（エ）のaのような「とは」は、コトバや直面する出来事をとり上げる複合辞であり、「は」をはずすと不自然になる。逆に言えば、〝ひとまとまり〟のものになっていることがわかり、その点から複合辞であることが確認できる。

（ウ）—a　「メヌエット」とは、三拍子の舞曲のことだ。

　—→b　*「メヌエット」と、三拍子の舞曲のことだ。

（エ）—a　嘘をつくとは、けしからん。

　—→b　*嘘をつくと、けしからん。

（4）確かに形が固定化することは、複合辞としての熟合度の高さをうかがわせる特徴といえよう。ただ、〝形の揺れ〟のある複合辞に比べ、揺れのない複合辞の方が、常に独自の意味を担って複合辞としての熟合度が高いといったことが、一概に言えるかどうかはなお検討が必要であろう。例えば、「〜について」は「〜につき」の形もあるのに対して、「〜において」はこの形しかないが、だからといって、「〜について」「〜につき」より「〜において」の方が複合辞としての熟合度が高いなどといっていいのかは、簡単には判断しにくい問題である。

（5）例えば、鈴木（一九七二）四九九頁以下参照。

（6）なお、これは共時態の立場による整理であるから、歴史的に複合・転成したもの（ex.「ので」「へ」など）でも、共時的な意識としてそのように感じられていないものは、一般の「辞」と扱うことになる。

（7）田野村（二〇〇二）では、「辞」をまず「単純辞」と「複合辞」に分け、それぞれについて、辞のみから成る「甲類の辞」と、詞を含む「乙類の辞」の二類を区別している（五二頁）。筆者の「単一転成辞」は、田野村（二〇〇二）

の「単純辞」で「乙類の辞」とされるものと大きく重なるが、転成という点に重点を置いて「形式語」という語類を考える筆者の見方とは、観点において異なるところがある。また、後述の「形式名詞」の扱いなども一部異なってくる（例えば、筆者は「〜あいだ」を形式名詞とするが、田野村（二〇〇二）では乙類の単純辞と扱う（五三頁））。田野村（二〇〇二）には学ぶところが大きかったが、そのことに敬意を表しつつも、いささか異なる立場に立つものであることを記しておきたい。

（8）　この他、「形式副詞」というような類が立てられることが多いが、これは、ここでいう単一転成辞などと重なるところも大きいようである。この「形式副詞」という概念については今一つはっきりしないところもあり、こうした語類を「形式語」の一つとして更に立てるべきかどうか、今少し検討すべきであろう。

ただ、一点蛇足を加えると、「形式名詞」が名詞からの転成によるものであるのに対し、「形式副詞」とされるものは決して副詞からの転成によるものではない。そうした関係で考えれば、名称としていささかどうかと感じなくはない。

2. 複合辞が複合辞であるための共時的条件

——動詞句由来の複合辞を中心に——

一、はじめに

1 以上の前提となる考え方・立場をふまえて、この第2節では、複合辞を共時的に考えるにあたっての、筆者の考えの基本になるところを述べる。

複合辞とは、既述の通り、いくつかの語がひとまとまりになって、固有の「付属語」（辞）的な意味を担うものとして用いられる形式である。複合辞には、「複合助詞」と「複合助動詞」とがあるが、この節では以下、「複合助詞」のうち、動詞句由来のものにもっぱら限定して考察する。

複合辞となっている形式については、「ひとまとまり性」「具体的意味の稀薄化」（それが、文法形式化につながる）といった特徴が指摘されてきた。

たとえば、複合辞「〜に限って」を例にすると、（1）—aのような例で「〜に限っては」は〝（うちの子）だけは〞に近い、他は問題にせず「うちの子」のみを以下のようでは「ない」とするような関係的意味を表すものになっている。そして、（1）—bのように、「〜に」と「限って」の間に語句の挿入は許されず、これがひとまとまりの形式になっていることがわかるし、（1）—cのように、「限って」の部分に連用修飾をかけようとしても不自然になるが、これは動詞としての具体的な意味が稀薄化している故と考えられる。

（1）—a　うちの子に限って、嘘なんかつくはずがない。

（1）—b ＊うちの子にだけ限って、嘘なんかつくはずがない。
（1）—c ＊もっぱらうちの子に限って、嘘なんかつくはずがない。

確かに、こうした形式は、動詞としての具体的な意味（つまりは、動作・行為としての意味）が稀薄になり、ひとまとまりになって、辞的形式として働くものとなっているといえる。

さて、従来の複合辞の研究では、こうした複合辞が複合辞となっていることを、もっぱら、動詞の意味の稀薄化にともなってひとまとまりの辞的形式になるという通時的な変化（文法化）が起こったといった解釈を与えることで根拠づけようとしてきた。

しかし、現代日本語を共時的に研究する立場に立つなら、共時論としての、複合辞が複合辞であることの論（根拠づけ）があるべきではないかと、筆者は考えている。ここで述べることは、そのような考え方に拠る一つの試論である。

複合辞が複合辞であるための共時的条件として、筆者は、まず次の二つを区別しておくべきだと考える。

A．当該語句が複合辞であることを支える条件

B．当該語句を複合辞たらしめる条件

言語は共時的に見れば一つの体系であり、個々の形式（語・語句）の価値も他との関係の中で決まる。このことは複合辞においても同じであるはずで、複合辞が複合辞であることは他の語・語句との関係に支えられていると考えられる。Aとして問題にしたいのは、このような意味での「条件」である。特に注目されるのは、動詞句由来の複合辞の場合にはもとの動詞との関係であろう。当該複合辞が、もとの動詞を核とする単なる動詞句ではなく一つの複合辞と解されて働くにあたっては、もとの動詞との関係が支えになるということがあるはずである。ここでは、そうした見方に立って、特に複合辞ともとの動詞との関係について、次の第二項で考えることにしたい。

一方、Bの「当該語句を複合辞たらしめる条件」とは、動詞等の自立語を含む語句が、ある種の使われ方になること、もしくはある種の意味―統語的性格をもつことで、複合辞として働くことを余儀なくされる場合の条件をいうものといってよい。そうした〃使われ方〃がなされ、もしくはその種の意味―統語的性格をもつことになると――Aのような条件に支えられない場合でも――動詞等の自立語を含む当該の語句は複合辞として働くことになる。これについては、第三項に、特にそうした〃使われ方〃に関して、要点を記すことにする。

二、当該語句が複合辞であることを支える条件

2―1　この項では、複合辞が複合辞であることを支える条件として、動詞由来の複合辞について、もとの動詞との関係を考えることにする。なお、ここで言う「もとの動詞」とは、複合辞を形成する核となっていると見てとれる動詞で、一般的には複合辞の意味とある程度連続性の感じられる意味のもの（ただし、**2―5**も参照）としておく。また、「もとの動詞との関係」とは、あくまで共時的な意識にもとづいて、どのような動詞・どのような意味・用法のものと結びつけられるかを考えるものである。

まず、考察の対象として、国研［山崎・藤田］（二〇〇一）でとり上げた「助詞的複合辞」のうちから、動詞句由来のものを抜き出す。具体的には、「連用辞類1」とした格助詞「に」を含む動詞句由来のものと、「連用辞類3」とした格助詞「を」を含むもののうち動詞句由来のものをとり上げる。なお、「と」を含む引用形式（及び、「～とする」などそれに類する形式）由来の複合辞（「接続辞類1」及び「連用辞類2」）については、第一項で述べたBの条件がもっぱら効いているものと考えられるので、ここではとり上げない。

次に、とり上げる複合辞を一覧しておく。

〜にあたって　　〜にあって
〜において　　〜に限って・〜に限り
〜に限らず
〜にかけて［名誉にかけてナド（譲れない拠り所）］
〜にかけて・〜にかける［明け方にかけてナド（時間的終点）］
〜にかけては　　〜に比べて
〜に関して　　〜に先立って
〜に際して・〜に際し
〜に至っては　　〜に至るまで
〜に従って　　〜に対して
〜について　　〜につけて・〜につけ
〜につれて・〜につれ
〜にとって・〜にとり
〜によって・〜により
〜によっては・〜によらず
〜によれば・〜によると
〜を問わず
〜を通じて　　〜をとおして
〜をめぐって　　〜をもって

～を介して　～を駆って

以下、これらの複合辞について、もとの動詞との関係が共時的にどうなっているのか、整理しながら見ていくことにしたい。

2―2　こうした動詞由来の複合辞ともとの動詞との関係は、先回りして言えば、二つ乃至三つのあり方に大別できようと思われる。

まず第一に、「動詞用法の衰退」という場合が考えられる。

例えば、次の（2）の「～に際して」の場合、複合辞「に際して」は「に」＋「際する」＋「て」から成るものと考えられるが、動詞「際する」は、もはや「際した」のような述語用法では使えない。（3）の「～に対して」についても同様である。

（2）―a　有里子との別れに際して、秀樹は記念の品を送った。
（2）―b ＊秀樹は、有里子との別れに際した。（そして、記念の品を送った。）
（2）―c ＊秀樹は、有里子との別れに際した時、記念の品を送った。
（3）―a　対立陣営からの批判に対して、小西氏は反論した。
（3）―b ＊小西氏は、対立陣営からの批判に対した。（そして、反論した。）
（3）―c ＊小西氏は、対立陣営からの批判に対したので、反論した。

動詞の本来的な働きは、述語（殊に、言い切り述語）になることである。それが、もとの動詞でできなくなっているということは、もとの動詞が主語（主体）の動き・あり様を表す表現性（意味）を乏しくし、もはや動詞として働くものでなくなっているということである。となると、そうした〝動詞〟を含む複合辞も、当該部分をもはや動詞とは見ることができないので、動詞句とは解されず、動詞句として分析できぬ以上ひとまとまりの、何らかの関係づけを表す形式として働くものでしかなくなる。言い方を変えれば、動詞用法が衰えてしまっているということが、こうした複合辞が複合辞である（でしかない）ということを支えているといえる。注意したいのは、動詞句由来の複合辞においては、当該の動詞の意味が稀薄化するなどといわれるが、こうした例では、稀薄化が起こっているのは、複合辞におけることにとどまらないという点である。少なくとも複合辞化がそれによってのみそこに含まれている動詞の意味を稀薄にさせているとはいえない場合がはっきりあるわけである。

この第一の関係――もとの動詞が動詞としての用法を衰退させている事例にあたるものとしては、先に掲出したものの中では、次のようなものがそれにあたると考えられる。

～に限って　～にかけて
～に関して　～に際して
～に先立って　～に対して
～について　～につけて
～につれて　～にとって
～を通じて　～をめぐって

2—3　上に挙げた複合辞について、若干補足しておきたい。

複合辞「～について」は、この第一の場合の、端的な一事例と考えられる。

（4）　日本語の文法について研究する。

この「～について」が「に」＋「つく」＋「て」から成ることは容易に見てとれる。しかし、これがどういう意味の「つく」とつながるのか、もとの動詞との関係がたどりにくい。「つく」は多義語だが、ニ格をとる「つく」

でも、aの〝付着〟やbの〝到着〟と関係づけるのは、あまりにかけ離れていて、おかしいことは直観される。

（5）—a　ペンキが手につく。

（5）—b　中畠氏は、やっと松山についた。

詳しくは第2章第15節で論じるが、複合辞「〜について」は、次のような〝実際にあるものにあたる・あるものを見てみる〟といった意味の「つく」の用法とつながるものと見られる。

（6）—a　是非現物について、ご検討下さい。

（7）—a　この点の詳細は、小田勝氏の『実例詳解古典文法総覧』につかれたい。

こうした（6）（7）—aのような用法の「つく」では、もはや述語用法は——（7）—aのような固定化した言い方を除いて——用いられない。

（6）—b　*検討のため、現物についた。

（7）—b　*この点の詳細を知るべく、小田勝氏の『実例詳解古典文法総覧』についた。

もとの動詞と見なされる使われ方の「つく」の場合、特定の形を除いては述語用法で使えなくなっており、そもそものような使われ方がされること自体がめったになくなっているのであるから、これも第一の場合の一事例——もとの動詞の動詞用法が衰退した端的な事例といえるだろう。そして、もとの動詞が動詞として衰退したことに支えられて、「〜について」は具体的な動作性を乏しくして、〝対象〟を示すというような抽象的な関係的意味を担うと解されるものになったともいえる。

また、「〜に限って」は、もとの動詞「限る」が一見述語用法で使えそうに思えるが、実際は、今日ではそれがかなり難しくなってきていると思われる。

（8）—a　?主催者は、入場者を先着五十名に限った（／限りました）。

(8)―b　主催者は、入場者を先着五十名に限定した（限定しました）。
(8)―c　入場者は、先着五十名に限ります（≒ダケデス）。
(9)―a　冬は鍋に限る。
(9)―b　*冬は鍋に限り、夏は素麺に限る。
(9)―c　*冬は鍋に限った。

(8)―aのように、動作主の行為を表す述語として「限る」を用いた場合は、かなりすわりが悪い印象があり、現代語としては、むしろ(8)―bのように「限定する」を使うのが自然なように思える。また、一見言い切り述語のように見える(8)―cの「(に)限ります」は、いわば一種のコピュラ的形式となっているようで、動作主は主語として立たない[1]。(9)―aのような言い方もよく目にするが、これもいわば「冬は鍋だ」のようなウナギ文的表現に近いものと見れば、こうした「〜に限る」も一種のコピュラ的形式ととり得るだろう。そして、こうした用法では、(9)―bcのような「〜に限り」や「〜に限った」の形はとれない。してみると、こうした「〜に限る」もひとまとまりの辞的形式として固定化してきているようである。以上の観察をふまえると、動詞「限る」の本動詞用法は衰退してきており、それが複合辞「〜に限って」や文末の辞的形式「〜に限る」の存立を支えることになっていると見てよいだろう。すなわち、「〜に限って」も、第一の場合の一事例なのである。

ただし、「限る」は、「〜ヲ……ニ限って」のような言い方では、まださほど違和感なく使え、動詞用法はある程度残る。

(8)―d　主催者は、入場者を先着五十名に限って、開園させた。

そのあたりも含め、更に詳しくは、第2章第13節を参照されたい。

2―4　次に、第二の関係のあり方として、「動詞用法との意味・用法の分化」というべき場合がある。これは、第一の場合とは違い、意味がつながるものと解せられるようなもとの動詞の用法はちゃんとあるが、複合辞ともとの動詞とで、意味・用法上分化が生じているものであり、[2]複合辞の表しているような意味では動詞として働かない（言い切り用法が明らかに不可）。分化は、ニ格・ヲ格の部分にとる名詞（もしくは節）の意味内容に違いの生じる点に端的に見てとれる。

（10）—a　その点、江口氏はプロだから、状況に応じて臨機応変に処理した。

（10）—b　*その点、江口氏はプロだから、状況に応じた。（そして、臨機応変に処理した。）

（10）—c　警察は、犯人の要求に応じた。

（11）—a　開会にあたって、誠は挨拶した。

（11）—b　*誠は、開会にあたった。（そして、挨拶した。）

（11）—c　誠は、要人の警護にあたった。

（11）—d　誠は、要人の警護にあたって、拳銃を携行した。

（12）—a　時間がたつ（／時間の経過）に従って、友子はだんだん不安になって行った。

（12）—b　*友子は、時間がたつ（／時間の経過）に従った。（そして、不安になった。）

（12）—c　友子は、上司の指示に従った。

（13）—a　カーテンを通して、人影が見えた。

（13）—b　*人影がカーテンを通した。

（13）—c　この壁は、厚さ3㎝だが、X線を通す。

（14）—a　みんな呑気なもので、未奈に至ってはまだ寝ている。

（14）—b　*みんな呑気なもので、未奈に至った。（すると、）彼女はまだ寝ている。

(14)―c　年度末に至って、急に皆慌てだした。
(14)―d　*皆、年度末に至った。(そして、急に慌てだした。)
(14)―e　ご老公一行は、笠間を経てようやく小山に至った。

いくつか例を挙げてみたが、上の例に見るとおり、複合辞ともとの動詞とでは、意味・用法が違ってきているので、ニ格・ヲ格の部分にとれる名詞句の意味内容も違っている。

(10)の「～に応じて」の場合、もとの動詞「応じる」ではニ格に〝要求〟〝依頼〟のような意味の名詞句しかとれないのに対して、複合辞はそうではない。右の(10)―aの例など「状況の如何に応じて」と言い換えてもほぼ同義であることからもわかるように、複合辞「～に応じて」のニ格の部分には〝いろいろなあり様があり得るもの・こと〟を示すと解せられる名詞句であれば、さまざまなものがくることができる。広くは〝対応〟といった意味合いである点では共通するものの、複合辞ともとの動詞とでは意味の分化が見られ、それがニ格の部分にとられる名詞句の違いにも反映している。逆に言えば、ニ格の部分にとる名詞句の違いという意味・用法の分化に支えられて、複合辞「～に応じて」は、動詞句ならざる辞的形式と解されることになる。

(11)の「～にあたって」の場合も同様で、aのように複合辞「～にあたって」のニ格の部分には、概して言えば〝人為的な出来事〟といった意味の名詞句がくるが、こうした意味が明確な名詞句がニ格の部分にきた形では、bのように言い切りには使えず、動詞用法にはならない。もとの動詞「あたる」が動詞用法で用いられる場合は、ニ格には〝用務・仕事〟のような意味の名詞句がとられる。このように、複合辞ともとの動詞とでは〝あることを行う〟といった広い意味での共通性は感じられるが、ニ格の部分にとられる名詞句の違いが、複合辞ともとの動詞の意味の分化を反映している。逆に言えば、もとの動詞のニ格とは違う意味内容の名詞句をとることが、「～にあたって」が(動詞句でなく)複合辞であると解されることを支えているともいえよう。もっとも、〝仕事〟は人によって行われる〝出来事〟ともとれるから、複合辞「～にあたって」が、〝用務・仕事〟の意味の名詞句をニ格の部分にとることもできる。しかし、そのような名詞句をとったdのような例では、「～にあたって」が複合辞かどうかが曖昧になってくるといえる。

(12)の「～に従って」では、〝対応〟とでもいうような広い意味のつながりは認められようが、もとの動詞との意味分化は更に著しく、それが、ニ格の部分にとられるものの違いにはっきり反映する。複合辞「～に従って」の場合には、ニ格の部分にくるのはもっぱら節であり、それも〝時間の経過・推移〟が読みとれるものでなければならない。一応名詞句もとれなくはないが、aの「時間の経過」のようにまさしく上記のような意味を直接表すものに限られそうである。こうした名詞句や節をニ格の部分にとる場合は、bのように言い切りは不可で、動詞としては使えない。もとの動詞が動詞として使われる場合は、ニ格にとられるのは、典型的には「指示・命令・要求・規則」などといった、「従う」主体に何らかの行為・行動を求めるような意味の名詞である。[3] このように、複合辞「～に従って」ともとの動詞とでは、ニ格の部分にとられる名詞・節の内容がはっきり違う。逆に言えば、もとの動詞がニ格にとるのとは違う名詞句・節をニ格の部分にとることが、複合辞「～に従って」が（動詞句ならざる）複合辞であることを保証するものとなっているわけである。

また、(13)の「～を通して」の場合、〝透過〟の意味の複合辞に対して、同様の意味で一見「～を通す」のような言い切りの動詞用法も考えられそうだが、複合辞の場合、ヲ格の部分にとられる名詞句はaのように、〝透過する対象〟を表すものであり、このような意味のヲ格をとっては、bのように言い切り述語としては使えない。つまり、動詞用法はない。一方、cのように動詞として言い切り用法で使える場合は、ヲ格に〝透過する主体〟を表す名詞句がくることになる。このように、複合辞「～を通して」ともとの動詞「通す」は、意味としては同じ〝透過〟のように感じられるが、実は用法に違いがあり、分化が生じている。そして、複合辞「～を通して」は、そこから更に「教務委員を通して、提案する」のような〝仲介者〟を示すような使い方にまで用法を拡げているが、（動詞句ならざる）複合辞として働くことの大本には、もとの動詞との用法分化があるといえる。

更に、(14)の「～に至っては」、（そして、**2—1**に掲出したものではないが）「～に至って」でも、それぞれの複合辞ともとの動詞「至る」の間で、ニ格の部分の名詞句のとり方に著しい違いが認められる。もとの動詞「至る」は、言い切りの述語用法はやや使いにくくなってきている印象があるが、一応書き言葉としてｅのように言い切り述語として使える。つまり、一応動詞としてもまだ使えるが、こうした動詞用法では、ニ格にとられるのは、まず〝到着場所〟を表す名詞句である。そこから、更に「私は、……という結論に至った」のような、ニ格に〝到達した認識・判断〟の意の名詞句がくる用法も出てくる。一方、複合辞「～に至って」の場合、ニ格の部分には〝時期〟を表す名詞句、複合辞「～に至っては」の場合は、〝対比的に考えられる事物〟を表す名詞句がくる。[4] こうした名詞句をとった場合、ｂｄのように、言い切り述語の用法はない。複合辞「～に至っては」「～に至って」は、もとの動詞とはっきり違うものに用法分化しており、そのように用法分化していることが、複合辞を（動詞句ならざる）複合辞として存立させているともいえる。

以上のように、考えてみれば当たり前のことだが、複合辞が複合辞であることを支える二つ目の要件は、もとの動詞との意味・用法の分化である。[5] そして、そうした分化はニ格・ヲ格の部分にとる名詞句の意味内容の違いというような形に反映される。そのことが、当該の形式が動詞句ではなく複合辞であると把握されることの支えになる。なお、先に**2—1**に掲出した複合辞のうち、もとの動詞との関係がこの二つ目の場合にあたるものとしては、以上にとり上げたものの他、「～にあって」[6]「（……から）～に至るまで」「～を駆って」[7]「～をもって」「～を問わず」もこの例と考えておいてよいだろう。

2—5　さて、複合辞ともとの動詞と見なされ得るものとの関係として、今一つ、やや特殊なものだが、いわば

「もとの動詞との断絶」とでもいうべき場合が考えられる。

（15）　龍谷大学において、学術講演会を行う。

この「～において」は、〝場所〟（もしくは〝時〟）を表す複合辞としてよく用いられるもので、「に」＋「おく」＋「て」が複合して出来たものだとはわかるが、もとの動詞「おく」がどのような意味の動詞で、どうしてこのような結びつきで〝場所〟を示す関係表現が生まれたのか、見当がつかない。つまり、共時的な意識では、もはやもとの動詞「おく」とのつながりがわからず、もとの動詞といわば〝断絶〟していて、動詞句ならざる関係づけの形式と解さざるをえないものである。換言すれば、そうした〝もとの動詞との断絶〟が、「～において」が動詞句ならざる関係づけの辞的形式と解され用いられることの支えになっているものともいえよう。

ちなみに、「～において」について、もとの動詞「おく」がどのような動詞なのかの見当がつかないということには、事情がある。その点について、要を得た辞書の説明を引いておきたい。

「於」は漢文では日本語の「に」「を」「より」などに当たる助辞として使われる字であるが、また「居」「在」などと同意の動詞として使われることもあって、その場合には、「おく」の訓がありうる。それで、これらに関連する意の「於」を「において」「における」と訓むことから、「に」だけで十分な、時・所を示す「於」までも「において」と訓むようになった。従って、「において」は、漢文訓読語から一般化したもので、やや固い表現として、仮名文系の「に」「にて」に対応するものである。

〔前田富祺〕

（『古語大辞典』（小学館）の「において」語誌の項）

つまり、「於」の訓読にあたって、「於」に「おく」の意味に関係した用法で「において」「における」のような訓が存在したが、その訓を、「おく」の意味とは関係がなく、所・時を表す用法で「に」とだけ訓《よ》めばよいはずの「於」の訓みにまであてはめた結果、所・時を表す「において」という言い方が生じたということである。そして、もともとこのような経緯で生じたのだから、複合辞「～において」は、動詞「おく」を含んだ結合とは見えても、「おく」とは意味の上では最初からつながってはいない、つまり〝断絶〟があるわけである。

以上のとおり、「～において」にはその成り立ちに特別な事情があって、もとの動詞と解される「おく」とは、もともと意味の上では断絶しているが、共時的にはそれが、「～において」が複合辞であることを支える要件となっているわけである。

2―6　複合辞ともとの動詞との関係について以上で見てきたこと――特に、一つ目と二つ目の場合――をふまえて、ここで次のような「複合辞」類について考えてみたい。

○～によって・～により：①行為者、②基準・尺度

○～によって（は）・～によらず：影響を与える条件、及びそれが影響しないこと

○～によれば・～によると：情報の拠り所

これらは、先に掲出したとおり、国研［山崎・藤田］（二〇〇一）で「複合辞」とされたもので、動詞「よる」を核としてさまざまな「複合辞」が生まれているように見える。しかし、これらを「複合辞」として見てよいかは、いささか問題のようである。以下に、それぞれの用例を挙げ、もとの動詞の言い切り用法が可能かどうかも併せて見てみる。

(16)―a　「羅生門」は、芥川龍之介によって書かれた。

(16)―b *「羅生門」が書かれたのは、芥川龍之介によった（／よる）。

(17)―a　この事例を砂川説によって検証した。

(17)―b　この事例の検証は、砂川説によった。

(18)―a　天候によって、出発を見合わせる場合がある。

(18)―b　出発するかどうかは、天候による。

(19)―a　ニュースの速報によれば、T氏が次期大統領に決まったらしい。

(19)―b　T氏が次期大統領に決まったというのは、ニュースの速報による（／よっている）。

それぞれの「複合辞」ともとの動詞「よる」の関係を考えてみると、上の例に見るとおり、「～によって」の〝行為者〟用法以外は、いずれも、同様の意味・用法の言い切り述語の文を考えることができる。ということは、こうした「複合辞」は、まだ動詞との意味・用法の分化が進んでおらず、複合辞として十分確立されていないと考えられる。(8) この節で述べてきたことは、複合辞の認定といった問題に関しても、参照すべき考え方である。

また、この節で動詞句由来の複合辞について見てきたが、名詞句由来の複合辞についても、同様の見方が可能である。一例を挙げてみると、

(20)―a　何も知らないくせに、偉そうなことを言うな。

(20)―b　頭に手をやるくせがある。

(20)―aの複合辞「くせに」は、通常の名詞の用法の場合の「くせ」とはっきり意味が違っている。少なくとも、通常の名詞用法であるbの「くせ」のような、〝個人的習慣〟といった意味では理解できない。つまり、（もとの）通常の名詞の用法との間に「意味・用法の分化」が生じている。

また、(21)の「あげくに」については、

(21)　さんざん迷ったあげくに、断念した。

「あげく」がもはや通常の名詞用法では使えない。つまり、（もとの）名詞用法が「衰退」しているわけである。なお、「あげくに」は「に」を伴わない「あげく」の形でも使えるから、複合辞ではなく（〝形の揺れ〟のある）単一転成辞と見るべきものである。しかし、いずれにせよ、通常の名詞用法の「衰退」が、辞的形式として働くことの

支えになっていると考えることができよう。

以上、複合辞であることを支える条件として、考え得る三つを述べてみた。

三、当該語句を複合辞たらしめる条件

3—1　次に、当該語句を複合辞たらしめる条件について述べる。

ある動詞句が辞的形式であると解されることになる契機として、まず注目したいのは、当該形式が「メタ言語的自己言及」になることである。「メタ言語的自己言及」とは、話し手が自ら言葉を紡ぎ繰りつつ、そのようにしていること・その言葉に同時に言及する言い方ということである。例えば、次の例では、話し手は「いい加減にしろ」という言葉をそこで紡ぎ出しつつ、同時にそのように〝いう〟ことに「というんだ」で言及している。このような言い方は、「メタ言語的自己言及」の一つといえる。

(22)　おい、いい加減にしろというんだ。

そして、こうした「というんだ」は、話し手が発話しているという事実に注意喚起させ、一種の〈伝達のムードのような〉辞的意味を表すものになっていると見られる。

こうした「メタ言語的自己言及」の言い方は、文末のみならず、文中にも出てくる。その場合、話し手がある言葉を持ち出すことに自ら光をあて、それと以下との関係を示すことになるが、話し手の紡ぎ出す言葉と言葉の関係づけを示すということは、助詞の担うような辞的な意味を示すものとなるということである。

(23)—a　試験といえば、成績提出が早まりましたよ。

(23)—b　試験は、成績提出が早まりましたよ。

(24)—a　寒いといっても、去年ほどではない。

(24)—b　寒いけれども、去年ほどではない。

(23)—aでは、「試験」という言葉を話し手が持ち出し、それに「といえば」で同時に自己言及しつつ、以下にそういう言葉（＝話柄）を持ち出したこととかかわって想起されることの表現を導いている。つまり、「～といえば」が、いわばbのような題述関係に近い関係を作るものとなっている。また、(24)—aでは、「寒い」という言葉を話し手が持ち出し、それに「といっても」で同時に言及しつつ、以下にそういう言葉（＝認識）を持ち出したこととは対立する内容の表現を導いている。「～といっても」が、この場合は、bに近い逆接の関係を形成するものとなる。

いずれも、「～といえば」「～といっても」のような形式が、話し手が自分自身の紡ぎ出す言葉に自己言及するものとなることで、話し手の述べる言葉と言葉の関係づけの表現――つまりは、助詞的な複合辞形式となるわけである。そして、「～といえば」「～といっても」の「いう」主語は、当然話し手であり自明なので言語化されなくなる。主語が立たなくなることは、後でもふれるとおり、当該形式が複合辞として働く要件として重要である。(9)

引用形式から複合辞がいろいろ生まれるのも、こうした「メタ言語的自己言及」の言い方に自ずと使われやすい形式だからといえる。このことについては、次の第3節で更に詳しく見てみることにする。

3—2　さて、話し手が言語表現を行うということは、スル表現的に見れば、話し手が言葉を紡ぎ叙述を進めるということだが、ナル表現的に見れば、叙述が進み、話が進んでいくということである。従って、そのような観点で見れば、次のような複合辞「～となると」も、〝話・話柄〟がそこまで進み、そう「なると」ということであり、そこでなされている話し手の言語表現に話し手自らが同時的に言及するものであって、「メタ言語的自己言及」の言い方である。

(25)　オとヲの混同は十一世紀以降進み、ついに統合されるが、オヲの混同の古例となると、『地蔵十輪経』元慶七年点のものが知られている。

また、次の複合辞「～に至っては」も同様であり、いわば〝話〟が「未奈に至っては」と、叙述の進行に話し手が自己言及しているものといえる。

(14)―f　みんな呑気なもので、茜はパソコンの待ち受けのハムスターを眺めているし、唯希は歯を磨いている。真奈美は遅い昼食をとっているし、未奈に至っては、寝ている。

「～となると」については、第2章第8節、「～に至っては」については、第2章第12節で、このあたりのことも含めて立ち入って検討する。

ちなみに、「～となると」「～に至っては」の「なる」「至る」の主語を考えるなら、〝話が〟のようなことになろうが、それは自明なので言語化されることはない。ここでも、主語が立たなくなる（当該語句から主語が失われる）ことが、複合辞として働くことの一つの要件となっている。

以上のように、ある動詞句が「メタ言語的自己言及」の言い方になっていることは、その句が複合辞として働くための一つの条件となっていると考えられる。

3―3　右に「メタ言語的自己言及」というような使い方が、当該動詞句を複合辞たらしめる一つの要件となることを見たが、「メタ言語的自己言及」ということは、常に当該動詞句から「主語が失われる」ことにつながっている。思うに、この「主語が失われる」ことこそが、当該動詞句を複合辞たらしめるための、基本的な要件ではないかと考えられる。

「主語が失われる」こと――それによって当該動詞句が複合辞となることは、「メタ言語的自己言及」の場合に限ったことではない。例えば、次の例で「～として」は理由を表す言い方と解することができる。

(26)―a　当局は、カトウ氏が入国管理法に違反したとして、逮捕した。

(26)―b　当局は、カトウ氏が入国管理法に違反したとし、逮捕した。
(26)―c　カトウ氏は、入国管理法に違反したとして、逮捕された。
(26)―d *カトウ氏は、入国管理法に違反したとし、逮捕された。

aでは、しかし、まだ「当局」が「として」の主語と解せるので、「として」は動詞句の性格を保っており、bのように連用形の中止法の形も可能だが、cのように「する」主語が消えると動詞句の性格を失い、dのように「とし」の形もとれなくなる。つまり、形が固定化して、はっきり複合辞として働くものになるのである（「〜として」については、本章の次節及び第2章第3節参照）。

同趣の例として「〜と（／に）比べて」という言い方を考えてみたい。この場合「比べる」は、〝比較〟という、それなりに抽象的にも解せる意味を表すが、次のとおり言い切り用法で十分使えるので、必ずしも動詞としての用法を失っているわけではない(10)。

(27)―a　冬眠の時期・期間について、ヒグマをツキノワグマと（／に）比べてみた(11)。

この「比べる」を、次のように「〜て」形の中止法で用いても、bでは、「比べて」の主語は、言い切り述語の「研究した」の主語と同じということになり、主語がはっきりあると考えられるので、「比べて」が動詞述語として働いていることは疑いない（なお、二者を相並べて比較するような意味合いでは「と」がより自然と思われるので、さしあたり「〜と比べて」で考える）。実際、こうした場合、cのように「比べて」と「〜と」の間に副詞等の挿入は可能であり、結びつきは固定的ではない。

(27)―b　ツキノワグマと比べて、ヒグマの冬眠の実態を研究した。
(27)―c　ツキノワグマといろいろ比べて、ヒグマの冬眠の実態を研究した。

しかし、次のように、「比べて」の主語がはっきりしなくなると、副詞等の挿入は不自然なものになる。

(27)―d　ツキノワグマと（／に）比べて、ヒグマは同じような冬眠の仕方をしている。

(27)―e ＊ツキノワグマと（／に）いろいろ比べて、ヒグマは同じような冬眠の仕方をしている。

つまり、こうした場合「～と比べて」は、〝ひとまとまり性〟をもち、〝比較対象を示す〟といった関係的意味を表す複合辞として働くようになっている。なお、このようになると「～と」でも「～に」でも特に自然さに違いはないように感じられる。従って、「～と比べて」と「～に比べて」も、複合辞としては、その〝形の揺れ〟と見るべきであろう（複合辞「～に比べて」の意味・用法については第2章第16節で改めて検討する）。

このように、動詞が動詞としての用法を失っていないとしても、主語が消えて、動詞性がおさえられた使われ方をされることで、動詞句的な形式も複合辞的形式に転じていく。こうした「主語が失われる」ことは、当該動詞句を複合辞たらしめる重要な要件なのである。

3―4　以上、Bの条件については、重要と考えられるものを指摘した。

最後に補足するなら、**3―2・3**で問題にした例は、いろいろな使い方が可能な中で「主語が消える」形で使われたものと言えるが、「主語が失われる」という条件が働く事例としては、「～に伴って」「～に先立って」のように、意味―統語的構造から、主語を立てるのが不自然になっている（主語を立てる使い方がそもそもしにくい）といった場合も挙げられる。詳しくは、第2章第17節で論じることにする。

また、個別の複合辞については、それを複合辞たらしめる条件を更に掘り下げてさまざま考えることが可能な場合もある。そうした考察の一例は、第2章第15節に示した。

四、結　び

4　この節では、共時論的立場に立って複合辞を研究するにあたって、複合辞が複合辞であるための共時的条件という基本の問題について、筆者の考えのあらましを記した。要点をくり返せば、次のようなことである。

言語とは、共時的に見れば一つの体系であるから、現代語において複合辞のような形式が成立していることの所以も、共時的な体系の中に――具体的には、動詞句由来の複合辞なら、その動詞との体系の中での関係に求められなければならない[12]。動詞句由来の複合辞に対してもとの動詞の動詞としての用法が衰退していることや、複合辞ともとの動詞との間に意味・用法の分化が生じていること・断絶があることなどは、当該語句が複合辞である（でしかない）ことを支える条件といえる。

また、当該語句を複合辞たらしめる条件として、「メタ言語的自己言及」といったことに注意を促したが、その場合も含めて、当該語句を複合辞たらしめる最も基本的な要件は、「主語が失われる」という要件であろうと考えられる。

【第2節・注】

（1）こうした文は、話し手がこのような処置をすることを告知する言い方で使われ、「限る」主語は話し手（もしくは、話し手が代表・代弁するもの）であって自明であるから、言語化されない。

（2）複合辞が格成分をとるというのもおかしいので、以下では形としての「〜に」「〜を」の部分という意味で「ニ格の部分」「ヲ格の部分」という言い方をする。

（3）更に、「友子は、田舎暮らしの時は、その土地の習慣に従った」のような名詞句もとれる。なお、辞書を見ると「時代の流れに従う」のような用法を掲げるものもあるが、「？友子は時代の流れに従った（／従っている）」のような言い切りの文では使いにくいように思える。

（4）確かに、「中京圏にはしょっちゅう行っている。刈谷に至っては庭のようなものだ」のように、ニ格の部分に場所を表す名詞がくることもあるが、そうした場合も、名詞句は決して〝到着場所〟のような意味合いではない。

（5）なお、助詞が複合した複合辞の場合も、〝もとの語（助詞）との意味分化〟といったことが認められる例はある。

「～だけに」は、副助詞「だけ」＋格助詞「に」が結びついた複合辞で、およそ〝～ニ相応スルモノガアッテ〟といった意味を表す。これが含む「もとの語」にあたる副助詞「だけ」には、現代語では〝限定〟の意味しかないが、次例に見るように近世には〝ニ相応シテ〟のような意味があった。

（ア）ちいさいからの馴染だけ、我子の様に思はれて……（浄瑠璃・重井筒）

これが現代語の副助詞には継承されず、複合辞「～だけに」（及び類義の「～だけあって」）がこの意味を引き継いで、複合辞ともとの語にあたる副助詞とが意味分化した形になっており、それが、この「～だけに」が独自の意味をもったひとまとまりの複合辞であることを支えているともいえるだろう。

（6）複合辞「～にあって」は、例えば「酷寒の斗南にあって、彼はなお希望を捨てなかった」のように用い、ニ格の部分には〝場所〟や〝地名〟を表す名詞句がくる。そうした名詞をニ格の部分にとった場合「*彼は酷寒の斗南にあった。」のような言い切り述語の文にはできない。人を主語として言い切り述語で「～にある。」のように使う場合は、ニ格には「～の地位・職」のような名詞句をとるのがふつうである。つまり、複合辞ともとの動詞とで意味・用法が分化しており、それがニ格の部分にとる名詞句の内容の違いに見てとれる。なお、複合辞「～にあって」のニ格の部分に、「～の状況」のような〝状況〟を表す名詞句がくると考えられることがあるが、この場合は「彼は、なお困難な状況にあった。」のような用法が可能であり、複合辞が「～の状況」といった名詞句をとるとは見ない方がよかろう。

（7）動詞「駆る」が「黒頭巾は纐纈城までまっしぐらに馬を駆った」のようにヲ格の部分にもっぱら「馬」（もしくは「馬車」ぐらい）がくるのに対し、複合辞「～を駆って」は「勢いを駆って」のようにヲ格の部分に「勢い」「余勢」という名詞がくる。「*勢いを駆った。」と言い切り用法では使えないから、一応もとの動詞と複合辞で用法が分化していると見ることもできる。しかし、動詞の言い切り用法自体がかなり難しくなってきており、また、もとの動詞も複合辞もヲ格の部分にとれる名詞が限定されているので、むしろ、「馬を駆って」や「勢いを駆って」をひとまとまりの慣用表現と見ておいた方がよいかもしれない。

（8）「～を介して」も複合辞とされ、「丹羽氏を介して出講を依頼した」のように使われるが、「このたびの出講の依頼にあたっては、丹羽氏を介した」というような言い方ができそうであるので、同様にまだ複合辞として十分に確立していないということになるだろう。

（9）こうした経緯については、既に藤田（二〇〇〇）四〇〇頁以下にふれている（ただし、そこでは、「引用表現」からそうでないものへの転成という点に力点を置いた書き方になっている）。

（10）もっとも、「比べる」は動詞として述語言い切りの用法が、実際の使用においては思いの他衰えてきているようで、「比べる。」「比べた。」「比べている。」「比べていた。」の例を『現代日本語書き言葉均衡コーパス』で検索すると、それぞれ二四例・八例・二例・二例（計三六例）であった（しかも、「～の数を比べた」のようにヲ格のみをとる例がかなりある）。

特に条件を付けない「比べる」は、一三四二〇例であったので、言い切りの用例は極少といってよい程度である。こうした動詞用法の衰退傾向も、もちろん「～に（／と）比べて」が複合辞として働く支えになっていると思われる。

（11）例文（27）―aのように、動詞「比べる」は、ヲ格をとって、「AをBと（／に）比べる（比べて）」のようなパタンで使われるが、その場合も、次例のaのように、「比べて」の主語がはっきり考えられるなら、動詞述語としての性格は場合ははっきりしており、bのように「比べて」と「～と」の間に副詞等の挿入も可能である。

（イ）―a　ヒグマをツキノワグマと比べて、冬眠の実態を研究した。

（イ）―b　ヒグマをツキノワグマといろいろ比べて、冬眠の実態を研究した。

しかし、次のように、「比べて」の主語がはっきりしなくなると、副詞等の挿入はやはり不自然になる。

（イ）―c　ヒグマをツキノワグマと比べて、冬眠の仕方に大きな違いはない。

（イ）―d　?ヒグマをツキノワグマといろいろ比べて、冬眠の仕方に大きな違いはない。

更に、ヲ格もとられなくなると、「～と（／に）比べて」は、はっきり複合辞となっていく。

（イ）―e　ツキノワグマと（／に）比べて、ヒグマは同じような冬眠の仕方をしている。

（イ）―f　*ツキノワグマと（／に）いろいろ比べて、ヒグマは同じような冬眠の仕方をしている。

このように、ヲ格が存在していると、確かにまた複合辞とはいえないが、動詞句としての性格が失われ、複合辞に転じていく決定的な要件はやはり「主語が失われる」ということであり、その他の格の有無などは、必ずしも複合辞化に決定的な要件というほどのものではないと思われる。

（12）厳密に言えば、このことは複合辞に限らず形式語（転成形式）一般に広くあてはまるものであろう。

3．引用形式の複合辞への転成について

一、はじめに

1　複合辞には、引用形式（引用句「～と」と「いう」等の結びついた連語）に由来するものが少なくないことは、これまでにも指摘されてきた。

助詞的複合辞に限っても、例えば「いう」を述語とする引用形式由来のものとして、少なからぬ複合辞をあげることができる。

～といえば／～というと
～（から）といって／～といっても
～とはいえ／～とはいうものの／～とはいいながら
～といえども
～といい…といい
～というＮ［名詞句］　等々

あるいは、「思う」を述語とする引用形式由来の複合辞には、次のようなものがある。

～と思うと／～と思えば／～と思ったら

また、「する」は（1）のように引用句「～と」と結びついて引用形式を形成する述語として用いられる。

（1）　会社側は、完全復旧には二ヶ月ほどかかるとした（／としている）。

このような用法を考え合わせると、次のような複合辞は、「する」を述語とする引用形式に由来するものと考えられよう。

〜とすれば／〜とすると

〜として

〜としても　　等々

これらには、（2）〜（5）のように、文的な語列を承ける用法があり、引用形式との連続性は容易に見てとれる。

（2）　韃靼がカムチャッカ半島に至ったとすれば、そのルートはこの逆だったことだろう。

（菊池俊彦「オホーツクの古代史」）

（3）　したがってチャールズ卿が敷地内を散歩したとすれば、並木道まで少なくとも一〇〇メートルどころか、数百メートルはあるはずである。

（木村申二「シャーロック・ホームズ鑑賞学入門」）

（4）　それでは、犬を飼うとして、世話はいったい誰がするのだ。

（5）　少なからぬ困難が予想されるとしても、計画は実行に移さなければならない。

右のとおり、引用形式由来の複合辞というべきものは、確かにかなりいろいろ見いだすことができる。(1) しかし、何故特に引用形式からこうした複合辞がいろいろ生まれることになるのかという点については、従来きちんと論じられたことはなかったかと思う。(2) ここでは、その点について考えてみたい。

既に第2節でふれたとおり、引用形式から多くの複合辞が生まれるのは、これが自然と「メタ言語的自己言及」に用いられるような形式だからといえる。まずその点をおさえた上で、少し細かく個々の複合辞が生まれる筋道を考えてみたい。以下では、まず「いう」「思う」「する」がどのように複合辞に転成するのか、その筋道をそれぞれ例をあげて考えてみる。引用形式から複合辞への転成の筋道については、既に藤田（二〇〇〇）でいくらか検討したが、ここでは、その検討もふまえ、現在の考え方に即して論じておきたい。

そして、そうした考察を通して、引用形式から複合辞がさまざま生まれるのには、それなりの契機というべききさつがあり、そうなる所以のあることであるということを述べる。

なお、引用形式から助動詞的複合辞への転成については、藤田（二〇〇〇）で立ち入って論じたので、ここでは助詞的複合辞への転成について考えることにしたい。

二、「いう」「する」を述語とする引用形式の複合辞への転成

2—1　以下、引用形式からどのように複合辞が生まれているかという点について、具体的な例に即して考え、引用形式の複合辞への転成の経緯を論じてみたい。

まず、「いう」を述語とする引用形式に由来する複合辞について見てみることにする。代表的な例として、「〜といえば（／というと）」「〜といっても」を取り上げて考える。

（６）—ａ　マルタ・アルゲリッチといえば、世界最高のピアニストの一人だ

（７）—ａ　事故があったといっても、大したことはない。

これらの「いう」は、動詞としての実質的な意味が稀薄になっており、次のとおり、その意味を詳しく説明する修飾語や、その動作の主体を示す主語を添えることができない。

（６）—ｂ　＊マルタ・アルゲリッチとはっきりいえば、世界最高のピアニストの一人だ。

（６）—ｃ　＊マルタ・アルゲリッチと筆者がいえば、世界最高のピアニストの一人だ。

（7）―b ＊事故があったと今｜いっても、大したことはない。

（7）―c ＊事故があったと私｜がいっても、大したことはない。

更に言うなら、右のような割り込みを許さない点でも、「～といえば」「～といっても」はひとまとまりの複合辞となっているといえる。

さて、こうした「～といえば」「～といっても」の述語部分の「いう」が実質的な意味を稀薄にしていることと相応じて、これらは、引用形式としてどこかで発言されたと見なされる所与のコトバを引き写して、発言行為を描き出すといった引用表現の本質をも乏しくしたものになっているといえる。(3) そうした本質が乏しくなって、これらは、その場でリアルタイムにある言葉を持ち出したり、ある言い方をしながら、そのような言葉を持ち出すこと・そのような言い方をすることに自ら言及する言い方、すなわち「メタ言語的自己言及」になっている。つまり、（6）の「マルタ・アルゲリッチといえば」の場合なら、「マルタ・アルゲリッチ」という言葉をこの文の叙述に際してこの時持ち出してきておいて、その〝持ち出し〟てきたことを「といえば」と同時に自ら言及しているといえるし、（7）の「事故があったといっても」の場合は、「事故があった」という言い方をこの文の叙述でこの時しておいて、そのような〝言い方をした〟ことについて「といっても」と言及しているわけである。してみると、こうした「～といえば」「～といっても」の「いう」は、発言行為を表す動詞としての実質的な意味が稀薄化して、言葉を持ち出す・そのような言い方をする（そのような言葉を操る）といった抽象的な意味を示すものに転じてしまっていると考えられる（以下、こうした抽象的な意味について、「持ち出し」「操作」といった言い方で言及することにする）。

また、このように言葉を持ち出したり操作したりするのは、第一義的には、その文の話し手である。こうした言い方が、その文において用いられる以上、それは自明のことである。しかし、そのような「話し手」は、文表現の表側には〝顔を出さない〟、つまり言語化されることはない。主語が自明でもはや言語化されないものになることによって、「〜といえば」「〜といっても」の「いう」は主語がとれないものとなり、動詞としての基本的な性質を失ったものとなってしまって、「〜といえば」「〜といっても」でひとまとまりの辞的形式に転じているわけである。

右のとおり、「いう」を述語とする引用形式は、意味が抽象化・稀薄化して、（表に出ることのない話し手が）言葉を持ち出したり操作したりしながら、同時にそうしていることに言及するというようなことを示す形式に転じ得るものである。すなわち、「メタ言語的自己言及」に用いられ得る形式だといえる。「いう」を述語とする引用形式であることにおいて、こうした方向への転成の契機を既に孕んでいるのだといってもよい。

そして、そもそも文表現は、話し手が言葉を持ち出したり操作しては、それをまた他の言葉に関連づけて、形作られていくものである。この点、「いう」を述語とする引用形式は、言葉を持ち出したり操作したりしつつ、同時に話し手がそうしていることに自ら言及する形式に転じ得るものであるが、更にこれは持ち出され操作された言葉を以下の言葉とどう関連づけるかを示すものともなり得る。つまり、「〜といえば」「〜といっても」で言えば、これらの「といえば」「といっても」は、「〜」という言葉を持ち出し操作しておいて、以下と更にいろいろに関係づけることを「〜レバ」「〜テモ」のような形で表すもの——要するに、話し手の言葉と言葉の関係づけを表す辞的形式として利用されることになるのである。

「いう」を述語とする引用形式に由来する他の複合辞についても、基本的に同様の転成の経緯を考えてよいだろう。

接続助詞的な「〜とはいえ」「〜といえども」等や「〜といっても」「〜（から）といって」は、「〜」という言葉を持ち出し、あるいはそんな言い方をしておいて、そのように言っていることに自ら言及しつつ、その言葉・言い方を逆接的に、もしくは、その言葉から推論されることを否認する形で、後件に結びつけるものといえる。いずれも「いう」の実質的な意味が稀薄になって、言葉を持ち出す・操作するといった意味合いが表立つものとなり、そのような意味合いの言い方である故に、それが言葉と言葉との関係づけを表す表現として使われることになるわけである。

また、「〜といい…といい」は、次のように一種の並列列記に用いられるが、

（8）この天目茶碗は、色といいつやといい、見事な逸物だ。

「いい」にもちろん実質的な意味はなく、「といい」がまさに話し手が言葉を持ち出して関係づける営みそのものを表すものとなっている。そうした「〜といい」が繰り返されることで、言葉を繰り返して持ち出してくる列記の表現が形作られることになる。

更に、連体修飾に出てくる「〜という」も、「いう」に実質的な意味は乏しくなり、「〜」という言葉を持ち出して以下の名詞に関係づけるための形式になっている。[4]

（9）中野という人／クマが出たという知らせ

このように、「いう」を述語とする引用形式は、「いう」の意味が稀薄化して言葉を持ち出したり操作したりするような意味を表すものになることで、話し手が言葉を持ち出したり操作したりして関係づける営みを表す形式、つまり辞的形式としてごく自然に利用されることになる。「いう」を述語とする引用形式から、文における関係的意味を表す複合辞がいろいろ生まれてくることには、それなりにそうなる所以があるといえる。

2—2　次に、記述の便宜上「する」を述語とする引用形式から転成した複合辞について見てみることにする。例として、次のように接続助詞的に用いられる「〜として」をとり上げる。

（10）—a　明日の準備はこれでいいとして、まずはゆっくり休むことだ。

（11）—a　仮に富士山が噴火したとして、その被害は予想もつかない。

こうした「〜として」については、後の第2章第3節で立ち入って論じるが、主語もとれず形も固定化して、はっきり複合辞化している。これらの「〜として」は、(10)なら「物事の取り扱いについての考え方」、(11)なら「仮定の事柄」を表すものといえるが、大きく一括すれば「話の前提」を示すものということができる。[5]

そして、こうした複合辞「〜として」は、次のような「〜とする」表現と、明らかに連続している。

(12)—a　正三角形Aの一辺の長さは6 cmとする（／としよう）。Aの面積を求めよ。

⟶b　正三角形Aの一辺の長さが6 cm（だ）として、Aの面積を求めよ。

(10)—b　明日の準備はこれでいいとしよう。まずはゆっくり休むことだ。

(11)—b　仮に富士山が噴火したとする。その被害は予想もつかない。

(12)—aのような「〜とする」は、ある事柄内容をそれとして設定するものだといえる。これも引用表現に連続するものではあるが、事柄内容を言葉にして設定しつつ、同時にそのように設定していることに「とする（／としよう）」とリアルタイムに言及する言い方である。そして、こうした「〜とする」は、話し手のみならず、この話を受け入れる者は皆そう「する」ことになるから、主体が誰と具体的に決まらず、主語が立たなくなっている。その意味で、具体的な誰かの発言・思考を描く引用表現から既に逸脱しているが、更にそれが「〜として」のような形で使われると、この「〜として」に含まれる「する」は、もはや主語がとれないという点で具体的な誰かの動作を表す動詞としての性格が乏しく、「〜として」はある事柄内容を設定して以下にその前提として関係づけるといった関係表現に転じているといえる。「〜とすると」「〜とすれば」や「〜としても」も、何らかの事柄を設定し、以下にその前提として結びつける言い方という点では、同様の転成の筋道を考えてもいいだろう。

このように、「する」を述語とする引用形式は、何らかの事柄を設定し、同時にそう設定したことに言及する言い方として用いられるものであり、その場合「する」に動詞らしさが乏しくなって、何らかの事柄を設定して関係づける形式に転じ得る。「する」を述語とする引用形式であることにおいて、既にこうした方向へ転成する契機を孕んでいるものといってもよい。そして、そもそも言語表現においては、何らかの事柄内容を設定したうえで、それを他の事柄と関係づけて述べていくということは、ごくふつうに行われることである。そのための関係表現として、「する」を述語とする引用形式から、複合辞がいろいろ生じてくることも、やはりそれなりの所以のあることといってよい。

2―3　更に、次のような名詞句を承ける複合辞も、「する」を述語とする引用形式由来の複合辞の一環として考えられそうだが、これらも以上のような見方の延長上にその表現性を説明することができるだろう。

(13)　山本氏は、オブザーバーとして会議に加わった。

(14)　佳那は、ペットとしてクマを飼っている。

(15)　麻黄は、昔から解熱剤として使われてきた。

こうした名詞句を承ける「～として」は、もちろん「と」＋「する」＋「て」から出来た複合辞であり、グループ・ジャマシイ（一九九八）では「資格・立場・部類・名目などを表す」（三三七頁）とされるが、端的に言えば、何らかの「位置づけ」を表すものといってよい。そして、「位置づけ」とは、当該のものをこれこれと設定し規定することであるから、ここにも設定（規定）を表す「～とする」との連続性を見てとってよい。物事を「位置づけ」ることは、言葉による基本的な叙述の仕方の一つであるが、そのために「設定」を表す「～とする」と連続する「～として」のような形式があることは、十分その所以のあることなのである。

あるいは、次のような名詞句を承ける提題的な「～としては」「～としても」もあるが、同じくグループ・ジャマシイ（一九九八）では、人物や組織を表す名詞に付いて「その立場・観点から言えば／考えると」「その立場・観点からも」といった意味を表すとしている（三三七～三三八頁）。

（16）私としては、山崎案に絶対に賛成です。

（17）こんなことになっては、警察としても、見逃すわけにはいかない。

これらは、それぞれ「私は」「警察も」としてもほぼ同義で、一種の提題的な言い方といえるが、「Nとしては」「Nとしても」の形をとって、以下述べる見解・対応・認識の主体が他ではないNであるという意味合いを殊更うかがわせる言い方になっている。これは、「〜としては」「〜としても」の「として」がやはり設定の意味の「〜とする」表現と連続するものであり、いわば〝主体ヲNト設定シタ場合ハ（／モ）〟というような含みを感じさせることから、〝他デハナイN〟というような、他と殊更対比してNをとり上げる意味合いを感じさせるものと考えられる。

以上のように、名詞句を承ける「〜として」「〜としては」「〜としても」のような複合辞も、その表現性の特質は、設定を表す「〜とする」表現との連続性の中で説明していくことができる。引用表現に連続するものとして設定を表す「〜とする」表現があることを考えれば、こうした複合辞が「する」を述語とする引用形式から生まれることも、十分納得できることである。

2—4　以上、「いう」「する」を述語とする引用形式からの複合辞への転成について考えてみたが、これらは、「いう」「する」が実質的な意味を稀薄にして、言葉の「持ち出し」「操作」、あるいは事柄内容の「設定」といった、文表現を形作るにあたってなされる主体的な営みにあたることを表していることになることから、おのずと文表現における主体的な関係づけの表現、すなわち、辞的表現として利用されることになるわけである。

三、「思う」を述語とする引用形式の複合辞への転成

3—1　さて、今度は「思う」を述語とする引用形式に由来する複合辞について見ておきたい。「思う」を述語と

する引用形式に由来する助詞的複合辞としては、「～と思うと」「～と思えば」「～思ったら」があり、従来指摘されてきたように、(18)のような（ふつう時間を置かない）継起の関係や(19)のような対比の関係を表すものとして用いられる（なお、「～と」の部分に出てくる文的語列は、「か」を伴う場合とそうでない場合があり、それがその表現の自然さに微妙に影響してくるが、ここではその点には立ち入らない）。

(18)—a　突然ピカッと光った（か）と思うと（／と思えば／と思ったら）、大きな雷鳴が聞こえた。

(19)—a　マーラーの交響曲は、それこそさまざまな曲想のごった煮状態で、敬虔なコラール風の調べが聞こえる（か）と思うと（／と思えば／と思ったら）、チープな俗謡が出てきたりする。

こうした「～と思うと」「～と思えば」「～と思ったら」は、主語や修飾句を添えることができず、やはり動詞述語としての性格の乏しいものになっている。

(18)—b　*突然ピカッと光った（か）と私が思うと（／思えば／思ったら）、大きな雷鳴が聞こえた。

(19)—b　*……敬虔なコラール風の調べが聞こえる（か）とふと思うと（／思えば／思ったら）、チープな俗謡が出てきたりする。

(18)(19)は、次のようにしても、表す内容としては近似しており、その点から考えても、こうした「～と思うと」「～と思えば」「～と思ったら」は、もはや誰かの具体的な思考行為を表すものではなく、前件の事柄と後件の事柄を関係づける接続助詞的な複合辞に転じているものと見られる。

(18)—c　突然ピカッと光ると、大きな雷鳴が聞こえた。

(19)—c　……敬虔なコラール風の調べが聞こえると、（一方また）チープな俗謡が出てきたりする。

そして、注意すべきは、既に松木（一九九八）が指摘するように、こうした複合辞として働く「～と思うと」「～と思えば」「～と思ったら」の「～と」に示される内容及び後件の内容は、「反事実」や「未実現」ではなく、必ず「事実」としてある事柄になるという点である。通常の動詞述語句の「〜と思うと」「〜と思えば」「〜と思ったら」であれば、次のとおり「〜と」に示される内容が「反事実」であったり「未実現」であったりすることはあり得る。また、以下に出てくる後件の内容が「反事実」や「未実現」であることも、もちろんあり得る。

（20）—a　先物取引で損をしたことを、いつまで悔やんでもはじまらない。盗人にあったのだと思えば、あきらめもつくだろう。

（20）—b　先物取引で損をしたことを、彼はいつまでも悔やんでいる。盗人にあったのだと思えば、あきらめもつくだろうに。

（21）　主任は、もうすぐ重役会議が始まると思うと、会議室のドアの外に出て行った。

しかし、複合辞として用いられている「〜と思うと」「〜と思えば」「〜と思ったら」では、（18）（19）に見るとおり、「〜と」に示される前件の内容も、以下に続く後件の内容も、「事実」としてある事態でなければならない。いわば、そうした使われ方の限定のもとで、「〜と思うと」「〜と思えば」「〜と思ったら」は、複合辞として働くのだともいえる。[6]

さて、例えば（18）（19）—aが（18）（19）—cと近似した意味と解せることからもわかるように、複合辞「〜と思うと」「〜と思えば」「〜と思ったら」の「〜と」に示される内容は、誰かの具体的な思考・認識ではなく、現前する状況・事態を表すものになっているといえるが、そのようになるのは、次のような経緯によると思われる。

「〜と思うと」等の「〜と」に出てきているのは、右に見たとおり「事実」としてある事態である。そして、「〜と」はもともとは引用句であるから、「〜と」に示されるのは、もともとはそうした「事実」としてある事態・状況に接してそれを認識・思考したコトバであったはずである。しかし、「事実」（事態・状況）に接して何らかの認識・思考（更に言えば、発言も）が生じるということは、それに対応する「事実」があるということを指し示すものとも解し得る。それ故、認識・思考（あるいは発言）のコトバを引く形で、事態・状況を指し示すような言い方も可能である。例えば、いささか極端な例で次のような言い方があり得るが、

（22）「まさか」が「またか」になる。　（関口存男（一九六二）の用例[7]）

これは、「まさか」と思うような意外な事態が、しばしば何度もくり返されて「またか」と思うような事態になる意と解せられるが、それぞれの事態に接して生じる「まさか」「またか」といった思考のコトバ（心内語）を引く形で、それによってそれぞれの事態をいわば提喩的に指し示しているといえるだろう。引用されたコトバが、そうした認識・思考（また、発言）の生じる事態・状況を指し示す表現性を持ち得る点には、まず留意すべきである。

そして、「〜と思うと」「〜と思えば」「〜と思ったら」のような形式が、形としては話し手がそう認識しつつそう認識することに自己言及するものだが、「思う」主体がもはや話し手にとどまらないものに広がり、「思う」に誰かの具体的な認識・思考を表す動詞としての意味が稀薄になることと相応じて、「〜と」に引かれる語列に具体的な認識・思考のコトバを引き写したものという性格が乏しくなり、むしろそのような認識・思考を生ぜしめる現前の「事実」（事態・状況）を指し示すものという意味合いが表立つことになるのだと見られる。例えば、（18）の「突然ピカッと光った（か）と思うと」の場合でいえば、「思う」に誰かの動作を表す動詞としての性格が乏しくなることと相応じて、「〜と」に引かれる「突然ピカッと光った（か）」も誰かの心内のコトバが引かれたものという性格を乏しくして、このような認識・思考のコトバが心内で発せられるような「事実」としての事態・状況を指すものに移行するのである。

以上のとおり、「思う」を述語とする引用形式は、「〜と」に引かれる認識・思考のコトバの部分が、そのような認識・思考が生じる現前の「事実」を指し示す表現性を持ち得るものであることから、「思う」の意味が稀薄化することで、そのように〝思〟える「事実」を指し示して、後件の「事実」と関係づける接続助詞的複合辞に転成す

る。「思う」を述語とする引用形式であることにおいて、既にそのような転成の契機が孕まれていたものといってもいいだろう。

3—2　ここで、「～と思うと」「～と思えば」「～と思ったら」に関していささか補足しておきたい。こうした形式については、馬場（一九九七）が詳しい分析を行っており、馬場はこれらの用法を「継起」「対比」と「反期待」の三つに分けている。「継起」「対比」はそれぞれ既に見た（18）（19）のような用法であるが、「反期待」とは、次のような表現での用法をいうものである（なお、この「反期待」で自然に用いられるのは「～と思ったら」の形だとも指摘されている）。

（23）—a　泣き出すかと思ったら、そんなことはない。平気な顔をしている。

すなわち、「～と思ったら」で導かれる前件に示される予想・期待に反する内容が出てくるような用法が「反期待」と呼ばれる。しかし、次のように後件にはむしろ予想・期待どおりの内容が出てくる例も十分考え得る。

（23）—b　泣き出すかと思ったら、案の定しゃくりあげはじめた。

また、馬場（一九九七）では、「～と思うと」「～と思えば」「～と思ったら」を複合辞と見るべきかどうかという点については、はっきり論じてはいないが、少なくとも「反期待」とされる（23）のような例については、主語を添えることは出来なくはなさそうで、「思う」にまだ動詞性が残っているように感じられる。

（23）—c　泣き出すかと私が思ったら、そんなことはない。平気な顔をしている。

確かに、「思う」の主語はもっぱら語り手（もしくは視点の置かれる登場人物）であって、ふつうは表に出てこないが、この場合、それでもまだ主語を形として示すことは可能だと思われる。となると、こうした用法の「～と思ったら」は、まだ十分複合辞化したものではないと見られる。引用形式の複合辞への転成を論ずるこの節の議論でも、さしあたり埒外とすべきであろう。

今一つ、次のことについてもふれておきたい。(18)のような例における「〜と思うと」等については、従来「同時」「直後」といった意味説明がなされてきたが、馬場(一九九七)では、(18)—dのように、前件の事柄と後件の事柄の間に時間的間隔のあることが明らかな例があり得ることを指摘し、こうした用法の本質を「継起」だとした。

(18)—d　突然ピカッと光った(か)と思うと、やがて(/しばらくして)大きな雷鳴が聞こえた。

この点は、筆者も妥当な解釈だと考える。しかるに、松木(一九九八)では、こうした例について「『やがて』がないと『同時性』の解釈が強く出てきてしまうため、敢えて『やがて』を加えることで『継起』を意識させようとしたととらえた方がよい」(一三頁)とし、「『と思うと』類の用法の本質的な部分に『同時性』が存在すると考えることは問題ないと思われる」(同)と主張している。けれども、これは誠におかしな言い条で、本質的に「同時」なら「やがて」を加えても「継起」になるはずがない。例えば、次の「〜やいなや」は本質的にここで言われるような「同時」の関係を表すものといえようが、「やがて」を後件に加えたところで、「継起」になるどころか、むしろ不自然になるだけである。

(24)—a　戸を開けるやいなや、彼が入ってきた。

(24)—b　*戸を開けるやいなや、やがて彼が入ってきた。

そもそも「同時」という言い方がミスリーディングで、「〜と思うと」等が本当に「同時」の関係を表すのなら、前件と後件を入れ換えても文意は変わらないはずだが、(18)—aの前件と後件を入れ換えた(18)—eは、(18)—aと文意は同じではない。

(18)—e　大きな雷鳴が聞こえた(か)と思うと、突然ピカッと光った。

言うまでもなく、事柄の順番が逆になってしまう。このことからも理解できるとおり、ここで「同時」といわれている関係は、正確には「直後」というべきものであるが、「直後」というのはすぐ後に引き続くということであるから、「継起」の一種である。そして、「直後」の〝すぐ後〟の意味を「やがて」等の付加で押さえることが可能だということは、本質的には「継起」の関係を表すことに加え、多くの場合、プラス・アルファで〝すぐ後〟という読みが生じる要因が働いているということであろう。

思うに、「～と思うと」「～と思えば」「～と思ったら」に、しばしば〝すぐ後〟といった意味合いがついて回るのは、「～と」に引かれるコトバがもともとは認識・思考のコトバであるということが影を落としているのではないか。つまり、ある認識・思考が生じる（人の頭に浮かぶ）のは、それ自体としては瞬時のことであり、（それが指し示す事柄に対し）後件の事柄が続いて起こるものとして示され、間を埋めることが何も示されない場合には、間を置かないで起こるものと読まれる傾向があるのであろう。

以上、「思う」を述語とする引用形式の複合辞への転成に関連して、「～と思うと」「～と思えば」「～と思ったら」について、二点補足を加えた。

四、結　び

4　この節では、引用形式から複合辞がさまざま生まれていることには、それなりの所以があることを論じてみた。現代語の複合辞を考えるうえで、こうした議論が一度は必要と思った故である。

【第3節・注】

（1）なお、引用形式から複合辞が生じるのは、引用形式の述語が「いう」「思う」「する」といった意味が複雑でない基本的な動詞の場合である。例えば「～と話す」「～と考える」のような、発言・思考の意味に少しプラス・アルファの意味特徴が加わった動詞を述語とする場合でも、複合辞は生じていない。従って、引用形式から複合辞への転成の基本の条件としては、述語動詞が基本的でシンプルな意味のものであるということが、まず大前提である。しかし、このことは大前提としておいて特に問題とすることはせず、この節ではその先を論じることにしたい。

また、引用形式から転成した複合辞としては、他に「〜ときたら」が挙げられるが、これと引用形式「〜とくる」の連続性については、藤田（二〇〇〇）四三五頁以下を参照されたい。

（2）松木（一九九六）が、引用形式の形をとる複合辞と引用表現の関係を論じているが、この節で述べるようなことを問題にしたものではない。また、松木（一九九六）は、引用に関して妥当性のない所説に無批判に依拠して論じている点で、その所論自体に問題があり、今日の水準で見れば採るべきところはない。

（3）「〜といっても」は、次のaのように、しばしば先行の文を承けて用いられる点で、一見先行の文を引用する性格があるようにも見えるが、bcのようにも使われることからわかるように、必ずしもコトバをそのまま引き写すものではなく、本質的には文意を承けて使われるものというべきであり、引用表現という性格は失われていると考えてよい。

（ア）—a　昨日、出先で車の事故があった。しかし、事故があったといっても、大したことではない。

（ア）—b　昨日、出先で公用車がトラックと接触した。しかし、事故があったといっても、大したことではない。

（ア）—c　昨日、林道で公用車がクマを轢いてしまった。しかし、事故があったといっても、大したことではない。

（4）「〜という」については、藤田（二〇〇〇）四〇二〜四〇三頁も参照。

（5）他に、次のような「理由」の意の用法もあるが、本章の前節でもみたとおり、これは後件が受身になっていることで「〜として」に主語が見当たらなくなってしまうことが、複合辞化の大きな要因となっている。

（イ）規則に違反したとして、注意された。

（6）この点、「いう」「する」を述語とする引用形式から転じた（接続助詞的）複合辞は、必ずしもこのようではない。例えば「〜としても」は「未実現」の事柄をごく自然にとり上げられるし、「〜といっても」は「反事実」の事柄をとり上げることもできる。

（ウ）台風が来るとしても、来週になってからのことだろう。
（エ）大怪我をしたといっても、あくまでお芝居の中での話だ。心配いらない。

（7）(22)は、関口（一九六二）の五四頁で、"Unverhofft kommt oft." の訳文として示されたもの（「　」は筆者が付した）。関口の著作は、ドイツ語冠詞に関する独創的な研究であるが、その達意の訳文は、引用研究にとっても示唆的であることが少なくない。

4. 複合辞の連体形式について

1 格助詞的（あるいは副助詞的）複合辞などとされるもので「〜テ」形をとる複合辞は、いずれも格助詞「の」を伴って「〜テノ」の形で連体修飾でも使えるが、中には「〜スル」形の連体の形をもつものもある。

（1）—a 有職故実について研究する。

↓b 有職故実についての研究

（2）—a 有職故実に関して研究する。

↓b 有職故実に関しての研究

↓c 有職故実に関する研究

また、次のように「〜シタ」形の連体の形をもつものもある。

（3）—a 時間の推移に従って変化する。

↓b 時間の推移に従っての変化

↓c 時間の推移に従った変化

こうした複合辞の連体形式についてはどう見るのか、本節でいささか考えるところを記しておきたい。なお、複合辞の連体形式の問題については、山田（二〇〇二）に若干の記述があるが、筆者の考えるところとは、必ずしも同じではない。ここではもっぱら筆者の考えるところを述べることにする。

2　こうした複合辞が「の」を伴って連体形式で用いられるのは、次のように格助詞が「の」を伴って連体形式で用いられるのと軌を一にすることと考えられる。

（4）―a　彼と話す。
→b　彼との話

（5）―c　掛川へ出張する。
→d　掛川への出張

また、動詞述語の「〜テ」形が「の」を伴って連体的に用いられることがあるということにもつながるものだろう。

（6）―a　佐野氏に会って、話をする。
→b　佐野氏に会っての話

そして、この用法は、実際に「〜テ」形の格助詞的複合辞では基本的に可なのだから、「の」を伴う形が、こうした複合辞が連体的に用いられる場合の基本の形といえる。しかし、それ以外の連体形式が用いられる場合があることを、どのように考えるのか、まずは、次の**3**でその実態を見ていくところから考察を始める。

以下、それぞれの形を、「〜シテノ」形、「〜スル」形、「〜シタ」形と呼ぶことにする。

3　国研［山崎・藤田］（二〇〇一）でとり上げた「助詞的複合辞」のうち、第2節でしたのと同様、「連用辞類1」「連用辞類3」から動詞句由来の「〜テ」形の複合辞として掲出されているものを抜き出し、それぞれどのような連体の形をもつかを次表に一覧する。

表中に×とした形は、使われないと判断されるもの、また、（　）を付した形は、やや使いにくさを感じるもの

［表１　「〜て」形の複合辞の連体形式］

《複合辞》	〜シテノ形	〜スル形	〜シタ形
〜にあたって	〜にあたっての	×	×
〜にあって	〜にあっての	×	×
〜において	〜においての	〜における*	×
〜に応じて	〜に応じての	×	〜に応じた
〜に限って	〜に限っての	×**	(〜に限った)**
〜にかけて [「命にかけて」など]	〜にかけての	×	×
〜にかけて [「夜にかけて」など]	〜にかけての	×	×
〜に関して	〜に関しての	〜に関する	×
〜に比べて	〜に比べての	×	×
〜に際して	〜に際しての	×	×
〜に先立って	〜に先立っての	〜に先立つ	(〜に先立った)
〜に従って	〜に従っての	×	〜に従った
〜に対して	〜に対しての	〜に対する	×
〜について	〜についての	×	×
〜につけて	〜につけての	×	×
〜につれて	〜につれての	×	(〜につれた)
〜にとって	〜にとっての	×	×
〜によって	〜よっての	〜による	〜によった
〜にわたって	〜わたっての	〜にわたる	〜にわたった
〜を通じて	〜を通じての	×	〜を通じた
〜を通して	〜を通しての	×	〜を通した
〜をめぐって	〜をめぐっての	〜をめぐる	×
〜を介して	〜を介しての	〜を介する	〜を介した
〜を駆って	〜を駆っての	×***	(〜を駆った)

(注)

*　「〜におく」の形はなく、「〜における」がその代用形としてあるものと考えられる。

**　「〜に限った話（／こと）ではない」のような場合に使われるだろうが、このような用法に限定されるだろう。なお、「〜に限る」も、こうした用法では、「〜限った」ほど自然ではないが、可能だと思われる。

***「勢いを駆っての突撃」に対して、「勢いを駆った突撃」なども可と思われる（更に「勢いを駆る突撃」も可か)。しかし、「〜を駆って」自体が、こうした言い方以外には使いにくく、やはり、(勢いを駆って（／駆った)」で慣用表現と見たほうがよいようである。

である。コーパスに依って検索すれば、×の形もいくらかは出てくるかもしれないが、類推によって作られた本来的でない形と考えられる。ここでは、筆者の内省によって無理のないものと判断する形を可として考える。その他、いくつか気になることは注に記した。

以下、この表に基づいて述べていく。

4　表を見ると、こうした「〜テ」形の複合辞がどのような連体の形をとるかについては、四つのパタンがあることがわかる。

（一）「〜シテノ」形・「〜スル」形・「〜シタ」形の三形があり得る。

（二）「〜シテノ」形・「〜シタ」形の両形があり得る。

（三）「〜シテノ」形・「〜スル」形の両形があり得る。

（四）基本の形である「〜シテノ」形のみ。

（四）は一応そのようなことだとして、（一）〜（三）の、連体の形が複数あり得る場合は、それぞれどのように考えられるのか。以下、それぞれの場合について順に見ていく。

まず、（一）の三形があり得るものだが、この場合、「〜テ」形の複合辞と見えるものは、実はまだ動詞句であって、複合辞とすべきものではないようである。実際のところ、三形があり得る場合、その「〜テ」形式に含まれる動詞については、同じ意味で言い切り述語の用法が可能である。

（7）―a　講習会を、二週間にわたって開催した。

―→b　二週間にわたっての／にわたる／にわたった講習会（ノ間ニ…）

―→c　講習会の開催は、二週間にわたった（／にわたっている）。

（8）—a　矢島氏を介して協力を依頼した。
→b　矢島氏を介しての／を介する／を介した依頼（ヲ引キ受ケタ。）
→c　今回の依頼は、矢島氏を介している。（断レナイハズダ。）

また、「～によって」は、本章第2節にも述べたとおり、①行為者や②基準・尺度（よりどころ）といった意味で用いられるが、②では述語言い切り用法があり、まだ十分に複合辞として確立したものとはいえない。そして、この②の意味では連体の形は基本的に三形があり得る。

（9）—a　この事例を砂川説によって検証した。
→b　この事例の検証は、砂川説による（／によった／によっている）。
→c　砂川説によっての／による／によった事例検証

（10）—a　天候によって、出航できない場合がある。
→b　出航できるかどうかは、天候による（／によっている）。
→c　天候によっての／による／によった出航可否（ハ折リ込ミ済ミダ。）

しかし、①の意味では、述語言い切りの用法はやや不自然であり、それだけ複合辞として確立してきているともいえようが、それに応じて、「～シタ」形の連体の形はとれない。

（11）—a　「羅生門」は、芥川龍之介によって書かれた。
→b　?「羅生門」の執筆は、芥川龍之介による。
→c　芥川龍之介によっての／による／*によった「羅生門」の執筆

なお、「～に先立って」も、次のように「～先立った」の形が不可ではなく、三形があり得ると思われる。

（12）—a　総会に先立っての／に先立つ／に先立ったあいさつ

しかし、次のとおり、言い切り用法は不可だが、これは「先立つ」という語が意味―統語的な制約から、主語をとって言い切り述語として使えなくなっている故だろう（詳しくは、第2章第17節参照）[1]。そうした制約がなければ、言い切り用法があってもおかしくないのではないかと思われる。

(12)―b　?開会のあいさつが総会に先立った。

5　次に、(二)の「～シテノ」形と「～シタ」形の両形があって、「～スル」形がない場合であるが、既述のとおり、「～シテノ」形が用いられるのは、こうした複合辞のいずれにも見られることで、これがこうした複合辞の標準的な連体の形と考えてよい。それに対して、更に（「～スル」形ではなく）「～シタ」形が可なのは、次のような事由によるものと思われる。

「～シテノ」形と「～シタ」形の両形が可なのは、表にみるように「～に応じて」「～に従って」「～につれて」や「～を通じて」「～を通して」だが、前三者は〝時間の経過や状況の推移・多様性への対応〟といった関係を表し、後二者は〝持続期間の全体へのかかわり〟や〝仲介者〟を示すものである。そして、表から知られるように、これら以外（三形が可能なものは除いて）が、時間や場所、行為・比較の対象、立場など、かなり抽象的な関係の表現であるのに対し、これらは相対的に具体的・実質的な意味合いの濃いものといえる。従って、これらが連体の形で用いられると、〝経過・推移・多様性ニ対応シタ〟とか〝～ヲ仲介者トシタ〟というような具体性のある状態叙述の表現に相当するものになるだろう。そして、ここで注意したいのは、次のとおり、動詞類で、言い切りでは「～テイル」形しかとれないような状態叙述のものも、連体の形では――もちろん、「～テイル」形も可だが、それとともに――「～シタ」形をとる（「～スル」形はとらない）という点である。

(13)―a　山本氏は、どことなくムーミンに似ている。

──▶b　どことなくムーミンに似た（／似ている）山本氏

すなわち、「～シタ」形は状態的な意味の動詞の連体の形として選ばれる形であり、動詞句由来の複合辞が、連体の形で状態叙述的な色合いを濃くして用いられるにあたっては、この形をとることは自然なのである。

なお、連体の形として「～シテノ」形と「～シタ」形の両形があり得る場合、一般に「～シテノ」形と「～シタ」形では用法に大きな相違はない。もっとも、「～に応じて」の連体の形「～に応じての」と「～に応じた」で、次のように、「～に応じた」が可なのに「～に応じての」が不自然と感じられる例は考えられる。

(14)―a　状況に応じての対応
(14)―b　状況に応じた対応
(14)―c　?現状に応じての対応
(14)―d　現状に応じた対応

つまり、〝その状況その状況に合わせた〟という場合は両形とも使えるが、〝この（一回的な）状況に合った〟というような場合は「～シテノ」形では不自然になるということである。しかし、次のとおり、複合辞「～に応じて」の用法として、eは言えてもfのようには言いにくい。

(14)―e　状況に応じて対応した。
(14)―f　?現状に応じて対応した。

つまり、複合辞「～に応じて」の「～に」の部分には〝この（一回的な）状況〟のような意味の語は来ないのだから、dのような言い方は複合辞とはつながらず、その連体の形とは言い難い。これは、複合辞の連体の形と見るべきものではなく、「応じた」を動詞的な意味合いを残した使い方で用いたものと考えられるだろう。

6　三つめに、㈢の「～シテノ」形と「～スル」形の両形があって、「～シタ」形がない場合だが、この場合、「～シテノ」形と「～スル」形は基本的に〝形の揺れ〟と見るべきもので、山田（二〇〇二）でも既に指摘されているとおり、意味・用法に違いはない。

(15)　霊長類に関しての／に関する論文
(16)　地震に対しての／に対する備え
(17)　遺産をめぐっての／をめぐる確執

ただし、例えば「～に対しての」と「～に対する」の場合、次のとおり「～に対しての」が不自然に感じられる例もある。

(18)　白組は、いつものように正攻法の構え。一方、その白組に対する／?に対しての紅組は、奇抜なイリュージョンで会を盛り上げる。
(19)　谷川浩司九段に対する／*に対しての森内俊之九段の一戦

しかし、複合辞「～に対して」は、一般に次のようなパタンで用いられる。

［問題トナル対象・事項］　ニ対シテ　［対処・対応・反対ノ意ノ述語］

それ故、この複合辞の連体の形も、それと並行して次のようなパタンで用いられる。

［問題トナル対象・事項］　ニ対シテノ／対スル　［対処・対応・反対ヤソノ手段ノ意ノ名詞句］

しかるに(18)(19)は、対立・対決する二者をとり上げ、その一方を他方と対立・対決するものとする言い方で、複合辞の連体の形の形成するパタンとは違う使い方になっており、こうした「～に対する」は、複合辞の連体の形とは言い難い。「(～に)対する」は動詞として言い切り用法で使うことは難しいが、おそらくこうした「～に対する」も動詞的な意味合いを色濃く残した用法なのだろう。従って、こうした例は、「～シテノ」形と「～スル」

形の両形が複合辞の連体の形としてあり得る場合に用法の違いが出た例ということにはならない。やはり、基本的に両形は〝形の揺れ〟というべきもので、意味・用法に違いは生じないとすべきであろう。[2]

以上、簡単だが、複合辞の連体形式の問題について考えるところを記した。

【第4節・注】

（1）「〜に先立って」について、「Aに先立ってB」のパタンで考えると、「（に）先立って」は、AとBの二つの事柄の順序をいう意味の言い方だが、aのように言えてもbのように言うのは不自然であることから、「〜に」には、二者のうち主たる事柄が来るという意味的制約があることがわかる。

（ア）—a　総会に先立って、開会のあいさつがあった。

（ア）—b　＊閉会の辞に先立って、総会があった。

それ故、もし「先立つ」が主語をとる言い切り述語になったとすると、「〜に」の方に主たる事柄が来るため、主語には従たる事柄が来ざるをえないが、文の叙述の中心となるはずの主語に、文の内容としては主たることでないものが来るのではおかしいので、そのような主語をとる「先立つ」を述語とするような文を作ることはできないのだと考えられる（「〜に伴って」なども同様）。

（2）なお、山田（二〇〇二）では、次のイウのような例については相対的に「〜に対しての」の方が自然でないとし（?は山田の判定）、同趣の例エオについて学生（三八名）に対するアンケート調査を行った結果でも、やはり「〜に対しての」の方を自然でないと判定する者の数が相対的に多かったとする（三九〜四〇頁）。

（イ）ウシ由来ＳＣＦ（に対する／?ニ対シテノ）モノクローナル抗体とそれを用いた定量法

（ウ）悪性脳腫瘍（に対する／?ニ対シテノ）中性子捕捉療法

（エ）去年一回引いたので、インフルエンザ（に対する／ニ対シテノ）抗体を持っている。

（オ）悪性腫瘍（に対する／ニ対シテノ）放射線療法の研究

しかし、筆者の見るところ、いずれも「〜に対しての」が必ずしも不自然とは思われない。むしろ山田らの判定は、は、「～に対しての」より「～に対する」の方が一般的によく使われる（山田（二〇〇二）が検索によって得た数字では、「～に対しての」が一七万なのに対し、「～に対する」は一九一万出たという（三七頁・表2））ことの反映で、難解でわかりにくい言い回しや被修飾名詞が動作を表すものでないやや一般的でない表現では、よく使われて無難な「～に対する」の方が落ち着く・安心だといった程度のことかと思う。実際また、例えば（エ）で「～に対しての」が「自然」とした者は二四名で六割方が問題ないとするし、「やや不自然」が一〇名、「不自然」はわずか四名であって、特段不自然だという判定が強く出ているわけでもない。わざわざ問題にするまでもないことと思われる。

第1章・参考文献

永野　賢（一九五三）「表現文法の問題―複合辞の認定について―」（金田一博士古稀記念論文集刊行会編『金田一博士古稀記念言語民族論叢』三省堂、のち、永野賢（一九七〇）『伝達論にもとづく日本語文法の研究』東京堂出版に再録）

関口存男（一九六二）『冠詞　第3巻・無冠詞篇』三修社

鈴木重幸（一九七二）『日本語文法・形態論』むぎ書房

砂川有里子（一九八七）「複合助詞について」（『日本語教育』六二）

松木正恵（一九九〇）「複合辞の認定基準・尺度設定の試み」（『早稲田大学日本語研究教育センター紀要』二）

――――（一九九六）「引用の形式をとる複合辞について―引用から複合辞へ―」（『学術研究（国語・国文学編）』（早稲田大学教育学部）四四（本冊には一九九五とあるが、一九九六年二月刊））

――――（一九九八）「『思う』を中心とする接続形式について」（『学術研究　国語・国文学編』四六（本冊には一九九七とあるが、一九九八年二月刊））

馬場俊臣（一九九七）「条件表現形式による継起・対比・反期待用法――『（か）と思うと、思ったら、思えば』について」（『北海道教育大学紀要　第1部A人文科学編』四七―二）

グループ・ジャマシイ（一九九八）『日本語文型辞典』くろしお出版

藤田保幸（二〇〇〇）『国語引用構文の研究』和泉書院

国立国語研究所［山崎誠・藤田保幸］（二〇〇一）『現代語複合辞用例集』国立国語研究所刊

田野村忠温（二〇〇二）「辞と複合辞」（玉村文郎（編）『日本語学と言語学』明治書院）

山田敏弘（二〇〇二）「格助詞および複合格助詞の連体用法について」（『岐阜大学国語国文学』二九）

第2章　各論（一）――複合助詞表現の諸相

1.「〜ごとに」　〜雨がふるごとに、暖かくなる〜

一、はじめに

1　「〜ごとに」という規定句は、「日ごとに」「一雨ごとに」「会う人ごとに」などと名詞を承けて用いられることも多いが、また、動詞を承けて、「〜スルごとに」という形でも用いられる。この「〜ごとに」は、複合辞の一つと考えられるが[1]、ここでは、この「〜スルごとに」という言い方の表現性・用法の特質を探ってみたい。

「ごと（に）」については、一般的な辞書の意味説明は、例えば次のようなものである。

名詞や動詞の連体形に付いて。……のたびに、どの……もみな、などの意を表わす。（『大辞林』）

こうした辞書の記述では、ほぼ「ごと（に）」は「たび（に）」との言い換えで説明されるのが通例で、従って、「〜スルごとに」という言い方も、「〜スルたびに」とほぼ同義と見るのが一般的な受けとり方かと思われる。しかし、実際のところ十分に掘り下げて考えられたこともなかろうから、そのような単純な理解で事足りるかどうか、一度検証してみる必要がありそうである。

この節では、以下「〜スルごとに」という言い方の特質を「〜スルたびに」とも対比しながら考えてみることにする。

なお、「～スルごとに」が、「～スルたびに」と同様、以下の後件の事柄の生じる時・場合を規定するものであるのに対し、名詞を承ける「～ごとに」は、「家ごとに（チラシを配る）」のように、時・場合の規定とは言えない用法も可能であり、そうした用法の違いに応じて、動詞を承ける場合とはおそらく文法的性格もいささか異なってくると思われるので、この節では立ち入らないでおく。(2)

二、「～スルごとに」の基本義――「～スルたびに」との対比において――

2―1　「～スルごとに」が「～スルたびに」と同義的であるというとらえ方は、近年の新しい見方をとり入れた辞書類にも見られる。例えば、グループ・ジャマシイ（砂川有里子他）編著（一九九八）『日本語文型辞典』は、従来のような単語引きでなく、文・節（クローズ）の構成にかかわるより大きな構造単位〝文型〟のレベルで検索できるように工夫された労作で、ちょうど「～ごとに」「～たびに」もそれぞれ一つの文型としてとりあげられているが、

【ごとに】

［Nごとに］

［V―るごとに］

(1)このめざまし時計は5分ごとに鳴る。

(2)こどもというものは、見るごとに大きくなっていくものだなあ。

(3)この季節は、よくひと雨ごとにあたたかくなるという。

(4)彼は、会うひとごとに、こんど建てた家のことを自慢している。

(1)(2)(3)のように、そのたびに、そのつど、という意味を表す場合と、(4)のように、それぞれに、おのおのに、というような意味を表す場合とがある。(2)のように動詞に付く場合は「見るたびに」のように「たびに」を使うことの方が多い。また(4)は「人に会うたびに」や「会う人会う人に」と言いかえることもできる。

（一一九〜一二〇頁・原文横書き）

【たびに】

［Nのたびに］

［V—るたびに］

(1)健康診断のたびに、太りすぎだと言われる。

(2)山に行くたびに雨に降られる。

(3)父は出張のたびにかならずその土地の土産を買ってくる。

(4)ふるさとは帰るたびに変わっていって、昔ののどかな風景がだんだんなくなっていく。

(5)彼女は会うたびにちがうメガネをかけている。

(6)この写真を見るたびにむかしを思い出す。

「その時ごとに」「……するといつもその時には」という意味。

（二〇一〜二〇二頁・原文横書き）

意味説明について見てみると、「動詞に付く場合は……『たびに』を使うことの方が多い」といった傾向についての印象程度の記述はあるものの、違いについての立ち入った説明は特に見られず、むしろどちらも他方を言い換え的に引き合いに出してくる（ちなみに、【ごとに】の(2)の用例は、かなり違和感のある例である。このことについても後でふれる）。

このように、一般に、「〜スルごとに」は「〜スルたびに」と近い意味だとして片づけられることが、やはり多い。

しかし、実は、「～スルごとに」と「～スルたびに」は常に言い換え可能ではないのである。上記の例でも、

（１）―ａ　山に行くたびに雨に降られる。（【たびに】の(2)）

→ｂ　?山に行くごとに雨に降られる。

（２）―ａ　彼女は会うたびにちがうメガネをかけている。（同右(5)）

→ｂ　?彼女は会うごとにちがうメガネをかけている。

（３）―ａ　この写真を見るたびにむかしを思い出す。（同右(6)）

→ｂ　?この写真を見るごとにむかしを思い出す。

のように書き直した場合。少なくとも特別な文脈なしには、かなり不自然である。

概して、「～スルごとに」から「～スルたびに」への書き換えは比較的抵抗がないが、「～スルたびに」から「～スルごとに」への書き換えは右のようにうまくいかないものが少なくない。その点からしても、「～スルごとに」と「～スルたびに」は決して全く同義ではない。「～スルごとに」の方が、「～スルたびに」よりも、いささか限定された用法をもつものと考えるべきであろう。

では、「～スルたびに」と比べて「～スルごとに」は、用法の上でどのような特徴をもつのだろうか。今少し用例を見てみよう。

（４）―ａ　まゆみちゃんというのは、しんせきの大学生のおねえさんのことです。遊びにくるたびに、ぼくの頭をくるくるっとなでてくれます。（舟崎靖子「かめやせんべい」）

→ｂ　?遊びにくるごとに、ぼくの頭をくるくるっとなでてくれます。

（５）―ａ　僕は島本さんの顔を思い浮かべるたびに、その微笑みを思い出すことになった。

（村上春樹「国境の南、太陽の西」）

→b ?僕は島本さんの顔を思い浮かべるごとに、その微笑みを思い出すことになった。

（4）（5）の場合、「〜スルたびに」を「〜スルごとに」と書き換えると、かなり落ち着きが悪い。しかし、次の（6）では、書き換えても不自然にはならない。

（6）—a　雨が降るたびにこいつは大きくなる。
（湯本香樹実「夏の庭—The Friends—」）

→b　雨が降るごとにこいつは大きくなる。

やはり、「〜スルごとに」が自然になるのは特定の場合のようである。そのあたり、今度は「〜スルごとに」の自然な用例で考えてみよう。

（7）庄九郎は、生涯のうちで十三回姓名を変えている。変えるごとに身分があがった。
（司馬遼太郎「国盗り物語」）

（8）東海道から甲州にかけてばらまかれている織田家の密偵の報告は、岐阜の信長の手に入るごとに現実性のつよいものになっていった。
（同右）

（9）……階段をひとつのぼるごとに、一階二階と階段を数えるので……
（玉村豊男「パリ　旅の雑学ノート」）

（6）〜（9）の例から、まず読みとれるのは、前件の事柄のくり返しにつれて後件の事柄がだんだん程度・量を増すといった関係である。（6）なら「雨が降る」ことのくり返しにつれて「こいつ」の大きさが増すのであり、（7）なら「（姓名を）変える」ことのくり返しにつれて「身分」の高さも増すということで、（8）（9）も同様の関係であることが見てとれよう。とすると、こうした事例から、「〜スルごとに」という言い方は、さしあたり、「後件が前件のくり返しに応じて加算的」であるという関係を述べる時に用いられるものと言うことができそうである。

2—2　上記のように考えることは。かなり妥当性が高いようにも思われる。例えば、次のａｂは一見ほとんど同義と見られる。

(10)—ａ　雨が降るごとに暖かくなる。

(10)—ｂ　雨が降るたびに暖かくなる。

いずれも、「雨が降る」ことがくり返されるのにつれて、「暖か」さの度合も増していくことと読めるだろう。しかし、よく考えてみると、ｂにはもう一つの読みが可能である。つまり、一回「雨が降る」と、その時は「暖かくなる」（が、また気温が下がる）ということを何回もくり返すという意味にもとれる。要するに、「～スルたびに」とは、基本的には「～するその一回一回において」という意味なのであろう。それ故、その一回一回において非加算的に毎度事柄が生じるとも読めるし、また、「暖かくなる」というような事柄はだんだん進行するものともとれるから、加算的にも読める。しかし、「～スルごとに」の場合、非加算的な読みは生じない。このことからも、「～スルごとに」が、「前件に応じて後件が加算的」という関係を述べる言い方だと考えることは、支持されるように思われる。

三、前件内容の制約

3—1　けれども、「後件が前件につれて加算的」というだけでは、実は、「～スルごとに」という言い方の用法の特徴を十分におさえたことにはならないようである。次の(11)(12)を見てほしい。

(11)—ａ　それだけに、公団や事業団、その外郭団体などの不明瞭な人事や経理がマスコミに出るたびに、国民の官僚に対する不信感は募るばかりだ。

（堺屋太一「今日とちがう明日」）

(11)—ｂ ?……不明瞭な人事や経理がマスコミに出るごとに、国民の官僚に対する不信感は募るばかりだ。

(12)―a　ふるさとは帰るたびに変わっていって、昔ののどかな風景がだんだんなくなっていく。

（『日本語文型辞典』【たびに】の用例（4））

(12)―b？ふるさとは帰るごとに変わっていって、昔ののどかな風景がだんだんなくなっていく。

(11)では、「不明瞭な人事や経理がマスコミに出る」ということがくり返されるのに応じて「国民の官僚に対する不信感」の度合が上がるということだし、(12)では、「帰る」ことをくり返すのに応じて「ふるさと」が「変わ」ることが進行していくということで、いずれも「後件が前件につれて加算的」という関係であるのに、前件を「～スルごとに」の形に言い換えると落ち着きの悪いものになってしまう。となると、今少し「～スルごとに」の用法を的確におさえる説明が必要ということになってくるのである。

この点、もう少し掘り下げて考えてみるために、(11)(12)のような例と(6)～(9)のような例とについて、今度は前件の方に注目して、更に比較してみよう。結論から言うと、(6)～(9)のように「～スルごとに」という言い方が自然になる例では、前件の事柄がある程度まとまった回数なされる・生じるものと見られるとの含みがあると考えられる。(7)では、先に「十三回姓名を変えている」とあり、(8)では、「密偵」の報告は何度もなされるものと考えられるし、(9)では、階段をのぼる足の運びはふつうある程度の回数行われると想像される。(6)でも、植物が育つに際し、まとまった回数の降雨があるということを想像することは自然であろう。それに対し、(12)の場合、「ふるさと」に帰ることはあっても、それがまとまった回数行われるだろうなどという想像は特になかろうし、(11)の場合、「不明瞭な人事や経理がマスコミに出る」などということはあってはならないことで、まとまった回数行われるはずなどという予想がもたれることはふつうあるまい。このように、「～スルごとに」という言い方が可能になるのは、前件の事柄がある程度まとまった回数なされることだとの読みがある場合である。その証拠に、(12)のような例でも、文脈的にそうした読みを保証してやれば、ずっと自然に読めるようになる。

（12）―c　誠は、四十三才の誕生日までに、都合五回は帰郷する予定をしていたが、ふるさとは帰るごとに変わっていって、……

なお、**2―1**で「見るごとに大きくなっていく」を不自然と述べたが、これも、まとまった回数「見る」はずだとの予想が特にあるわけではないからだろう。

3―2　「～スルごとに」は、以上のとおり、「ごとに」が導く前件の事柄がある程度まとまった回数なされるものだとの読みを前提として用いられるものだと考えられる。いわば、「～スルごとに」は、一群のものとして意識される事柄の一つ一つの生起に光をあて、それにつれて、という言い方なのである。

そして、先に見た「前件のくり返しに応じて後件が加算的」といった関係が読みとられることも、前件の事柄が一群のもの、ある程度まとまった回数なされるものだとの前提的な含みから派生してくるものと考えられる。すなわち、前件の事柄がまとまった回数なされるひとまとまりのものだとなると、必然的にそのくり返しはなされるべき全体に向けての積み上げ・加算という意味をもつことになり、そういった前件のくり返しに応じて後件の事柄も進展していくと読めるなら、そこに当然加算的な読みが認められるようになるのである。

3―3　以上に関連して、「～スルごとに」の用法には興味深いものが見られる。先にも述べたように、「～スルごとに」から「～スルたびに」への書き換えは、支障がないことがふつうだが、稀に次例のような場合、「～スルごとに」を「～スルたびに」に書き換えては違和感の強いものになってしまう。

（13）―a　年をとるごとに、記憶力は低下する。

（13）―b　?年をとるたびに、記憶力は低下する。

既述のとおり、「～スルたびに」とは「～するその一回一回において」の意味であろうとした。それからすると、bに違和感があるのも納得できよう。「年をとる」ということは、一回一回ととっていくような一回的な出来事として考えられるものではないからである。これに対して、aが可能なのは、「～スルごとに」の「一群・ひとまとまりとしてとらえられる事柄の一つ一つに光をあてる」という意味の前半にもっぱら焦点があてられ、「年をとる」という明確に分割しにくいひとまとまり・一続きとしてとらえられる事柄の進展につれてといった理解が可能だからだろう。

（13）—aのような用法は、「～スルごとに」の用法としては典型的なところからややずれたものかもしれないが、こうした使い方が可能なのも、「ごとに」が導く前件の事柄について、一群・ひとまとまりとしてとらえられるものという読みが前提とされる故といえよう。

四、後件について

4　さて、「～スルごとに」は、ある程度まとまった回数なされるもの・一群の事柄として意識されるものの一つ一つに光をあて、それにつれて、という言い方であると記述した。「ごとに」の導く前件の事柄について、それがある程度まとまった回数なされるものと読まれることが、「～スルごとに」という言い方が用いられる前提・基本要件なのである。ところで、前件についてそうした読みが前提となって用いられる言い方であるため、後件との関係から、その使われ方にも条件の違いが出てくるようである。以下、そのあたりについて述べておきたい。

一般に、「～スルごとに」という言い方となじみがよいのは、変化など持続的な進展を表す後件である。

（14）それらの人数の中を駆けまわって部署し、人数がふえるごとに包囲線をのばして、ついに別府城をかこんでいる連合軍をしずかに、しかも機敏に逆包囲してしまった。（司馬遼太郎「国盗り物語」）

（15）（あの男は、失敗するごとに成長している。）（同右）

（16）が、破ってもやぶっても敵の人数は湧くようにその破れ目をうずめ、うずめるごとに包囲の輪はいよいよ

ちぢまった。　　　　（同右）

後件が持続的な内容であることで、それに応じて、前件についてその事柄がまとまった回数くり返されるものとの前提的な読みが読み込みやすいのである。

これに対し、もちろん後件が一回的な行為・出来事を表すものである場合もある。この場合、注目すべきは、次の（17）（18）のように後件の行為・出来事が具体性の高いものであると、傍線部のような内容を文脈的に明示して、「〜スルごとに」という前件の事柄がまとまった回数なされるものという読みを補強しておいてやらなければならないということである。

（17）砥ぎすました槍の穂はきらきらと虚空に舞い、舞うたびに庄九郎の体が跳ね、跳ねるごとに紙のひときれがつきささる。　　　　（司馬「国盗り物語」）

（18）光秀は、足利義昭があらたについた官位や官職を何度もつぶやき、つぶやくごとに感があらたにおこって、涙がにじんだ。　　　　（同右）

このように補強しておかないと、後件の一回的な意味が際立つため、後件に対応するととられる前件の事柄について、まとまった回数なされるものとの読み込みが難しくなるらしい。そして、前件のある程度まとまった回数のくり返しに応じて、後件もある程度くり返され、積み上げられていくといった関係で自然に読むことが難しくなってくる。次のように、先行文脈で補強されない形は、かなり不自然だろう。

（19）―a ?彼は、それをつぶやくごとに感動がおこった。

（19）―cf. 彼は、それをつぶやくたびに感動がおこった。

しかし、後件が一回的な行為・出来事を表すものであっても、次の（20）のように具体性が高くない場合は、こうした文脈的補強なしでも不自然にはならない。

（20）信長は一国を攻めとるごとに、かれの法律・経済の施策を布いた。
（司馬「国盗り物語」）

後件の「かれの法律・経済の施策を布いた」とは、「一国を攻めとる」ことが成った時に行われることであるから、その意味では一回的であるが、独自の法律を一つ一つ決めたり、経済活動の振興にあれこれ手を打ったりといった具体的な行為をさまざま行ったことを一括して言ったもので、具体的に何をしたか・何がおこったかという意味での具体性は高くない。具体的でないだけ、こうした後件は、一般論的な叙述として読みやすい。一般論的で個別・特定の一回の出来事とは限らないように読める後件に対応して、前件にも、ある程度まとまった回数なされるものという前提的な読みが無理なく読み込めるのである。そして、「〜スルごとに」という前件に対し、こうした、ある意味で一回的でも具体性は高くない後件が来る場合、全体として、前件の事柄がある程度くり返されるのに応じて、後件の事柄もくり返され、積み重ねられていくという事実関係を一般論的に述べる文になる。

五、用法の時代による変化

5　ところで、以上記述したところは、現代日本語における「〜スルごとに」の用法であるが、少し以前の段階――少なくとも昭和初期ぐらいまでは、これがいささか現在とは異なるものであったらしい。[3] というのも、「〜スルごとに」という前件の事柄について、これがある程度の回数なされるという前提的な読みは必ずしもなかったのではないかと思われるのである。

（21）お民の側にいる二人の子供はまためずらしい客でもある毎に着物を着更えさせられるのを楽しみにした。
（島崎藤村「夜明け前」）

（22）朝夕に本堂から、吾々の世話をしてくれる年老いた寺僕の、看経の声が聞えて来た。
「又じいやのおつとめか」

そう云って吾々は、それをいつの間にか勉強時間の区劃《くぎり》にした。「おい。——」私は倦きる毎に、よく隣室へ声をかけた。
（久米正雄「受験生の手記」）

（21）の場合、「めずらしい客でもある」ことは、文字どおり珍しいはずで、まとまった回数あるはずだとの読みは生じにくいだろうし、（22）の場合、確かに勉強に「倦きる」ことはつきものだろうが、あくまでそれはたまたまそういう場合もあるということで、きっとまとまった回数「倦きる」だろうと読み込むのも妙である。しかし、こうした場合でも、「〜スルごとに」という形が用いられている。

そして、これに相応じて、後件が一回的で具体性の高い出来事——（23）（24）なら、ともにかなり明確な心の動き、また（22）を同様の例と見てもよい——であっても、前件が文脈的に補強されないで、そのまま出てくる例がふつうに見られる。

（23）それかと云って、彼は良沢を嫌っているのでもなければ、憎んでいるのでもなかった。ただ、一座する毎に、彼は良沢から妙な威圧を感じた。
（菊地寛「蘭学事始」）

（24）私はその人の記憶を呼び起こすごとに、すぐ「先生」と言いたくなる。
（夏目漱石「こころ」）

これらの用例は、現代語の語感としてはかなり不自然で、いずれも「〜スルごとに」でなく「〜スルたびに」の形でなら自然なものと感じられる。ということは、この時代（昭和初期以前）には、「〜スルごとに」について、「ごとに」が導く事柄がまとまった回数なされるものだとの前提的な読みは必ずしも明確ではなく、それ故、「〜スルごとに」は「〜スルたびに」と極めて近い用法であったものと思われる（ちなみに、「〜スルたびに」についでは、用例を見る限り、この時代と現代語とで特に用法の相違は認められない）。それが、現代語において、これまで見たような方向に用法を特定化してきたものと見ることができそうである。

六、結　び

6　以上、この節では「〜スルごとに」という言い方を「〜スルたびに」とも比較して、その用法を検討してみた。こうした「〜ごとに」は、一種の複合接続助詞のような形式といえようが、この節は、このような複合辞についての一つのささやかなケース・スタディを意図したものである。用法の歴史的な変化のより詳細な跡づけなど、なお考えなければならないこともあるが、そのあたりは文法史研究の領域でのさらなる考察に期待したい。

【第1節・注】

（1）「〜ごとに」の「ごと」は接尾語などとされるが、「ごと」と格助詞「に」が結びついた形で、述部を承けて従属節を形成し、主節に関係づける助辞的形式として働いている。その点で複合辞の一つと考えてよかろうが、成り立ちから見ると珍しいタイプ（あえていえば、助詞の複合に近いか）のものである。

（2）名詞を承ける場合、「ごと」は、「一雨ごとの暖かさ」などと、「の」を伴って連体修飾にも用いられるのに対し、動詞を承ける場合には「雨が降るごとの暖かさ」のような連体修飾の言い方は不自然である。「ごとに」は、動詞を承ける場合は、接続助詞的複合辞として固定した一つの形式であり、名詞を承ける場合の「ごと（に／の）」とは区別して考えた方がよい。

なお、「〜するたびごとに」といった言い方があるが、これも「ごと（に）」が形式名詞「たび」を承けたものであり、名詞を承ける場合の一つとして、ここでは扱わない。

（3）参考までに、以下に掲げた用例の出典作品の発表年次を示すと、夏目漱石「こころ」が大正三年、久米正雄「受験生の手記」が大正七年、菊地寛の「蘭学事始」が大正十年といずれも大正期、島崎藤村の「夜明け前」が昭和四〜十年で、昭和初期である。また、昭和初期について調査した範囲で言えば、小林秀雄の評論などにも同種の用例が見られた。

2.「～拍子に」

～転んだ拍子に、腰を打った～

一、はじめに

1―1　この節では、次例に見られるような「～拍子に」という形式をとり上げ、その意味・用法の特質などをいささか検討してみたい。

（1）ドアを開けた拍子に、壁にかけてあった絵が落ちた。

（2）愛美《なるみ》はよろけた拍子に、傍《そば》のテーブルに手をついた。

（3）「どこで怪我をしたのですか？」「山頂です。転んだ拍子に、岩で手を切りました」（梓林太郎「殺人山行燕岳」）

（4）郁子が寝返りを打った拍子に、目を覚ましたとしても、そう驚くほどのことはない。（赤川二郎「怪談人恋坂」）

（5）ところが、さけんだひょうしに、ひもをはなしたものだから、しゅんは、いきおいをなくして川のなかへ。（毎日新聞、夕、二〇〇一、一一、一七）

（6）深江は立った。体がなかば硬直気味で、立った拍子に椅子が倒れて大きな音がした。（西村寿行「残像」）

（7）しかし、電灯をつけてタンスのとびらをあけた拍子に、もう一つの考えが、ふいに心をかすめて通りすぎた。（鮎川哲也「時間の檻」）

（8）ポーチへ一歩踏みだした拍子に、何かやわらかいものを足の下に感じた。

（ダイナ・マコール（皆川孝子訳）「月影のレクイエム」）

こうした「〜拍子に」は、名詞「拍子」＋助詞「に」が結びついたものであることは明らかであるが、「拍子」には、もはや〝音の一定のくり返し（リズム）〟というような名詞としての実質的意味は感じられず、実質的意味が稀薄になって、このひとまとまりで接続助詞的な関係づけの意味を表す複合辞となっているものと考えてよいだろう。

なお、このような「〜拍子に」には、次の（9）のように、出来事を表す名詞＋「の」を承ける例もなくはないが、以下ではもっぱら（1）〜（8）のような、述語句を承けて節を導く形の「〜拍子に」について考察する。

（9）爆発の拍子に、彼は外に吹き飛ばされた。

1—2　複合辞「〜拍子に」については、複合辞全般を記述した包括的研究書・辞典の類ではとり上げられておらず、これを特に論じた研究も見られない。唯一これに言及したものとしては村木（二〇〇五）があるが、この論文はもっぱら、「〜拍子に」のように「従属接続詞」（接続助詞相当の形式）として用いられる「拍子」他一〇語（「たび」「ついで」「やさき」「際」等）の名詞の基本的な文法機能を整理・記述したもので、「〜拍子に」の表現性については、必ずしも立ち入った考察がなされてはいない。

一方、国語辞典では、名詞「拍子」の一用法として、このような「〜拍子に」にいくらか言及がなされるのがふつうである。中型の国語辞典から、そうした記述を一二引いてみよう。

たとえば、『大辞林』では「拍子」の⑧として、こうした「〜拍子に」について、次のような言及がある。

⑧（多く「…した拍子に」の形で）ある動作をしたちょうどその時。そのはずみ。とたん。「転んだ—に、靴がぬげる」

（『大辞林』）

また、『学研国語大辞典』には「拍子」の②として、次のように書かれている。

②〈—に〉ある動作をしたはずみに。とたんに。「伸子は軽く頭を下げる—にはじめてその男の顔をはっきり見た〈宮本・伸子〉」　（『学研国語大辞典』）

どちらも、簡略な記述で、言い換え説明にとどまっているが、「～拍子に」についての現状での理解の水準は、およそこのようなところであろう。

上に見るとおり、「～拍子に」は「～とたん（に）」や「～はずみに」のような言い方と類義とされることが多い。確かに、「拍子に」を「とたん（に）」に置き換えても、述べられている事柄があまり違わないように思えることは、ままある。例えば、先に掲げた用例（1）の「拍子に」を「とたんに」と書き換えても、両文で言われている事柄内容は、ほぼ同じようにも思える。

（1）—a　ドアを開けた拍子に、壁にかけてあった絵が落ちた。

（1）—b　ドアを開けたとたんに、壁にかけてあった絵が落ちた。

しかし、（1）—aと（1）—bでは、事柄の述べ方のニュアンスはかなり違うと感じられることもまた事実である。敢えて言ってみれば、aのように「～拍子に」を用いると、まるで「ドアを開け」ることにつられたかのように「絵が落ちた」というような、ちょっと意外な感じ、bのように「～とたんに」を用いると、「ドアを開けた」時、状況が一転して「絵が落ち」るなどということが起こったといった、やや緊迫した感じがあると言えまいか。

それにまた、「～拍子に」は必ずしもいつも「～とたん（に）」と書き換え可能ともいえない。先の（2）の例の「拍子に」を「とたんに」とすると、今度はかなり違和感があるだろう。

（2）—a　愛美はよろけた拍子に、傍のテーブルに手をついた。

（2）—b　?愛美はよろけたとたんに、傍のテーブルに手をついた。

こうしたことでもわかるように、「～拍子に」が「～とたん（に）」と意味が近いというような指摘を単にするだけでは、「～拍子に」の表現性の理解として、もちろん十分ではない。

また、「～はずみで」もしくは「～はずみに」という言い方と「～拍子に」とが意味・用法において近いとされるのも、確かに納得できるところはある。先に掲げた（1）（2）の例の「拍子に」を「はずみで」「はずみに」に書き換えても、それぞれ非常に近い意味の表現となるものと感じられる（先の「～とたん（に）」よりも、ニュアンスの差はずっと目立たないと思える）。

（1）—a　ドアを開けた拍子に、壁にかけてあった絵が落ちた。

（1）—c　ドアを開けたはずみで（／はずみに）、壁にかけてあった絵が落ちた。

（2）—a　愛美はよろけた拍子に、傍のテーブルに手をついた。

（2）—c　愛美はよろけたはずみで（／はずみに）、傍のテーブルに手をついた。

しかしながら、「～はずみで」「～はずみに」が常に「～拍子に」とほぼ同義的に書き換え可能かというと、必ずしもそういうことにはならない。例えば、先に掲げた用例（8）（便宜上、簡略化して示す）の場合、この「拍子に」を「はずみで」「はずみに」に書き換えると、ひどく不自然なものになってしまう。

（8）—a　一歩踏みだした拍子に、何かやわらかいものを足の下に感じた。

（8）—b　*一歩踏みだしたはずみで（／はずみに）、何かやわらかいものを足の下に感じた。

従って、「～はずみで」「～はずみに」についても、「～拍子に」はこれらとほぼ同義だというだけでは十分ではない。表現性の違いが更に掘り下げられなければならない。

なお、「はずみ」に関しては、右のとおり「～はずみで」「～はずみに」の両形が考えられるが、実際の用例としては、「～はずみで」が圧倒的に多いので、以下この節では「～はずみで」の形について考えることにしたい。「～

はずみで」と「～はずみに」では、微妙な違いがあるのかもしれないが、以下ではその点には立ち入らない。

ともあれ、この節では、複合辞「～拍子に」の表現性について踏み込んで考えていくが、意味・用法がかなり近い「～はずみで」とも対比しつつ考察を掘り下げることにしたい。「～とたん（に）」との相違等については、紙数の都合もあり、注に簡単にふれるにとどめたい。(1)

1—3　複合辞「～拍子に」に関連しては、「その拍子に」という言い方もよく用いられる。この形(2)で（10）のように文と文とをつないだり、（11）のように節と節とのプロポジショナルな内容を結びつけたりする、一種の接続語のように用いられるが、

（10）—a　育江は思わず両手で耳をおおった。その拍子に身体がぐらつき、廊下に倒れ折れた。（石垣用喜「石垣島失踪事件」）

（11）—a　朽木さんが立ち上がってグラスを上げ、その拍子によろけて、重い大きな体で私に倒れかかってきた。（久世光彦「謎の母」）

「その」の指示内容を補って複文の形にすると、一応おさまりよくつながるので、関係づけの働きとしては「その拍子に」と「～拍子に」は基本的に同じと考えられる。

（10）—b　育江は思わず両手で耳をおおった拍子に身体がぐらつき、廊下に倒れ折れた。

（11）—b　朽木さんが立ち上がってグラスを上げた拍子によろけて、重い大きな体で私に倒れかかってきた。

以下では、「その拍子に」については、特に検討の対象にはしない。

二、「～拍子に」の表現性の特質

2—1　ここでは、「～拍子に」の表現性の基本的な特質を、その用法に即して考えてみることにする。「～拍子

に」は、前件の節と後件の節を関係づける接続助詞相当の複合辞である。その〝関係づけ〟の仕方の特質を、いささか掘り下げて見てみたい。

最初におさえておくべきは、もちろん「～拍子に」が、前件の事柄と後件の事柄とを時間的に近接・連続するものとして関係づける言い方だという点である。〝A拍子にB〟というパタンで考えると、Bという事柄はAという事柄と間を置かず連続して、もしくは同時に起こるものでなければならない。従って、例えば先の用例（1）（2）を再掲して言えば、

（1）―a　ドアを開けた拍子に、壁にかけてあった絵が落ちた。

（2）―a　愛美はよろけた拍子に、傍のテーブルに手をついた。

（1）―d　*ドアを開けた拍子に、しばらくすると壁にかけてあった絵が落ちた。

（2）―d　*愛美はよろけた拍子に、やがて傍のテーブルに手をついた。

aをdのようにして、前件の事柄と後件の事柄との間に時間的な隔りがあるような意味を付け加えると、もちろん表現としておかしくなる。

辞書でこうした「拍子」をパラフレーズして「ある動作をしたちょうどその時」などとしているのは、こうした点をおさえたものである。言うまでもないことかもしれないが、最初にこの点を確認しておきたい。

2―2　更に、〝A拍子にB〟のようなパタンでは、Aという事柄とBという事柄は、時間的に連続して、もしくは同時に生起しなければならないというだけではなく、AはBが起こる〝きっかけ〟と解されるような含みがあると見られる。(3) 例えば、次の（12）―aの場合、前件の「彼に会った」ことは後件の「昔のことを思い出」す〝きっかけ〟と解される言い方なのである。そのような含みがあるため、（12）―bのように、前件の事柄が後件の事柄と連続もしくは同時のことであったとしても、〝きっかけ〟と解せないような場合は、不自然なものになる。

(12)―a　彼に会った拍子に、昔のことを思い出した。

(12)―b　*彼に会った拍子に、妙な叫び声を聞いた。

この点、こうした用法の「拍子」は、既述のとおり「(～シタ)ちょうどその時」とパラフレーズできるというような形で説明されることが多いが、次のとおり〝Aちょうどその時にB〟というような言い方では、AがBの〝きっかけ〟というように解されなくても、不自然さは生じない。

(13)―a　彼に会ったちょうどその時に、昔のことを思い出した。

(13)―b　彼に会ったちょうどその時に、妙な叫び声を聞いた。

こうしたパラフレーズによる説明は、「～拍子に」の表現性の一面をとらえただけで、けっして十分ではない。なお、〝きっかけ〟というような言い方をしたが、これを〝原因〟としたり〝A拍子にB〟が〝因果関係〟を表すなどとするのは、事実の説明としてやや行き過ぎのように思える。この点については、**3―1**に後述する。

2―3　次に、おそらく「～拍子に」の表現性の特質として最も重要なことと思われるが、〝A拍子にB〟では、Aという事柄の生起をきっかけにして、予期しなかったBという事柄がそれに引き続き(もしくは同時に)不随意に生じるということが述べられることになる。

まず、Bは「予期しなかった」事柄でなければならない。だから、(14)のような例――CDデッキにいつも聴く曲が入ったCDが入っていると「スイッチを入れ」る動作主は思っている――で言えば、Bが(14)―aのように当然予想できる事柄である場合は、こうした言い方は不自然である(Bが「予期しなかった」事柄である(14)―bが自然な表現ととれることと比較せよ)。

(14)―a　?正浩は、いつものメロディーをまた聴こうと思った。そして、スイッチを入れた拍子に、CDに入っているメロディが流れはじめた。

（14）―b　正浩は、いつものメロディーをまた聴こうと思った。しかし、スイッチを入れた拍子に、聴きなれないメロディが流れはじめた。

たとえば「転んだ拍子に怪我をした」というような場合でも、やはりこれは予期せぬ「怪我をした」ということである。だから、はじめから予測しているような文脈では、こうした言い方は不自然になる。

（15）?こんなところで転んだら怪我をするとは分かっていた。だが、転んだ拍子に思ったとおり怪我をした。

なお、十分わかっている事柄でも、うっかりして引き起こすことがある。いわば、一時的だが「予測」を怠ったということである。そういった文意は、前件の節に「うっかり」「ふと」など〝不注意〟〝あまり意識せずに〟といった意味の副詞を添えて表されることが多い。たとえば、次の（16）では、〝嘘をつけば鼻が伸びる〟ことは、ピノキオ自身よくわかっているはずだが、〝うっかり〟して予期していたことが一時頭から消え、その結果、〝鼻が伸びてしま〟うという頭から消えていた（つまり、一時的に「予測しなかった」）事態が生じたわけで、こうした場合、全く問題なく「〜拍子に」が用いられる。

（16）ピノキオは、うっかり嘘をついた拍子に、また鼻が伸びてしまった。

先に不自然な例として見た（14）―aも、（14）―cのようにして、前件の事柄が不注意で行われた（従って、どんなメロディが流れるかなどということは頭になかったということがうかがわれる）文意にすれば、十分許容できるだろう。

（14）―c　うっかりスイッチを入れた拍子に、いつもどおりのメロディが流れはじめた。

「〜拍子に」は、しばしば「うっかり〜シタ拍子に」「ふと〜シタ拍子に」のようなパタンで用いられるが、それは、以下に出てくる後件が「予期しなかった」事柄（もしくは「予期」を怠った事柄）となることとかかわっている。

次に、後件の事柄が「不随意に生じる」という点であるが、端的に言えばこれは、後件には、前件の事柄の主体（もしくは体験者）の意志にかかわりなく起こってしまうような事柄が来るということである。従って、逆に（前件と同じ）主体の意志による行為のような内容は出てくることができない（この点、先に後件には「予期しなかった」事柄が来るとしたこととつながっている。そうする意志をもって行うことは、「予期しなかった」ことにはならない）。

(17)—a　私は、卓郎と目を合わせた拍子に、笑いがこみあげてきた。
(17)—b　*私は、卓郎と目を合わせた拍子に、彼に声をかけた。
(18)—a　戸を開けた拍子に、中の様子が目に入った。
(18)—b　*戸を開けた拍子に、中をのぞき込んだ。

そして、不可となるbのような例も、後件を「つい～してしまった」のように、主体の本当の意志とはかかわりなく、つまり不随意に行為したという言い方にすると、不自然でなくなる。

(17)—c　私は、卓郎と目を合わせた拍子に、つい彼に声をかけてしまった。
(18)—c　戸を開けた拍子に、つい中をのぞき込んでしまった。

こうしたことからも、″A拍子にB″では、後件のBの事柄が「不随意に生じる」ものという含みがあることは、了解されよう。

2—4　以上、″A拍子にB″のようなパタンで用いられる複合辞「～拍子に」の関係づけの仕方（関係的意味）について、ポイントとなる点をおさえた。以上の検討を踏まえ、次に文法的な面から、「～拍子に」の表現性について更に考えてみる。

まず、後件の文末制約であるが、″A拍子にB″で、A・Bとも同一主体の場合（つまり、「命令」なら前件・後件とも二人称主語、「意志」なら一人称主語の場合）、命令や意志の言い方を文末にとるのは不自然である。

(17)—d ？卓郎と目を合わせた拍子に、彼に声をかけろ。

(17)—e ？卓郎と目を合わせた拍子に、彼に声をかけよう。

(18)—d ？戸を開けた拍子に、中をのぞき込め。

(18)—e ？戸を開けた拍子に、中をのぞき込もう。

そもそも、後件には、主体の意志による行為のような内容が出てくることができないのだから、意志的行為を求めたり、その実行を表明するような言い方ができないのは当然であろう。

しかし、〝A拍子にB〟で、AとBの主体が別になる場合（つまり、「命令」ならAの主体が非二人称者、「意志」の場合ならAの主体が非一人称者の場合）、命令や意志の言い方が可能になることもあろうと思われる。

(17)—f　卓郎がお前と目を合わせた拍子に、彼に声をかけろ。

(17)—g　卓郎が私と目を合わせた拍子に、彼に声をかけよう。

こうした例では、Aの主体から見て、予期せぬ事柄を、Aの主体の意志にかかわらずに、引き起こすことを求めたり、実行表明することが述べられることになり、その意味では、上に見てきた「〜拍子に」の表現性に抵触するところがないので可となるのだと解せられる。

なお、〝A拍子にB〟が疑問の文末をとることも、右の「〜拍子に」の表現性に抵触しなければ、一般に可能である。

2—5　次に、前件の節と後件の節の述語について見ておきたい。「〜拍子に」に前接する前件の節の述語は出来事・動作の生起を表すものでなければならない。形容詞などの状態表現は、もちろんとれない。そして、否定表現や「〜テイル」形式の表現もとれないが、これは、これらも一種の状態性の表現であることによると考えられる。

すなわち、「〜拍子に」の「拍子」は、しばしば「（〜シタ）ちょうどその時に」とパラフレーズして説明されることでもわかるように、一時点的な意味合いを感じさせるものであり、一時点にとどまらない状態や継続相の表現とはなじまないのである。

(19)—a　空砲を聞いてスタートした拍子に、彼は転倒した。

(19)—b *空砲を聞いてスタートしなかった拍子に、彼は転倒した。

(19)—c *空砲を聞いてスタートしていた拍子に、彼は転倒した。

一方、後件の主節述語についても、出来事・行為の生起を表すものであることが求められる。もちろん状態表現は出てこないし、否定表現もふつう不可である。しかし、「〜テイル」形式の表現は可となる。これは、「〜テイル」形式は、結果の継続や動きの継続を表すものであるが、いずれにせよ、その動作がまずなされたことは表現されるので、動作の生起をいう言い方と解されるからである。

(19)—d *空砲を聞いてスタートした拍子に、彼は転倒しなかった。

(19)—e　空砲を聞いてスタートした拍子に、彼は転倒していた。

(19)—f　空砲を聞いてスタートした拍子に、彼は思わず全力疾走していた。

なお、次のようにすれば、否定の言い方は可能であろう。

(19)—g　空砲を聞いてスタートした拍子に、彼は転倒しはしなかった。

これは、「は」でとり立てることによって、「空砲を聞いて、スタートした拍子に、……転倒スル」ことという全体を否定のスコープに入れた言い方で、こうした事柄全体の成立を打ち消す言い方はできる（否定のスコープが、後件にとどまる場合は、上述のとおり不可である）。

以上見たとおり、「〜拍子に」という形式は、出来事・動作といった事柄の生起が、いわば不随意に連鎖するといった関係を示すものといえる。〝A拍子にB〟の前件・後件は、いずれも事柄の生起ということが読みとれる内容でなければならない。

2—6　今一つ、次のようなことも考えておきたい。「〜拍子に」は、一般に「〜シタ拍子に」とシタ形を承けて用いられる。しかし、スル形式を承ける言い方も、いくらかは可能かと思われる。(4)

(20)—a　書斎の扉を開けた拍子に、鍵を落としてしまった。

(20)—b　書斎の扉を開ける拍子に、鍵を落としてしまった。

(21)—a　シイタケを嚙んだ拍子に、舌を嚙んでしまった。

(21)—b　シイタケを嚙む拍子に、舌を嚙んでしまった。

(22)—a　雑煮を食った拍子に、うっかりモチを喉に詰まらせてしまった。

(22)—b　雑煮を食う拍子に、うっかりモチを喉に詰まらせてしまった。

もっとも、「〜拍子に」がスル形を承けるような使い方は、今日ではほとんど見られなくなっているようであり、そのせいか、特に若い世代では、右のbのような言い方を許容しない語感の者がほとんどのようである。

しかし、次例のように、少し以前のものであるが、「〜拍子に」がスル形を承ける例は見いだされる。

(23)　俺は馬車の止まる拍子にやっと後ずさりをやめることが出来た。　（芥川龍之介「夢の蹄」）

(24)　半三郎はやはりその午後にも東単牌楼の社の机にせっせと書類を調べていた。机を向かい合わせた同僚にも格別異状などは見えなかったそうである。が、一段落ついたと見え、巻煙草を口へ啣えたまま、マッチをすろうとする拍子に突然俯伏になって死んでしまった。　（同右）

また、**1—2**に引いた『学研国語大辞典』が「ひょうし」の②の項の用例として掲げる宮本百合子「伸子」の例も、スル形を承けたものである。してみると、もともと「〜拍子に」は、シタ形のみならず、スル形をも承けることができる形式であったと考えられる。

そして、一応筆者の語感では、「～スル拍子に」のような言い方は、少なくとも（20）（21）（22）―bについては十分可と判断するのだが、このあたり右に述べたとおり世代差のあることである。

だが、もともと「～スル拍子に」という言い方が可なのだということから考えるなら、「～拍子に」は、シタ形もスル形も承け得る言い方ということになる。そして、こうしたシタ・スルは、アスペクトの表現と見られる。[5]とすれば、「～拍子に」に前接する前件の事柄については、完了したこととして言われる場合もあれば完了したとして言われない場合もあるということである。つまり、「～拍子に」は、それに前接する前件の事柄について、必ずしもそれが完了したものという規定をかけない言い方なのである。規定をかけないから、前件に来る事柄は、生起し完遂されるところまで行ったものであっても、また、生起はしても、必ずしも完遂されないものであってもよい。

たとえば、「転んだ拍子に怪我をした」の場合、「転んだ」という事柄はもちろん完了し実現したと解せられる。しかし、（22）―aの「雑煮を食った拍子に、うっかりモチを喉につまらせた」の場合、「雑煮を食」う行為は、いわば未遂であって（雑煮は腹の中に収まっていない）、実現はしていない（その途中段階までである）。そして、「～拍子に」は、そうした完了していないことをスル形で示して、完了した事柄と区別することができる表現だったのではないかと想像する。[6]

なお、（22）―aに見るとおり、完了していない途中段階の事柄も「雑煮を食った拍子に」のようにシタ形を用いて表されているが、これは、「窓を開けたが、開かなかった」のように、動詞のシタ形が、その行為の完遂までは表さず、その過程までやったことを表すのにも用いられるということを利用したものである。

ともあれ、以上の検討から知られるように、〝A拍子にB〟の前件のAの事柄は、必ずしも完遂・実現されたものでなくてもよい。このことは、必ずしも「～拍子に」の独自の表現性ということではないが、後述のように、類義表現との比較において一つの差異となることだと思われる。

2—7　ここまでの検討をいったんまとめておくと、「〜拍子に」は、「事柄の生起が不随意に連鎖する」ことをいう形式だといえる。〝A拍子にB〟というパタンで言えば、Aという事柄の生起と連続して、Bという、予期せぬような事柄が、主体（Aの動作主、もしくは体験者）の意志にかかわらず生じる、といったことを述べる言い方である。そして、Aの事柄は、実現したものであっても、実現に向けての過程段階までのことでもよい。

三、「〜拍子に」と「〜はずみで」

3—1　第二項では、複合辞「〜拍子に」の表現性・関係づけの仕方の基本的特質といったところをおさえてみたが、この項では、これを類義形式「〜はずみで」との比較から更に掘り下げていくことにする。

まず、「〜はずみで」の用例をいくらか掲げる。

(25)—a　裏返る魁皇の巨体。投げたはずみで朝青龍の体も飛んだ。（毎日、朝、二〇〇五、一、二七）

(26)—a　中堅から追って来た守備の名手、ハンターがジャンプしながら打球をグラブに収めかけたが、フェンスに激突したはずみでボールをスタンドに入れてしまった。（毎日、朝、二〇〇四、一〇、九）

(27)—a　児童らは、ごみ置き場の中をのぞこうとして、扉を閉めた弾みで鍵がかかったと話しているという。（毎日、朝、二〇〇六、六、一七）

(28)—a　……しまった！　ぶつかった弾みで、ホットドッグを相手の胸に押しつけてしまったことに気付いた瑛は慌てた。（夜月桔梗「恋の紳士協定」）

(29)—a　後部座席に同乗していた少年（19）も衝突のはずみで車外に飛び出し、重傷の模様。（毎日、朝、二〇一〇、一二、一七）

「～はずみで」は、動詞のシタ形を承けて「～シタはずみで」の形で用いられ、また動作・出来事を表す名詞を承けて「Nノはずみで」の形ででも用いられるが、一応いずれの場合でも、「はずみで」を「拍子に」と書き換えて同義的な文にできることが多い。右の(25)～(29)の「～はずみで」は、いずれも「～拍子に」の形に書き換えて不自然さは感じられない。

(25)—b　裏返る魁皇の巨体。投げた拍子に朝青龍の体も飛んだ。

(26)—b　中堅から追って来た守備の名手、ハンターがジャンプしながら打球をグラブに収めかけたが、フェンスに激突した拍子にボールをスタンドに入れてしまった。

(27)—b　児童らは、ごみ置き場の中をのぞこうとして、扉を閉めた拍子に鍵がかかったと話しているという。

(28)—b　……しまった！　ぶつかった拍子に、ホットドッグを相手の胸に押しつけてしまったことに気付いた瑛は慌てた。

(29)—b　後部座席に同乗していた少年(19)も衝突の拍子に車外に飛び出し、重傷の模様。

このように「～はずみで」から「～拍子に」への書き換えはかなりよくできるのだが、しかし、逆に「～拍子に」から「～はずみで」への書き換えは、必ずしもうまくいくことは限らない。冒頭に掲げた例のいくつかを再掲して見てみよう。

(1)—a　ドアを開けた拍子に、壁にかけてあった絵が落ちた。

(1)—e　ドアを開けたはずみで、壁にかけてあった絵が落ちた。

(2)—a　愛美はよろけた拍子に、傍のテーブルに手をついた。

(2)—e　愛美はよろけたはずみで、傍のテーブルに手をついた。

(7)—a　しかし、電灯をつけてタンスのとびらをあけた拍子に、もう一つの考えが、ふいに心をかすめて通りすぎた。

（7）―b ＊しかし、電灯をつけてタンスのとびらをあけたはずみで、もう一つの考えが、ふいに心をかすめて通りすぎた。

（8）―a 一歩踏みだした拍子に、何かやわらかいものを足の下に感じた。

（8）―b ＊一歩踏みだしたはずみで、何かやわらかいものを足の下に感じた。

（1）（2）の「〜拍子に」は「〜はずみで」と同義的に書き換えられるが、（7）（8）の「〜拍子に」を「〜はずみで」と書き換えると不自然になってしまう。このことは、次のように考えることができるだろう。

〃A拍子にB〃のパタンとして言えば、（1）（2）では、Aの事柄（行為・出来事）が直接影響して――つまり、Aの事柄が何らかの働きかけ・作用を与えたことでBの事柄が生じたと解せる。例えば、（1）なら「ドアを開けた」ことによって、何らかの力（震動等）が加わって、「壁にかけてあった絵が落ちた」ものと解せられる。このような場合、「〜拍子に」は「〜はずみで」に書き換え可能である。一方（7）（8）では、Aの事柄が直接影響してBの事柄が生じたとは考えられない。例えば、（7）なら「電灯をつけてタンスのとびらをあけた」というAの事柄は、「もう一つの考えが、ふいに心をかすめて通りすぎ」るというBの事柄が生じるような状況を用意したに過ぎない。このような場合は、「〜拍子に」を「〜はずみで」と書き換えると不自然である。

以上の観察から、「〜拍子に」と「〜はずみで」の相違が見えてくる。すなわち、〃A拍子にB〃と〃AはずみでB〃として考えると、

「〜はずみで」……Aの事柄は、Bの事柄を生じさせるのに、直接の作用を及ぼすものでなければならない。
「〜拍子に」……Aの事柄は、Bの事柄を生じさせるのに、直接の作用を及ぼすものであっても、それが生じる状況を用意する程度のものであってもよい。

ということになるだろう。原因というなら、ある事柄を生み出すのに直接に作用を及ぼすような事柄を言うのが用語として適切であろう。その意味で「～はずみで」は、前件を後件の原因として結びつける言い方といってよい。これに対して、「～拍子に」の関係づけは、右のとおり、前件が後件の成立に直接作用する場合に限らない。後件の成立のための状況――いわば〃呼び水〃となるものが前件に示されるような場合にも、「～拍子に」は使われる。先に**2―2**で、「～拍子に」の関係づけの仕方を〃原因〃を示すなどというのは行き過ぎで、〃きっかけ〃と言いたいということを述べたが、それは、「～拍子に」の関係づけの、上述のような広さを考えてのことである。

3―2　以上、「～拍子に」と「～はずみで」の最も基本的な違いをおさえてみたが、これに関連して、両形式は次のような点でも異なっている。

〃Aはずみで B〃で言うと、Aの事柄はBの事柄を生み出すのに直接作用を及ぼすようなものでなければならなかった。AによってBが生み出されるのであるから、Aの事柄とBの事柄は、当然別個のものでなければならない。これに対し、「～拍子に」を用いた〃A拍子にB〃パタンの表現では、AがBを生み出すのに直接作用するものとは限らないが、この言い方では、Aの事柄がBの事柄と事実として重なってくるようなものも可である。

(30)―a　深呼吸をした拍子に、寒気を吸い込んでしまった。

(22)―a　雑煮を食った拍子に、うっかりモチを喉に詰まらせてしまった。

(30)の場合、「深呼吸をした」時に、その「深呼吸」で「寒気を吸い込ん」だわけで、「深呼吸をした」という事柄と「寒気を吸い込んでしまった」という事柄は、事実として重なっていて別の行為ではない。また、再掲した(22)も、「雑煮を食」う行為をする中で「モチを喉に詰まらせ」るということが生じたわけであり、事実としては「雑煮を食」う事柄の一部に「モチを喉に詰まらせてしま」うという事柄が重なっている。このような、前件の事柄と後件の事柄が重なるような場合でも、〃A拍子にB〃という言い方は可である。AがBの〃きっかけ〃であり、

Aが B の生じる状況を用意するものであるというのは、こうした場合をも含んでのことである。一方、〝Aはずみで B〟では、上述のとおり、A の事柄と B の事柄が別個のものでなければならない。従って、(30)や(22)のような例の「～拍子に」を「～はずみで」に書き換えると、明らかに不自然になる。

(30)—b *深呼吸をしたはずみで、寒気を吸い込んでしまった。

(22)—c *雑煮を食ったはずみで、うっかりモチを喉に詰まらせてしまった。

ところで、「～拍子に」は、**2—6**で検討したように、スル形を受けた例もあり、必ずしも前接する事柄が完了したもの・完遂されたものでない場合もあり得た（右の(22)—aも、「モチを喉に詰まらせ」たので、「雑煮を食」うという行為は完遂できなかったものと考えられる）。しかし、「～はずみで」は、必ずシタ形を承ける言い方であり前接する事柄は完了したもの・完遂されたものでなければならないと見られる。前件の事柄が後件の事柄を生み出すのに直接作用するのだから、その前提としてまず前件の事柄が成立していなければはじまらないということであろう。

従って、〝A拍子に B〟の A の事柄が完遂されていないこと、途中段階にとどまることというような意味合いの例では、「拍子に」を「はずみに」に書き換えることはできない。

(31)—a　愛美は、あわてて窓を開けた拍子に、ころんでしまった。それで、相変わらず窓は閉まったままだった。

(31)—b ?愛美は、あわてて窓を開けたはずみで、ころんでしまった。それで、相変わらず窓は閉まったままだった。

「窓を開けたが、開かなかった」のような例に見られるとおり、シタ形は行為が未遂（途中段階まで）であることを示すのに用いることができる。そして、(31)—aの「～拍子に」の場合、前接する事柄が完遂されたものでないことも可であるので、「窓を開けた」というシタ形の言い方が途中段階で完遂されていないことと解することができ、文意として以下と矛盾のないものと読める。しかし、「～はずみで」の場合、前接するシタ形で示される事柄は、必ず完了し完遂されたものと解されなければならない。それ故、bのようにすると、この場合は以下と矛盾した言い方になってしまうのである。

3―3　以上、「～はずみで」と比較して、「～拍子に」の関係づけの仕方の特質を更に掘り下げてみた。「～拍子に」の記述としては、述べるべきことはこれで十分であるが、併せて「～はずみで」について今少し見ておきたい。「～拍子に」と違い、「～はずみで」については、複合辞等の意味・用法を記述したグループ・ジャマシイ（一九九八）に、簡略ながら以下の記述がある（「～はずみで」「～はずみに」両形に言及して述べている）。

【はずみ】

［Nのはずみ　で／に］

［V―たはずみ　で／に］

(1)ころんだはずみに足首を捻挫してしまった。

(2)衝突のはずみで、乗客は車外に放り出された。

(3)このあいだは、もののはずみで「二度とくるな」などと言ってしまったが、本当にそう思っているわけではない。

「ある動作の余勢で」という意味で、予想しないこと、意図しないことが起こることを表すのに使う。(3)の「もののはずみで」は慣用句的な表現。「Vした拍子に」と言いかえられることが多い。

（グループ・ジャマシイ（一九九八）五〇二頁・原文横書き）

接続の仕方を示し、後件について「予想しないこと、意図しないことが起こることを表す」とするのは、首肯できる。実際、「〜はずみで」は、「原因」を表すが、結果が当然そうなることであるような場合には使えない（この点は、「〜拍子に」も同様である）。

(32)―a ＊屋上から転落したはずみで（／拍子に）、怪我をした。

(32)―b　転んだはずみで（／拍子に）、怪我をした。

aのように「屋上から転落した」なら「怪我を」するに決まっていると思えるが、こうした場合「〜はずみで」は不自然になる。bの「転んだ」なら、「怪我を」するとは限らないと思えるが、この場合は「〜はずみで」を用いて問題はない。このように、必ずしもそうなるとは限らぬこと、つまり「予想しないこと」が起こってしまったというような意味合いで「〜はずみに」は（そして「〜拍子に」も）使われるのである。

グループ・ジャマシイの記述に戻ると、更に「『Vした拍子に』と言いかえられることが多い」という指摘も妥当であるが、今一歩踏み込んで言うなら、「〜拍子に」の方が「〜はずみで」よりも、上に見たとおり、関係づけの仕方の幅は広いのである。

ただ、ジャマシイの「『ある動作の余勢で』という意味」というような意味説明は、今一つよく言いたいことがよくわからない。このような言い方でとらえようとしている「〜はずみで」の表現性の特質を明確におさえるために、今少し考えてみる必要がある。

3—4　「〜はずみで」という言い方の特質を更に考えるためには、「はずみ」という語の意味を吟味してみるべきだろう。「はずみ」とは何なのか。

思うに、「はずみ」を言い換えるなら、「勢い」というのが近いのではないか。「これで予算獲得にはずみがついた」のように、「はずみ」は「はずみがつく」という言い方でしばしば用いられるが、この「はずみがつく」は、つまりは「勢いがつく」とほぼ同義であろう。グループ・ジャマシイ（一九九八）で、「余勢」などとして説明したかった意味合いも、このようなことかと思える。

「勢い」とは、いわば〝物事それ自体がもつ、進展していく力〟とでもいうことであろう。「だんだん勢いが出てきた」などというのは、そのようなことを言うものと思われる。そして、そのような〝勢い〟は〝物事それ自体がもつ〟ものだから、必ずしも人が制御できるとは限らない。人の意志とは別に、勝手に進んでいくととらえられる。「勢いでやってしまった」などという場合、そうした〝力〟に身を委ね、しばしば自らの意志をさておいて、物事を行ったことを言うことになる。

「はずみ」は、このような「勢い」と近い意味合いだと感じられる。いわば〝物事それ自体が生み出す働きかけ・作用〟とでも言えそうである。〝物事それ自体が生み出す〟ものであるから、人の「予想しないこと、意図しないこと」を生み出すことにもなる。「〜はずみで」が導く後件にそうした含みが生じるのも、「はずみ」の意味を右のように考えれば納得できよう。

そして、「〜はずみで」は、右のような経緯で、後件を「意図しないこと」といった含みで導くことになるが、このことは、「〜拍子に」が後件を「不随意に」出てくることとして導くことと重なってくる。そうした重なりがある故に、「〜はずみで」は「〜拍子に」と、自然に書き換えられるわけである。

3—5　**3—4**で「はずみ」は、「勢い」に近いと考えたが、もちろん、微妙な違いも感じられる。「はずみ」は、「勢い」に比べて、より実体的であり、何らかの動作・出来事が生み出した力・動きという、より具体的なイメージでとらえられる。このことは、「〜はずみで」という言い方にも生きていると思われる。それ故、「〜はずみで」に前接する前件の内容は、何らかの力を生み出す動作や出来事としてとらえられるものでなければならない。〝Aはずみで B〟で、AがBを生み出す原因であり、Bは必ずしも「予想されなかったこと」であっても、次の（33）—bのように、前件が何らかの実体的な力を生み出すような動きととらえられない場合は、「〜はずみで」を用いると不自然になる。

(33)—a　娘の無事な顔を見た拍子に、涙があふれた。

(33)—b　*娘の無事な顔を見たはずみで、涙があふれた。

3—6　さて、「はずみで」の「はずみ」が、かなり実体的・具体的なイメージでとらえられているということは、「拍子に」の「拍子」と比較して、次のようなことからもうかがわれる。

(34)—a　何かの拍子に、怪我をした。

(34)—b　何かのはずみで、怪我をした。

(35)—a　*ちょっとした拍子に、怪我をした。

(35)—b　ちょっとしたはずみで、怪我をした。

「はずみ（で）」は、「ちょっとした」というような修飾句を加えても用いられるが、「拍子（に）」では、それは不自然である。つまり、「はずみ」については、「ちょっとした」のような規模をいう修飾句が加えられる、つまり、ある種の〝大きさ〟が問題になるような実体的なものとしてとらえられている面がある。だから、次例の「衝撃のはずみで」も、「衝撃の力・作用で」と、「はずみ」に実体的な「力・作用で」といった意味を読みとって解するのが自然であろう。

(36)　後部座席にいて衝撃のはずみで車外に飛び出した少年（19）は、後部座席のもう一人の男性（20）とともに軽傷だった。　（毎日、朝、二〇一〇、一二、二七）

このように見てくると、「〜はずみで」については、これを複合辞と見るようなことは妥当ではないと思われる。「〜はずみで」の「はずみ」には、「（物事それ自体のもつ）力・作用」といった実体的な意味が読みとれるが、これは動詞「はずむ（跳ネテ（ソレ自体デ）動ク）」が名詞化した「はずみ」という名詞の実質的意味の一環と考えてよさそうである。すなわち、「〜はずみで」の「はずみ」は、まだ実質名詞であると見るべきものである。このことは、「〜はずみで」と同様の意味合いで、「彼ははずみで転んだ」のように、「はずみで」が何も承けずに使えることから了解できる。何も承けないで使えるということは、辞化していない証左であろう。[7]また、「はずみ」は、確かに実質名詞としての用法は限定されてきているが、それでも「そのちょっとしたはずみが、命取りになった」のような名詞としての使い方もまだ可能のように思える。従って、「〜シタはずみで」という言い方は、「〜シタ」がいわゆる結果の連体修飾として「はずみ（で）」に係って、「〜シタ、ソノ結果トシテノ（物事それ自体のもつ）力・作用デ」という意味を表す言い方だと考えるのが、文法的な理解として妥当だと思える。

四、結　び

4　この節では、複合辞「〜拍子に」をとり上げて、その表現性の特色を、類義とされる「〜はずみで」とも対比しつつ、検討してみた。その過程で、「〜はずみで」の表現性・文法的位置づけについても、それなりに立ち入って考えた。

最後に、少し「〜拍子に」について補足しておきたい。

複合辞「〜拍子に」は、端的に言えば、「事柄の不随意の連鎖」といった関係を示す形式であった。だが、「拍子に」というような語句が、どうしてそのような意味合いを持つことになるのか。思うに、これには、「拍子」ということばをめぐって我々が抱くある種のイメージがかかわっているように思える。

「拍子」――わかりやすく〝リズム〟と考えておいてよかろう――とは、規則正しくくり返されて進んでいくものであり、その規則正しいくり返しは、人が自由に変えたりはできない（勝手に変えたら、もはやその「拍子」（リズム）ではなくなる）ものである。そんなことから、我々は「拍子」という語で〝人の意志を離れて、自律的に進むもの〟のイメージを抱くのではないかと思う。そして、我々は、物事は〝人の意志を離れて、自律的に進んでいく〟「拍子」というようなものを何かしら持っているというようなことをともすれば考えるのではないか。

やや特殊な例だが、将棋の用語で「手拍子」という言い方がある。ある場面で「指《さ》す」（＝駒を動かして戦う、戦う手段を選択する）のが自然そうな「手」（＝駒の動き、選択される手段）を、指している人間がたまたまあまりよく考えずに、まるで手が勝手に動いたかのようについ指してしまい、それが結果として失敗であった場合、そういう指し方を「手拍子」と言い、「手拍子の悪手」などと言う（(38)のように副詞的にも使う[8]）。

(37)　しかし、数手進んで［後］8四歩に［先］8六歩としたのは手拍子に似たミスだった。「向こうにも手がないと思っていたが、何も指さない方がよかったような手」と唇をかむ。（毎日、朝、二〇一〇、一二、二七）

(38)　灘氏が☖6六角と逆王手の切り返しに、手拍子にとびついたのが敗因。ここは危険のようだが☖4六玉ともぐり込み、次に☖4七桂以下の即詰みをねらえば、手勝ちであった。（升田幸三「升田の向飛車」）

これは、ちょうど将棋を指す人の手が人の意志とかかわりなく動く面があるというイメージであり、そうした〝意志とかかわりなく進む〟あり様を「拍子」という語で呼んでいることになろう。

物事には、そうした〝勝手に進んでいく〟面があると、我々は何となく思っているようであり、そんなあり様を「拍子」という語でイメージするのだと思われる。今一つ端的な例を示せば、物事が我々の思うこと（意志・予想）を超えてどんどん進むあり様を、「トントン拍子に」というが、この「拍子」は、まさに我々の思うこととは別のところで、物事が進むあり様をイメージした言い方といえよう。

「拍子」とは、そのようなイメージを想起させることばであり、そのようなイメージが複合辞「〜拍子に」にも生きていて、「前件の事柄をきっかけに、後件の予期せぬ事柄が不随意に出てくる」といった関係的意味を表すものになっているのだと、解釈しておきたい。

【第2節・注】

（1）「〜とたん（に）」による関係づけでは、「Aとたん（に）B」として考えると、後件Bには、場面・状況がそれまでと一転して感じられるような際立った出来事の生起が来なければならないと考えられる。例えば、

（ア）スイッチを入れたとたんに、部屋は明るくなった。
（イ）事故の発生を告げたとたん、乗客は騒然となった。
（ウ）他に好きな人がいると知ったとたんに、彼はよそよそしくなった。
（エ）玄関をあけたとたんに、野良猫が飛び込んできた。

（ア）〜（ウ）はいずれもAの事柄が起こって、それと時を接して、Bのそれまでとは状況の一転するような出来事が生じたことが述べられている。また、（エ）の場合も、「野良猫が飛び込」むという突発的な出来事で、それまでのおそらくは平穏な場面が（一瞬かもしれないが）緊張をはらんだものに切り換わるわけである。

本文の（1）—aを（1）—bのように書き換えても不自然にならないのは、右の（エ）と同様の状況の切り換わりとして解せるからである。これに対して、（2）—aを（2）—b「愛美はよろけたとたんに、傍のテーブルに手をついた」とすると違和感が残るのは、「傍のテーブルに手をつ」くくらいのことでは状況は一転するとは感じにくいからであろう（もっとも、いろいろな背景を読み込めば、（2）—bも自然に解することはできる）。

この点、更に例を掲げておくと、（オ）は不自然だが、（カ）は極端な話だけれども別におかしくはない。

（オ）?彼は、家に帰ったとたん、玄関の戸を開けた。
（カ）彼は、家に帰ったとたん、通行人に向って機関銃を乱射し始めた。

（オ）の場合、「家に帰っ」て「玄関の戸を開け」ることは一連の行動と解されることであって、状況が切り換わるようには感じられないが、（カ）のように「家に帰っ」て「機関銃を乱射し始め」るなどということは、ガラリと人が変わった（状況の一転した）ことと感じられるのである。

なお、後件の事柄について「意外だ」というようなニュアンスを伴って用いられるというような説明がなされることもあるが、そのようなニュアンスを伴うことはあるにせよ、それは必須の要件ではない。例えば、次の（キ）の場合、後件は「いつものように」とあって当然そうなると予想されることであり、「意外」というニュアンスは必ずし

も感じられないと思われる。

（キ）スイッチを入れたとたんに、いつものように温風が流れはじめた。

大切なのは、状況が一転する――この場合、暖房が入っていなかった状況から、それが入った状況へ――というように受けとめられる内容が、後件に来るということである。

（2）なお、「その拍子に」という形は可であるが、ふつう「その拍子」と「に」を欠いた形は、不自然である。確かに（ク）のような例はあるが、これは歌詞でメロディに乗って歌われることで黙認される特殊な例であって、一般化はできないだろう。

（ク）あんまりいそいで　こっつんこ
ありさんと　ありさんと　こっつんこ
あっちいって　ちょん　ちょん
こっちきて　ちょん
あいたたごめんよ　そのひょうし
わすれた　わすれた　おつかいを
あっちいって　ちょん　ちょん
こっちきて　ちょん

（関根栄一作詞「おつかいありさん」）

（3）村木（二〇〇五）でも、「〜拍子に」を「〈機会／きっかけ〉の意味」とか「それが〈きっかけ〉となって」と説明している。しかし、村木（二〇〇五）は、「〜はずみに／で」についても、「それが〈きっかけ〉となって」と、同じ説明を与える。これに対し、この節では「〜拍子に」の意味を〝きっかけ〟と説明し、この用語で「〜はずみで」との違いを示そうとするものであって、説明のことばとしては村木（二〇〇五）のものと同じ意味合いではない。

（4）ちなみに、次例は「〜拍子に」がスル形を承けた比較的最近の例ではあるが、前件の事柄の反復に対応して後件の事柄が反復されるといったことを述べるもので、一般の「〜拍子に」の用法からかけ離れた特殊な使い方になっている。

（ケ）喋る拍子に、背中が小刻みに揺れる。

（原田宗典「優しくって少しばか」）

（5）村木（二〇〇五）では、「～拍子に」に前接する述語にはアスペクトは現れずテンスは出てくるとするが、例えば「そんなところで走ってはいけない。足をすべらせたらどうする。転んだ拍子に怪我をするぞ」などという例でも明らかなように、シタ形はテンス（過去）とは考えられず、アスペクト（完了）と見るべきである。

（6）念のため言うなら、「～スル拍子に」が常に未完了（途中段階）を表す形だなどというのではなく、むしろこれは完了したかどうかを不問にして言う言い方と見るのが正確かと思う。

（7）なお、「～はずみに」だと、何も承けずに使うことはできないので、「～はずみで」に比べて辞化が進んでいると見るべきかもしれない。

（8）ちなみに、専門棋士が執筆に加わった『日本将棋用語事典』（原田泰夫監修・森内俊之他編、東京堂出版）では、「手拍子」について次のように説明している。

その時の勢いで、局面の状況などをよく読まずに反射的に指してしまうこと。（一三九頁）

「反射的に」というのは言い過ぎだろうが、言わんとするニュアンスはよくわかるだろう。

3.「〜として」

〜誠は、長年研究所に貢献したとして、表彰された　など〜

一、はじめに――「〜として」の概観――

1　この節でとり上げるのは、接続助詞的用法の「〜として」であるが、従来複合辞として接続助詞的用法の「〜として」がきちんと問題にされたことはないようである。複合辞としてしばしば問題になるのは、次のような、名詞（句）を承ける「〜として」である。

（1）誠は、その裁判に証人として出廷した。

（2）正は、彼女を一生の伴侶として選んだ。

（3）山本氏は、ライフワークとして、表白・願文の文体研究を進めている。

これらの「〜として」は、概して言えば「位置づけ」を示すものということができ、その用法は、大別すると①主体の位置づけ、②対象の位置づけ、③（文で述べられる）事柄の位置づけの、三つに整理できる（馬（一九九七a）（一九九七b）、また、国研（二〇〇一）も参照）。例文（1）が①、（2）が②、（3）が③の、それぞれの典型例といえる。

右のような名詞（句）を承ける「〜として」については、従来問題にされてきたので、この節では立ち入らない。むしろ、ここで論じてみたいのは、次のように節を承けて複文前件を形成する「〜として」である。

（4）田野村氏は、日中の学術交流に貢献したとして、表彰された。

（5）　怪我の手当てはこれでいいとして、あとは救援がいつになるかだ。

（6）　仮に東海大地震が起こったとして、その被害は予想もつかないほどになるだろう。

こうした「～として」については、森田・松木（一九八九）やグループ・ジャマシイ（一九九八）、また国研（二〇〇一）でも立項されていないが、このような表現は決して稀なものではない。そして、それぞれ単一の接続助詞形式に置き換えて、「……貢献したので」[1]「……これでいいが」「……起こったなら」としてもほぼ近似的な意味の文として成り立つことからも、こうした接続助詞形式に近い辞的な意味を表していると見ることが可能だろう。そして、後述のように、ひとまとまりの形式としての固定度も相応に高くなっている、そこで、この節では、この種の「～として」を接続助詞的用法の複合辞「～として」（あるいは、複合接続助詞の「～として」）とするが、こうした接続助詞的な「～として」の意味・用法は、右の（4）（5）（6）を典型と考えていい。すなわち、

①　理由・口実を示す。

②　物事の処理・取り扱いの考え方を示す。

③　仮定の事柄を示す。

のように、さしあたりは整理しておくことができるだろう。（4）は①、（5）は②、（6）は③の、典型例である。なお、①③は自明だろうが、②についてはややこなれない言い方なので一言補足すると、この「～として」は、当面する物事をどう取り扱い、処理するかについての考え方を前件として述べたうえで、話を後件の事柄に進める文意の流れを作る表現といえよう。例えば、（5）の場合、当面する「怪我の手当て」については（おそらく一応のことをやったので）「これでいい」との考え方を示して、次の問題である「救援」のことに話を進めるという表現なのである。この用法の例を更に一二挙げておこう。

（7）　細かな事柄についての検討は明日やるとして、今日は大枠だけ決めておこう。

（8）遺族の方には近藤さんから事情を話してもらうとして、その他に何か葬儀の段取りで忘れていることはなかったかな。

なお、もう一歩踏み込んで考えれば、②と③の用法は、「以下の話の前提となる了解事項をさし出す」ものというように一括することができようかと思うが、詳しくは第三項で述べる。

以下では、これらの接続助詞的な用法の「〜として」と、関連する動詞述詞句の表現との連続相に焦点をあて、特に、どのような条件の下で「〜として」形式が複合辞らしく見えてくるのかについて考えてみたい。

ちなみに、念のため一点補足すると、(2) 次のような「〜シようとして」は、「〜シようとする」という複合助動詞的形式の「〜テ」形の一部と見るべきものであり、辞的に見えても、もちろん以下での記述の対象とはしない。

（9）丹羽氏は、家に帰ろうとして、研究室のドアを開けた。すると、そこに服部氏が立っていた。

二、理由・口実を示す用法の「〜として」

2—1　複合接続助詞「〜として」が、もちろん「〜とする」のような動詞述語句の「〜テ」形に連続するものであることは疑いない。けれども、それぞれの用法の複合接続助詞「〜として」が、どのような「〜とする」表現から派生し、それがどのような条件のもとで「複合辞」らしく働くようになるのだろうか。

まず、理由・口実を表す複合辞「〜として」から考えてみたい。これと関連するものとして注目すべきは、次のような「〜とする（／している）」形式の表現である。

（10）—a　担当者は、早急に調査するとした（／している）。

このような「〜トスル」表現は、一見「〜ト述ベル」などに近い意味を表すものと考えられる。確かに（10）—aは（11）—aとしてもほぼ同義のように見られる。

(11)―a　担当者は、早急に調査すると述べた。

また、「～とする」も「～と述べる」も、引用句に感情表出的な表現はとりにくい。

(10)―b *担当者は、ああ、大変なことが起こったとした。
(10)―c　担当者は、大変なことが起こったとした。
(11)―b *担当者は、ああ、大変なことが起こったと述べた。
(11)―c　担当者は、大変なことが起こったと述べた。

つまり、「～とする」も「～と述べる」も、引用句にとれるのは情意の表現ではなくて、もっぱら判断や認識・見解を示すものとしての言葉である、この点では、確かにここで問題にしている「～とする」は、「～と述べる」などと近似した表現だといえる。しかし、「～とする」は、「～と述べる」と違い、対者を示すニ格をとることはできない。(3)

(11)―d　担当者は、我々に、早急に調査すると述べた。
(10)―d *担当者は、我々に、早急に調査するとした。

この点から、この種の「～トスル」形式の表現は、判断・見解を公にわかる形で示すことをいうが、それを具体的に他に伝えるものとしては描かない言い方だと特徴づけられるだろう。このことは既に藤田（二〇〇一）に論じたが、言葉を代えると、判断・見解を公にすることを、行為としての具体性を捨象して描く言い方だといってもいい。

さて、こうした「～トスル」形式の述語句は、ある程度は固定的なものになってきているように感じられる（このことは、行為としての意味の具体性が乏しくなっていることと関連することでもあるだろう）。しかし、(10)―a c の「担当者は」のように、はっきり主語をとることができるし、次の e のように、「～テ」形や中止形にすることもできる。また、少々ぎこちないが、fのように「〜と」と「する」の間に主語等を割り込ませることもできるという点で、まだ動詞述語としての、他の要素と自由な結びつきを作る性格を保っているといえる。

(10)―e　担当者は、早急に調査するとして（／とし）、全面解明に乗り出した。

(10)―f　早急に調査すると、担当者はして（／し）、全面解明に乗り出した。

けれども、このような「〜トスル」形式の、eのような「〜テ」形の表現と、初めに掲げた複合接続助詞「〜として」の表現は、直観的にも明らかに連続性があることが見てとれよう。

(4)　田野村氏は、日中の学術交流に貢献したとして、表彰された。

以下では、その連続性にもう少し踏み込んでみたい。

2―2　右に見た「〜トスル」形式の述語句が「〜テ」形をとる場合、興味深い事実が観察される。

(12)　名古屋地検は、刑務官が受刑者に暴行などをした疑いもあるとして、特別公務員暴行陵虐や同職権乱用等致死傷の容疑を視野に捜査している。（朝日新聞、朝、二〇〇二、一〇、五）

(13)　捜査を担当する警察庁は、北朝鮮が意図的に発表した誤情報も含めて「吟味する材料になる」（佐藤英彦警察庁長官）として、関係各国とも協力しながら情報収集を急ぐ方針だ。（同右）

(14)　泉佐野市発注の市営住宅電気設備工事で、事前に談合情報があったにもかかわらず、「落札額などの具体的な内容に欠ける」として、市が入札を実施していたことがわかった。（同右）

(15)　滋賀県豊郷町の町立豊郷小学校の校舎の保存・活用問題で、大野和三郎町長（47）が権限がないのに解体作業を指示し、町に損害を与えたとして、住民団体「豊郷小学校の歴史と未来を考える会」代表の本田清春さん（51）ら住民6人が26日、町を相手取り、校舎の修復費用として大野町長に1千万円の損害賠償を請求するよう求める住民訴訟を大津地裁に起こした。（朝日、夕、二〇〇三、二、二六）

(16)　その際、名護市民は市民の意思を無視したとして、前市長を訴える裁判を起している。

（柳美里「仮面の国」）

(12)の場合、「暴行などをした疑いもある」から、「捜査している」のだという文意が読みとれるし、(13)については、「吟味する材料になる」という判断が、「情報収集を急ぐ方針」をとった理由だと解せられる。(14)についても、「落札額などの具体的な内容に欠ける」という見解（というより、妥当性がないのに押し通したと見られるのだから〝口実〟というべきか）に拠って、あえて「市が入札を実施」したと解せられるし、(15)(16)も、「住民団体」や「名護市民」が、「町に損害を与えた」「市民の意思を無視した」と判断した故、訴訟・裁判を起したのだという文意として理解することができる。すなわち、「(××が)～トシテ……スル」のパタンは、〝原因・理由（となる判断・見解）―結果（としての行為・状態）〟という意味関係になることが極めて多いのである。[4]

これは、次のようなことと関連すると考えられる。

(17)　三井氏は、そのとおりだと思って ―┬ 出ていった。
- 手をあげた。
- 電話をかけた。
- 立ちつくした。
- 料理を続けた。
- …　etc.

「～と思って」のような心中の判断・見解を示す「～テ」形（及び、中止形「～と思い」も同じ）は、一般に以下の行為・状態の原因・契機と読まれる。右のように、「～と思って」にさまざまな動作・状態を表す言い切り述語句を続けてみた場合、いずれも「そのとおりだと思っ」たから、「出ていった／手をあげた／電話をかけた／立ちつくした／料理を続けた」のだといった因果的な文意として理解されるわけである。このことは興味深い事実だが、何者かの判断・認識が示されて、その者について述べる述語句が更に続く場合、その判断・見解に基づいてなされたことが語られるだろうと期待し、そのように理解しようとする、我々の表現理解の一つの型があると考えていいのだろう。

ところで、「〜トスル」形式の表現は、既述のように、判断・見解を公にすることを、行為としての具体性を捨象して描く言い方だとした。判断や見解を公にするという行為について、それを公に示してみせるという行為のリアリティが稀薄になると、そこにはむしろ、そうした判断や見解を当人が持っているのだ・是としているのだという点がクローズ・アップされてくるだろう。そんな意味で、「〜トスル」形式の表現は、心中の判断・見解を述べる「ト思ウ」のような表現と近いものになる。従って、「〜トスル」形式の「〜テ」形の「〜として」は、「〜と思って」と表現価値の近いものと理解され、後件の行為・状態と原因—結果的な文意で読まれるものと思われる。

ただし、もちろんすべての「（××が）〜トシテ……スル」のパタンが原因—結果的に読まれるわけではない。例えば、先にあげた（10）—eの場合、

（10）—e　担当者は、早急に調査するとして、全面解明に乗り出した。

必ずしも「早急に調査する」としたから、担当者が「全面解明に乗り出した」のだとはいえないだろう（もともと、そのように表明しようがしまいが、「全面解明に乗り出」すことに変わりはなかったと考えるのが自然である）。このように、「〜として」の引用句「〜ト」内が「（自分（達）が）〜スル」というような意思表明になる場合は、「（××が）〜トシテ……スル」のパタンは原因—結果的に読みにくい。引用句の中が明確な意思表明の言い方になることで、こうした場合の「〜として」は、「〜と思って」に近いものと解されなくなるということだろう。実際、はっきり意思表明と解される表現は、「〜ト思ウ」の引用句にはとれない。

（10）—g＊担当者は、早急に調査すると思った。

いずれにせよ、「〜と思って」に近いものと解されない「〜として」は、以下の後件と原因—結果的な文意では解しにくい。しかし、多くの場合「〜として」は、引用句に判断・認識や見解を示す言葉が引かれて、「〜ト思ッテ」に近いと解されるものであり、「（××が）〜トシテ……スル」のパタンは、原因—結果的に理解されることが一般だといってもいいだろう。

従って、ここで問題にしてきた「〜トスル」形式の表現は、「〜として」の形をとることで、既に原因—結果的な文意の脈絡の中にはめ込まれがちな特質を持つものであり、理由等を表す関係表現に接近する条件がもともと備わっていたものだといえる。

けれども、（12）〜（16）のような表現では、まだ「名古屋地検」「警察庁」「市」「住民団体」「名護市民」といった〝スル〟主体としての主語が存在し、それに対応する「〜として」にはっきりと動詞述語性が残っていると考えられる。それ故、例えば（16）を例に考えると、aの「〜として」の形はbのように中止法に変えることもできるし、ややぎこちないがcのように主語を割り込ませることもできる。

（16）—a　名護市民は市民の意思を無視したとして、前市長を訴える裁判を起している。

（16）—b　名護市民は市民の意思を無視したとし、前市長を訴える裁判を起している。

（16）—c　市民の意思を無視したと、名護市民はして、前市長を訴える裁判を起している。

このように、（12）〜（16）の「〜として」は、「する」という動詞を中心とした述語句としての組み合わせの自由さをある程度保っている。言い換えれば、形式としての固定化は、やはりさほど進んではいない。複合辞と見なされる要件として、形式がひとまとまりのものとして固定化することが、重要な指標だとされてきた。その点からすれば、（12）〜（16）のような段階の「〜として」は、まだ〝複合辞らしい〟と感じられるような固定化したものにはなっていないのである。

2―3　けれども、次のような例では、「～として」ははっきり固定化したものとなる。

（18）―a　かつてこの貿易会社に勤務していたその夫婦は、秘密工作員の入国を手引きしたとして、逮捕された。

（19）―a　丸山氏は、無届けで霜印食品の役員を兼任し、規定に違反するとして、謹慎処分を受けたのである。

（18）（19）とも、「秘密工作員の入国を手引きした」（ト見ラレタ）から「逮捕された」、「規定に違反する」（ト見ラレタ）から「謹慎処分を受けた」というように、「～として」で導かれる前件が、後件のことと原因―結果的な関係で読まれるものである。その点では先の（12）～（16）と相通じるが、（12）～（16）とは違い、（18）（19）では、「～として」を「～トシ」と中止形に変えることはできない。

（18）―b　*かつてこの貿易会社に勤務していたその夫婦は、秘密工作員の入国を手引きしたとし、逮捕された。

（19）―b　*丸山氏は、無届けで霜印食品の役員を兼任し、規定に違反するとし、謹慎処分を受けたのである。

この点は、最初に掲げた（8）の例でも同様である。

（4′）*田野村氏は、日中の学術交流に貢献したとし、表彰された。

「～として」が、はっきりひとまとまりとして固定化しているのである。もちろん、主語を割り込ませることもできない。というより、そもそも（18）（19）や（4）では、「～として」に対して、そう〝スル〟主語がもはや見当らなくなっているのである。

つまり、主語との関係を断ち切られた使われ方になることによって、「～として」は、組み合わせとしての自由さをある程度もった動詞述語句から一歩進んで、はっきり固定的なひとまとまりになり、接続助詞的な複合辞というべき形式になっていくのである。

2―4　この点、今少し立ち入って見ておこう。

注意すべきは、このような複合接続助詞というべき「〜として」があらわれるのは、対応する後件（主節）の述語が受身もしくは迂言的な受身の場合に限られるようだということである。対応する後件の述語が能動などの、(12)〜(16)のような場合、「〜として」は決して辞として固定化したものにならない。理由・口実を示す用法で、複合接続助詞として固定化したといえる「〜として」は、実は極めて限定された条件下でしか出てこないのである。このことから、理由・口実を示す接続詞的な「〜として」の成り立ちを次のように考えることができるだろう。

ある判断・見解をもとにしてある行為がなされるといった、一連の原因―結果的関係の出来事は、判断し行為する側から見て、一続きの行為として能動的に描くことができるだろう。この場合、もちろん「〜トシテ……スル」のような「トスル」形式の「〜テ」形も用いられる。

(18)―c　当局は、秘密工作員の入国を手引きしたと見て（／考えて）、その夫婦を逮捕した。

(18)―d　当局は、秘密工作員の入国を手引きしたとして、その夫婦を逮捕した。

こうした場合、主節の行為を表す述語と「〜テ」形とは、もちろん同じ主語をとる。主語と対応づけて理解される限りは、述語と解され、「〜として」も（「〜と見て（／考えて）」同様）動詞述語的性格を維持することになる（だから、「〜とし」などと変えることもできた）。

しかし、同じ事柄は、行為を受ける側の立場から受動的に描くこともできるはずである。

(18)―e *その夫婦は、秘密工作員の入国を手引きしたと見て（／考えて）、逮捕された。

(18)―f　その夫婦は、秘密工作員の入国を手引きしたとして、逮捕された。

そのような受身表現の文においては、行為の理由・拠り所としての判断や見解などがあったことを示すふつうの引用動詞句の「〜テ」形があると、極めて不自然で、eのような表現は不適格なものと感じられる。「見る」「考える」といった動詞が意味として具体的であって述語的に解されるため、対応する主語が消えた文の中では浮いてしまい、不自然に見えるからだといえよう。しかし、「〜として」の場合、この「して（＜する）」自体が既に具体性が乏しいものであるから、対応する主語が消えた文中に置かれることで、むしろ動詞的な具体的意味が感じられない抽象的な関係表現と解されるものとなり、そのことと相応じて、ひとまとまりの複合辞という性格を明確にするのだと考えられる。

以上要するに、複合接続助詞「〜として」は、判断・見解を公にすることを表す「〜トスル」形式の「〜テ」形に連続するもので、この「〜テ」形は、「(××が）〜トシテ……スル」のパタンで用いられると、その表現性から、後件の行為がなされることに対し、その理由・口実となる判断・見解を示すものと解されることがふつうであるが、このパタンの中にあっては、なお動詞述語句的性格を維持している。だが、これが、右のパタンで述べられる事柄と同趣のことを行為として受ける立場から描くような受身の文の中に置かれ、主語との関係を断ち切られると、もともと具体的意味が乏しいこともあり、動詞述語句から転じて「複合辞」らしい性格をあらわにするようになるのである。

これは、第1章第2節で論じた「当該語句を複合辞たらしめる条件」もっとも基本的なものである「主語が失われる」という要件が働いた典型的な事例の一つだといえる。

三、話の前提となる了解事項をさし出す「〜として」

3―1　次に第一項で②③とした用法の「〜として」について考えよう。

（5）―a　怪我の手当てはこれでいいとして、あとは救援がいつになるかだ。

（6）―a　仮に東海大地震が起こったとして、その被害は予想もつかないほどになるだろう。

（5）が②の「物事の処理・取り扱いの考え方を示す」用法の「～として」、（6）が③の「仮定の事柄を示す」用法の「～として」の例であった。ただ、一応見通しを付けるために、いったん②と③を分けて考えたが、実は②と③は区別しにくいことも多い。例えば、次のaの「～として」は、意味としてはbのように当面の物事の取り扱いを実際どうするかを言う言い方とも、cのように仮のことを言う言い方とも、両様に解せられる。

（20）―a　その件は後回しにするとして、問題は大学評価機構のヒアリングへの対応だ。

（20）―b　その件は今回は後回しにするとして、問題は大学評価機構のヒアリングへの対応だ。

（20）―c　その件は仮に後回しにするとして、問題は大学評価機構のヒアリングへの対応だ。

つまり、②と③とは連続的なのである。見方を変えれば、「仮定」とは、問題とすべき事柄について、仮にそれが成立するものと取り扱って考える考え方をとるということであるから、③は②に含まれるものとして考えてよかろうかと思う。以下では、両者を一括して見ていくことにしたい。

こうした「～として」も、形式としての固定度が意外に高く、中止形に[5]変えることは難しいし、何かを割り込ませることも、絶対に不可とはいえないかもしれないが、かなり不自然である。

（5）―b　*怪我の手当てはこれでいいとし、あとは救援がいつになるかだ。

（6）―b　*仮に東海大地震が起こったとし、その被害は予想もつかないほどになるだろう。

（20）―d　*その件は後回しにするとし、問題は大学評価機構のヒアリングへの対応だ。

（5）―c　?怪我の手当てはこれでいいと一応して、あとは救援がいつになるかだ。

（6）―c　?仮に東海大地震が起こったと一応して、その被害は予想もつかないほどになるだろう。

（20）―e　?その件は後回しにすると一応して、問題は大学評価機構のヒアリングへの対応だ。

直観的には「する」という動詞の動作的意味がいくらかは残っているようにも思えるが、特定の主語をとることはできず、その意味でやはり動詞述語としての性格は弱い。むしろ、こうした「〜として」は、いずれも以下に話を進める了解事項を了解しておくべきこととしてまずさし出し、次の段階へ話を進めるという関係で用いられるものであり、そうした関係を表示する接続助詞的な複合辞形式と見ることが可能だろう。簡略には、話の前提をさし出す「〜として」と呼ぶことにする。

以下、こうした、話の前提をさし出す「〜として」の由来について簡単に考えてみたい。

3—2　右のような「〜として」表現を観察して容易に気づくのは、これらの「〜として」の形は、いずれも次のようにいったん言い切る形に改めても、ほぼ同様の意味関係の表現（連文）になるということである。

（5）—d　怪我の手当てはこれでいいとする（／しよう）。あとは救援がいつになるかだ。

（6）—d　仮に東海大地震が起こったとする（／しよう）。その被害は予想もつかないほどになるだろう。

（20）—f　その件は後回しにするとする（／しよう）。問題は大学評価機構のヒアリングへの対応だ。

このように、「〜として」の部分は、「〜とする（／しよう）」と言い切って一文にしても、ほぼ同様の関係の文脈を形成して次文に続いていくものと解せられるのである。

そして、ここで注意したいのは、右のような言い切りの「〜トスル（／ショウ）」文である。これは、いわば話し手（書き手）と聞き手（読み手）の間で、以下話を進めていく前提を作るべく取り決め・確認する言い方で、いわゆる遂行的表現に近い。つまり、話（文脈の展開）を進める立場に立っている話し手（書き手）が、「コレコレとする」と前提になることを述べれば、聞き手（読み手）は、聞き手（読み手）として話に関わっていこうとする限り、その前提を受け入れないわけにはいかない。でないと話についていけないわけである。だから、話を進める立場に立つ話し手（書き手）が「コレコレとする」と述べることによって、話し手（書き手）と聞き手（読み手）の間で以下の話の前提がそのように決まっていくという状況が作り出される。その意味では、事態を生み出すいわゆる遂行文の表現に近い。また、話し手（書き手）が「コレコレとする」と前提を述べることは、「コレコレ」という前提を設定し、そう設定することを「（と）する」と話し手（書き手）が述べるわけだから、第1章第2・3節で論じた「メタ言語的自己言及」の言い方の一例ともいえる。

この種の表現は、実はいろいろなところで目にするものである。

(21)　正三角形Aの一辺が6cmだとする。Aの面積はいくらになるか。

(22)　独立行政法人化に伴う研究条件の悪化は、当面考慮しないとしよう。給与面の問題は、しかし、どうなるのか。

ところで、「コレコレとする（／しよう）」というのは話し手（書き手）であるから、前提をそのように決める（＝する）主体は話し手（書き手）であるように思えるが、聞き手（読み手）もそれを受け入れるのだから、やはり前提をそのように決めて話を追っていくわけで、同じくこれも前提をそのように決める（＝する）主体だということになる。のみならず、当該の話に関わる者は、いずれも前提を受け入れなければ話に関わっていけないから、この文を目にし耳にする者は誰もがそのように話を決める主体だということになる。というようなことで、こうした「～スル（／シヨウ）」表現においては、そのように「する」主体、すなわち「（と）する（／しよう）」に対する主語は、当該の話に関わる不特定多数へと拡散して特定できなくなるのである。

3—3　さて、この第三項で見ている、話の前提をさし出す「～として」が、右のような「～トスル」文の「～テ」形として位置づけられるものであることは、十分納得できることかと思う。この種の「～トスル」文では、「する」に対する主語が不特定多数者に拡散して決まらなくなっていた。それ故、「～テ」形をとって「～として」の形になっても、やはり特定の主語は決まらず、動詞述語らしさの乏しい形式と解されることになる。それが辞的な関係表現と見なし得る契機となっているといえる。そして、この種の「～トスル」が「～として」の形で用いられると、もっぱら、話の前提となる取り決め（了解事項）を示し、それをそうと認めたうえでの次の段階の事項内容を導くという文意の流れを形作ることになる。この場合、一般に動詞の「〜テ」形と以下とが継続的・段階的に読まれるものであるということも、このような文意になることを支えているのであろう。(6)

ちなみに、「〜トスル（／シヨウ）」と言い切る言い方の場合、後続できる内容にはもう少し幅があり、「〜とする（／しよう）」で示された了解事項を認めたうえでの次の事柄が来るだけではなく、例えばさし出された了解事項についての補足や念押しなどが来ることもできる。

（6）―e　仮に東海大地震が起こったとする。震度は6ぐらいのだ。
（6）―f　仮に東海大地震が起こったとする。あくまで仮の話だ。

しかし、「〜として」の場合、そのような内容が後件に出てくることは、もちろん不可である。

（6）―g ＊仮に東海大地震が起こったとして、震度は6ぐらいのだ。
（6）―h ＊仮に東海大地震が起こったとして、あくまで仮の話だ。

こうした「〜として」は、前提となる了解事項をさし出して、それを認めたうえで、次の段階の話を導くというある程度限られた文意の流れを形作ってしか用いられないのである。そのような文意の流れを形成し、もっぱらそのような意味においてのみ用いられることによって、「〜として」はそのような意味関係を表す一個の辞的表現のように受けとめられるのだと考えられる。この種の「〜として」が、先に見たようにひとまとまりの形式として固定化しているのは、その反映といえるだろう。

以上、ここで見てきた、話の前提をさし出す「〜として」は、もともと主語が特定しにくい表現に由来することで動詞らしさが乏しく感じられることに加え、ある程度限られた文意のつながりを形作って用いられるように用法が限定されていることで、そのような意味関係の表現と解され、複合辞的な形式らしくなっているのである。

3—4　関連して一つ付け足りを記しておく。ここで見た、話の前提をさし出す「〜として」と関連するものとして、「〜としても」という複合接続助詞が考えられる。

(23)　その男が真実を知っているとしても、それを聞き出すのは簡単ではないだろう。

(24)　万一気付かれたとしても、逃げるのは容易い。（築山桂「浪花の翔風」）

この「〜としても」については、森田・松木（一九八九）にもグループ・ジャマシイ（一九九八）にも立項があり、国研（二〇〇一）でもとり上げられている。ここでは、国研（二〇〇一）での「〜としても」の意味・用法を掲げておこう。

「AとしてもB」の形で、前件Aのような事柄が成り立つ・あるといったん考えた場合でも、それと対立する・相反する事柄として後件Bのようなことがあることを述べる。

一応、使われ方の説明としてはこれで足りると思うが、こうした「〜としても」の意味・用法も、話の前提をさし出す「〜として」の意味・用法の延長上に解釈できるように思う。

すなわち、話の前提をさし出す「〜として」とは、前提となる了解事項をさし出して、それを認めたうえで、次の段階の話を導くものであったが、その「〜として」に「も」が加わることで、〝それだけでない・それだけで物事が片づかない〟含みをうかがわせ、前提となる了解事項をさし出して、それを認めたうえでも、前提として以下の話を規定するはずの前件の事項に規定されない、それとは相反・対立することがあるという関係の表現となるのであろう。

四、結　び

4　以上この節では、動詞述語句のような本来実質的・具体的な意味を表す連語句から、抽象的・関係的な意味を表す「複合辞」的な形式が転成し成立してくるその連続相を記述してみようという考え方で、接続助詞的な関係表現と見ることのできる「〜として」の大別して二つのタイプの表現をとり上げ、それぞれがどのような表現と連続的であるのか、また、特にどのような要件のもとに、それらが「複合辞」らしくなってくるのか、といった点に光をあてようと試みた。

【第3節・注】

（1）より的確に言うなら、「日中の学術交流に貢献したとして」は、「……したということで」ぐらいに置き換えるのが近いと思われる。が、いずれにせよ、こうした「〜として」が、接続助詞的な関係表現に相当するものと見なし得るものであることは了解されよう。

（2）なお、「〜として」の形をとる表現では、

（ア）佐野氏をチーフとして、プロジェクトを進める。

（イ）米軍は、バクダッドの都心部を中心として、空爆を開始した。

のような、「AヲBトシテ」のようなパタンをとる定型的表現もあるが、これはいわば副詞的な連語を作るもので、「AヲB二」のような連語パタンとも書き換えられることが多い点でも少し考えてみたい表現ではある。しかし、接続助詞的な「〜として」について考えるこの節では、立ち入らないでおく。

（3）もちろん「〜を前にして」「〜に対して」のような言い方で言い添える形をとれば、対者を表すこともできる。

（ウ）担当者は、我々を前にして、早急に調査するとした。

（エ）担当者は、我々に対して、早急に調査するとした。

しかし、ニ格のような動詞のとる格成分として対者が立てられないということは、動詞の意味が対者の表現を要求するものではないということを物語っている。

（4）念のため、ここで「（××が）〜トシテ……スル」のパタンとして問題にしているのは、「〜として」と後件の述語

が同一主語をとって並列的である場合である。「～として」と後件の述語が別になる次のような場合は（実際のところ稀でもあり）、ここで論じている対象からは外れるものである。

（オ）　戦争の是非についてアンケートをとってみると、大多数は絶対反対だとして、ごく少数のみやむをえないと答えている。

（5）　副詞的修飾語を割り込ませることは、あるいは絶対不可ともいえないかもしれないが、これは「（と）して」の部分に前提を取り決めるというような意味がいくらか行為的なものとして感じられるからかもしれない。

（6）　いくらか細かな点について補足しておきたい。

まず、第三項で問題にする、話の前提をさし出す「～として」とは、話し手（書き手）と聞き手（読み手）との間で以下の話の前提として了解すべき事項がさし出される言い方であった。従って、話し手・聞き手ではなく話の登場人物がどう決めてやっているのかを述べる次例のような「～として」は、もちろんここで論ずるものには当たらない（（カ）の「～として」は、「～とし」とすることもでき、未だひとまとまりに固定化してはいない動詞述詞的な表現といえる）。

（カ）　独立行政法人化に伴う研究条件の悪化は当面考慮しないとして、学長は改組に踏み切ろうとしている。

また、理由・口実を表す複合接続助詞というべき「～として」の場合、後件の述語としては極めて限定された表現しか考えられなかったのに対し、話の前提をさし出す「～として」の場合には、後件述語としてさまざまな表現が可能である。一般の述べたての形のみならず疑問の形もとれるし、意志や命令・勧誘の言い方もとれる。

（キ）　独立行政法人化に伴う研究条件の悪化は当面考慮しないとして、給与面の問題はどうなるのか。

（ク）　独立行政法人化に伴う研究条件の悪化は当面考慮しないとして、私としては給与面の問題を徹底的に議論するつもりだ。

（ケ）　仮に東海大地震が起こったとして、諸君は手はずどおり敏速に行動せよ。

（コ）　怪我の手当てはこれでいいとして、何か食べ物を捜しに行こう。

ところで、話の前提をさし出す「～として」は、まず前提となる了解事項を示し、これを認めたうえで後件のことがあるという文意の流れを作るもので、後件に対しては段階的な関係を表すと読まれる表現であった。ところが、次のように後件が命令や勧誘あるいは意志の形をとった場合、「～として」の前件と必ずしも順を追っての段階的な関係とは解されなくなることがある。

（サ）—a　細かな点は後回しにするとして、今日は大枠のみ決めろ（／決めよう／決めるつもりだ）。

つまり、前件の「細かな点は後回しにする」ことと後件の「今日は大枠のみ決め」ることとが、順を追ってではなくて、いわば同時的に意志決定されることのように理解されることになる。つまり、前件と後件とは並列的に解されるのである。だから、aはbのように言い換えても言っていることは同じだということになる。

（サ）—b　今日は大枠のみ決めるとして、細かな点は後回しにしろ（／しよう／するつもりだ）。

このような場合、「～として」は、もはや話の前提をさし出ているとはいえないものであろう（後件とどちらが前提とも言い難いのだから）。そのような関係的意味を表す表現として固定化されないので、このような「～トシテ」は、次のとおり、「～とし」の形もとれるのである（まだ複合接続助詞的にならず、後件の言い切り述語と並列的な動詞述語性がまだ際立って見えると言ってもいい）。

（サ）—c　細かな点は後回しにするとし、今日は大枠のみ決めろ（／決めよう／決めるつもりだ）。

このあたり、なお精査する必要がありそうだが、ここではこれにとどめる。

4.「〜とあって」

〜今日は十日戎とあって、たくさんの人が出ている〜

一、はじめに

1―1　この節では、因果的な関係づけを表すと解せられる、次のような複合辞「〜とあって」の用法について、いささか考察する。

（1）大会は初の日曜日とあって、約2万人でにぎわった。（毎日新聞、朝、二〇〇〇、六、六）

（2）今年はイヌ年とあって年初に犬を飼い始める人も多かった。（朝日新聞、朝、二〇〇六、八、二四）

（3）日本三大梵鐘の一つで、約七十トンもある大鐘とあって、十二年ぶりに新調された撞木のスケールも半端ではない。（京都新聞、朝、二〇〇六、一二、一三）

（4）デビュー7年。初の主演ドラマとあって、その重みを実感している。（毎日、朝、二〇〇〇、一〇、二七）

（5）松井が公式の場で「監督宣言」したのは初めてとあって、番記者たちは色めき立った。（PRESIDENT 2005. 2.14号）

（6）二〇〇〇円の「おめでたずし」を食べると、先着二〇〇人に湯のみが進呈されるとあって、開店前から列は三〇〇人以上に。（毎日、夕、二〇〇一、一二、三）

（7）一日五百円という低料金で出店が体験できるとあって、新しい商売に挑戦したり、既存店のＰＲに活用するなど利用の幅も広がっている。（京都、朝、二〇〇六、一二、一三）

（8）新たなテロ攻撃も懸念されるとあって、厳重な警戒態勢が敷かれ、球場周辺には約一二〇〇人の武装警官が配備された。（毎日、夕、二〇〇一、一〇、三一）

（9）数学や論理学の知識がためされ、瞬間的なひらめきが要求されるとあって、医学部の学生たちは夢中でゲームに参加した。（鈴木光司「らせん」）

（10）6月のドリームジャンボに続いて、2等賞金が1億円に増額されたとあって、会場は大勢の宝くじファンの熱気に包まれた。（毎日、朝、二〇〇〇、一〇、七）

これらの「〜とあって」は、形式として固定している。例えば、通常の接続助詞「て」を伴った動詞述語であれば、連用形中止法の形に同義的に書き換えできるのがふつうだが、次のとおり、これらは連用形で中止する形に改められない。

（1）—a　大会は初の日曜日とあって、約2万人でにぎわった。
　→b　*大会は初の日曜日とあり、約2万人でにぎわった。

（6）—a　先着二〇〇人に湯のみが進呈されるとあって、開店前から列は三〇〇人以上になった。
　→b　*先着二〇〇人に湯のみが進呈されるとあり、開店前から列は三〇〇人以上になった。

また、「とはあって」「とまであって」などといったように、「と」と「あって」の間に副助詞等を挿入した形で用いることもできない。「とあって」は、この形でひとまとまりなのである。

このように形式的に固定化していることに対応して、用法も、「あって」の「ある」という動詞の具体的意味は稀薄になって、因果的な関係づけを表すものに特化している。こうした「〜とあって」は、文の形のまとまりも名詞も承けることができるが、細かなニュアンスを言わなければ、基本的に「〜ので」と同義的書き換えが可能である（「〜とあって」が名詞や形容動詞語幹を承ける場合は、「〜なので」と書き換えられることになる）。

（1）—a　大会は初の日曜日とあって、約2万人でにぎわった。
→c　大会は初の日曜日なので、約2万人でにぎわった。
（4）—a　初の主演ドラマとあって、その重みを実感している。
→c　初の主演ドラマなので、その重みを実感している。
（6）—a　先着二〇〇人に湯のみが進呈されるとあって、開店前から列は三〇〇人以上になった。
→c　先着二〇〇人に湯のみが進呈されるので、開店前から列は三〇〇人以上になった。
（8）—a　新たなテロ攻撃も懸念されるとあって、厳重な警戒態勢が敷かれた。
→c　新たなテロ攻撃も懸念されるので、厳重な警戒態勢が敷かれた。

一方、もし次のようにしても、例えば〝並列〟の関係——先着二〇〇人に湯のみが進呈されるということがあって、また、来店者すべてにティッシュ・ペーパーが配られることが同時にあったなどということを述べるものとしては、「〜とあって」は用いられないわけである。

（6）—d　*先着二〇〇人に湯のみが進呈されるとあって、来店した人にはもれなくティッシュ・ペーパーが配られた。

このように、こうした「〜とあって」は、用法が特定の抽象的な関係的意味を表すものに特化したことと相応じて、形式的にも固定化した一つの複合辞だといってよい。

なお、「〜とあって」は、（6）〜（10）のように文的なまとまり（節）を承ける場合と、（1）〜（5）のように名詞句を承ける場合とあるが、名詞句を承ける場合も、（1）—dのように名詞句の後に「ダ」の挿入が可能であり、

（1）—d　大会は初の日曜日だとあって、約2万人でにぎわった。

名詞句の形であっても（節の）述語句相当のものと見られる。実際、次のように主語をとるものもある。

(11)　また、自宅の近くが海とあって、魚釣りにもよく出かけており、自給自足の生活をしています。

（市政便り天草）

従って、「〜とあって」は、形によらず節相当のものを承けると考えるのが妥当である。

この節では、こうした複合辞「〜とあって」の意味・用法について考える。

1―2　なお、一見形は似ていても、「〜とあって」の「あって」が更に所在場所を表すニ格をとる、次のaのような例は、ここでとり上げる複合辞「〜とあって」の例とは別のものであり、この節の検討の対象とはならない。

(12)―a　ダイアリーに、夕方直帰とあって、被害者が会社に戻らなかったことが分かる。

この種の「〜とあって」表現では、次のように形にも自由さがあり、それと相応じて、存在の意味を表す動詞としての性格が十分残っていることも感じられる。

(12)―b　ダイアリーに、夕方直帰とあり、被害者が会社に戻らなかったことが分かる。

こうした例は、次のような、書かれたコトバを引く引用表現（「…ニ〜トアル」構文）の一例である。

(13)　表札に、「山東功」とあった。

この種の引用表現については、藤田（二〇〇〇）で立ち入って論じたので、そちらを参看されたい。

二、先行記述

2―1　「〜とあって」については、従来ほとんどとり上げられることはなかった。複合辞を広く記述した主要な著作を見ても、森田・松木（一九八九）や国研（二〇〇一）ではとり上げられておらず、グループ・ジャマシイ（一九九八）に次のような記述があるくらいである。(1)

【とあって】

1……とあって

［Nとあって］

［Vとあって］

(1)今日は三連休とあって、全国の行楽地は家族連れの観光客で賑わいました。

(2)一年に一回のお祭りとあって、村の人はみんな神社へ集まっていた。

(3)めったに聞けない彼の生演奏とあって、狭いクラブは満員になった。

(4)大型の台風が接近しているとあって、どの家も対策におおわらわだ。

(5)名画が無料で見られるとあって、席ははやばやと埋まってしまった。

「……という状況なので」という意味を表す。特別の状況の場合に用いられ、後にその状況で当然起こること
がらやとるべき行動を述べるという含みがある。書きことばで、ニュースなどで使う。（「2……とあっては」
は略、後述する）　（二九三頁・原文横書き）

しかし、「特別の状況の場合に用いられ」るという記述は、妥当ではないと思われる。例えば、次の（14）―a
bの両文は、ともにごく自然な「～とあって」の用例といえよう。

（14）―a　日曜とあって、大変な人出だ。

（14）―b　平日とあって、人通りもまばらだ。

けれども、考えてみれば、aの「日曜」であることが特別な状況だというのなら、「平日」であることは特別で
はないはずである。しかし、bも「～とあって」の表現として全く自然である。そしてもし、aの「日曜」である
ことも、bの「平日」であることも、それぞれの場合にそれぞれ特別な状況と考えられるのだというのなら、結局

それは後件の事柄の原因・理由となるものだという意味においてとでも言わざるを得まい。それでは「〜とあって」が原因・理由の表現であるということと同語反復的で、何も言ったことにはならない。

確かに、「〜とあって」でとり上げられるのは何かしら「特別の状況」のように見える例が目立つかもしれないが、しかし、次のように「〜とあって」がむしろ「通常」の状況をとり上げる例も、ごく自然に成り立つのだから、右のような記述はやはり一面的であろう。

(15)　今日は通常営業日とあって、朝九時から従業員は慌しく働いている。

一方、「書きことばで、ニュースなどで使う」という指摘は、言うまでもないことのようにも思えるが、意外に「〜とあって」の表現性ともかかわることかと思う。この点は、後でふれるところがある。

ともあれ、こうした記述だけでは、まだ「〜とあって」の意味・用法を十分理解することはできない。

2—2　この他、最近のものでは、中俣・内丸（二〇一七）に、「〜とあって」についての言及がある。中俣・内丸（二〇一七）は、中俣（編）（二〇一七）の一章であり、この書では『日本語書き言葉均衡コーパス』の用例を資料として、さまざまな文法形式のコロケーションを調べ、その使用実態を示している。中俣・内丸（二〇一七）はその第6章として「原因・理由を表す表現」を広くとり扱ったものであり、その中で「〜とあって」は「〜だけに」「〜だけあって」と一括され、「納得を含む原因・理由表現」の一つとしてとり上げられている。そして、「〜とあって」については、次のような記述がなされている。

PとあってQ……特別な機会Pであるから、Qという結果になる。「連休とあって、街にどこも人がいっぱいだ。」

（一一九頁・原文横書き）

「とあって」のコロケーションはかなり限られている。目立つのは「楽しめる」のような可能表現である。また、「日曜日」「土曜日」といった「特別な時期」に関する名詞も目立つ。この他にも「週末」「大会」「休日」

「見頃」などが見られる。これらは「特別な機会」とまとめることができる。可能も状況可能であり、「普段はできないことができるので、Qということが起こった」という意味になる。Qは珍しいこと、そして望ましい内容であることが多い。（一二二頁・同右）

中俣（編）（二〇一七）は、大規模な用例調査に基づく労作であり、中俣・内丸（二〇一七）も、表にも示されたコロケーションの実態など参考とすべき点が多いが、しかし、グループ・ジャマシイ（一九九八）と同様に、前件の内容を「特別な機会・時期」とする点は、「～とあって」の表現性をこのように規定するというのなら、適切ではないと思われる。先の例を再掲すれば、（14）—bや（15）のように前件が必ずしも「特別」ではなく「通常」のことをとり上げる例も、やはり無理なく成り立つのである（また、これらの後件も別に「珍しいこと」でも「望ましい」とあえて言うべきことでもなかろう）。

（14）—b　平日とあって、人通りもまばらだ。

（15）　今日は通常営業日とあって、朝九時から従業員は慌しく働いている。

確かに、実際の使用において、前件に「特別」なことが来る例が多いというのは事実であろう（中俣・内丸（二〇一七）は、それを実証したものといえよう(2)）。しかし、ある形式について、ある使われ方で使われた用例がもっぱらであるからといって、その形式がそのようにしか使えないとは限らない。それからはずれた使われ方も十分可能なら、それをも含めてその形式の表現性を考えるべきだと思う。この節で追求したいのは、そうした方向であり、こうしたコロケーションの実態研究・典型的用例の確認の意義は十分認めるものの、やはり前件を「特別」なこととして「～とあって」の表現性を規定していくような見方は拠るべきものとは思わない。

また、「～とあって」を「～だけに」「～だけあって」と一括して「納得を含む」とするのも、後二者についてはは分かるような気がするが、「～とあって」を何らか〝納得〟を以て述べる言い方だというのも無理があろう(3)（例えば先の（15）の例でも「通常営業日とあって」が〝ナルホド〟通常営業日〝ナンダナ〟などという気持ちで「通常営業日」をとり上げている言い方だなどというのは、いかにも変である）。

いずれにせよ、「～とあって」については、更に十分踏み込んだ考察が必要であることは、了解されよう。

三、「～とあって」の表現性（1）

3―1　以下、第三・四項では、「～とあって」の表現性について掘り下げてみることにする。既述のとおり、「～とあって」は「～ので」とほとんどの場合書き換え可能であるが、逆に「～ので」は必ずしも「～とあって」と同義的に書き換えられるとは限らない。また、「～とあって」から「～ので」に書き換えると不自然になってしまう場合も、実はある。ここでは、そうした「～ので」と「～とあって」の書き換えの可否を手掛りに、「～とあって」の表現性を探ってみたい。

まず、次のような例では、「～ので」を「～とあって」の形にするのは不自然である。

（16）―a　寂しかったので、彼に電話した。

（16）―b　*寂しかったとあって、彼に電話した。

（17）―a　こっそり本物と取り換えておいたので、大事には至らなかった。

（17）―b　*こっそり本物と取り換えておいたとあって、大事には至らなかった。

こうした例では、「～とあって」は不自然になる。（16）（17）と、「～とあって」を用いても自然な冒頭の（1）～（10）の例などと比べると、「～とあって」で導かれる内容に違いがあることがわかる。（16）（17）で「～ので／とあって」で導かれる内容は、個人の心事や内緒事であって、広く一般に認識されていることではない。それに対して、（1）～（10）の「～とあって」が導くのは、世間の人々が一般的に知っているはずのことや広く共有されていると思われる認識――いわば多くの人の頭の中に〃公然〃とあるような了解・認識といえよう。どうやら「～とあって」で導かれる前件の内容は、そうした〃公然〃たる了解・認識でなければならず、内緒事や個人の心事等〃公然〃と知られているわけではないことは、「～とあって」の導く前件の内容とはならない。「～とあって」では不自然になる同趣の例を更に掲げておく。

(18)―a　しかし手術待ちの状態が恐ろしいスピードで精神を蝕み、ただでさえ柔くなっているメンタルはおぼろ豆腐のようにグズグズになってしまった。一度返事をすればみんなにドボドボと弱音を吐き、精神的に頼ってしまいそうだったので、心の中で感謝をし、誰にも返事をしなかった。（星野源「蘇る変態」）

(18)―b　＊一度返事をすればみんなにドボドボと弱音を吐き、精神的に頼ってしまいそうだったとあって、心の中で感謝をし、誰にも返事をしなかった。

(19)―a　店を出て、「タクシーを拾う?」と恭司が言ったが、ちょっと酔っていたので、私は風にあたりたかった。（飛鳥井千砂「はるがいったら」）

(19)―b　?店を出て、「タクシーを拾う?」と恭司が言ったが、ちょっと酔っていたとあって、私は風にあたりたかった。

(19)の「ちょっと酔っていた」といったことも、当人でないとはっきりしたところはわからない個人的な（非〃公然〃たる）ことととれば、bは自然ではない。

同様に、「～とあって」の導く前件の内容としては、個人にとどまるような個人的体験などはとりにくい。

(20)―a　夜になったので、灯りをつけた。

(20)―b　?夜になったとあって、灯りをつけた。

(21)―a　冷蔵庫にスモークサーモンが残っていたので、マリネにした。
(21)―b　*冷蔵庫にスモークサーモンが残っていたとあって、マリネにした。
もちろん、多くの人も共有する体験であると文脈から保証されれば、右のような「～とあって」も可となる。
(21)―c　冷蔵庫にスモークサーモンが残っていたとあって、皆大喜びだった。
「～とあって」が不自然になる同趣の例を、ここでも掲げておく。
(22)―a　僕と強盗からも見える位置に彼女が移動したので、彼女と目があう。（乙一「移動図書館」）
(22)―b　*僕と強盗からも見える位置に彼女が移動したとあって、彼女と目があう。
(23)―a　厚着しているので、顔と手の甲しか見えていないが、それでも彼女の痩せ具合はよくわかる。（飛鳥井「はるがいったら」）
(23)―b　*厚着しているとあって、顔と手の甲しか見えていないが、それでも彼女の痩せ具合はよくわかる。
(23)は、話し手が目の前に見ていることを描写していると解するなら、「～とあって」はやはり不自然である。
さて、「～とあって」で導かれるのは、多くの人に共有されると考えられる〝公然〟たる了解・認識だと述べてきたが、このことは、また、次のとおり「～とあって」がbのように「～と思う」というような個人的な見解を述べる言い方を承けると不自然になることからも支持されよう。
(24)―a　なお検討の余地もあると思うので、公表は差し控えている。
(24)―b　*なお検討の余地もあると思うとあって、公表は差し控えている。
(24)―c　なお検討の余地もあるとあって、公表は差し控えている。
cが、「なお検討の余地もある」という認識が、一般に知られ共有されているものであると考えるなら十分成り立つことと比較されたい。

以上、「〜とあって」が導く前件句の内容としては、一般に共有されるような〝公然〟たる了解・認識が来なければならないことを述べた。一言付け加えるなら、グループ・ジャマシイ（一九九八）が「〜とあって」を「ニュースなどで使う」と指摘していたが、ニュースというものの性格上、受け手である多くの人々の共有しているであろう了解・認識をふまえ、それを前提に述べるといった述べ方がしばしばなされるであろうと考えるなら、「〜とあって」がニュースなどと馴染みがよいのも、十分納得できることだろう。

3—2　**3—1**に関連して、次のようなことにも注意する必要がある。「〜とあって」が導くのは、一般に共有されるような〝公然〟たる了解・認識であるということから、それは不確定・あいまいなものではなく、確たるもの・はっきりしたものだという含みも生じると見られる。それ故、確かな了解・認識といえないようなものは、「〜とあって」で理由としてとり上げられない。

(25)—a　雨が降るとあって、行く人は皆傘を手にしている。
(25)—b　*ひょっとすると雨が降るかとあって、行く人は皆傘を手にしている。

また、次のように、aの「〜ので」とは違って、「〜とあって」では、bのように不確かな数をとり上げるとかなり不自然なのに対し、このようなはっきり決まった数をとり上げる場合には、問題なく受け容れられる。このような点にも、右に述べた表現性はうかがわれよう。

(26)—a　何回目かなので、操縦にももう慣れている。
(26)—b　*何回目かとあって、操縦にももう慣れている。
(26)—c　三回目とあって、操縦にももう慣れている。

3—3　ところで、以上では「〜とあって」で導かれる前件の内容を、一般に知られるような〝公然〟たる事柄とはせず、あえて、一般に知られ共有されるような〝公然〟たる了解・認識としてきた。これは、次のようなことに留意する故である。

(27)—a　もう少しでメダルがとれたとあって、悔しがっている。

(27)—b　*もう少しでメダルがとれたので、悔しがっている。

(28)—a　あと五分遅ければ死んでいたとあって、一同ひとまず胸をなでおろした。

(28)—b　*あと五分遅ければ死んでいたので、一同ひとまず胸をなでおろした。

ほとんどの場合、「〜とあって」で導かれる前件の節は、ほぼ同義的に「〜ので」の形に書き換えることができるが、こうした例では、「〜とあって」の形から「〜ので」の形への書き換えは不自然になる。

ここで注意したいのは、例えば(27)の場合、「悔しがっている」のは、「もう少しでメダルがとれた」ことではない。「もう少しでメダルがとれたのにとれなかった」ことが「悔し」いのである。してみると、(27)—aの「もう少しでメダルがとれたとあって」は、「もう少しでメダルがとれた」という事柄をとり上げるのではなく、「もう少しでメダルがとれた」という認識を、それに伴う〝しかし、とれなかった〟という含みとともにとり上げて、「悔しがっている」所以として関係づけるものと考えるのが適切だと思われる。一方、「〜ので」の形は、了解・認識をとり上げるのではなく事柄をとり上げる言い方なので、bのように「もう少しでメダルがとれたので」とすると、「もう少しでメダルがとれた」という事実を「悔しがっている」理由として示すことになり、話のつじつまが合わない不自然な表現となってしまうのである。[4]

以上のような例を勘案すれば、「〜とあって」は、一般に知られているような事柄(事実)ではなく、一般に共有されるような了解・認識をとり上げるものと見るのが正確な理解だと思われる。もちろん、そうした了解・認識は、事柄(事実)についてのものであるから、事柄(事実)をとり上げる「〜ので」の形にはほぼ同義的に書き換えられるのがふつうである。しかし、ここで見た例のような場合、右のような「〜とあって」と「〜ので」の相違はっきりしてくるものといえる。

ちなみに、このように考えることは、これまでなされた考察とも符合するところがあるものといえる。中俣・内丸（二〇一七）では、「～とあって」は「～だけあって」とひとまとめに「納得を含む」ものとされていた。このとらえ方は、既述のように妥当ではないと思えるが、「～とあって」で導かれるのが第一義的に〝公然〟たる了解・認識であるのなら、それを同じ心の内のことである〝納得〟に引きつけて考えようとするようなとらえ方が出てくるのも、分からなくはない。

3―4　以上、この第三項では、「～ので」との書き換えを手掛りに、主に「～とあって」の導く前件の内容に注目して、「～とあって」の表現性を探ってみた。項を改めて、次は「～とあって」節（従属節）が係っていく後件の節（主節）に光を当てて、考察を進めることにする。

四、「～とあって」の表現性（2）

4―1　「～とあって」の形成する複文については、その後件の述語にかなり明確な制約が認められる。

(29)―a　台風が接近しているので、外出は避けた方がよいと思う。
(29)―b　*台風が接近しているとあって、外出は避けた方がよいと思う。
(29)―c　台風が接近しているとあって、外出は避けることにした。
(30)―a　クマは益獣なので、むやみに捕獲してはなりません。
(30)―b　*クマは益獣とあって、むやみに捕獲してはなりません。
(30)―c　クマは益獣とあって、むやみに捕獲してはならなかった。

話し手の意見表明・主張のような場合には、「～とあって」は用いにくい。

また、後件には、意志や命令・依頼の表現もとれない。

(31)—a　明日はCTをとるので、病院に行きます（／行くつもりです）。

(31)—b　*明日はCTをとるとあって、病院に行きます（／行くつもりです）。

(31)—c　明日はCTをとるとあって、病院に行く予定をしていた。

(32)—a　ちょうど予鈴も鳴ったので、席につきなさい（／ついて下さい）。

(32)—b　*ちょうど予鈴も鳴ったとあって、席につきなさい（／ついて下さい）。

(32)—c　ちょうど予鈴も鳴ったとあって、席につかなければならなかった。

話し手がその場で行う行為の遂行・働きかけのような場合には、「〜とあって」は使われない。逆に言えば、「〜とあって」は、事柄をそれとして提示し叙述するような表現で用いられるものといえる。

4—2　以上をふまえ、文における叙述のあり方に、次の二つの区別を考えてみたい。

「作用的叙述」……話し手がその場で行う行為の遂行・働きかけの文の叙述
「対象的叙述」……右のようでない、事柄をそれとして提示して述べる文の叙述

「作用的叙述」とは、いわば話し手の行為としての言明であることがはっきり刻印された文によるものといえる。そして、「〜とあって」は、そうした「作用的叙述」では用いられない、「対象的叙述」専用の形式ということができる。これほど典型的なものではないが、例えば「〜（よ）う」という形の述部を承ける「ものなら」（本章第7節参照）など、同趣の複合助詞は他にもある。また、接続助詞についても、同様のことは考えられる。

(33)—a　雪がやむと、正浩は仕事に出かけた。

(33)—b　*雪がやむと、仕事に出かけろ。

(33)—c　?雪がやむと、（私は）仕事に出かけよう。

（33）―d　雪がやむと、正浩は仕事に出かけると思う。

接続助詞「と」の場合、命令・意志は不可だが、意見表明は可のようである。また、複合辞「～に伴って」では、命令は不可だが、意志も意見表明も可だと思われる。このように、「作用的叙述」で使いにくい形式にも使いにくい程度の差があるが、そのあたりの詳しい記述は今後に俟つことにしたい。

4―3　更に、次のような判断の表明（意見表明に近いといえるかもしれないが）の場合も、（34）のように「～とあって」は使いにくいように思われる。しかし、（35）のように、同様の文で「～とあって」を用いて不自然とはいえない例も見られる。この点は、どう考えるべきか。

（34）―a　さっき終列車が出てしまったので、今日は帰れないだろう。

（34）―b　*さっき終列車が出てしまったとあって、今日は帰れないだろう。

（35）―a　明日は十日戎なので、大変な人出があるだろう。

（35）―b　明日は十日戎とあって、大変な人出があるだろう。

ここで注意すべきは、（34）では「さっき終列車が出てしまった」ことをふまえてその場で下された判断が表明されているのに対し、（35）は必ずしも同様とはいえない――以前から〝十日戎には大変な人出がある〟と知っていたとも考えられる――という点である。

このことに関して参照すべきは、田野村（一九九〇）で示された「推量判断実践文」と「知識表明文」の区別である。田野村は、次のａｂのような文を例に、文には、ａのような、その場で判断を下してそれを表明する「推量判断実践文」と、ｂのような、既に自分の知識となっている事柄を報告的に述べる「知識表明文」とが区別されることを示した。

（36）―ａ　（アノ風体カラスルト）あの男はヤクザだ。

(36)—b　(君ハ知ラナイダロウガ)あの男はヤクザだ。

この区別は、文の表現性を考究するにあたって有益な観点を提供するものであるが、(34)と(35)の相違を考える上でも拠るべきものと思われる。すなわち、〝判断を述べる〟ように見える文でも、「推量判断実践文」では「〜とあって」は用いられないのに対し、「知識表明文」では「〜とあって」も使用可なのだと考えられる。

考えてみれば、行為の遂行の文の叙述である「作用的叙述」では、「〜とあって」は用いられないのだから、判断を実践・遂行する文で使用できないのは当然といえるのかもしれない。一方、「知識表明文」は、自らの見解を表明するといっても、表現のあり様としては、事柄をそれとして提示して述べていく「対象的叙述」と同等のものといえそうである。従って、(35)のような例は、因果的な関係にある前件の事柄(についての了解・認識)と後件の事柄とを提示して述べる文と実質的に同等だと思われる。そうした文では、「〜とあって」の使用は可となるのである。

4—4　今一つ、関連して付け加えておきたい。次の(37)のような場合も、「〜とあって」の使用は不可となる。

(37)—a　十二時になったので、休み時間です。

(37)—b　*十二時になったとあって、休み時間です。

一見これも判断を述べているようにも見えるが、実際この場で考えて判断を下しているわけでもなく、既得の知識を表明しているというようなことでもなく、いわば今は「十二時になった」のであり、「休み時間」であるのだという事実を単に告げているというのが、自然な理解であろう。[5] こうした言い方では、「〜ので」は可であっても「〜とあって」は使われない。

ここで注意すべきは、「十二時になった」ことと「休み時間」であることとは、別の事柄ではないという点である。すなわち、こうした「〜ので」は、二つの事柄の因果的関係づけを表すのではなく、一つの事柄の成立を認め、それを別の角度から説明し直す表現に結びつけるものといえる。更に分かりやすい例をあげれば、次のようなものもこの種の例である（なお、「〜ので」だけでなく「〜から」にもこうした用法はある）。

(38)　財布の中はというと、百円玉が三つあるので（／から）、三百円だ。

こうした用法の場合、前件が(37)のような〝公然〟たる了解内容だとしても、「〜ので」の形を「〜とあって」の形に書き換えることはできない。「〜とあって」で結びつけられる前件の了解・認識内容と後件の事柄とは、当然ながら別のものでなければならず、その因果的関係づけを示すのが「〜とあって」なのである。

4―5　以上、第三・四項では、複合辞「〜とあって」の表現性について、いささか掘り下げて考えてみた。繰り返せば、

①　「〜とあって」は、前件として一般に知られ共有されているであろう〝公然〟たる了解・認識を内容として導く言い方であり、

②　前件の了解・認識のもとに、後件の事柄が生じる・成立するといった因果的な関係づけを示す表現である。

③　「〜とあって」が用いられる文の後件（主節）には、意見表明・主張や命令・意志といった行為の遂行・働きかけの表現をとることができない。「〜とあって」は、事柄をそれとして提示し述べていく「対象的叙述」専用の形式といえる。

といったことになる。

五、「〜とあっては」について

5―1　以上、複合辞「〜とあって」の用法・表現性について、いささか立ち入って検討してきたが、関連して、「〜とあって」に「は」が付加された形の「〜とあっては」についても、少し見ておくことにする。

なお、「～とあって」同様、「～とあっては」も文の形のまとまり（節）も名詞も承けることができるが、名詞を承ける場合もその名詞の後には「ダ」が挿入でき、その名詞は名詞であっても節の述語相当のものと考えられるので、「～とあっては」も、基本的には節を承ける形式と考えてよい。

さて、「～とあっては」の用法は、大別すると二つに分けられる。一つは、「～とあっては」で導かれる内容が〝並々ならぬこと〟といった含みでとらえられるものである。用例を掲げる。[6]

(39)　極秘だった懲罰委員会の存在が明るみに出て、しかもメンバーまでさらされるとあっては、大変な事態だ。
（バーバラ片岡「束縛・懲罰委員会」）

(40)　御用邸に侵入者を許したとあっては、警備当局の面目は丸つぶれになってしまうのである。
（川原敏明「天皇家三代の半世紀」）

(41)　監督が「フレンチ・コネクション」「エクソシスト」のウィリアム・フリードキンとあっては、期待がかかって当たり前。
（毎日、夕、二〇〇〇、八、一一）

(42)　面識のない龍崎が、北陸の出張先まで再度、かけて来る用件とは何だろうか。全く見当もつかなかったが工商会議所からの電話とあっては、そのままにすることも出来ない。
（山崎豊子「沈まぬ太陽」）

(43)　王様のたっての望みとあってはお受けせぬわけにはまいりません。
（小林恭二「瓶の中の旅愁」）

(44)　「黙れぃっ！　小娘っ！　そこまで愚弄されたとあっては許せんっ！」
（神坂一「スクランブル・グリル」）

(45)　警部が人質にとられているとあっては、警官たちは誰も手出しが出来ない。
（R．ベッソン・R．ケイメン（小島由記子訳）「トランスポーター」）

(46)　一時期、挙母工場に来ては、「作れ、作れ、作っただけ売ってやる」と叱咤激励した神谷にしても、軍資金が枯渇したとあっては、打つ手はない。
（佐藤正明「ザ・ハウス・オブ。トヨタ」）

例えば、（40）の「御用邸に侵入者を許した」ということは〝大変なこと〟であり、（43）の「王様のたっての望み」となると、〝並々ならぬ重大なこと〟ととらえられよう。多くは〝問題な（よくない）〟ことだが、（41）（43）のように、むしろ〝よい〟ことが出てくる例もある。

今一歩細かく見てみると、こうした用法では、まず（39）～（41）のように、「～とあっては」で導かれる前件の内容について、後件にそれを〝並々ならぬこと〟とする言い方や、どのように〝並々ならぬこと〟なのかを具体的に述べる表現が出てくる。更に（42）～（44）のように、前件の内容が〝並々ならぬこと〟である以上、それに対処しないわけにはいかない・対処するといった表現が見られる。そして更には（45）（46）のように、（対処しようにも）対処できないといった表現も出てくる。

「～とあっては」の一つ目の用法の広がりは、およそこのようなものだが、今一つ「～とあっては」には、次のように前件の内容に必ずしも〝並々ならぬこと〟といった含みが感じられないような用法が見られる。これも用例をあげておく。

（47）だが翌々月号のスキー特集のために、うちの編集部員が二人でかけ、他に二人が遅めの夏休みをとっているとあっては、編集長が自ら出馬するのもいたしかたない。（大沢在昌「銀座探偵局」）

（48）しかも食事どきに親父がいるのがまれとあっては、存在感が薄くなるのも当然だ。（山本一力「家族力」）

（49）本来三名で運用する戦車を、二名で動かすとあっては、戦力は半減する。（赤坂毅「帝都最終決戦」）

（50）しかし［注・新戦闘機が］発注されたのが千九百四十五年二月で、初飛行したのが終戦後の十二月とあっては、量産の必要もなくなり、艦上対潜哨戒艇機ＡＦ「ガーディアン」に衣がえされ、少数機が生産された。（鈴木五郎「グラマン戦闘機」）

（51）これが犯罪に基因する疑いのある死であったら、もっと慎重に観察したのであろうが、「自殺者のそば杖」

とあっては警察も初めから熱意がなかった。

（森村誠一「魚葬」）

例えば、（47）の二人が他出・二人が夏休みなどということは、特に〃並々ならぬこと〃ともいえないだろうし、（48）の「食事どきに親父がいるのがまれ」などということも、感心できないことかもしれないが、〃並々ならぬ〃大変なこととは別に感じられない。

こうした用法では、むしろ後件に述べられることが、〃仕方のないこと・どうしようもないこと〃といった含みで持ち出されているものと考えられる。（47）ではその含みが言語化されているし、（48）の「当然だ」も〃当然そうなることで、致し方ないこと〃という意味合いであろう。また（50）では、前件にあるような時期遅れの戦闘機であったのだから、後件のように「量産の必要もなくなり」、別用途に「衣がえされ」たり、「生産」も「少数」だったと述べられているが、そこには、そうなるのも〃仕方ないこと〃といった含みを読みとってよかろう。

5―2 右のような二つ目の用法は、一つ目の用法の後件に〃対処できない〃といった意味の言い方が出てくる例があることに連続し、〃対処できない〃から〃どうしようもない〃という意味が出てくるところに派生したものと見られる。例えば、（46）などはそのつながりをうかがわせる例で、

（46）―a　軍資金が枯渇したとあっては、打つ手はない。

（46）―b　軍資金が枯渇したとあっては、どうしようもない（／致し方ない）。

（46）―c　軍資金が枯渇したとあっては、撤退も致し方ない。

aはbのように言っても、ほぼ同義である。更に「打つ手はない・どうしようもない」から結局どうなるのかまで述べたcのような言い方も可能である。そして、「軍資金が枯渇した」ということが、〃並々ならぬ〃重大事というより、ビジネスにおいてままありがちな一事件とでもとらえられるなら、cは二つ目の用法といってもよいものであろう。このように、一つ目の用法のうち、後件が〃対処できない〃というような言い方になるものに連続し、

〝対処できない〟──→〝どうしようもない・仕方ない〟という含みが生じ、一方で前件の内容に特に〝並々ならぬこと〟といった含みが持たれなくなったところに、二つ目の用法が成立していると考えられるだろう。

5─3　ところで、第二項で先触れしておいたが、グループ・ジャマシイ（一九九八）では、「〜とあって」の項に一括して、「〜とあっては」について次のような記述がある。

「……という状況であるなら」という意味を表す。特別な状況の場合に用いられ、後にその状況で当然起こることがらやとるべき行動を述べるのに使う。たとえば(1)の例［注・「伊藤さんの頼みとあっては、断われない」］では、伊藤さんが自分にとって重要な人物であるから当然断れないといった状況で用いる。ややかたい表現だが、話しことばでも使う。（二九二頁・原文横書き）

確かに、**5─1**で見た「一つ目の用法」の事を考えるなら、「特別な状況」といった指摘はある程度首肯できなくはないが、グループ・ジャマシイ（一九九八）が用例として掲げているものは、その種の例ばかりであり、「二つ目の用法」を見落としている点で、不十分といわざるを得ない。

最後に、今一つ注意しておきたいのは、「〜とあっては」は「〜とあって」とは違い、話し手の立場からの「作用的な叙述」においてもある程度使うことができるということである。次の例は意志を述べるものといえるが、先の（43）（44）なども意見表明ととることができよう。

（52）　知っていてやったとあっては、私も黙ってはおりませんぞ。

この点、「話しことばでも使う」との右の指摘とも相応じてくるようで、興味深い。

以上のとおり、「〜とあっては」は、「〜とあって」とは形の上では近いのだが、用法ははっきり異なっており、別に一つの複合辞として記述すべきものである。

六、結　び

6　この節では、複合辞「〜とあって」の意味・用法（表現性）について考察し、併せて「〜とあっては」の用法についてもふれた。「〜とあって」に関しては、これまで二篇の論文を公にしたが(7)、この節の記述を以て、この問題についての筆者の見解としたい。

【第4節・注】

（1）なお、田中（二〇一〇）にも「〜とあって」及び「〜とあっては」にいくらか言及があるが（六七〜六八頁）、残念ながら表面的な事実を拾った体《てい》の記述に終って、見るべきものはない。例えば、「〜とあって」の用法については、「予想どおりの事態が遂行される状況を示す場合が多い」（六八頁）とするが、

（ア）外壁の塗装が一部剝落したとあって、補修のため思いがけぬ出費をする羽目になった。

（イ）緊急避難勧告が出されたとあって、事態は予断を許さない。

のように、予想外の成り行きや予想のつかない状況を表すこともごくふつうに可能なのだから、右のような記述をしても、「〜とあって」の表現性の究明に資するものとはいえない。

他に目についたものとしては、「〜だけに」「〜だけあって」といった形式を論じた中畠（一九九五）に、「〜だけあって」と関連して、「〜とあって」に次のような言及がある。

(36)［注・「奥さんは美しい人で、下町育ちというだけあって陽気だ」］のような、ダケアッテに伝聞のトイウが付いたトイウダケアッテは、トアッテで置き換えられる。ただし、それはあくまで伝聞の意味の場合であり(37)(38)のようにトイウが引用の意味の場合［注・「という」の「いう」が実質的な動詞の場合］はトアッテにはならない。

（五二九頁・原文横書き）

しかし、伝聞の「〜という」が加わった「〜というだけあって」が「〜とあって」と置き換えられるにしても、

「〜とあって」には、伝聞というような意味があるとはいえまい。例えば、先のグループ・ジャマシイ（一九九八）のあげた「今日は三連休とあって、……」の例で見ても、「今日は三連休（ダ）」ということは、誰もが共有する認識というべきもので、誰かからの伝聞という意味合いは感じられない。

また、逆に「〜とあって」を「〜というだけあって」に書き換えてみると、しばしば違和感のあるものになってしまう。

（ウ）—a　先着二〇〇人に無料パスが配られるとあって、開園前から長蛇の列が出来た。

（ウ）—b　＊先着二〇〇人に無料パスが配られるというだけあって、開園前から長蛇の列が出来た。

思うに〝A（トイウ）ダケアッテB〟というパタンで用いられる「〜だけあって」は、前件Aの事柄・物の性質・特性が自ずと発現したこととして、後件Bのような事柄があるといった含みの関係づけをする形式であろう（自ずと出てくることという関係を言う点で、それについての「納得」といったニュアンスも出てくる）。従って、〝先着二〇〇人に無料パス配布〟という事柄の特性が自ずと発現したものとして〝開店前から長蛇の列〟という事柄があるとは考えにくいので、bは不自然なのである。しかし、「〜とあって」の関係づけには、必ずしもそういった含みはないのであり、両者ははっきり異なるものである。少なくとも「〜とあって」を「〜（という）だけあって」と関連づけて考えるのは、有効な方途ではない。

（2）　言うまでもなく、「特別」なことの方が「通常」のことよりも情報価値が高いといえる。そして、一般的な「〜ので」などの因果的関係づけの言い方でなく、あえて「〜とあって」というような、一般的な形式でない（その意味で注目をひく）表現を用いるなら、情報価値が高い「特別」な内容をとり上げることが自然だということになるのではないか。このように考えられるなら、「特別」なことをとり上げる例が多いということは、「〜とあって」の表現性（意味）そのものの反映ではなく、この形の受けとめられ方といったことから生じる随伴的傾向とすべきかと思える。

（3）　例えば〝納得〟を表す副詞「なるほど」は、「なるほど〜だけに」「なるほど〜だけあって」のように、「〜だけに」「〜だけあって」とはごく自然に結びつくが、「?なるほど〜とあって」のような言い方は何かちぐはぐな印象を与えるということからも分かるように、「〜とあって」とは結びつかない。念のため例をあげておこう（「なるほど」と各形式との結びつきを明確に見るため、言いさしの例を示す）。

（エ）―a 「本当に見事な出来なんだよ」「なるほど名人だけにね（／名人だけあってね）」

（エ）―b ?「本当に見事な出来なんだよ」「なるほど名人とあってね」

こうしたことから考えても、「〜とあって」が「納得を含む」ものと考えることは当たらないだろう。

（4）なお、同様の意味で「もう少しでメダルがとれるところだったとあって、悔しがっている」のような言い方も可能である。この「〜スルところだった」は、「〜スル」ことが実際は実現しなかったということを形の上で示す言い方であり、こうした言い方の場合は、「もう少しでメダルがとれるところだったので、悔しがっている」としても、ずっと許容度は上がる。また、（27）―bなども前件述語末に「〜ところだった」のような意味を読み込んで考えたなら、やはり許容度は上るだろう。

（5）これについて、（37）の文は「休み時間」であることを告知する行為を遂行するものであり、行為遂行の文であるから「対象的叙述」専用の「〜とあって」は使えないのだという解釈ができそうだが、次のとおり（37）を過去の事実を述べるような文にしても、やはり「〜とあって」は使えない。

（オ）―a 十二時になったので、休み時間だった。

（オ）―b ＊十二時になったとあって、休み時間だった。

従って、ここで問題にしている表現で「〜とあって」が使用不可なのは、〝告知行為の遂行〟ということだけで説明できるものではない。

（6）「〜とあっては」が導く内容も、事柄そのものというよりそれについての了解・認識と見るべきかとも思えるが、その点については、ここではあえて掘り下げないで述べておく。

（7）「〜とあって」については、最初に藤田（二〇〇七）で論じたが、同論文を読み直してみて、いろいろ不備を認める故、藤田（二〇一八）で再論した。この節の記述は、ほぼ後者に拠り、前者の採るべき点を加えてまとめたものである。

5.「〜にしても」

〜常識がないにしても、ほどがある　など〜

一、考察の対象と方向

1―1　この節では、次のような複合辞「〜にしても」をとり上げて、その意味・用法（表現性）について、いささか検討する。

（1）《自分が自分であること》は自分がいちばんよく知っているにしても、他人に対しては、それを自分では証明できない。（中村雄二郎「術語集」）

（2）地震のために、酒瓶が割れて店内に散乱しているのは仕方ないにしても、避難の最中に、何者かが侵入した形跡があった。（毎日新聞、朝、二〇〇〇、四、二二）

（3）教育改革は、学校教育だけが対象でないにしても、今、子供たちや学校はどういう状況にあるのかという認識が出発点になる。（毎日、朝、二〇〇〇、三、二七）

（4）ニゴロブナは枯れヨシの葉に産卵、稚魚はヨシ群落内の豊富なプランクトンを食べており、ヨシ刈りは生育環境を崩す恐れがある。刈り取るにしても、茎の上部に限るなど見直しが必要だ。（毎日、夕、二〇〇〇、六、二八）

（5）まだ白〔注・囲碁でこの対局において白石を持った側〕がわるくないにしても、このあたりでは白の決め手が容易に見つからない。（毎日、朝、二〇〇〇、二、二八）

（6）しかし、先日、銀座で、渡辺は、一瞬の幻覚だったにしても、それを、（見た）と、思ったのである。
（源氏鶏太「運がよかった」）[1]

これらは、述語句を中心とする節を承けて、接続助詞的に用いられているものといえる。こうした用法の「〜にしても」を、以下、接続助詞的用法の「〜にしても」と呼ぶ。こうした「〜にしても」は、「〜としても」と書き換えることができることが多い。実際、（1）〜（6）の各例は、「〜としても」の形に書き換えても、ほぼ同義的な文として成立する（（6）のような場合、「〜としても」の形は、ちょっとすわりが悪そうだが、不可ではあるまい）。しかし、「〜にしても」が、「〜としても」と全く同じように用いられるわけではないと思われる。この節では、まず、接続形式としての「〜にしても」の表現性の特質を、「〜としても」と対比しつつ検討してみたい。

また、「〜にしても」には、次のように、名詞的なまとまりを承ける、いわば提題形式的な用法も見られる。以下、名詞句を承ける「〜にしても」と呼ぶ。[2]

（7）負けた方に屈辱と恨みがつきまとうのは当然だが、しかし勝った方にしても心理的傷跡はやはり残る。
（毎日、朝、二〇〇〇、四、一六）

（8）現在4冠（王将・王位・王座・棋王）を保持している羽生にしても、一九九七年の失冠以来、A級順位戦では飛び抜けた成績を残すことができず、名人戦からは遠ざかっている。
（毎日、朝、二〇〇〇、三、四）

（9）テーマとしては、デビュー前の幽霊男にしても、「生命の尊厳」とか「主義がどんな結末を招くか」ということをよく考えて描いていました。
（手塚治虫「ぼくのマンガ人生」）

（10）子供の服装にしても、近代以前の社会では、特定のものはなく、子供は大人と同じ服装をさせられていた。
（中村「術語集」）

これらの「〜にしても」は、「〜だって」「〜も」と、ほぼ同義的に書き換えられることが多いといったことは指摘されてきたが、その表現性については、なお掘り下げて考究する余地があろうと思われる。とりわけ、接続助詞的な「〜にしても」と名詞句を承ける提題的な「〜にしても」との間には、後述のとおり、連続性のあることが指摘されているが、前者と後者とが、表現性（意味及びそこから出てくる用法の特徴）において、どのように連続するものと見ることができるのかという点については、説明はなされてこなかったといえる。この節では、そのあたりにも光をあててみたい。

なお、「ニシテモ」のような複合辞形式に言及する場合、何かを承ける辞的形式であることを意識して「〜にしても」のように示し、「ニシテモ」に導かれる節を示す場合は、「〜にしても」節とする。

1―2　「〜にしても」について考察した先行研究としては、戴宝玉（一九八七）がある。戴は、「〜にしても……」のような複文を前件と後件の意味関係からタイプ分けして、接続助詞的な「〜にしても」について用法分類を行なうとともに、接続助詞的な「〜にしても」と名詞句を承ける「〜にしても」との文法的な連続性を論じている。

戴の所論のうち、まず、接続助詞的な「〜にしても」の用法分類を見てみたい。戴は、接続助詞的な「〜にしても」の関係づけのあり方を、（一）補説、（二）修正、（三）挿入、のようにまず区分する。更に、（二）（三）以外は（一）ということになるとし、その（一）をａｂｃの三類に細分する。戴の考え方がわかるよう、端的な例を用意して、説明しておく。

（11）―ａ　雨が降ったにしても、道はぬれていなかった。

（11）―ｂ　雨が降ったにしても、着物のすそを汚すことはなかった。

（11）―ｃ　雨が降ったにしても、朝のうちのことだった。

まず、（一）補説のａとは、右の（11）―ａのような例に見られるもので、想定される順接的な事柄関係をふまえて、それに背反することを述べるものである。つまり、右の（11）―ａなら、〈雨ガ降レバ、道ガヌレル〉という順接的な事柄関係の想定をふまえた逆接になっているというわけである。

次に、bは、右の（11）―bのような例に見られるもので、aのような例に比べて、前件と後件の関係性が密接でなく、ずれたものになっていると見られるものである。たとえば、（11）―bの場合、〈雨ガ降レバ、（人ハ）着物ノスソヲ汚ス〉といった事柄関係が必ずしも想定できるわけではない。前件と後件との関係には、いささかずれ・飛躍があるのである。

そして、cは、（11）―cのような例に見られるものであり、前件と後件のずれは大きくなって、逆接というよりむしろ、後件が前件に対する説明のようになるものである。

また、（二）修正とは、次の（11）―dのようなものがその例となるが、戴によれば、前件で述べたことの行きすぎ・不適正を「修正」するような関係づけとされる。

（11）―d　雨が降ったにしても、大した量ではない。

（三）挿入は、先の用例（6）のような例での用法がそれで、「～にしても」節が挿入句的になるものである（もっとも、この（三）挿入については、戴は立ち入って検討してはいない）。

戴の考察は、「～にしても」に焦点をあてた、まとまった研究として貴重であるとは思うが、しかし、以上のような用法分類は、必ずしも「～にしても」の特質の記述にはなっていないように思う。というのも、このような分類は、実は「～にしても」の場合に限られるものではなく、他の逆接接続の表現の場合にも考え得ることだからである。例えば、例（11）―a～dに即して考えても、これらの「ニシテモ」を「ガ」「ケレドモ」に置き換えても文として十分成り立つが、それらの文を、やはり同様に分類し性格づけることはできるだろう（もちろん、「～が」「～けれども」のような節で、挿入的になる例も考え得る）。戴の示すようなタイプ分けでは、「～にしても」の用法の特徴を記したことにはならないのである。[3]「～にしても」をとり上げる以上、やはり「～にしても」そのものの表現性を考究していかなければならないだろう。

また、戴は、「同じ飲むにしても」のような例をあげて、「〜にしても」が形としては用言を承けると見られる場合でも、それが連体修飾を承ける体言的なものになっている場合のあることを指摘し、接続助詞的な「〜にしても」と名詞句を承ける「〜にしても」の連続性を強調している。(4) しかし、両者がどのような表現性において連続的なものとなっているのかという点については、考察が及んでいない。むしろ、この節では、そのあたりを掘り下げてみたい。

1―3　ちなみに、「〜にしても」に関しては、「〜にしろ」「〜にしたって」のような非常に意味・用法の近い類義形式が考えられる。しかし、「〜にしても」とそれらの用法が、すべて一致するわけではない。概して言えば、それらの用法が「〜にしても」の用法の一部と重なると見るべきようで、「〜にしても」が最も用法が広いように思われる。

(6)―a　しかし、先日、銀座で、渡辺は、一瞬の幻覚だったにしても、それを（見た）と、思ったのである。

―→b　*しかし、先日、銀座で、渡辺は、一瞬の幻覚だったにしたって、それを（見た）と、思ったのである。

(9)―a　テーマとしては、デビュー前の幽霊男にしても、「生命の尊厳」とか「主義がどんな結末を招くか」ということをよく考えて描いていました。

―→b　?テーマとしては、デビュー前の幽霊男にしろ、「生命の尊厳」とか「主義がどんな結末を招くか」ということをよく考えて描いていました。

こうした類義形式と「〜にしても」の用法の異同も興味深い問題ではあるが、ここでは立ち入らず、以下この節では、もっぱら「〜にしても」に焦点をしぼって考察していくことにしたい。

二、接続助詞的用法の「〜にしても」の表現性

2―1　ここでは、接続助詞的用法の「〜にしても」の表現性を、やはり接続助詞的な「〜としても」と比較しつつ、明らかにしてみたい。もちろん、「〜としても」の方がふつうによく使われる形式であり、それに応じて用法もより広く一般的と思われるが、それでも、「〜にしても」と「〜としても」がほぼ同義的に書き換え可能であることは多い。しかし、両者はやはり必ずしも常に同義的ではなく、「〜にしても」では不自然なこともあれば、「〜としても」にできない場合もある。そこに「〜にしても」の「〜としても」との表現性の違いもあらわれてくるものと思われる。以下、そのあたりをいささか検討してみることにする。

まず、次のような例を見てみたい。

(12)―a　考えたくないことだが、たとえ君のフィアンセが殺されていたとしても、取り乱すな。

(12)―b ?考えたくないことだが、たとえ君のフィアンセが殺されていたにしても、取り乱すな。

aに比べてbは、どうにも不自然である。どうも、現実のこととして考えたくない、忌避する気持ちで仮想するようなことは、「〜にしても」では言いにくいように思われる。[5] 更に例を加えておく。

(13)―a　万一有罪判決が出たとしても、運命だと諦めろ。

(13)―b ?万一有罪判決が出たにしても、運命だと諦めろ。

だとすると、逆に「〜にしても」という形式を用いる表現は、その事柄が現実のものとなる状況を認めたうえでそれに言及する言い方であるように考えられそうである。

実際、ある事柄が「〜にしても」でとり上げられる場合、話し手が、〝実際、ソンナコトガアルダロウ（or.ソンナコトヲスルダロウ）〟といった意識でその事柄をとり上げていると感じられることが多い。

（14）　人間は食事をするにしても、いつも同じものばかり食べていてはいけない。

（毎日、朝、二〇〇〇、一、一六）

（15）　アンデルセンの「裸の王様」は、小学生でも知っている寓話である。読み方や解釈は分かれるにしても、権力者と国民の関係、あるいはメディアの役割を考えるとき、大きな意味が含まれている。

（毎日、朝、二〇〇〇、三、一六）

（16）　外聞や評価低下を恐れて、教師が問題を抱え込んで明かさないという傾向があるにしても、崩壊学級の教師の多くが「例外」視されて苦しんできた。

（毎日、朝、二〇〇〇、二、八）

（14）では、人間が「食事をする」ことは疑いないことであるから、話し手は、明らかに〝ソウイウコトハアル〟と認めつつ述べていると考えられる。そのような意識を持って述べていることが明らかな場合は、「〜にしても」が自然であり、ここを「〜としても」とすると、随分不自然である。ということは、「〜にしても」は、話し手が事柄をそのような意識でとり上げていることを示す形式であり、「〜としても」にはそうした特別の含み・表現性はないということにもなるだろう。

（15）（16）でも、話し手は〝読ミ方ヤ解釈ハ実際ニ分カレルダロウ〟とか〝ソウイウ傾向ガ実際ニアルモノダ〟といった意識のもとに前件の事柄に言及しているものと感じられる（これらの「〜にしても」を「〜としても」にすることは出来なくはないが、話し手が必ずしもそう思ってはいないと解する余地が生じるだろう）。

以上に述べた見方を支持する材料として、更に、次のような慣用表現をあげることもできるかもしれない。

（17）　常識がないにしても（／*としても）ほどがある。

右のようなことが言われるなら、それは、「常識がない」ことが既に行われたことをうけての発言と考えられ、話し手は、〝実際ニ常識ガナイ〟と意識していると思われる。こうした表現では「〜にしても」でなければならないということは、これがそういう意識で用いられる形式であることの一つの証拠ともいえるだろう。

同様に、次のような場合も、「〜にしても」でないと不自然である。

(18)—a　決めた！　私は新潟へ行くよ。行くにしても半月後だがね。

(18)—b？決めた！　私は新潟へ行くよ。行くとしても半月後だがね。

話し手の頭の中で、〝実際ニソウスル〟と決まっていることに言及する時は、「〜としても」でなく「〜にしても」が自然である。このことも、「〜にしても」の以上に述べた表現性を物語るものといえるだろう。

念のために補足しておくと、話し手における〝実際ニソンナコトガアルダロウ〟〝実際ソウスルダロウ〟といった意識と、事実の実現ということは、イコールではない。右の(18)もそうだし、冒頭の(4)の例などでもわかるように、「〜にしても」は、まだ実現していない事柄を述べるのにも用いられる。しかし、未実現の事柄を持ち出すにしても、それが現実のものとなることが十分あると認め、その状況に思いをはせる意識で事柄をとり上げるものだと言えるように思う。

以上見てきたような「〜にしても」からうかがわれる含み・表現性——「〜にしても」節でとり上げられる事柄について、話し手が「実際ニソウダ」と認める意識を持っているということ——を、仮に「現実性の承認」と呼んでおく。

2—2　「〜にしても」の表現性の一つの特質として、この形式が用いられる場合、この形式に拠ってとり上げられる事柄について、話し手の〝実際ソンナコトガアルダロウ〟と認める意識（「現実性の承認」）がうかがわれるということを指摘した。

ところで、とり上げる事柄の「現実性」を「承認」するということは、その事柄がいわば〝本当のこと〟になるという見方に与するわけだから、一種の評価的態度であり、価値判断的なものにもつながる。実際、次のような場合、「〜にしても」は不自然である。

（19）—a　謝ったとしても、無駄だ。

（19）—b ＊謝ったにしても、無駄だ。

自らが、実際それが本当だと、それに与する姿勢でとり上げておきながら、それを「無駄だ」と価値否定することは、矛盾した態度だからだといえよう。

さて、そのようにして、「〜にしても」節では、話し手がある事柄をそれに与する姿勢でとり上げておきながら、それでも「(シ) ても」と逆接で続ける形がとられることで、以下の叙述への関係づけという点でも独特の色合いが出てくることになる。つまり、「〜にしても」で導かれる前件の事柄については、話し手がそれに与するという姿勢でとり上げているのだから、話し手が肯定して述べようとする伝達内容として示されて、そこで話が終ってもよさそうなものだが、それで終ることなく逆接的に続く形がとられることで、〝ソレヲ、（実際ソウダト）認メテモ、ソレデ済マナイコトガアル（ナオ述ベルベキコトガアル）〟として、以下の叙述を導き出すような表現の流れが形成されることになるだろう。

従って、「〜にしても」の接続形式（関係づけ表現）としての表現性の特質として、〝前件ノコトヲ（実際ソウダト）承認シタトコロデ、ソレデ済マナイ後件ノヨウナコトガアル〟といった気持ちで、前件と後件を結びつけるといったことが指摘できそうである。(6) 例えば、冒頭の例（5）を再掲すると、これは、「まだ白がわるくない」ということは〝実際そうだろう〟と認められるが、だから問題はない、それでいいじゃないかといって済ませておくことのできない後件「白の決め手が容易に見つからない」というような事柄が取り沙汰される表現だ、と解することができるのである。

（5）—a　まだ白がわるくないにしても、このあたりでは白の決め手が容易に見つからない。

（5）―b　まだ白がわるくないとしても、このあたりでは白の決め手が容易に見つからない。

確かに、aをbのように「〜としても」に書き換えることもできるが、bだと、必ずしも話し手が「白が悪くない」という判断に与しているとは感じられない（〝白が悪くないと仮に考えられるかもしれない〟というように、判断の当否について中立的なスタンスをとっているともとれる）。よって、前件と後件の関係づけのニュアンスも随分変わってしまうのである。

関連して言うなら、次のような言い方は、やはりかなり不自然である。

（5）―c ?まだ白がわるくないにしても、特に問題もなかった。

この場合、「〜にしても」を用いながらも、〝前件ヲ承認シタトコロデ、ソレデ済マナイ〟問題になることが後件に示されるわけではない。それが不自然さを生むのだろう。

このように考えてみると、「〜にしても」の関係づけ表現としての表現性の特質として、右に述べたようなことを指摘することは、十分妥当ではないかと思われる。

2―3　以上、接続助詞的な「〜にしても」の表現性として、一歩進めて、〝前件ヲ（実際ソウダト）承認シテモ、ソレデ済マナイ後件ノヨウナコトガアル〟といった気持ちで、前件から後件への流れを作っていくという点を指摘した。このことから、更に「〜にしても」による表現の広がりをたどることができる。

まず、次のような表現に目を向けてみたい。

（20）　おはよう！　それにしても、暑いなあ。

（21）　それにしても、酔った勢いで愉快に風呂の中を歩き回るのは、実に久しぶりのことだ。

（南木佳士「ダイヤモンド・ダスト」）

「それにしても」という言い方は、自分の言いたいことを切り出す流れを作る発語のことばとでもいうべきもので、非常によく使われる。「それ」は、先行文脈・発話を承ける場合もあるが、漠然と場面・状況を承けたり、それもあいまいであることさえある。興味深いことに、「それにしても」という言い方はあるが、「それとしても」といった言い方はない。してみると、このような言い方は、右に見てきたような「～にしても」の表現性を利用したものと解釈できそうである。つまり先行発話や状況等を「実際そうだろう」と承認するポーズをとった上で、それでは済まない、言うべきこと・言いたいことがある、というような話の流れを感じさせて、自らの発言・叙述を切り出す言い方といえよう。形ばかりの承認のポーズということもあるから、実質は棚上げということになって、状況等をいったん棚あげにして、自分の発言・叙述へ流れを切り換える強引な言い方と感じられることもある。ともあれ、「～にしても」の関係づけ表現としての表現性を、発語・切り出しの表現に利用したものといえよう。

次に、名詞句を承ける「～にしても」について考えてみたい。名詞句を承ける「～にしても」も、ここで論じてきたような表現性を介して、接続助詞的な「～にしても」と連続的であると考えられそうである。例えば、冒頭の例（7）を再掲してみる。

（7）　負けた方に屈辱と恨みがつきまとうのは当然だが、しかし勝った方にしても心理的傷跡はやはり残る。

この場合、「勝った方にしても」という言い方は、負けた方にはいろいろ問題があることをいう文脈を承けて、〃勝った方は、勝った（＝負けたのでない）のだとして、それで特に問題にせずに済むかというと、やはりそれでは済まない、言わなければならないことがある〃といった意識で「勝った方」をとり上げ、以下に問題な事柄の叙述を後件として導く言い方だと解釈していいのではないか。

つまり、名詞句を承ける「ナニナニにしても」は、〃ナニナニヲ、ソレダト認メテモ、ソレデソノママ言及セズニオクコトガデキナイ、言ウベキコトガアル〃といった気持ちで〃ナニナニ〃という事物・事柄をとり上げる表現だとして解釈していくことができそうである。とすれば、「～にしても」の関係づけ表現としての表現性においては、名詞句を承ける「〜にしても」も接続助詞的用法の「〜にしても」と連続的だと見ていくことが十分可能なように思われる。ただし、名詞句を承ける「〜にしても」の例については、なお考えなければならないものもあるので、項を改めて、今少し後述したい。

2―4　「〜としても」との対比を手掛りに、接続助詞的用法の「〜にしても」の表現性を考えてきたが、この項の結びとして、いささか補足しておく。

(22)―a　行くにしても、行かないにしても、同じことだ。

(23)―a　家を買うにしても、アパートを借りるにしても、適当な物件がない。

(24)―a　どちらにしても、一度矢島さんの意向を聞いてみてくれ。

「〜にしても」節は、相対立する事柄を対比する形で、(22)(23)のように重ねて用いられる。また、相対立する事柄を一まとめに指して、(24)のような形でも用いられる。こうした用法は、「〜としても」を用いては自然さがぐっと落ちるように思われる。(22)(23)―bのようにしても、かなり落ち着きが悪いし、(24)―bのような言い方は、明らかにおかしく、成り立たない。

(22)―b ?行くとしても、行かないとしても、同じことだ。

(23)―b ?家を買うとしても、アパートを借りるとしても、適当な物件がない。

(24)―b *どちらとしても、一度矢島さんの意向を聞いてみてくれ。

こうした文は、前件として相並ぶ事柄のどちらの場合も、帰結として、後件のように同じことになるということを述べるものである。どちらの前件の事柄を前提としても、帰結は同じという判断を示す言い方であるから、前件の事柄が現実にそうなる状況を認めて想起したという含みの「〜にしても」が、判断を示すだけ十分踏み込んで考える印象があって、なじみがよいということかと思われる。

三、名詞句を承ける「～にしても」

3―1　第二項では、接続助詞的な「～にしても」の関係づけ表現としての表現性を論じ、「前件の事柄は（実際そうだろうと）承認するけれども、それで済まない、なお言及しなければならない後件のようなことがある」という気持ちで、表現の流れを作っていくものとおさえた。そして、名詞句を承ける「～にしても」も、そうした表現性において、接続助詞的な「～にしても」と連続的であると論じた。この項では、名詞句を承ける「～にしても」について、右の点を掘り下げつつ、今少し詳しく見てみることにしたい。

「～にしても」が名詞句を承けて用いられる形は、問題となるテーマをとり上げる言い方となるから、いわば一つの提題の形である。実際の使われ方には多様なものがあるが、接続助詞的な「～にしても」とも連続する右のような表現性の面からは、さしあたり大きく二つのタイプに整理ができるのではないかと思う。

まず一つは、「～にしても」が承ける名詞句に、前提的な何らかの性格づけが加えられているタイプのものである。先の**2―3**で見た例（7）も、このタイプのものといえるが、更に用例を加えておこう。

(25)　世界システムの提唱者ウォーラーステインは、その編著『転移する時代』のなかで、八〇年代が日本の全盛期であり、九〇年代半ばが米国にとって相対的に好調な時期だったと述べている。（中略）しかし、やや遅れをとったかに見える日本にしても、新たな主導産業、たとえば情報科学、生物科学、新エネルギー源などの領域で開発が進むなら、二〇〇五年から二〇二五年くらいにかけて再び世界の産業と経済で優位を確立すると予見している。（毎日、朝、二〇〇〇、一、九）

(26)　紫式部の父藤原為時のケースを見てみよう。（中略）文人として名があった為時は一時、花山天皇の式部丞を務めるが、花山天皇が退位に追い込まれた後は官職のない時代が続く。越前守に任じられたのは、10年も後だった。学者・文人の常として世渡りが下手だったのだろう。だが、その彼にしても、いい官職を得るために精いっぱいがんばった。（毎日、朝、二〇〇〇、一、三一）

(27) 「ここまでこられたのは、彼女が怒りを持ち続けたから」と支援者の一人。それだけを聞けば強い女性に思えますが、彼女にしても、わいせつ行為を受けた時は「体が硬直して、声を出すこともできなかった」（冒頭陳述）と。（毎日、朝、二〇〇〇、三、二二）

これらの例では、「〜にしても」で名詞句がとり上げられる場合、その名詞句の指し表す事物や事柄について、予め話の前提となる何らかの性格づけが加えられていることが見てとれるだろう。そうした性格づけは、例(25)のように連体修飾句の形で付加されていることもあれば、例(27)のように文脈的に読みとれる場合もある（例(26)は、いわば中間例）。また、例はあげていないが、事物知識等として読みとられる場合もあるだろう。

すなわち、こうした例では、名詞句で指し表されるものは、話の前提として、こういったものと規定されるところがあるが、「〜にしても」でとり上げられることで、そういうものだと了解しているだけでは済まない、なお言うべきことがあるという気持ちで、以下につながれることになる。前提的な性格づけの内容と、「〜にしても」以下の叙述は、基本的に相対立するものとなる。例(25)なら、「日本」は〃遅レヲトッテイルヨウニ見エル〃わけだが、そういうものとしてそのまま問題にしないで済むのでなく、それで片付かない、なお言うべき後件のようなこと――〃開発ガ進メバ再ビ優位ニ立テル〃ということがあるという表現の流れが、「〜にしても」で作られるのである。また、例(27)の場合、「彼女」は、〃怒リヲ持チ続ケル（強イ）女性〃であるように文脈から読みとれるが、そういう人だと了解しただけでは済まないこと――〃ワイセツ行為ヲ受ケタ時ハ、強クフルマエナカッタ〃ことが、「〜にしても」以下に更に述べられるわけである。

このように、このタイプでは、「〜にしても」でとり上げられる名詞句の指し表すものに、話の前提となる何らかの性格づけが加えられている。そして、「～にしても」は、そうした前提を承けて、「それをそのように性格づけられるものと認めたところで、それで片づかない、なお言うべきことがある」という気持ちで、以下の叙述につなぐものといえる。「そうだと認めたところで、それで片づかない」といった気持ちで関係づけていくという点では、接続助詞的な「～にしても」とやはり表現性において連続していると言ってよいわけである。

ところで、右に連続するものとして次のような慣用的な言い方をあげることができるだろう。

(28)　同じ失敗にしても、今回のはひどすぎる。

この「同じ～にしても」は、慣用的な言い回しといえようが、「～である点では同じだと認められるだろうが、それで話は済むわけではなく、なお言うべき以下のことがある」という言い方である。その時その時の話の前提となる具体的・状況的な性格づけがあるわけではないが、〝ソレデアルコトニ変ワリハナイ〟という、名詞句で指し表されるものの質としての同一性を前提として取り沙汰し、それを認めても、なお言うべきことがあるという表現の展開の仕方をするもので、ここで論じているタイプの一つのヴァリエーションと言っていいだろう。

3—2　さて、今一つのタイプは、右のような前提的な性格づけが特に見あたらないものである。

名詞句を承ける「～にしても」の例を見ていくと、「～にしても」でとり上げられる名詞句の指し表すものについて、何らかの前提的な性格づけが読みとれないような例が見られ、むしろ、そうした例の方がふつうとさえ感じられる。そのような例では、「～にしても」の「それをそういうものだと認めたところで、それで片づかない、なお言及すべきことがある」といった気持ちで以下の叙述に続けるという表現性のうち、前半部分が稀薄になり、「そのままとり上げないでおけない、一言述べることがある」といった気持ちでその名詞句をとり上げるようになったものと考えられる。

この種の例でよく目につくものは、その文脈での議論の一例となるような事項が「～にしても」でとり上げられるような例である（ちなみに（29）は、小津安二郎監督の仕事は、優れたスタッフに支えられていたということが述べられている文脈での一文）。

（29）例えば『東京物語』にしても、小津監督一人の力でできた作品ではないと思う。（毎日、夕、二〇〇〇、六、二二）

（30）日本の家は高過ぎる。人件費が高いうえ、髪の毛ほどの壁紙のすき間さえ許さないような精度を求めるので工賃が高くなる。建材にしても間接費がかかって安くない。（毎日、朝、二〇〇〇、五、二六）

（31）発想として、地方の小さい企業の方が安全な製品を作る可能性が高くて、大企業はだめと言ってるんですよね。だけど洗剤にしても食品にしても、一般論で言うなら、安全性の評価に対する研究費のかけ方は大企業の方が大きい。（毎日、夕、二〇〇〇、一、一四）

これらは、そこで議論されることの一例を「〜にしても」でとり上げるものである。「こうしたものも一例にあたる以上、（そのままにせずに）ここでとり上げてみたい、一言述べてみたい」といった気持ちで言及していく表現なのだと考えられる。

更に、このタイプでも次のような例になると、「〜にしても」でとり上げられるのは、そこで議論されることの一例といえるようなものでもない。いわば、「関連して一言述べておく」といったぐらいの気持ちで、物事をとり上げる言い方だと言えるだろう。

（32）事件は結局示談となった。小田警部にしても、それで異存はないだろう。

以上、ここで論じたタイプの例は、接続助詞的な用法の場合とも連続する「〜にしても」の表現性の一部が稀薄になり、もっぱら〝一言言及シテオキタイ〟ぐらいの気持ちで物事をとり上げる言い方となっているものである。

四、結　び

4　以上、この節では、接続助詞的な用法の複合辞「〜にしても」の表現性を、「〜としても」と比較しつつ明らかにし、それを出発点に、接続助詞的用法のものとも連続する、名詞句を承ける「〜にしても」の用法についても統一的な見取り図を示すことを試みた。

統語的な位置づけ・性格づけの問題などについてはあえてここでは論じなかったこともあり、細かにはまた考えるべき点もあろうが、私見の大枠は示し得たかと思う。

【第5節・注】

（1）例（6）は、筆者も関わった国研（二〇〇一）の「A34　〜にしても」の項の用例（3）を再掲したものである。

（2）ただし、形の上で「〜にしても」が名詞句を承けていても、主語があり（若しくは想定できて）、名詞句の部分がそれに対する述語として働いている場合は、接続助詞的用法と考えなければならない。例えば、次例のような場合、「〜にしても」は、接続助詞的用法である。

（ア）あくまで仕事が生活の中心にしても、時には息抜きが必要だ。

こうした場合、名詞句の部分は述語として働いている。従って、「生活の中心デアルにしても」のように書き換えることもできる。

（3）ちなみに、「〜にしても」によって関係づけられる前件と後件の関係についても、さまざまな〈推論〉とその連鎖・省略といった観点で整理した方が見通しがよいのではないかと思う。

例えば、（11）—bについては、（11）—aをふまえてeのような推論の連鎖があったと考えれば、その中間を落とした形としてbの表現が生じたものと解することができる。

（11）—e　雨が降ったにしても、道はぬれていないカラ、着物のすそを汚すことはなかった。

また、(11)―cdのような例については、まず、あることがなされる（or.起こる）となると、一応十分な程度にそれがなされるだろうなどといったことが、一般的に予想されると考えられる。そうした一般的・標準的な予想・推論をふまえて、それに背反することを述べるとfのようになるが、fの後件を具体的にした形がcやdだといえる。

(11)―f　雨が降ったにしても、十分に降ったわけではない（⇒大した量ではない／朝のうちのことだった）。

私見では、戴の分類のうち、(二)の修正をたてて(一)の補説と区別するのは、どうも恣意的で、あまり根拠のないことのように思える。右のような考え方で見ていく中で、一括して整理できるのではなかろうか。

今一つ付け加えておくと、戴のあげる用例には、次のようなものもある。

(イ)―a　万一重役になったにしても、三十年も先の話であろう。

これは、最終的には例えばbのようなことを言いたいのだが、その帰結が出てくる理由はcのような関係で考えられるので、それを後件に入れて、最終的な帰結を示唆するような形をとったものと見ることができる。

(イ)―b　万一重役になったにしても、アマリウレシクナイ。

(イ)―c　三十年も先の話であろうカラ、アマリウレシクナイ。

このような構造の表現は、他の逆接の複文でも見られるものである。

(ウ)　主人だといっても、まだ子供だ。（「主人だといっても、恐レルコトハナイ」という帰結を示唆するため、「まだ子供だカラ、恐レルコトハナイ」という理由の方を後件に入れた形。）

逆接の複文の前件と後件の関係の整理にあたっては、こういった見方を生かしていくのが有益であろうと考える。

(4)　「〜にしても」が用言を承ける形の場合、その用言が用言としての性格を保つか名詞的なものになっていくかについては、微妙な条件が絡んでくるだろうが、概して言えば、主語が考えられなくなり、節の述語としての性格が乏しくなっていくと、用言は名詞的なものに近づくといえるだろう。はっきり名詞的になってくると、「(同じ)飲むにしても」→「(同じ)飲むのにしても」のように、準体助詞を加えることができるようになる。

(5)　もっとも、人間は強いもので、現実のこととして考えたくないことでも、いったん受け容れて、そこから更に考えていこうとすることもある。従って、次のような言い方は可能だろう。

(エ)　万一有罪判決が出たにしても、その時はその時で、助かる方法がないわけではないだろう。

（6）国研（二〇〇一）の「～にしても」の意味・用法の説明では、「『AにしてもB』と複文を形成して用いられ、前件Aの事柄があることは承認されるとしても、後件Bの事柄はそれによって無効になることなくあるという関係を表す」としていた。この節の見方も、基本的にはこうした方向をふまえてはいるが、「無効になることなく」といった記述は不的確なので、本文のような形に修正しておく。

6.「～（よ）うと／（よ）うが」

～誰が来ようと、会うわけにはいかない～

一、はじめに

1―1　この節では、次の諸例に見られるような複合接続形式「～（よ）うと／（よ）うが」をとり上げて、その表現性の特質をめぐっていささか検討したい。

（1）―a　誰が来ようと、中に入れるわけにはいかない。
（2）―a　時間があろうとなかろうと、問題ではない。
（3）―a　三味線弾きは義太夫であろうと長唄であろうと芸人という風に明治時代には思われていたようですが……

（中村光夫「芸術家と芸人」）

（4）―a　他人が何と言おうが、これは紛れもない一つの真実だ。
（5）―a　それを「発展的」と名づけようが名づけまいが、要するに党解体を覚悟していることでもある。

（朝日新聞、朝、一九九四、一、一一）

（6）―a　ここでは、物理学であろうが、植物学であろうが、専攻の領域は問われない。

（村上陽一郎「科学者とは何か」）

こうした「～（よ）うと」と「～（よ）うが」は、次のとおり相互に同義的に書き換え可能であり、同等の言い方と見なしてよいと思われる。

（1）—b　誰が来ようが、中に入れるわけにはいかない。
（2）—b　時間があろうがなかろうが、問題ではない。
（3）—b　三味線弾きは義太夫であろうが長唄であろうが芸人という風に明治時代には思われていたようですが……
（4）—b　他人が何と言おうと、これは紛れもない一つの真実だ。
（5）—b　それを「発展的」と名づけようと名づけまいと、要するに覚解体を覚悟していることでもある。
（6）—b　ここでは物理学であろうと、植物学であろうと専攻の領域は問われない。

形としては、接続助詞「と」「が」に助動詞「う」「よう」が前接した言い方で、前件として仮定的な事柄を導いて、以下の後件に逆接的に続ける形式と、一応言うことができる。「う」が出てくるか「よう」が出てくるかは、もちろん前接の述語の活用形式の違いに応じたものであり、また、「う」「よう」に対する否定の形である「まい」が出てくることもあるが、ここでは、こうした形式全体を「〜（よ）うと／（よ）うが」という書き方で一括して表すことにする（なお、「う」「よう」と「と」「が」の結びつきの形を特にとり上げる場合は、「（よ）うと」「（よ）うが」といった書き方をすることもある）。

「〜（よ）うと／（よ）うが」形式の用法は、まず次の三つが基本であるように思われる。

i．不定語（誰・何・どう等）を含む節を導いて用いられる（例（1）（4）など）。

ii．p or〜p のような対比になる内容を示す節を導いて、対比的に用いられる（例（2）（5）など）。

iii．p_1 or p_2（or……）のような排他的に相並ぶ内容を示す節を導いて、列記的に用いられる（例（3）（6）など）。

しかしまた、肯否の対比でも、列記でもなく、iv．一つの事柄をとり上げる節を導いて用いられる用法も、次のとおり可能である。

（7）―a　私は、たとえ時間がかかろうと（／かかろうが）、必ずその絵を手に入れるつもりだ。

（8）―a　たとえあなたが遊びに行こうと（／行こうが）、それを批難する人はおりません。

もっとも、後述のようにこうしたivのような用法は、微妙な違いで容易に違和感のあるものになりがちである。

1―2　こうした「～（よ）うと／（よ）うが」について、踏み込んで記述したものはない。この「～（よ）うと／（よ）うが」形式は、次の第二項で確認するが、複合辞の一つと見るべきものであろう。けれども、複合辞の包括的な記述研究となっている森田・松木（一九八九）、グループ・ジャマシイ（一九九八）、国研［山崎・藤田］（二〇〇一）でも、これをとり上げてはいるが、いずれも〝前件に拘束されず後件が成立する〟関係を述べるといった基本的な意味記述が与えられている程度である。その中で、筆者も関わった国研（二〇〇一）では、いくらか工夫して書き添えたこともあるので、これを代表的なものとして参照しておきたい。

同書では、A10として「～シ（よ）うと／～シ（よ）うが」が立項されており、次のような説明がなされている。

「A（よ）うと／（よ）うがB」の形で複文を形成して、仮に前件Aのような事柄があっても、①それに拘束されないということを述べる後件Bを導く。②また、前件Aに拘束されることなく、後件Bのようなことがあるという関係を述べる。（注：原文では①②は（1）（2））

①②と一応分けて述べているが、これは、後件について典型的には、例えば先の例（1）（2）のような〝拘束されない〟という言明になる場合と、例（4）（5）のような〝拘束されない事柄〟があるとの事実指摘になる場合とがあるということを言おうとしたものである。もっとも、前者の場合と後者の場合とはもちろん連続的である。

また、「～（よ）うと／（よ）うが」は、仮定条件を導く形式であり、基本的に実現している事柄はとれないが、国研（二〇〇一）では、次のようなことがあることも指摘しておいた。

（9）―a　彼は、悪党とはいえ、古い友人だ。

（9）—b *彼は、悪党だろうと、古い友人だ。

事実である事柄をとり上げて、aのように言うことはできても、bのように言うことはできない。「～（よ）うと／（よ）うが」が逆接仮定条件の形式である以上、当然であろう。しかしcのようになると、事実というべきことであっても、「～（よ）うと／（よ）うが」でとり上げられて、不自然にはならない。

（9）—c 彼は、確かに悪党だ。だが、悪党だろうと、古い友人だ。

この点、国研（二〇〇一）では、「第2文が『だが（いかに）悪党だろうと、古い友人だ』といった意味で、それがどの程度にそうであってもといった仮定的な意味に関わってくるので、可となるものと思われる」（五七頁）という説明を与えている。これは、一つの説明の仕方ではあるが、(1) 少なくとも「～（よ）うと／（よ）うが」を仮定条件の形として基本的に見ていくべきことは、動かないといえよう。

以上にこれまでの記述の代表例として国研（二〇〇一）を引いたが、こうした基本的意味記述それ自体には、別段問題があるわけではない。しかし、「～（よ）うと／（よ）うが」形式の用法・表現性については、今少し掘り下げて理解する可能性もあろうかと思う。この節では、そのあたりを考えてみることにしたい。

1—3　なお、一点補足しておくと、この「～（よ）うと／（よ）うが」形式と意味・用法が極めて近いものとして、「～（よ）うとも」という形式がある。

（10）—a　その人が何を言おうとも、選ぶのはあなたです。（長谷章宏「人生というゲームの新しい遊び方」）

（11）—a　「たとえ所領を召し上げられ、御内を追われようとも、起請文は書きませぬ」（石川教張「人間日蓮」）

こうした「～（よ）うとも」は、「～（よ）うと／（よ）うが」に違和感なく同義的に書き換えられる。

（10）—b　その人が何を言おうと（／言おうが）、選ぶのはあなたです。

（11）―b　「たとえ所領を召し上げられ、御内を追われようと（／追われようが）、起請文は書きませぬ」

逆に「～（よ）うと／（よ）うが」から「～（よ）うとも」への書き換えは、しかし、先のⅰⅳの用法では可能であるが、ⅱⅲの用法ではすわりが悪く、不自然になる。

（1）―c　誰が来ようとも、中に入れるわけにはいかない。

（2）―c　?時間があろうともなかろうとも、問題ではない。

（3）―c　?三味線弾きは義太夫であろうとも長唄であろうとも芸人という風に明治時代には思われていたようですが……

（7）―b　私は、たとえ時間がかかろうとも、必ずその絵を手に入れるつもりだ。

「～（よ）うとも」については、なお検討の余地もあるかもしれないが、この節では、対比・列記的用法でない使い方に限定された、「～（よ）うと／（よ）うが」の形のヴァリエーションと考えておく（以下では、特に検討の対象とはしない）。

二、「～（よ）うと／（よ）うが」形式の位置づけ

2　さて、考察の前提として、問題とする「（よ）うと」「（よ）うが」の形式としての位置づけを確認しておきたい。すなわち、「（よ）うと」「（よ）うが」は、形の上では、助動詞「（よ）う」と接続助詞の結びついた形だが、これをひとまとまりの複合辞とすべきなのか、それとも、助動詞＋助詞の連語形式とすべきなのか。

もちろん、「（よ）うと」の場合、「よう」と「と」の結びつきを考えるにしても、「と」という接続助詞は現代語では継起用法のものしかなく、この種の逆接仮定の「ようと」の用法を、助動詞＋助詞に分割してその組み合わせとして見ることでは、説明しにくいといえる。しかし、先に見たように、「（よ）うとも」という、用法が限られる

ことを除けばほぼ同義の形式が存在し、この「(よ) うとも」を分割して出てくる「とも」は古い逆接仮定の接続助詞であるから、「(よ) うと」の「と」も、これの形の上でのヴァリエーションと考え、古い語が限られた形で生きていると見る余地があるかもしれない。

というようなことも考え、ここで「(よ) うと」「(よ) うが」を複合辞とすべきか、助動詞＋助詞の連接した形とすべきか、いささか考えておくことにする。

先まわりして言えば、この種の「(よ) うと」「(よ) うが」を助動詞＋助詞の連接したものと見ることは、やはり無理があるように思われる。

まず、助動詞「(よ) う」の意味は、現代語では一般に「意志」であるが、時に古風な言い回しとして「推量」になることもある。そして、「(よ) うと」「(よ) うが」を助動詞＋助詞に分割して、「(よ) う」を助動詞とした場合、これを「意志」の意ととるのはおかしかろうから、「推量」とでもとらざるをえない。確かに、「(よ) うと」「(よ) うが」には何らか主観的な意味合いが感じられるから、「推量」のような主観的な意味がここに加わっていると見ても、不自然でないのかもしれない。けれども、現代語で「(よ) う」が推量として用いられるのは、非意志的な述語や、少なくとも話し手以外の行為を示す述語の場合に限られる。

(12)　やがて雨が降ろう。

(13)　明日になれば、中畠警部もこちらに来よう。

一人称主語の場合、意志の読みが優先して原則的に「(よ) う」は推量と解されない。(2) 次の (14) の例でも、「行こう」は意志ととられ、決して「行くだろう」と同等の推量とは解されないのである。

(14)　明日になれば、私も行こう。

しかるに、「〜 (よ) うと／ (よ) うが」の場合、節の主語が一人称になった言い方も、何の違和感もなく成り立つ。

(15)　私が何と言おうと（／言おうが）、あの男は耳を貸さないだろう。

ということは、「〜（よ）うと／（よ）うが」の「（よ）う」を、推量の意で用いられる一助動詞とすることは、妥当でないということになるだろう。

また、推量の助動詞「（よ）う」は、古風な語感の有無ということを別にすれば、「だろう」と同義的に書き換え可能である。文末ではもちろんそうであるし、翻訳口調ながら、次のような連体修飾句に用いられた場合も、書き換えはふつうにできる。(3)

(16)―a　この物資は、東海大地震が起ころうことを見越して、備蓄してあるのだという。

(16)―b　この物資は、東海大地震が起こるだろうことを見越して、備蓄してあるのだという。

しかし、「（よ）うと」「（よ）うが」の場合、「（よ）う」を「だろう」に書き換えることはできない。(4)ということは、「だろう」は現代語では推量（概言）を表す一般的な形式であるから、こうした「（よ）う」がそれと同等に推量（概言）を表すものでは、やはりないということである。

(1)―b　誰が来ようが、中に入れるわけにはいかない。

(1)―d　*誰が来るだろうが、中に入れるわけにはいかない。

このように見てみると、「（よ）うと」「（よ）うが」については、「（よ）う」を一助動詞として考えることはできず、これらの形式を助動詞＋助詞の連接として考えることは適切ではない。現代語では、「（よ）うと」「（よ）うが」は、これで一つのまとまった複合辞形式とすべきものなのである。そして、これらの言い方に感じられる一種主観的な意味合いも、「（よ）う」という語を含む複合辞であることに由来するものと考えられるが、「だろう」のようないわゆる推量（概言）――事柄が成り立つ確からしさがどれほどかについての話し手の判断の気持ち――といった意味とは同じではない。従って、そうした主観的な意味合いが、どのようなものなのかを改めて考えることも、「〜（よ）うと／（よ）うが」の表現性を考えるうえで必要なことといえよう。

以上、「〜（よ）うと／（よ）うが」の表現性を論じる前提として、この形式の文法的位置づけを確認してみた。

三、考察のポイント

3—1　ここで、「〜（よ）うと／（よ）うが」形式の用法・表現性を考えるために具体的に検討していく問題点をあげておきたい。

まず注目したいのは、類義形式としての「〜ても」との、相互の書き換えの問題である。「〜（よ）うと／（よ）うが」は、「〜ても」と、非常によく書き換えが可能である。例えば、先に掲げた（1）〜（6）の例についても、次のとおりいずれも「〜ても」の形に、同義的に書き換えることができる。

（1）—a　誰が来ようと、中に入れるわけにはいかない。
　→e　誰が来ても、中に入れるわけにはいかない。

（2）—a　時間があろうとなかろうと、問題ではない。
　→d　時間があってもなくても、問題ではない。

（3）—a　三味線弾きは義太夫であろうと長唄であろうと芸人という風に明治時代には思われていたようですが……
　→d　三味線弾きは義太夫であっても長唄であっても芸人という風に明治時代には思われていたようですが……

（4）—a　他人が何と言おうが、これは紛れもない一つの真実だ。

→c　他人が何と言っても、これは紛れもない一つの真実だ。

(5)—a　それを「発展的」と名づけようが名づけまいが、要するに党解体を覚悟していることでもある。

→c　それを「発展的」と名づけても名づけなくても、要するに党解体を覚悟していることでもある。

(6)—a　ここでは、物理学であろうが、植物学であろうが、専攻の領域は問われない。

→c　ここでは、物理学であっても、植物学であっても、専攻の領域は問われない。

一方、もちろん「〜（よ）うと／（よ）うが」は、基本的に仮定条件であるから、次のような、実現した事実をとり上げる「〜ても」節を「〜（よ）うと／（よ）うが」の形に書き換えるようなことはできない。

(17)—a　佳那は、その部分を品詞分解しても、今一つ意味がよくわからなかった。

→b　*佳那は、その部分を品詞分解しようと（／しようが）、今一つ意味がよくわからなかった。

(18)—a　先生は、試験の結果を知っていても、教えてはくれなかった。

→b　*先生は、試験の結果を知っていようと（／知っていようが）、教えてはくれなかった。

しかし、未実現の（その意味では仮定的な）事柄をとり上げる「〜ても」節であれば、「〜（よ）うと／（よ）うが」への同義的書き換えはかなり容易で、任意に思いつく例を二三あげてみても次のとおりである。

(19)—a　たとえそんなことをしても、無駄だ。

→b　たとえそんなことをしようと、無駄だ。

(20)—a　どんなに食べても、太らない。

→b　どんなに食べようと、太らない。

(21)—a　この調子では、あすになってもあさってになっても、電車はストップしたままだろう。

→b　この調子では、あすになろうとあさってになろうと、電車はストップしたままだろう。

では、「〜（よ）うと／（よ）うが」は、仮定の用法に限定される点を別にすると、「〜ても」と用法が重なるものといえるのだろうか。しかし、あえて「〜ても」とは別に、「〜（よ）うと／（よ）うが」といったはっきり異なる形式が成り立っている以上、異なる表現性があると見た方が自然だし、実際、仮定の用法であっても「〜ても」から「〜（よ）うと／（よ）うが」への書き換えが不自然になる例は、実は存在する。そのあたりのずれから、「〜（よ）うと／（よ）うが」の表現性を今少し詳しく考えることができようかと思う。

3—2　今一つ考えたいのは、ⅳの〝一つの事柄をとり上げる〟用法に関してである。先にあげた用例を再掲する。

（7）—a　私は、たとえ時間がかかろうと、必ずその絵を手に入れるつもりだ。

（8）—a　たとえあなたが遊びに行こうが、それを批難する人はおりません。

こうした用法では、いささかの違いで表現としての適格性がずっと落ちるような不安定さがあると述べたが、実際右の各例は、「たとえ」という語をはずすといったくらいのことで、いずれも随分不安定に感じられるものになってしまう。

（7）—c　?私は、時間がかかろうと、必ずその絵を手に入れるつもりだ。

（8）—b　?あなたが遊びに行こうが、それを批難する人はおりません。

ちなみに、「〜ても」の形であれば、次のように「たとえ」がなくてもさほど不自然にはならない。とすると、こうした不自然さが出てくることは、「〜（よ）うと／（よ）うが」の表現性にかかわることだと考えられる。

（7）—d　私は、時間がかかっても、必ずその絵を手に入れるつもりだ。

（8）—c　あなたが遊びに行っても、それを批難する人はおりません。

もっとも、ⅳの用法でも、次のように「〜（よ）うと／（よ）うが」節中に「たとえ」のような語を含まないでも不自然ではない例も、もちろん可能であり、問題は「たとえ」という語の有無といったような事柄にとどまらないようである。
(22) 夏海が土下座をしようが、許すつもりはなかった。　（涼風涼「サイバーストーカー」）
(23) 今回の事件は、金田一さんが捜査しようと、謎ときは不可能だね。
このあたりの適格性に関与しているのは、どのようなことなのか、検討してみる必要があろう。

四、「〜（よ）うと／（よ）うが」形式の表現性

4―1　以下、第三項であげた問題点を念頭に置きつつ、それらを統一して考えられるような解釈を示してみたい。思うに、こうした「〜（よ）うと／（よ）うが」といった言い方は、不定語と用いられたり、対比・列記的に用いられる場合は安定しており、このような用法が基本であると見られる。そして、このような用法を基本とするのであるから、「〜（よ）うと／（よ）うが」には、一つに特定されないあり得る可能性の広がりを意識して言うといった意味合いがあるように思われる。

従って、「〜（よ）うと／（よ）うが」は、次のとおり、仮定であっても、紛れもなく一つの事柄だけが問題としてとり上げられるところでは用いにくい、ということになる。

(24)―a　彼はいないはずだが、もし彼に会っても、何も言うな。
　　↓b　*彼はいないはずだが、もし彼に会おうと（／会おうが）、何も言うな。
(25)―a　かなり回復しているので、旅行しても大丈夫だ。
　　↓b　?かなり回復しているので、旅行しようと（／しようが）大丈夫だ。

(24)は、「彼に会」った場合という、そのことのみを考えて、その場合はどうしろと注意しているのであり、(25)は、「旅行」するということについてだけ問題にして、その一事について「大丈夫」と述べている。このよう

に、一つの事柄だけを限定してとり上げようとすると、「〜（よ）うと／（よ）うが」では非常に不自然になる。これに対して、例えば（25）をcのように、いろいろな場合を考えて言う形にすると不自然さはなくなる。

（25）—c　かなり回復しているので、旅行しようが酒を飲もうが大丈夫だ。

こうした事実から、「〜（よ）うと／（よ）うが」を、〃一つに特定されない、あり得る可能性の広がりを意識して言う〃言い方であるととらえることは、十分妥当なことと思われる。

4—2　さて**3—2**で見たとおり、ⅳの一つの事柄をとり上げる用法が不安定になりがちなのも、「〜（よ）うと／（よ）うが」の表現性を右のように考えるなら、十分予想できることである。もっとも、一つの事柄をとり上げても、ごく自然な表現になる例も十分考えられた。例を再掲しよう。

（22）　夏海が土下座をしようが、許すつもりはなかった。

（23）　今回の事件は、金田一さんが捜査しようと、謎ときは不可能だね。

こうした自然な例を観察してみると、「〜（よ）うと／（よ）うが」でとり上げられているのは、もっぱら極端なこと・並々ならぬことであるということが見てとれる。「土下座」はかなり極端なことだし、「金田一さん」が名探偵金田一耕助のことであるなら、その本人の「捜査」というのは並々ならないことである。こうした極端な事柄・並々ならぬ事柄がとり上げられることで、それと対比される可能性のある、それほどでないことが意識され、「〜（よ）うと／（よ）うが」の、〃あり得る可能性の広がりを意識して言う〃という表現性と合致したものと感じられるようになるのだろう。

実際、やはりやや不自然であった例も、極端・並々ならない内容になるように手を加えてみると、ずっと自然になってくる。

（7）—c ?私は、時間がかかろうと、必ずその絵を手に入れるつもりだ。

――→ｅ　私は、何年何十年もの時間がかかろうと、必ずその絵を手に入れるつもりだ。

（8）―ｂ？あなたが遊びに行こうが、それを批難する人はおりません。

――→ｄ　あなたが先斗町のお茶屋を一軒借り切って遊びに行こうが、それを批難する人はおりません。

こうした事実からも、以上に示してきた解釈は十分妥当なものと思われる。また、（7）（8）―ｂのような例にもともと「たとえ」が付加されていた形は、ごく自然な表現と感じられたわけだが、これも、「たとえ」が仮の可能性であるということを明示して、他の可能性を考えさせるサインとなる言い方なので、「〜（よ）うと／（よ）うが」の〝あり得る可能性の広がりを意識して言う〟表現性とうまく適合していくからだと思われる。

以上、「〜（よ）うと／（よ）うが」の表現性を右のように考えることで、第三項で問題にした点も、十分統一的に理解できることを述べた。

4―3　以上に述べた、「〜（よ）うと／（よ）うが」の、〝あり得る可能性の広がりを意識して言う〟といった表現性は、複合辞「〜（よ）うと／（よ）うが」の構成要素となっている「（よ）う」の表現性にかかわるものと思われる。

「（よ）う」については、次の第7節でも掘り下げて考えるが、本節の説明としてはその表現性の一つの側面に光をあてた見方を示しておきたい。

この「（よ）う」が、いわゆる推量（概言）でないことは既にふれたが、これと同種と感じられる「（よ）う」は、よく観察していくと、文中にいくらか見出せる。例えば、連体修飾句末には、この種の「（よ）う」が見られることがあるが、興味深いのは、連体句末の「（よ）う」について、「だろう」と書き換え可能でその点では推量（概言）的なものは別として、整理して見ていくと、この種の「（よ）う」は極めて限られた形式と結びついてしか出てこないといえることである。例えば、次のような「はずがない」「わけがない」等といった文末形式の形式名詞に続く形で、この種の「(よ)う」がしばしば出てくる。[5]

(26)—a　仕事がないから、収入がない。それでスポーツをする余裕なんてあろうはずがない。
(毎日新聞、朝、一九九五、六、二八)

(27)—a　ご安心ください。落ち度などあろうはずがありません。
(毎日、朝、一九九五、五、二三)

(28)　練習もしないでうまくなろうわけがない。
(松村明(編)『日本文法大辞典』、助動詞「う」の項の用例)

(29)　君に秘密をもらそう道理がない。
(同右)

一見して了解できるように、これらの表現は、可能性や可能性を支える根拠の存在を否定して、〃あり得ない〃ことを述べる言い方である。ここに見られる「(よ)う」は、そのような可能性が否定されるという言い方とかかわって、〃いろいろな可能性を広く探ってみて(その上でも)〃といった意味合いを加えるものと思われる。実際、こうした表現では「(よ)う」を伴わない形も可能であるが、「(よ)う」を伴う形の方が強く述べる印象がある。

(26)—b　仕事がないから、収入がない。それでスポーツをする余裕なんてあるはずがない。

(27)—b　ご安心ください。落ち度などあるはずがありません。

これは、もちろん「あろうはず」といった形がやや古めかしく荘重感があることもあるだろうが、「(よ)う」を伴うことで、いろいろな可能性をも探った上での否定であるという含みが強い全否定のニュアンスを生むものと思われる。

また、この種の「(よ)う」は、しばしば複合辞とされる「ものなら」とともに用いられるが、そうした「〜(よ)うものなら」は、前件として一つの条件・状況を設定し、その場合には非常に問題な事態が生じることを後件で述べる関係で用いられる。

(30)　そんなことを言おうものなら、ただではすまないぞ。

（31）だが、そこでたばこを取り出そうものなら、近くのご婦人にすごい顔でにらまれる。（毎日、朝、一九九三、四、一）

この種の「（よ）う」が前件句に加わることで、前件句の事柄のみがあり得ることとして問題にされるのではなく、さまざまな可能性を考えて、その中でも前件句の事柄があれば問題なことになるといった気持ちで以下を導くという表現になるのであろう。そして、前件句の事柄に関わってさまざまな可能性を考えるということは、前件句の事柄をのみ意識するわけではないということであるから、その事柄にいったん〝距離を置く〟といった意味合いにも通じる。次の第7節では、この〝距離を置く〟（更には、忌避する）といった意味を中心に「〜（よ）うものなら」の表現性を論じるが、〝距離を置く〟ことと〝さまざまな可能性を考える〟こととは矛盾するものではなく、「（よ）う」の表現性の表裏とでもいうべきものである。

更に、この種の「（よ）う」は、次のような慣用的な言い方にも見られる。

（32）なのに、あろうことか人権を踏みにじり、不幸を食いものにするメディアが出現したということは、それ自体が社会の不幸を象徴しているように思えてならない。（毎日、朝、一九九四、一〇、二八）

（33）金田一さんともあろう人が、とんだ思い違いをしたものだ。

（32）の「あろうことか」は、とんでもないことが起こったといったような叙述を導く誘導的な句であるが、この種の「（よ）う」を含んで、〝いろいろ可能性はあるだろうによりによって〟といったあり得る可能性を広く意識した言い方になっていると思われるし、（33）は、「〜ともあろうN」という形で、以下到底似つかわしくないことをすることになるといった叙述を導く言い方であるが、これも、この種の「（よ）う」を含むことで、「〜」の可能的なあり方がいろいろ意識された上でそれでも以下のようなことは到底考えられないといった含みをもつ形として固定化されたものであろう。

以上のとおり、複合辞「〜（よ）うと／（よ）うが」の、〝あり得る可能性の広がりを意識する〟ような含みは、この複合辞を構成する「（よ）う」の表現性に由来するものと考えられ、また、この種の「（よ）う」は「〜（よ）うと／（よ）うが」だけでなく、他にもいくらか見出せるものなのである。

五、結　び

5 この節では接続助詞的複合辞として機能する「〜（よ）うと／（よ）うが」をとり上げて、その用法・表現性にいくらか検討を加えてみた。

既に気づかれるとおり、ここでとり扱った〝あり得る可能性の広がりを意識して言う〟意味合いを添える「（よ）う」は、古典語の仮想用法の「む」などとつながるところのあるものかと思われる。複合辞のような固定化した形式の中には、古い用法の語が化石的に残存することがあり、この場合の「〜（よ）うと／（よ）うが」の「（よ）う」も、そうした古い用法につながる表現性をもつものかとも想像されるが、この点については、なお文法史的研究の進展に俟つこととしたい。

【第6節・注】

（1）別の方向で考えると、「悪党である」ことは事実なのだが、話し手にとって、そのまま受けいれにくいことでもあるだろう。それを〝仮に受けいれて、悪党であると考えても〟といったような意味だと考え、「〜（よ）うと／（よ）うが」の使用は、そのような受けいれにくい事実をいったんは仮に受けいれる形で述べる言い方だと見るのも、一つの解釈であろう。

（2）可能の形でなら、一人称主語でも「（よ）う」が推量と解せられそうである。

（ア）私も、明日になれば、出発できよう。

もっとも、これは話し手の意志的動作ではなく、〝物事がそうなる〟という事態実現の表現になるからである。

（3）この場合は、翻訳的な言い回しで強引に未来を示す形式として用いられている感が強い。

（4）次のような場合、「だろう／だろうが」の形があらわれるが、これは、断定の助動詞（もしくは形容動詞の活用語尾）「だ」の未然形「だろ」に「うと／うが」が加えられたと見るべきものである。

（イ）相手が誰だろうが、かまわない。

（ウ）今は健康だろうと、安心はできない。

（5）「はずがない」等と「（よ）う」との結びつきは、かなり慣用的で、(26)〜(29)では、「（よ）う」を「だろう」に書き換えると不自然である。もっとも、「彼が犯人だろうはずがない」のような言い方は可能かもしれないが、この「だろう」は、助動詞「だ」の未然形に「う」が付いたものと分割して解すべき形である。こうした形などへの類推もあって、「はずがない」等に前接する述語末の「（よ）う」も「だろう」に書き換えられそうに感じられる面もなくはないが、基本的には自然なものではないと見ておくべきだろう。

7.「～ものなら」

～そのようなことを口にしようものなら、ただではすまないぞ　など～

一、はじめに

1―1　この節では、条件節を形成して接続助詞的に用いられる次のような「～ものなら」をとり上げて、その意味・用法について検討してみたい[1]。

（1）そんなことを彼女に言おうものなら、軽蔑されるだろう。
（グループ・ジャマシイ（一九九八）【ものなら】2の例文（1））

（2）いたるところにロープが張られ、近道しようと市民がくぐろうものなら、たちまち腰にピストルを下げた警察が、とんでくる。
（毎日新聞、夕、一九九三、七、六）

（3）「日本は負ける」と、平野さんが知らされたのは、終戦の1カ月ぐらい前だった。家族にも言わず、今日か明日かと緊張しながら会社に通った。「負ける」などともらそうものなら、「勝利」を信じる人々に袋だたきにされてしまうと思っていた。
（毎日、朝、一九九九、二、二二）

（4）簡単なパスをミスしようものなら、ブーイングのトーンが高まる。
（朝日新聞、朝、一九九四、一一、六・国研（二〇〇一）【ものなら】の例文（5））

（5）人生がやり直せるものなら、今度はまじめに働きたい。

（6）もし願いがかなうものなら、この美術館の絵が全部ほしい。

（グループ・ジャマシイ（一九九八）【ものなら】1の例文（2））

（7）たばこについて冷静に考えてみる冷却期間を置くことが必要なわけです。よくお話を聞いてみると、皆さん心のすみっこに「やめられるものならやめたい」という気持ちを持っておられる。

（毎日、朝、一九九九、一二、二一）

（8）それは私と同じ生活であった。貧乏学生や普通のサラリーマン、OLと同じ生活である。そこから本当に再スタートできるものなら、応援したいという気持ちになった。

こうした「〜ものなら」は、複合辞の一つと扱われることも多いが、これには、（1）〜（4）のように「〜シヨウモノナラ」と助動詞的な形式「う」「よう」を伴う述部を承ける形で用いられる用法と、（5）〜（8）のように「う」「よう」を伴わない述部を承ける用法とが見られる。そして、「〜シヨウモノナラ」と「〜スルモノナラ」は、相互に同義的に書き換えができない。

（1′）＊そんなことを彼女に言うものなら、軽蔑されるだろう。

（5′）＊人生がやり直せようものなら、今度はまじめに働きたい。

両者は、別用法として区別する必要がある。

以下、「う」「よう」は「よう」で代表させて示し、「よう」を伴う形の述部を承けるものを「〜ようモノナラ」、「よう」を伴わない述部を承けるものを「〜モノナラ」と表すことにする。また、両者を一括して言及する場合は「〜ものなら」と表記する。

1―2　「よう」を伴わない形の述部を承ける用法では、「〜レル・ラレル」「〜デキル」等の可能を表す形の言い方や、（6）のように意味として可能性を問題にする言い方（多くは出来事の生起の表現）が述部に出てくることが多い（こうした可能の意味の言い方を以下一括して可能表現と呼ぶ）。しかし、次のように、可能性を云々するのではない例も見られる。

（9）　軍は「どうせ署名するものなら、インドの後は不名誉だ」と考えているはずで、インドより先に署名しようとするだろう。（毎日、朝、一九九九、一〇、二一）

そこで、「〜ものなら」については、i．「〜ようモノナラ」の形をとるもの、ii．（「よう」を伴わない）可能表現の述部を承けるもの、iii．（同じく）可能表現でない述部を承けるもの、という三つのタイプがしばしば区別される。以下でも、こうした三つのタイプを念頭に置いて考えていくが、少なくともｉとiiiiiとは形の上でもはっきり異なり、また、既に少し見たように、意味・用法も同じではないので、この節でも分けて記述することにする。一方、iiとiiiはいったんの整理としては区別するのが便宜かと思うが、後述のように、意味的・文法的にはむしろ連続的なものと考えた方がよいように思える。この節の記述でも、iiとiiiは第四項でまとめて扱う。

こうした「〜ものなら」については、若干の記述・考察はあるが、その表現性については十分に考究されているようには思えない。そこで、この節では、この「〜ものなら」をめぐって、いささか考えるところなどを述べてみたい。

二、用例集等の記述

2—1　考察の前提として、主な複合辞の用例集・辞典の類の記述によって、「〜ものなら」について基本的に了解されているところを確認し、その問題点について考えておきたい。

まず、複合辞も含めて複合・呼応した諸形式を広く扱ったグループ・ジャマシイ（一九九八）では、「〜ものなら」について、次のように述べられている（用例は省略する）。

【ものなら】

1　……ものなら

実現する可能性の少ないことに関して、「もし実現した場合には」と仮定するのに用いる。可能動詞を使うことが多い。また、同じ動詞をくりかえす場合、実際にはできないことを強調する。(6)［藤田注・「やれるもんならやってみろ。」］は、慣用表現で、相手に挑戦する言い方。

2　V・ようものなら

やや誇張した条件の述べ方で、「万一そのようなことが起こったら」という意味を表す。後ろには「大変な事態が生じる」という内容を続けるのが普通。

（グループ・ジャマシイ（一九九八）五九八〜五九九頁抄出・原文横書き）

次に、複合辞を広く総覧し、多くの用例を掲げて考察した森田・松木（一九八九）では、「〜ものなら」について、「〜（よ）うことなら」とも併せて、次のような記述がある（用例は（中略）として省く。なお、「〜（よ）うことなら」については、ここではとり上げない）。

5（よ）うものなら／（よ）うことなら／ものなら

意志・推量を表す助動詞「（よ）う」に形式名詞「もの」と断定の助動詞「だ」の仮定形「なら」が続いた形として「（よ）うものなら」がある。これは前件で極端な場合を仮定し、〝前件がひとたび実現したなら、事の成り行き上大変なことになる〟という意味を表すため、後件には必ず望ましくない事柄が置かれる。話し手の感情が強く打ち出される表現である。活用語の未然形を受ける。会話体の「（よ）うもんなら」も見られる。

（中略）

また、事実とは反対の仮定をして、〝実際はそうでなかったからよかった〟という気持ちを言外に示す、反

実仮想の用法もある。（中略）

また、「(よ)うものなら」と関連して、形式名詞「こと」を用いた「(よ)うことなら」がある。「(よ)うものなら」が広く動詞・形容詞等を受けるのに対し、「(よ)うことなら」はある限られた動詞につくに過ぎず、意味的にも全く異なった、願望を示す慣用表現に近づいている。（中略）

「(よ)うことなら」に近い表現と言えば、むしろ「(よ)う」を除いた「ものなら」が挙げられる。これは、主に可能を意味する動詞の連体形を受け、前件で実現困難な事柄を提示した上で、その実現を希望したり期待したりする表現である。しかし、〝実際には実現しないだろう〟という話し手の予測が暗示されているため、文脈によっては皮肉や反駁をこめた表現にすることも可能である。既に一語の接続助詞と認めている辞書類も多い。

（森田・松木（一九八九）九三〜九四頁抄出）

また、現代日本語の複合辞の用例集として編集された国研（二〇〇一）でも、「〜ものなら」が立項されているが、これは「よう」を伴わない述部を承ける「〜モノナラ」について述べたもので、その説明は、次のようである。

◇A28　〜ものなら

意味・用法

「Aものなら B」の形で、実現可能性が低いと考えられる事柄を仮定して表す。

文法

前接する動詞は、「〜できるものなら」といった可能表現か、話し手が自由にできない事柄の自然生起といったような内容の表現をとる。「〜シタものなら」のようなシタ形や「〜だろうものなら」のようなムード表現はとれない。後件には、意志・希望・疑問や命令の表現をとることが多い。

ノート

1. 前件と後件の時間関係は、前件の事柄が後件の事柄に先行するのが普通だが、「確実にこの土地の地価があがるものなら、今からこの土地をかっておくのだけれども」のように、後件の事柄が前件の事柄に先行するものであることもある。

2. 可能性の低いと思われることをめぐり、それでも可能性を希求して慣用用法として「できるものなら（…したい）《ママ》のような言い方や「行けるものなら行こう」のような繰り返しの言い方がよく用いられる。逆に繰り返し表現を用いて、「やれるもんならやってみろ」というように可能性はないということを強調・誇示するような言い方もなされる。

（国研（二〇〇一）［山崎・藤田］七八〜七九頁抄出・原文横書き）

これに対し、「よう」を伴う形の述部を承けるものは、「〜（よ）うものなら」として立項されている。

◇A11　〜（よ）うものなら

意味・用法

「AシヨウものならB」の形で、一つの端的な事柄が生じる状況を設定し、その時は一般的にどうであるかという関係を述べる。

文法

基本的に事柄の関係を述べる言い方になり、後件は、疑問や願望、意志、命令等のムード表現を取らない。

ノート

1. 同義的な形式として「(よ)うことなら」があるが、あまり使用頻度は高くない。

2. 「(よ)う」が推量的だが、この点は、古典語的な言い方が複合辞の中に化石的に残存したと考えられるので、「(よ)うものなら」で一つの複合辞と考えるのが妥当であろう。

（国研（二〇〇一）［山崎・藤田］五七〜五八頁抄出・原文横書き）

2―2　以上に言われていることを整理すれば、大略次のような点で見方が一致していると思われる。

①「～モノナラ」に前接するのは、ふつう可能動詞である。

②「～モノナラ」節には、実現の可能性の低いことがとり上げられて、その実現が仮定される。

また、森田・松木（一九八九）とグループ・ジャマシイ（一九九八）では、次の点も一致しており、一般にこのような見方がよくなされるものと思われる。

③「～ようモノナラ」節に対する後件には、〝大変ナコトニナル〟といった悪い意味合いの内容が来る。

しかし、こうした一般的な了解については、いささか問題が感じられるところがある。

2―3　まず①から見ていくと、こうした記述は、先の（9）のような可能表現が前接しない例をおさえていない点で、不十分といわざるをえない。(2)確かに「可能動詞を使うことが多い」とか「主に」とかいった留保はつけられているが、挙げられた用例を見る限り、これは可能動詞でなくても意味的に可能の意味が出る例のことを考えたもので、可能表現でないものの前接する例は考えていないものと見られる。しかし、（9）のような例も視野に入れて考えることが、「～モノナラ」の意味・用法の十全な記述のためには、やはり必要なことといえよう。

次に、可能表現を承ける「～モノナラ」については、②のように、実現の可能性の低いことがとり上げられるという見方がなされている。しかし、次のような例が十分成り立ち、この「～モノナラ」節で可能性が低いことが仮定されているとは感じられない（可能性が相応にあると期待するから、「有り難い」と述べ、「是非やってみてくれ」と言うのである）。

（10）　君の方法でこの問題が十分解決できるものなら、有り難い、是非やってみてくれ。

「～モノナラ」について、可能性の低いことが常にとり上げられるというような見方は、必ずしも当たらないと思われる。

2―4　そして、③については、多くの場合このように考えられそうに思えるが、用例を見ていくと、必ずしもそうとは言えない例が見られる。「〜ようモノナラ」の用例を、更にいくつか掲げてみる。

(11)　ビールは一パイントグラスに表面張力で盛り上がるほど注いで、最初の一口は口の方を寄せていくようにしなければならない。これで一ポンド五十ペンス―一ポンド八十ペンス（二百四十―二百八十円）と、イギリス中のパブのどこに入っても相場は決まっている。地価が高いからといって、値段を上げようものなら、一週間で客はゼロになってしまう。（毎日、朝、一九九四、四、一四）

(12)　「私の英語は不十分だから…」。記者会見で英米の記者が英語で質問しようものなら、シュレーダー首相は露骨に嫌な顔をする。英語の質問に対しても答えはいつもドイツ語だ。（毎日、夕、一九九九、七、二九）

(13)　船首の三つのタンクには2800キロリットルの重油が積まれており、それが一気に流れ出ようものなら、一大事だ。（毎日、朝、一九九七、一、九）

(14)　館内に少年たちがいた。熱心に標本を見ていた。「あれは方解石、これがザクロ石」と実によく知っている。昆虫少年、天文少年などと並んで、鉱物少年というのもいるのだなあと思った。「野外へ鉱物採取に連れていくと、目を輝かして喜びます。小さな化石でも見つけようものなら有頂天になりますよ」と館員さん。（毎日、夕、一九九一、一二、一四）

確かに後件には(11)(12)のように〝大変なこと〟〝悪い内容〟――要するに〝(とても)困ったこと〟が出てくることが多い。端的には、(13)の「一大事だ」のように、〝大変だ〟という意味の表現がはっきり出てくる。しかし、(14)のような例もあり、少年たちが「有頂天にな」ることは、決して悪いこと・困ったことではない(むしろ、この文脈では好ましいことであろう)。同趣の例は、ごくふつうに考えられる。

(15)　認知症に特効薬でも開発されようものなら、それこそノーベル賞ものだ。

（16）卓郎は情に厚く、困っている人を見ようものなら、飛んで行って助けずにはおれない。

こうした例もあることからすると、「〜ようモノナラ」節に対する後件に悪い内容が出てくるとばかりは言えない。〝よい内容〟といえる事柄も、実際出て来得るのである。そして、注意しておきたいのは、〝よい内容〟が出て来るといっても、それは通り一遍・並一通りではないようなことだという点である。（14）の例について言えば、「小さな化石を見つけ」たくらいで「有頂天にな」るというのは、並一通りのことではない（この点、「?小さな化石でも見つけようものなら喜びますよ」だと、かなり不自然なのと比較されたい）。（15）の「ノーベル賞ものだ」、（16）の「飛んで行って助けずにはおれない」も、よい意味で通り一遍のことではない。

このことをふまえると、「〜ようモノナラ」に対する後件としては、悪い方向はもちろんよい方向でも、並一通りですまない（と話し手が捉える）[3]ことになる、といった意味合いの内容が出てくるとおさえておくのが的確かと考えられる。

併せてふれておくと、森田・松木（一九八九）では、「〜ようモノナラ」節では「極端な場合を仮定」するものとする。確かにそのように感じられる例も少なくないが、例えば（12）や冒頭に掲げた（2）の例など見ても、「英米の記者が英語で質問」しようとすることや「近道しようと市民が（ロープをつい）くぐろ」うとするようなことは、ふつうに起こり得ること・起こっておかしくないことであって、〝極端〟というには当たるまい。その点では、事柄のおさえとしてこうした記述は的確とはいえない。しかし、グループ・ジャマシイ（一九九八）でも「やや誇張した条件の述べ方」とあって、「〜ようモノナラ」節に後件の〝並一通り〟でない内容に相応じた何らか強いニュアンスが感じられることは事実であろう。だが、それが結局どのような〝意味〟なのかは、今少し考える必要がある。

また、国研（二〇〇一）では、「〜ようモノナラ」節は、「一つの端的な事柄が生じる状況」を示すもので、これに対する後件は、前件の「状況」に対し「一般的にどうであるか」を述べるものとするが、「端的な事柄」とはどういうことか、（自分で書いたことで恐縮ながら）今一つよくわからない書き方といわざるを得ないし、後件が「一般的にどうであるか」ということを述べるというのも、前件の仮定条件に対しては、後件にあり得る帰結が来るといったことを言い直した程度の言い方で、仮定の条件表現に関する当たり前のことを述べているに過ぎない。ここで以下特に問題にする必要はないだろう。

2―5　ところで、国研（二〇〇一）にもあるとおり、「〜モノナラ」節と違って「〜ようモノナラ」節は、対応する主節文末に命令・意志・疑問などの表現はとれない。(4) その点で、「〜ようモノナラ」節の文と「〜モノナラ」節の文とは、明らかに異質のものである。

(17)―a　そんなことを言おうものなら、彼はあの男と絶交するだろう。
(17)―b　*そんなことを言おうものなら、あの男とは絶交しろ。
(18)―a　電話がかかってこようものなら、直ぐに誰かが行かなければならない。
(18)―b　*電話がかかってこようものなら、直ぐに私が行こう。
(19)―a　不用意なことを書こうものなら、小西先生がお叱りになるぞ。
(19)―b　*不用意なことを書こうものなら、小西先生がお叱りになるか？

「〜モノナラ」の文と「〜ようモノナラ」の文のこうした違いは、後述するように、両者の表現性に深くかかわるもののように思える。

また、可能表現の述部を承けないタイプの「〜モノナラ」節については、次のとおり、主節文末に命令・意志・問い等の表現がとれる。

(20)―a　どうせ署名するものなら、さっさとすませろ（／すませよう）。

（20）―b　どうせ署名するものなら、私が先にしていいか。

このことからしても、可能表現の述部を承ける「～モノナラ」とそうでない「～モノナラ」は、連続性のあるものと考えられそうである。この点については、更に第四項で考えてみたい。

以上、主要な複合辞の用例集・辞書の類の記述によって、「～ものなら」について了解されているところを確認するとともに、問題点を指摘し、筆者なりの修正を示した。次に、項を改めて、「～ものなら」を論じた先行論文の記述を確認してみることにする。

三、先行論文

3―1　「～ものなら」を主たる対象として論じた論文は、ほとんどない。わずかに、玉村（一九八四）、増倉（一九九六）、坪根（一九九六）、中島（二〇〇五）が見いだされる程度である。

このうち、玉村（一九八四）は、用例の常識的な整理に終始し、特段意味のある考察は見られない。増倉（一九九六）は、もっぱら田野村忠温の研究に依拠し、接続助詞「なら」の用法を「状況設定」（ある事態が実現した状況を仮に設定する「なら」）と「実情仮定」（「実のところが～であれば」といった意味を表す「なら」）に分ける分類を「～ものなら」にも適用し、「～ようモノナラ」は「状況設定」の用法を主として担うが「実情仮定」の用法もあり、「～モノナラ」は（可能表現の述部を承けるものもそれ以外のものも）「状況設定」の用法を主として担うとしている。「～ものなら」を「なら」に引きつけてその用法を整理しようとするのは一つの見方ではあるが、「～ものなら」そのものの表現性はほとんど掘り下げられてはおらず、また、事実の記述や用語にも疑問の残るところが少なくない。また、中島（二〇〇五）は、概して事例をなぞった程度の記述にとどまっており、見るべき点は残念ながら乏しい。

3―2　一方、坪根（一九九六）は、終助詞的用法の「もの」や「もの」を含む複合接続助詞的形式を一括して論じたもので、その一環として「〜ものなら」についてもある程度踏み込んで論じている。

ただ、「〜ようモノナラ」と「〜モノナラ」を区別なく同等のもののように扱う点は、事実のとらえ方・整理として妥当とは思えない。が、それ以上に、この論文では「もの」という語に〃一般的〃という意味的性格を想定し、それで問題としている「〜ものなら」等の諸形式の表現性を説明しようとするが、少なくとも「〜ものなら」については、その説明がかなり強引に感じられ、納得し難い。少し長くなるが、坪根の当該部分の記述を引いてみる。

⑿ a．生まれ変われるなら／ものなら男になりたい。

b．「どうしてパーティーに出席しないの？」

「出席できるなら／ものなら出席したいよ。今一〇〇円しかなくてできないんだよ」

これらは「なら」も使用可能だが、「ものなら」の方には、ほとんど実現不可能なことを仮定するというニュアンスがある。これも「もの」のもつ「一般的」という性質から来たものと考えられる。つまり、「Aものなら B」の深層部分にある意味は、「一般的にAは考えられないが、もしAと仮定するならB」なのである。その点で「なら」との違いが生じる。更に見てみる。

⒀ a．英語の話せない私が一人でアメリカへ行かなければならないなんて、とても心細いです。あなたもいっしょに来てくれるものなら心強いのですが。

b．近くにスーパーがあるものなら、何もわざわざバスに乗って買い物になんか行かないわ。

⑿は「ものなら」の前の動詞が可能形になっている例、⒀はそうでない例である。この場合もやはり、可能性の全くない、あるいはかなり低いことに対する仮定を表している。そして、深層にあるのは、「一般的に言って、あなたもいっしょに来てくれるということはないだろうが、もし来てくれるのだとすると心強い」「一般

的に誰が見ても、家の近くにスーパーはないが、もしあると仮定するば、わざわざバスに乗って買い物には行かない」ということになる。これらは、明らかに「なら」より仮定の意味が強い。それは即ち、その裏に「一般的に考えられないが、もしそうだと仮定するなら」の意味が含まれるためであろう。（中略）

では「ものなら」が意志・推量を表す助動詞「う・よう」の連体形（以下、便宜上「意志形」とする。）に接続した場合はどうであろうか。

⒂ a. あの高校は、パーマをかけてこよう／*くるものなら、即、停学だそうですよ。

b. 夜11時すぎに帰ろう／*帰るものなら、主人に怒られるんです。

これらの意味も上の⑿⒀の例と変わりはない。即ち、「あの高校の学生は（校則により）一般的にパーマをかけてはこないが、もしかけてくると想定すれば、停学になる」「私は一般的に夜11時すぎに帰ることはないが、もしその場合を想定したら、主人に怒られる」の意味になると考えられる。

（坪根（一九九六）四一～四二頁・原文横書き）

「～ものなら」に関する坪根の所論はおよそ以上のようなことだが、しかし、坪根の言うように、「もの」が「一般性」という意味的性格をもつのなら、「AものならB」の「Aものなら」が、「Aと一般的に考えられるなら」等の意味にならないで、どうして「一般的にAは考えられないが、もしAと仮定するなら」のような「深層にある意味」になると考えられるのか、よく分からない。少なくとも、以上を見る限り、納得できる説明は示されていない。

それに、既に第二項でもふれたが、「～ものなら」について「ほとんど実現不可能なことを仮定するというニュアンス」が常について回るとか、「AものならB」のパタンで「Aものなら」に「一般的にAは考えられないが」というような含みが「深層にある意味」としてあるといった見方は、端的に言って妥当ではない。改めて例をあげると、

(21)「お子さんは?」
「十一歳と八歳です」

子ぼんのうらしい笑顔がのぞく。彼もまたすばらしい家族旅行を味わったに違いない。

――それでいいんだ――

立身出世を考える世の中ではない。家族たちと一緒にそこそこの幸福な人生を送れるものなら、なんの不足があるものか。

(阿刀田高「カクテルをどうぞ」)

(22)「あなたって、まったく鈍感なんだから」。妻の口癖だ。会社での仕事上の失敗や、同僚との軋轢やトラブルなどについてグチろうものなら、その度に「そんなこと、どうしてもっと早く気がつかないの。普通の人だったら早く気がついてしかるべき手を打っていたわよ、本当に鈍感なんだから」と鼻先で笑われ、「あなたを騙すなんて、赤ん坊を騙すより簡単ね」とまで言われたこともある。(毎日、朝、一九九八、五、一七)

(21)の場合、「家族たちと一緒にそこそこの幸福な人生を送れるものなら、……」という一文は、「幸福な人生を送」ることの一コマとしての「すばらしい家族旅行」があった事実を垣間見ての語り手(主人公)の感懐であり、しかも「彼もまた」とあって、それが他にも例のあることという含みで述べられているのだから、「〜モノナラ」でとり上げられた「家族たちと一緒にそこそこの幸福な人生を送れる」という事柄が、〃一般的に考えられないこと〃とか〃ほとんど実現不可能なこと〃などととらえられているとは考えられない。また、「〜ようモノナラ」についても、(22)の例のような場合、「……グチろうものなら、その度に……」とあって、実体験をもとに、そのような事態の生起を仮に想像して述べているのだから、このような言い方で、「グチ」ることが〃一般的に考えられない〃などととらえられているはずがない。こうした例がごくふつうに目につく以上、坪根のように、「AものならB」のパタンを「一般的にAは考えられないが、もしAと仮定するならB」のような意味として説明することは妥当ではない。「一般的にAは考えられない」などという含みがあるとすることは、やはり無理がある。「～ものなら」についての坪根の所論は、この形式の表現性を適切に説明し得ているとは言えないのである。

3―3　以上、第二項・三項では、「～ものなら」について、これまで述べられ論ぜられてきたところを確認した。こうして見てきた限りでは、「～ものなら」の表現性については、未だ十分に究明されているとは言い難い。そこで、更に項を改め、この問題について筆者が考えるところをいささか述べてみたい。

四、「～モノナラ」

4―1　「よう」を伴わない述部を承ける「～モノナラ」の方から見てみたい。

「～モノナラ」を考えるにあたって、注目したいのは、「～ものだ」という辞的形式である（以下、「～モノダ」と表記して、もっぱら文末で使われるものを問題にする）。予め言うなら、「～モノナラ」は、この「～モノダ」に連続するものとして考えられるのではないかと思う。この点、私見を述べるために、まず「～モノダ」について、基本的なところを確認しておく。

4―2　「～モノダ」については、一般的傾向・本性、当為、感情・感慨、回想、説明・解説といった意味・用法があるとされるが、そのうちの「一般的傾向」の意味、すなわち、次の（23）（24）のような「～モノダ」の意味を基本と見て、他の意味・用法もそれをもとにして説明するという考え方が、もっぱらとられてきた（例えば、坪根（一九九四）、藤井（一九九六）など）。

（23）　犬は飼い主に忠実なものだ。

（24）　忙しい時は、しばしばつまらないミスを犯すものだ。

なお、「一般的傾向」とされるような意味用法は、しばしば「本性」などとも言われてきた。しかし、例えば

(23)なら「……ものだ」の形で述べられている「飼い主に忠実」ということは、犬の「本性」と言ってもよかろうが、(24)のような例では、「しばしばつまらないミスを犯す」ことが「忙しい時」の「本性」というのもそぐわない。そうしたこともあって、「〜モノダ」の基本的な意味とされるものは、(24)のような例にも広くあてはまる「一般的傾向」といった用語で説明されることが多い。

そして、この「一般的傾向」は、今一歩つきつめると、次のように説明される。

「モノダ」の意味は「一般的傾向性」を表わすことである。「モノダ」を用いることにより、ある主題について「一般的に言って、普通はこうだ」という話し手の判断が示される。（藤井（一九九六）五二〜五三頁）

また、「一般的」ということについては、次のように説明がなされる。

「一般的」とは、（中略）「そうでないこともあり得るが、そういう傾向が強いということで、……（坪根（一九九四）六六頁）

以上要するに、「〜モノダ」という言い方は、「そうでないこともあり得るが、そういう傾向が強い／普通はそうだ」といった話し手のとらえ方を述べるのが基本の言い方ということになる。

なお、こうした文末形式の「〜モノダ」については、従来助動詞相当の辞的形式と見られることが多かった。しかし、この種の「〜モノダ」を文末に伴う文を一種の名詞述語文と見るべきだとする説も、近年主張されている（例えば、北村（二〇〇四）など）。議論の余地のあるところではあろうが、この節の本題からは離れるので、ここでは立ち入らない。

4—3　さて、「〜モノダ」の基本的意味を上に見たように「一般的傾向」と考える方向は、概ね妥当と思う。が、筆者は、「〜モノダ」の基本的意味については、今少し敷衍して考えることができるのではないかと考える。すなわち、「一般的傾向」という場合、「〜モノダ」は、突きつめて言うと、「現実・事実としてあること・出会うことは～だ」といった意味合いに解せるのではないか。「一般的」とか「普通は」というのは、更に「現実・事実としてあることは」と踏み込んで解することができるのではないかと思うのである。(5)

このような見方をするのも、「～モノダ」が全く抽象的な論理の上の事柄については使えないと見られることによる。例えば、次の（25）の場合、aのように言えても、bのように「～モノダ」を用いるのは不自然である。

（25）―a　素数は大半が奇数である。

（25）―b　*素数は大半が奇数であるものだ。

言うまでもなく、素数は「2」を除いて偶数ではないのだから、その意味で理屈の上で「一般的に」大半が奇数であると言えるのだが、そういう場合に「～モノダ」は用いられない。つまり、現実・事実と切り離された抽象次元の事柄については、「～モノダ」は使えないのである。この点、現実の「少年」「怪しげな通信販売で安売りされている漢方薬」の在り方に言及した（26）（27）では、bのように「～モノダ」が使えることと比較されたい。

（26）―a　少年は大半がロマンチストである。

（26）―b　少年は大半がロマンチストであるものだ。

（27）―a　怪しげな通信販売で安売りされている漢方薬など、買ってみると大抵が粗悪品だ。

（27）―b　怪しげな通信販売で安売りされている漢方薬など、買ってみると大抵が粗悪品であるものだ。

以上のような点を勘案し、「～モノダ」という形式は、まず「現実・事実としてあること・出会うことは、～だ」とか「～である、それが現実・事実としてあることだ」といった話し手のとらえ方を示すものと理解してみたい。

実際、そう解釈して、「一般的傾向」の用法とされる「～モノダ」の文は、問題なく理解可能と思われる。例えば、先の（23）（24）についても、（23）は「犬は飼い主に忠実だ、それが事実としてあること（＝普通）だ」といった意味と解して問題なかろうし、（24）も「忙しい時は、しばしばつまらないミスを犯す、それが事実としてあること（＝普通）だ」というようなことを述べているものと理解できる。

ところで、「一般的に」という意味合いを説明して「そうでないこともあるが、そういう傾向が強い」とする記述が見られたが、「そうでないこともある」（例外はある）というような意味が常について回ってはっきり打ち出されるものとは、考えない方がよいようである。

(28)　鳩時計なら、鳩が出てくるものだ。これは出てこないんだから、鳩時計ではないよ。

(29)［藤田注・赤シャツは］見るとパイプを仕舞って、縞のある絹ハンケチで顔をふきながら、何か云って居る。あの手巾は屹度マドンナから巻き上げたに相違ない。男は白い麻を使うもんだ。（夏目漱石「坊ちゃん」）

(30)　今は原稿の執筆にはPCを使うものだが、私は相変わらず手書きである。

(28) の場合、「鳩が出てこないんだから、鳩時計ではない」と言う以上、「鳩時計なら、鳩が出てくるものだ」という文では「そうでないこともあるが」というような意味が含まれているとは思えない。(29) はご存じの「坊ちゃん」の一節だが、赤シャツの「絹のハンケチ」を「マドンナから巻き上げたに相違ない」と決めつける根拠が、「男は白い麻を使うもんだ」という一文で述べられているのだから、この一文に「そうでないこともあるが」という含みがあっては、理屈が成り立たない。確かに (30) のような例では、「今は原稿の執筆にはPCを使うものだが」は例外も認める言い方であろう——そう解さないと、後件と矛盾して文にならない——が、(28) (29) の例でもわかるように、常に例外があるという含みがついて回るわけではない。むしろ、「〜モノダ」という言い方は、例外があるかどうかは第一義的に問題にしていないものと見るべきだろう。
すなわち、「〜モノダ」の基本義を「〜である、それが現実・事実としてあることだ」と考えることができるなら、それは論理的必然に基づく主張ではなく、現実・事実に即して蓋然的にそうだとする主張の言い方だと考えられよう。蓋然的である以上、他の可能性も完全に排除はされず、例外を認めることも含意されるが、それは含意として読みとり得ることであっても、決して表立って主張されることではない。「～モノダ」の文が第一義的に主張するのは「～」（命題）の部分である。

4―4　「～モノダ」の基本義と考えられる「一般的傾向」の意味について、これを更に敷衍して、「現実・事実としてあることは～だ」「～である、それが現実・事実としてあることだ」というような意味合いと理解してみた。このような見方は、思いの外有効なものではないかと思う。「一般的傾向」以外の「～モノダ」の意味・用法も、上記のような「～モノダ」の基本義の理解をもとに、自然に説明することができそうである。この点、若干の例を掲げて見ておきたい。

（31）　困ったもんだ。

（32）　あの頃、矢島さんとは毎晩のように飲んだものだ。

（33）　このたび、本庁の要請に基づき改めて本調査を実施したものです。

（31）は感慨、（32）は回想、（33）は説明の用法などとされるが、（31）の場合、「困った」という自らの思いに「もんだ」で「それが事実としてあることだ」といった意を添え、改めて「困った」ことを確認するような言い方をとるところに詠嘆性が感じられることになるのだろう。また、（32）の場合、「あの頃、矢島さんとは毎晩のように飲んだ」という事実叙述に「ものだ」で「それが事実としてあることだ」といった意を加え、その事実を現時点において確認しふり返る姿勢をうかがわせるのだと考えられる。そして、（33）は、「今回、本庁の要請に基づき改めて本調査を実施した」ということを述べて、「それが事実としてあること（＝実際のところ）だ」という意味を添える「～モノダ」を加えて、説明する姿勢を示したものと解せられる。ちなみに、この〝説明の用法〟については、「～モノダ」の基本義を「一般的傾向」「一般性」と言うだけでは、そこからどうしてこのような用法が出てくるのか説明が厄介なのだが、上記のように考えるとごく自然に説明がつけられそうである。(6)

ここで今、「〜モノダ」について全般的に掘り下げて論じる意図はないが、「〜モノダ」の基本義を上記のように敷衍して考えておくことで、上にもその一端を見たとおり、「〜モノダ」という言い方の表現性の広がりをかなりよくとらえられるのではないかと思っている。

「〜モノダ」自体についてふれることは以上にとどめ、次に、これをもとにして懸案の「〜モノナラ」について考えることにしたい。

4—5　既述のように、「〜モノナラ」については、可能表現を承けるものと、そうでない述部を承けるものが区別されることが多かった。ここでもそれをふまえ、まず可能表現でない述部を承ける「〜モノナラ」から見ていく。

第一項に示した用例（9）を再掲するとともに更に用例を二、三加える。

（9）軍は「どうせ署名するものなら、インドの後は不名誉だ」と考えているはずで、インドより先に署名しようとするだろう。

（34）また、作家の島田雅彦さんは「日の丸・君が代が永遠に記憶に残るものなら、法で保護する必要はない。我々は国歌のメロディーを忘れる自由を持っている」とメッセージを寄せた。

（毎日、朝、一九九九、七、二二）

（35）成功を収めようとするのなら遅れは敵であるといい、「やってしまって、それで事が済むものなら、早くやってしまったほうがいい」というシェークスピアの言葉まで引き合いに出します。

（毎日、朝、一九九九、三、三）

（36）容疑者が何を意図しているのかよくわからないが、自由な言論を抑圧しようとしたものなら強い憤りを覚える。

（毎日、朝、一九九四、四、二一）

こうした「〜モノナラ」節の意味・表現性は、「〜モノダ」を「〜である、それが現実・事実としてあることだ」

といった意味と見て、「～モノナラ」を「～モノダ」につながる条件的な言い方と考えることで説明可能と思われる。

例えば、(9)の「どうせ署名するものなら」には、〃ドウセ署名スルコトニナルナラ〃とか〃ドウセ署名スルコトガ避ケラレナイナラ〃というのに近いニュアンスが感じられる（この点、「どうせ署名するなら」と比較されたい）。これは、「～モノナラ」が「～モノダ」につながる形式であって、この部分が「どうせ署名する、それが現実・事実としてあることなら」といった意味合いになるからである。「現実・事実としてあること」だから、いずれそうなるし、現実において回避できないという含みが生じるのである。また、(34)の「日の丸・君が代が永遠に記憶に残るものなら」は、この文脈では〃本当ニ日の丸・君が代ガ永遠ニ記憶ニ残ルナラ〃といったニュアンスの言い方と感じられるが、これもこの「～モノナラ」節が「日の丸・君が代が永遠に記憶に残る、それが現実・事実としてあることなら」というような意味合いになることから、「現実・事実としてあることなら」つまり〃本当ナラ〃といったニュアンスが出てくるのである。更に、(35)の「やってしまって、それで事が済むものなら」は、割り切って言えば〃ヤッテシマッテ、ソレデ事ガ済ム状況ナラ〃と言うのに近いが、これも「～モノナラ」が添える「それが現実・事実としてあること（＝（ソノ時ノ）状況）なら」という意味合いから出てくることである。(36)も同様で、「憤りを覚える」理由として、「～モノナラ」節の形で、「自由な言論を抑圧しようとした、それが現実・事実としてあることなら」と事実関係（＝真相）に目を向けているのである。

以上、こうした「～モノナラ」は、「～である、それが現実・事実としてあることなら」といった意味合いの表現と考えることができる。そう考えることによって、実際の用例に読みとられるさまざまなニュアンスも、自然に説明できるのである。

4―6　次に、可能表現の述部を承ける「～モノナラ」であるが、これも、以上と同様にその意味を理解できる。

いくらか用例を掲げる。

（37）井上教授は「昼寝はとれるものならとった方がいい。眠気を催した大脳は、正確な情報処理ができません。判断力が鈍るし瞬発力も落ちます。最悪の場合、作業ミスや交通事故につながりかねません」と、眠気の危険性を指摘する。（毎日、夕、一九九九、六、三〇）

（38）スターになれるものなら、テレビ映画に出ている今、映画会社から（誘いの）声がかかるはず。声がかからない君は、スターになる素質がない。（毎日、夕、一九九七、一二、三）

（39）当時、円切り上げは一種の国難視されていた。（中略）切り上げが避けられないものならば「なるべく小幅に」というのが、大方の考え方だった。（毎日、朝、一九九五、八、一一）

（40）奇跡が起こるものなら、彼女の命が助かってほしい。（国研（二〇〇一）の例文（3））

（37）の場合、「（昼寝が）とれるものなら」は、「（昼寝が）とれる、それが現実・事実としてあることなら」といった意味合いになり、およそ〝現実ニ昼寝デキルナラ〟くらいに解されよう。（38）の「スターになれるものなら」は、「スターになれる、それが現実・事実としてあることなら」といった意味で、そこからこの文脈では〝本当ニスタあニナレルナラ〟といった強いニュアンスが出てくることになる。（39）については、「切り上げが避けられないものなら」は、「切り上げが避けられない、それが現実・事実としてあることなら」といった意味になり、〝切リ上ゲガ避ケラレナイ〟ことが〝動カセナイコト（≒現実事実トシテアルコト）ナラ〟といった含みの感じられる言い方になる（「切り上げが避けられないなら」と比較されたい）。

また、（40）の「奇跡が起こるものなら」も、「奇跡が起こる、それが現実・事実としてあることなら」といった意味合いになるが、出来事の生起が現実としてあることならといったことを考えることは、その出来事の実現可能性を考えることになり、こうした出来事の生起をとり上げる「〜モノナラ」節は、可能性を云々する可能の意味の述語を承ける場合と同様に解されることになる。実際、「奇跡が起こるものなら」は「奇跡が起こり得るものなら」としてもほぼ同義に感じられよう。また、「奇跡が起こるなら」では、「奇跡が起こる」ことを単に想い描くだけで、その可能性が云々されているといったニュアンスが乏しいことも了解されるだろう。出来事の生起をとり上げる「～モノナラ」節がその実現の可能性を問題にする色合いを帯びるのは、まさに上記のような「～モノナラ」の意味・表現性故のことなのである。

以上のとおり、可能表現を承ける「～モノナラ」も、「～モノダ」につながる意味・表現性をもつものとして、可能表現を承けない「～モノナラ」と同様に解釈していって問題はない。むしろ、そのように考えることで、「～モノナラ」による表現の表現性がよりよく説明できる面もあるのである。そして、同様に解釈して何ら問題がない以上、両者を別のものとして区別する必要はない。

なお、蛇足かもしれないが今一つ付け加えておくと、可能表現を承ける「～モノナラ」に関しては、「やれるもんならやってみろ」というように、「モノナラ」を介して可能動詞とそれと同じ動作を表す一般動詞とをくり返す言い方がよく見られる。殊に「やれるもんならやってみろ」のような言い方では、挑発的な強い意味合いが感じられるが、これも上記のような「～モノナラ」の意味に由来することである。すなわち、「やれるもんなら」の意味を上記と同様にパラフレーズしてみると、「やれる、それが現実・事実としてあることなら」といったことになるが、この「それが現実・事実としてあることなら」という含みから「それが本当なら」といったニュアンスが生じ、概略〝本当ニヤレルナラ〟といった強い意味合いが感じられる言い方になるのである。

4―7　この項では、「よう」を伴わない述部を承ける「～モノナラ」の表現性を文末形式の「～モノダ」と関連づけて考えてみた。「～モノナラ」の意味・表現性は、この節で「～モノダ」の基本義としたものに即して考えていって、問題なく説明可能のようである。

ただ、そうなると、少なくとも「よう」を伴わない述部を承ける「～モノナラ」については、これを一つの複合辞として考えることは問題かもしれない。確かに、固定化して構成要素個々の意味から直ちに出てこないような独自の意味を担っているとも見られる点で、複合辞と考えることはできようが、他と切り離して「～モノナラ」だけで一つの複合辞とするのではなく、やはり複合辞とされる文末形式「～モノダ」の条件形と見るのが、ここまで考えた限りでは自然なように思える。なお考究する余地はあろうが、この節では、「～モノナラ」の文法的位置づけについては、以上のような方向で考えておきたい。

五、「～ようモノナラ」

5―1　第五項では、「よう」を伴う述部を承ける「～ようモノナラ」について検討する。「～モノナラ」については「～モノダ」と関連づけて考えたが、次のとおり、「～モノダ」について「～ようモノダ」といった形は考えられないから、「～ようモノナラ」を「～モノダ」に直ちに結びつけて考えることは難しいと思われる。

(41)―a　六月になったら、毎日のように雨が降るものだ。

(41)―b *六月になったら、毎日のように雨が降ろうものだ。

むしろ、考えなければならないのは、「～ようモノナラ」というパタンの「よう」の部分で、これがどのような表現性を担うものかということである。この点に関しては、既に本章第6節（前節）の第四項において論じたが、ここでは一部繰り返しになることをいとわず再論し、むしろ「よう」の表現性に別の側面から光をあててみたい。

まず、「よう」は、次のとおり、推量の古風な形式として用いられ、その意味では「だろう」と等しいといえる。

(42)―a　雨が降ろう。

(42)―b　雨が降るだろう。

しかし、「〜ようモノナラ」の「よう」を「だろう」に書き換えることはできない（「だろう」は、翻訳調に聞こえるが、cのように連体修飾句で使えなくはない。しかし、それでもこうした「モノナラ」（形式名詞「モノ」＋「ナラ」と一応分析はできる）に前接させる形は明らかに不自然になる）。

（43）―a　雨が降ろうものなら、予定のイベントも中止になってしまう。

（43）―b　*雨が降るだろうものなら、予定のイベントも中止になってしまう。

（43）―c　雨が降るだろう雲行き

従って、「〜ようモノナラ」の「よう」を推量の「よう」と同等のものと考えるのは、妥当ではない（もちろん、連続する面はあろうが、推量を表すという点では同等のはずの「だろう」と同じように働くものではないと見られる以上、推量という意味に引きつけて考えても当たらないのである）。

そこで、今少し考えると、「〜ようモノナラ」の「よう」は、形式名詞「モノ」＋（仮定の形式）「ナラ」と分析できる「モノナラ」に前接するものであるから、連体法の「よう」と考えられるが、従来連体法の「よう」については、かなりその用法に制約があることが指摘されてきた。すなわち、連体法の「よう」は「もの」「はず」「わけ（・道理）」「こと」といった限られた名詞に対する修飾句においてしか用いられない。

（44）―a　その程度で許されようはずがない（／わけがない／道理がない）。

（44）―b　その程度で許されようことか、よくよく考えるがいい。

注意したいのは、こうした「よう」が出てくるのは、「はずがない」「わけがない」「道理がない」といった特定の慣用的な言い方に前接するのがほとんどだという点である。しかも、「はずがない」の「はず」は「はずだ」「はずの」といった形でも用いられるが、「はずだ」「はずの」の場合には「よう」を前接させることはできない。

（45）―a　誠が来ようはずがない。

（45）―b　*誠が来ようはずだ。

（45）―c　*来ようはずの客が来ない。

つまり、「はずがない」「わけがない」「道理がない」などといった否定的な言い回しでしか出てこないのである。その点では、（44）―bの「許されようことか、よくよく考えるがいい」も、表現意図としては〝許サレナイ〟と言いたいのであって、否定に傾いた言い方といえる（また、「*それは許されようことだ」のような言い方も、明らかにおかしい）。

「～ようモノナラ」の「よう」も連体法の「よう」であって、こうした「～ようはずがない」等の「よう」と同様のものと考えるのが妥当と思われる。実際、直観的にも意味の共通性は感じられ、「仮想」などとしてこれら連体法の「よう」が一括されることも多い。しかし、ただ「仮想」などというだけでは、こうした「よう」の表現性をおさえたことにはなるまい。更に掘り下げてみる必要があり、以下、今少しこの点を考えてみたい。

5―2　「はずがない」の場合をもとにして考える。注目したいのは、「はずがない」の前には「よう」の出てくる形も考えられるが、もちろん「よう」が来ない形もあり得るということである（この点は、「わけがない」「道理がない」も同じである）。

（46）―a　どんなに工夫しても、山崎氏ほどの見事なブルーベリージャムが作れようはずがない。

（46）―b　どんなに工夫しても、山崎氏ほどの見事なブルーベリージャムが作れるはずがない。

すなわち、「はずがない」は（「～したハズガナイ」については考えないとして）「～するハズガナイ」と「～しようハズガナイ」の二つの言い方が考えられる。この違いがどういうものかを考えることから、「よう」の表現性を探ることもできるかと思われる。

そこで、「～しようハズガナイ」の方が使えない場合があるかということであるが、多くの場合、「～しようハズガナイ」と「～するハズガナイ」は、前者がやや大仰な印象があることを別にすると、両方とも使えることがほとんどのように思える。しかし、次のような場合、「～しようハズガナイ」は使えないと思われる。

(47)—a　——ちょっとからかうと、相手がふくれっ面になったように思えたので——

智子「あれ、怒ったの？」

和博「別に。それぐらいで怒るはずがないだろう」

(47)—b　智子「あれ、怒ったの？」

和博「＊別に。それぐらいで怒ろうはずがないだろう」

念のために言えば、話しことば的なやりとりに「～しようハズガナイ」がそぐわないということではない。次のように、話しことば的な発言でも「～しようハズガナイ」は十分使える。

(48)—a「大丈夫。地震など起こるはずがないよ」

(48)—b「大丈夫。地震など起ころうはずがないよ」

従って、(47)—aに対しbが不可なのは、決してスタイルの問題ではない。(47)の例を素直に考えると、どうも現前のことには使えないということのように思われる。すなわち、自分が当事者として今まさにどうする・どうしたといった事柄に関しては「～しようハズガナイ」は使えないと見られる。次も同趣の例である。

(49)—a　明浩「どうしても行ってくれないのか」

和博「行くはずがないだろう」

(49)—b　明浩「どうしても行ってくれないのか」

和博「＊行こうはずがないだろう」

このことから、「よう」の表現性はどのように考えられるのか。思うに、こうした「よう」は、話し手が叙述する内容を自分の現実世界から距離を置いたものとして述べる姿勢を示す標識ではないかと思う。述べられていることが、話し手自身の生きている現実の世界におけること、そこにつながってくることとは考えない意識で述べられているということを示すのが、こうした「よう」ではないかと思うのである。だからこそ、まさに現実の世界で起こるかどうかという形で突きつけられる現前する事柄については使えないのである。こうした連体法の「よう」の用法を「仮想」というのなら、その内実は上記のようなことであろう。

このように考えると、「よう」が「はずがない」「わけがない」「道理がない」のような否定の形の言い方に伴って出てきたことも納得できる。こうした〝理屈トシテソウナルコトガナイ〟といったことを言う言い方で、当該の内容を「現実の世界におけること」ととらえない姿勢を示し、それによって〝現実ニ起コルコトトハ考エラレナイ〟という気持ちを打ち出す形で用いられるのが、こうした「よう」なのである（同様に、(44)—bの「その程度で許されようことか、よくよく考えるがいい」の場合も、「よう」を添えて「現実の世界におけること」ととらえない姿勢を示し、〝現実ニ許サレルコトナドナイ〟という話し手の気持ちをうかがわせているといえる）。

なお、本章第6節の「〜（よ）うと／（よ）うが」の記述においては、「よう」の表現性を「〝あり得る可能性を意識して言う〟意味合いを添える」ものとしたが、これもここで述べたことと、矛盾なく連続することである。すなわち、事柄の叙述において「現実の世界におけること」ととらえない姿勢をとることは、現実世界にとらわれず可能性をさまざまに考える姿勢にもつながるといえるわけである。

5—3　「〜しようハズガナイ」の「よう」に注目して、連体法の「よう」の表現性を考えてみたが、「〜ようモノナラ」の「よう」も、同様に考えられる。例えば、(43)—aを再掲すると、この場合話し手は「雨が降る」ことを、自分の生きている現実世界におけること・自分の今生きている時間につながってくることとはいったん考えない姿勢でとり上げている（俗な言い方をすれば、〝あくまでお話の上でのこと〟といった姿勢で述べていると言ってもよかろう）。

（43）―a　雨が降ろうものなら、予定のイベントも中止になってしまう。

もちろん、実際問題として、「雨が降る」ことも「予定のイベント」も、話し手の生きる現実の時間の中で起こ（り得）ることではあるが、それをそのようなものと見ることをいったんはせず、現実から距離を置いて、必ずしも現実につながるわけではないという姿勢でとり上げ、〃（仮ニ）ソンナ場合ハ〃と以下の叙述を導くのが、この「〜ようモノナラ」という表現なのである。そして、あえて現実から距離を置いて述べるという語り方の一種構えた姿勢が、従来「誇張した言い方」などと言われたいささか大仰な印象を生むのであろう。

「〜ようモノナラ」の表現性をこのように考えると、「〜ようモノナラ」の使われ方についても、納得できるところがあろう。「〜ようモノナラ」は、現実から距離を置いて、必ずしも現実につながるわけではないという姿勢で述べる表現である。だから、仮に起こったら〃困った〃結果を招く事柄や、実際に起こるのだが、その結果は好ましくないといった事柄を問題にするのにもっぱら用いられる。実際、そのような言い方として、「〜ようモノナラ」は、とてもしっくり来るが、それは、その事柄の実現は忌避したいもので考えたくない（≒現実のことから遠ざけたい）というような気持ちをうかがわせるものになるからである。

もちろん、2―4で見たとおり、「〜ようモノナラ」節に対する後件として出てくるのは悪い内容とは限らなかった。よくも悪くも〃並一通りでない〃ことが出てくるというのが正確なところだが、〃並一通りでない〃ことは概して〃現実離れ〃していたり現実としてすんなり受け入れ難かったりするものであるから、そうした〃並一通りでない〃結果を招く事柄は、「〜ようモノナラ」という言い方で、現実から距離を置いた形でとり上げられるわけである。

また、現実から距離を置き、現実につながるわけではないという姿勢の言い方である故に、「〜ようモノナラ」

は反実仮想の表現としてもしばしば用いられる。

(50) もう一ヶ月もおくれて上陸しようものなら、こんな素晴らしい歴史的光景なんか一生見られなかったことになる。
（宮本百合子「伸子」、森田・松本（一九八九）九四頁の用例）

5―4　ところで、**2―5**でふれたように、「～ようモノナラ」は、後件文末に命令・意志や問いの表現がとれないのに対し、「～モノナラ」は、命令・意志や問いの表現をとることができた。[7] このことも、上記のこと及び先に述べたことから自然に理解できる。

「～ようモノナラ」は、話し手の生きる現実から距離を置いて、必ずしも現実につながるわけではないとする姿勢で述べる言い方である。従って、そうした姿勢で考えられた事柄をふまえても、話し手が現実の命令や意志表明、問いといった行為を行うことにはつながらない。

これに対して、「～モノナラ」は、「～である、それが現実・事実としてあることなら」といった含みの言い方だとした。とり上げる事柄を「現実・事実としてあること」と考えようという言い方であるから、それをふまえて、話し手の現実の命令や意志表明、問いといった行為がなされることは、あってしかるべきことなのである。

以上のように考えて見ると、「～モノナラ」と「～ようモノナラ」は、とり上げる事柄を「それが現実・事実としてあること」と、現実・事実の側に位置づけようとするか、現実から距離を置いて必ずしも現実とつながらないものと扱うかといったとり上げ方の姿勢において対立しているものということができる。

5―5　なお、「～ようモノナラ」は、後件に特定の内容を要求するという固有の用法をもつものであり、少なくとも「～モノダ」と直接結びつけて考えにくい点で、一つの複合辞的形式と見てさしつかえないものと思われる。[8] 国研（二〇〇二）における扱いのように、「～ようモノナラ」は、「ヨウモノナラ」で一つの固定した複合辞と見ておくのが妥当のようである。

となると、「〜モノナラ」は4—7で述べたとおり、これで一つの複合辞とするのではなく、「〜モノダ」の条件形と見ることになり、また、「〜ようモノナラ」も、「〜よう」＋「モノナラ」ではなく「ヨウモノナラ」で一つの複合辞と見ることになるわけで、本節の題として「〜ものなら」と掲げたことは、羊頭狗肉の感があるが、考察の便宜上のこととして諒とせられたい。

六、結び

6　この節では、複合辞とされる「〜ものなら」を、「よう」を伴う述部を承ける「〜ようモノナラ」と、「よう」を伴わない述部を承ける「〜モノナラ」に分けて、それぞれの意味・表現性及び文法的位置づけについて考えてみた。

【第7節・注】

（1）「〜ものなら」に関しては、「〜ものならば」という形も見られるが、同義と見て、特に問題とすることはしない。また、「〜ものなら」という形では、次のように「もの」が何かを指す実質名詞となる場合もあるが、もちろんそうした例は、この節の考察の対象ではない。

（ア）　この帽子があなたの落としたものなら、どうぞお持ち帰りください。

もっとも、時に実質名詞＋「なら」か複合辞的形式か判断しにくい例もなくはないが、この節の検討では極力判断に紛れが生じないような例を示して論じるようにする。

（2）　こうした記述の粗さは意外に見られるものであり、例えば田中（二〇〇四）でも、「〜ものなら」の用法を、「可能形に接続して、後件では前件に見合った意志・願望を述べるもの」（一三〇頁）と「前接に推量形や意志形があらわれるもの」（一三一頁）の二つとしている。

（3）「並一通りですまない」というのは、もちろん話し手の捉え方によることである。例えば、用例（12）で「英米の記者」が「英語で質問を」すると、「シュレーダー首相は露骨に嫌な顔をする」というような場合、シュレーダー首相が露骨に嫌な顔をすることが、「並一通りでない」一大事なのかどうかは一概には言えまいが、しかし、あくまでこれは話し手がそう捉えているということである。

（4）意志表現については、あるいは、

（イ）そんなことを言おうものなら、私は絶交するつもりだ。

というような言い方は可能かもしれないが、これは「～つもりだ」がそのような意図を持つという事実の叙述と解されるので、それ故有り得るものかと思われる。

（5）以下「現実・事実としてあること」という言い方をするが、これは基本的には「現実・事実として出会う。体験されること」といった意味合いである。

（6）この他に、例えば次のような「当為」の用法も問題になるが、これは、既に論じられているように、語用論的に出てくる意味合いと見られる。

（ウ）年寄りの言うことは聞くものだ。

すなわち、一般的傾向はこうだと述べて必ずしも常にそうでない実情を意識した聞き手に〝ソウシナケレバナラナイ〟という意図だと理解させる方略による表現といえる。この点、「一般的傾向」を「それが現実・事実としてあることだ」というような意味合いに敷衍して考えるここでの考え方でも、支障なく同様に考えていくことはできる。

（7）ちなみに、本章第4節では、命令・意志や問いの形がとれるような文の叙述のあり方を「作用的な叙述」、できないような文の叙述のあり方を「対象的な叙述」と呼んだ。これに従えば、「～モノナラ」の文は「作用的な叙述」の文であり、「～ようモノナラ」の文は「対象的な叙述」の文である。そして、「作用的な叙述」とは、いわば話し手の行為としての言明であることがはっきり刻印された文によるものであるから、「作用的な叙述」の文とは、まさに話し手の行為としての文なのである。

（8）なお、この「～ようモノナラ」の「モノナラ」については、「～モノダ」との関連で考えないならどういうものと考えるかということが一つの問題だが、これも形式名詞「もの」＋（仮定形式の）「なら」から成り立つことはもちろんだが、この「もの」は形式化が進んでもっぱら「～よう」を承けるためのもの（文法的な係りどころ）になっているると考えておきたい。

8.「～となると」

～直下型地震が起こったとなると、その被害は計り知れない～

一、はじめに

1―1　この節では、次例に見られるような「～となると」という形式をとり上げて、その成り立ちや表現性についていささか考えてみたい。

（1）―a　鬼怒川が氾濫したとなると、その被害は甚大だ。

（2）―a　田舎に引っ越すとなると、何かと不便なことも出てくるだろう。

（3）―a　函館までは新幹線で行ける。しかし、札幌となると、まだ在来線に乗り継がなければならない。

（4）―a　オとヲの混同は十世紀以降次第に目立つようになるが、最古の例となると、『地蔵十輪経』元慶七年点のものが知られている。

こうした「～となると」は、「なる」が、主語をとることができないことからも明らかなように、動詞としての性格を稀薄にして、「となると」でひとまとまりの助詞的形式、すなわち、複合辞として働いているといえる。この節では、こうした「～となると」がどのような表現と連続するところに位置づけられ、また、表現としてどのような特性をもつかという点について考察する。

1―2　複合辞「～となると」については、類義的な言い方として、「～となったら」「～となれば」のような形式が考えられる。このうち、「～となったら」は、文的なフレーズを承ける場合は、「～となると」と置き換えて自然な場合が多い。

（1）―b　鬼怒川が氾濫したとなったら、その被害は甚大だ。

（2）―b　田舎に引っ越すとなったら、何かと不便なことも出てくるだろう。

しかし、「～となると」が、江田（一九九二）も指摘するとおり、仮定・確定の両方の意味で使えるのに対し、「～となったら」は、もっぱら仮定でしか使えず、はっきり確定した事柄を述べる場合には、不自然になる。

（1）―c　既に鬼怒川が氾濫したとなると、その被害は甚大だ。

（1）―d　*既に鬼怒川が氾濫したとなったら、その被害は甚大だ。

また、名詞句を承けて「主題」を示すような用法では、「～となったら」は使えない。(1)

（4）―b　?……、最古の例となったら、『地蔵十輪経』元慶七年点のものが知られている。

一方、「～となれば」は、やや硬く感じられる面はあるが、概ね「～となると」と相互に書き換えてもほぼ同義になるようである。

（1）―e　鬼怒川が氾濫したとなれば、その被害は甚大だ。

（4）―c　……、最古の例となれば、『地蔵十輪経』元慶七年点のものが知られている。

以上、類義形式「～となったら」「～となれば」と、「～となると」との異同について見てみたが、以下ではもっぱら「～となると」について述べ、これらの類義形式について特にとり上げることはしない。

二、先行研究とこの節での整理

2―1　複合辞「～となると」について考察した論文としては、江田（一九九一）（一九九二）があり、「～となると」そのものについての江田の考え方は江田（一九九一）に示されているので、江田（一九九一）について見ておきたい(2)。

江田は、「～となると」の用法を「変化」「考慮」「想定」「主題」の四つに分けている。「AとなるとB」のパタンとして言うと、このうち「変化」とは、例えば（5）の例がそれで、事態がAのように変化した（もしくは、変化することになった）後にBのような事態があるという関係をいう用法、また、「考慮」は、（6）のように「Aという事実をふまえると」「Aという事実から判断すると」いった言い換えが可能な用法、「想定」は、（7）のように「Aとなると」という前件節に「もし」「仮に」のような副詞が共起できる仮定条件の用法をいう。そして、「主題」は、（8）のように名詞句を承ける「となると」が「は」に置き換えられる用法である。

（5）さて、久しぶりに彼女に会うとなると、彼は朝からそわそわし通しだ。

（6）佳那が被害者に最後に会ったのが五日だとなると、犯行はその後だ。

（7）実際にブラジルまで行くとなると、その費用は馬鹿にならない。

（8）犬なら飼ったことはあるが、クマとなるとどのように世話したらいいか見当がつかない。

しかし、江田も言うように「変化」と「考慮」は重なる（区別し難い）場合も多く、また「想定」（つまり、仮定）か否かも文脈に依り、コンテクスト・フリーには判断し難いことも多い。実際、冒頭の（1）（2）の例など、「変化」とも「考慮」とも「想定」とも、いずれとも解釈できそうである。

2―2　むしろ、この節では、「～となると」については、「主題」の用法と、「変化」「考慮」「想定」を一括した「条件」の用法とを区別して考えておきたい（「条件」の用法では、文脈に応じて、確定条件も仮定条件も表される）。

こうした区別をすることは、次のようなことを考慮してのことでもある。「～となると」は、複合辞化してもはや主語は立たないが、意味の上で敢えて「なる」の主語を考えるなら、「条件」の用法では「事態」「状況」、「主題」の用法では「問題（となること）」「話・話題」といったことが主語的な内容として想定し得るだろう。冒頭の例を再掲して言えば、

（2）—a　田舎に引っ越すとなると、何かと不便なことも出てくるだろう。

（4）—a　……、最古の例となると、『地蔵十輪経』元慶七年点のものが知られている。

「条件」用法の（2）の場合、「なる」には「（事態・状況が）田舎に引っ越すとなると」のような主語的内容を想定し得るし、「主題」用法の（4）の場合、「（問題（となるの）が）最古の例となると」のような主語的内容を想定できる。

この点、既にグループ・ジャマシイ（一九九八）が「〜となると」の用法を分類する中で、「節を受けて、『……のような場合は』『……のような状況になった場合は』という意味を表す」（三五一頁）、「名詞を受け、『そのことが話題／問題になるときは』という意味を表す」（同）とするのと、上記は基本的に同じ理解の方向だと言ってよい。

ただし、「条件」の用法の場合でも、次のように名詞句を承けて条件節を形成する言い方が可能である。

（9）　列車の到着となると、俄然ホームは活気をとり戻す。

2—3　また、江田（一九九一）では言及されていないが、「〜となると」には、次のような疑問文的フレーズを承ける言い方もある。

（10）　大きな欠陥は見当たらないらしい。だが、本当に大丈夫かとなると、よく分からない。

グループ・ジャマシイ（一九九八）では、この節でいう「主題」の用法にあたる例と（10）のような例は、一応別扱いされているが、この節では、（10）のような例も、「主題」の用法の一つとして考えたい。というのも、こうした例でも、意味の上で「となると」の「なる」の主語的内容を考えるなら、「だが、（話が）本当に大丈夫かとな

ると」のように「問題」「話・話題」といったことが想定できるからである。それに、（構造として偶然そうなるという面もあろうが）こうした例の「となると」は、多くの場合、「は」に置き換え可能である。

(11)　本当に大丈夫かは、よく分からない。

2—4　以上、整理すると、「〜となると」には、(1)(9)のような「条件」の用法と、(4)(10)のような「主題」の用法があり、それぞれ文的フレーズを承けるパタンと名詞的フレーズを承けるパタンが考えられるわけである。

(1)　鬼怒川が氾濫したとなると、その被害は甚大だ。

(9)　列車の到着となると、俄然ホームは活気をとり戻す。

(4)　最古の例となると、『地蔵十輪経』元慶七年点のものが知られている。

(10)　本当に大丈夫かとなると、よく分からない。

上記の整理をふまえ、以下では、それぞれの用法の成り立ち、パタン相互のつながりを考えてみることにする。

三、「〜となると」の各用法の成り立ちと各パタンの連続性

3—1　まず、「条件」の用法の方から考えてみたい。ところで、「条件」の用法の冒頭の(1)(2)などの例では、「〜と」に文的なフレーズが出てくることから、「〜となると」は引用形式に近いもののようにも見られ、例えば次のような、発話されたと見なされるコトバを引いて示す「〜となる（／なった）」のような言い方と連続するもののようにも思える（以下、このような「〜となる（／となった）」が文末にくる言い方を、「〜となる」表現と呼ぶ）。いわば、こうした「〜となる」が条件形の形に展開したのが、複合辞「〜となると」かと考えられるわけである。

（12）　緊迫した応酬が続いた後、「今日はこれまで」となった。

ただ、（1）（2）のような言い方は、（12）のような言い方と直ちに連続するものではない。（1）（2）のような言い方で「〜と」の部分に出てくるのは、問題の事態を直接描くフレーズだが、「〜となる」表現では、そうしたフレーズが出てると不自然である。

（1）—f　＊激しい雨が続いた結果、鬼怒川が氾濫したとなった。

（2）—c　＊いろいろあって、田舎に引っ越すとなった。

（12）のように「〜と」に発話のコトバが引かれているように見える例でも、そのコトバは直接事実を叙述するのではなく、いわば提喩的に事実を指し示す——つまり、そのようなコトバがそこで発せられるような事実があるということを指し示すものといえる。次の例などもそうであろう。

（13）　運悪く敵に見つかって、「ハイ、それまでよ」となった。

以上のとおり、引用されたコトバを承ける「〜となる」表現が条件形に展開されたのが「条件」の用法の「〜となると」だとは言えない。そもそも「〜となる」表現では、事態を直接描く文的フレーズが「〜となる」の「〜と」に出てくるものではない。

むしろ、「条件」の用法の「〜となると」に連続するのは、「〜となる」表現のうちでも次のようなタイプのものである。(3)

（14）—a　すったもんだのあげく、いよいよ黒幕の登場となった。

この場合の「〜と」の部分に出てくる「黒幕の登場」は、名詞句の形で問題の事態を直接描いたものといえる。

そして、このような「〜となる」表現は、「〜となると」の形にしても自然な表現が作れる。

（14）—b　いよいよ黒幕の登場となると、心してかかる必要がある。

名詞句を承ける「〜となる」表現と、名詞句を承ける「条件」の用法の「〜となると」の連続性は明らかだろう。

3—2　およそ、(12)(13)や(14)—aのような「〜となる」表現は、経緯を示す先行文脈を承けて、その結果としての事態を述べる言い方である。そして、「なる」については、一般には「になる」と「となる」の両形が考えられるが、この場合は「と」でなければならない。「に」と「と」の相違については、しばしば問題にされるところではあるが、次例に見るような「に」の表現と「と」の表現の相違をふまえれば、「に」がもっぱら変化結果としてのあり様を示すのに対し、「と」はその時（描写がなされる時）そこで見てとれるあり様を示すものというように考えることができよう。

(15)—a　早津氏を代表にする会（＝コレカラ早津氏ヲ代表ニシヨウトスル会）

(15)—b　早津氏を代表とする会（＝コノ時既ニ早津氏ガ代表デアル会）

このことを考え合わせるなら、「〜となる」表現は、先行文脈に示される経緯を承けて、そこで事態はどうなるのかを、いわば静止画像的にクローズ・アップして示すものであり、そのことに応じて、「〜と」の部分にも（直接に事態を描くのであれば）表象の喚起をもっぱらとする凝縮した形の名詞句が出てくるということであろう。

そして、こうした「〜となる」は、もはやこれに対する主語が現われることはない。主語が立たなくなっていることで辞的なものに移行し、いわばコピュラに近くなっている。それ故、「となる」を「だ」に置き換えても近似的な表現として成り立つことが多い。

(14)—c　すったもんだのあげく、いよいよ黒幕の登場だ。

辞的なものに移行している点で、既にこうした「〜となる」表現の「〜となる」と、複合辞「〜となると」には、共通する面が見いだせるが、更に「〜となる」表現の「なる」に敢えて主語的な内容を考えるなら、「(事態・状況ハ)黒幕の登場となった」というように、「事態」「状況」といったことが、主語的内容として想定できるだろう。

この点でも、この種の「～となる」表現と「条件」の用法の「～となると」の連続性は明らかである。

従って、「条件」の用法の「～となると」は「～となる」表現の「～となる」が条件形で用いられた形だと位置づけてよいと思われるが、ただ、「～となると」は〝前提〟としての「条件」を示すものであって〝焦点〟ではないので、表象喚起をもっぱらとする凝縮した名詞句の形だけでなく、分析的に展開された文のような形をもとれるようになっているのだと考えられる。つまり、「～となると」の形をとることで、用法が拡張しているわけである。

3―3　一方、「主題」の用法の場合にも、「～となると」の「～と」の部分に文的なフレーズが出てくる例が見られた。

（10）―a　だが、本当に大丈夫かとなると、よく分からない。

こうした例の場合は、「～となる」表現との連続性はむしろ読みとりやすいように思われる。同様の文的なフレーズをとった「～となる」表現は、一応無理なく考えることができる。

（10）―b　いろいろと議論の末、「本当に大丈夫か」となった。

ただし、aとbとでは「本当に大丈夫か」の表す内容がいささか違っていることに注意したい。bの「本当に大丈夫か」は、このようなコトバの発せられる状況があることを指し表すものであり、先に見た提喩的用法の引用されたコトバであるが、aの「本当に大丈夫か」は、むしろこのフレーズの意味する内容が問題になっている。角度を変えて言えば、bの「なる」の主語的内容は、「（事態ハ）『本当に大丈夫か』（トイウ声ガアガル状況）となった」のように、「事態」であるのに対し、aの「なる」に対して想定される主語的内容は、「（話が）『本当に大丈夫か』となると」のように、「話・話題」「問題」である。同じような文的フレーズを承けても、「～となる」表現と「主題」の用法の「～となると」では、それを問題にする意味合いは、微妙にずれている。

してみると、aのような「主題」の用法の「～となると」は、bのような引用されたコトバで〃焦点〃となる事態を指し表す「～となる」表現が、〃前提〃を表す条件句の形をとり〃焦点〃を表すものでなくなることで、意味が微妙に変化したところに成り立っている用法といえよう。

従って、いったんまとめると、〃焦点〃を示す「～となる」表現が、〃前提〃を表す条件句「～となると」の形をとることで、形の上で用法拡張して成立しているのが「条件」の用法の「～となると」であり、意味の面で変化が生じて成立しているのが「主題」の用法の「～となると」であると言っていいだろう。

3―4　さて、「主題」の用法の「～となると」には、名詞句を承ける用法もあり、むしろその方が一般的というべきなのだが、そうしたパタンと文的フレーズを承けるパタンのつながりは、いささか複雑である。一つには、「～か」のような疑問文的フレーズを承ける用法と、「問う」という意味合いにおいて連続性があるものがある。例えば、

（4）―a　……、最古の例となると、『地蔵十輪経』元慶七年点のものが知られている。

のような例がそれで、この前件節の部分は、「最古の例は何かとなると」とパラフレーズしても不自然でないように、問題として問われることの中心が名詞句として示されているといえる。その意味で、「問う」という意味合いにおいて、「～か」のようなフレーズが出てくるパタンと連続している（「最古の例はとなると」のような形を介して、その連続性をたどることもできよう）。

今一つは、次のような例で、

（3）―a　……、札幌となると、まだ在来線に乗り継がなければならない。

この前件節の部分は、「札幌には（新幹線で）行けるのかとなると」のように疑問文的なフレーズを承けた形のパタンにパラフレーズできないことはないが、むしろ「札幌に行くとなると」とするのが、この文脈では自然である。

文脈上わかるので述語が消えて、事柄内容の中心となる名詞句だけが残った形である。もちろん、「札幌に行くとなると」なら「条件」の用法であるが、述語が消えると、残った名詞句自体には事態・状況を表す意味がないので、「主題」の用法と解されることになる。

以上、名詞句を承ける「主題」の用法の「〜となると」について見てみたが、こうした「主題」の用法は、単に項目を取り立てるのではなく、その項目に関わる事態や問いを背景にした表現だといえる。既に森田・松木（一九八九）では、「〜となると」について、「他の題目提示の複合辞と違うのは、取り立てた事柄が内包している条件・資格などを想起した上でそれに判断を下すといった意図が強くこめられている点である」（五三頁）と述べられているが、この記述がおさえようとしたことを、より的確におさえて言うなら、上述のようなことになるだろう。

この第三項では、「条件」の用法及び「主題」の用法の「〜となると」の成り立ちや用法・パタンのつながりについて考えてみた。項を改めて、次に「〜となると」の表現性について、いささか考えてみたい。

四、「〜となると」の表現性

4―1　まず、「条件」の用法の「〜となると」について、次のようなことを指摘しておきたい。こうした「〜となると」は、以下に対する「条件」としての事態・状況をとり上げるものといえるが、問題のその事態・状況に、いわば当事者的に向き合うといった意識がついて回るようである。例えば、次の例で言えば、

（16）　真田家のことを調べるとなると、松代のみか、上田へも足を運ぶことになった。

（池波正太郎「むかしの味」）

〝「真田家のことを調べる」という事柄に取り組むという状況に至った、そういう状況に向き合うことになった、そうすると……〟といった状況説明が「〜となると」節で示されているといえる。

そうしたニュアンスが最も端的にうかがえるのが、「いざとなると」のような慣用的な言い方だろう。

また、そうした〝向き合う〞意識は、〝〜となると〞が「〜となる」表現と連続するものであり、「〜となる」の「と」が（「に」と比べ）〝そこで見てとれるもの〞を描き出すような表現性をもつこととつながるのであろう。

従って、「〜となると」で示された問題の状況・事態に対してきちんと向き合わず、いわばおざなりの対応をするような内容の後件が出てくると、表現として不自然になる。やはり条件を表す「〜（の）なら」節と比べると、このことは明らかだろう。

（17）—a　課題レポートを出さなかったのなら、そのままでは済まされない。

（17）—b　課題レポートを出さなかったとなると、そのままでは済まされない。

（18）—a　課題レポートを出さなかったのなら、後で何か別のことをやらせておけばよい。

（18）—b　?課題レポートを出さなかったとなると、後で何か別のことをやらせておけばよい。

4—2　次に、こうした「条件」の用法の「〜となると」は、これによって持ち出される状況・事態を、いわば〝物事の段階的な進展・推移〞の意識でとらえる言い方といえる。例えば次例の場合、事態が「政府がデフレを正式に認定した」というように推移したというような意味合いが読みとれよう。

（19）　政府がデフレを正式に認定したとなると、世間の目は通貨の価値に責任を負っている日銀に向かう。
（毎日新聞、朝、二〇〇九、一二、六）

何らかの事態・状況が出てくる・生じてくるということは、そうでない状況に対し、動きがあり、物事が進展するといった意味合いで受けとめられ得ることである。「〜となると」は、そうした意識で事態・状況をとり上げる言い方である。このことは、「〜となると」の「なる」の原義が抽象化しつつも生きていると考えれば、納得できることだろう。

従って、次のように、物事を段階的に考えて述べるような言い方で「～となると」はしばしば用いられる。

(20)　私は昨年の合唱コンクールの前にも同じような不安を抱えていた。一人で練習するときは弾けるのに、皆の前で弾くとなると指が震えてしまう。（毎日、朝、二〇一〇、九、二六）

4—3　「条件」の用法について〝段階的な進展・推移〟の意識が含みとして読みとれることを述べたが、「主題」の用法についても、同様の意識は読みとられる。ただ、この場合は〝物事の段階的な進展・推移〟ではなく、〝話の段階的な進展・推移〟である。

(21)　水草の「ひし」は各地の池や沼に浮かんでいるはずなのに、その実となると「見たことも、食べたこともない」のが多数派。（毎日、朝、二〇〇九、一〇、二六）

(22)　「4月——3月制」の規定は一九〇〇年の小学校令施行規則にさかのぼりますが、その根拠となると、確かな記録は見当たらないようです。（毎日、朝、二〇〇九、四、九）

江田（一九九二）では、こうした「主題」の用法について、「文中になんらかの比較の視点が含まれている」（一五八頁）とするが、これは、上記のような〝段階的な進展・推移〟の意識のもとに叙述が進められることから、自ずと出てくることである。

「～となると」を用いる場合、以上のような意識が働いていることは、次のような事実からも了解できる。すなわち、話題が転換して話が段階的に進むとはいえないような場合、「主題」を表すものであっても、「は」などと違い、「～となると」は用いられない。

(23)—a　飛行機を使わずに北海道へ行くそうだが、函館までは新幹線で行けるよ。だが、札幌は、在来線への乗り換えが必要だ。

(23)—b　飛行機を使わずに北海道へ行くそうだが、函館までは新幹線で行けるよ。だが、札幌となると、在来線への乗り換えが必要だ。

(23)―c　飛行機を使わずに北海道へ行くそうだが、函館までは新幹線で行けるよ。ところで、札幌は、交通の便はともかく、なかなかの都会だ。

(23)―d ?飛行機を使わずに北海道へ行くそうだが、函館までは新幹線で行けるよ。ところで、札幌となると、交通の便はともかく、なかなかの都会だ。

4―4　今一つ、次のようなことにも注目しておきたい。「〜となると」は、「〜とすると」とも一面では近く、次のように同様のことを言うのにどちらも用いられることもある。

(24)―a　午後から雨が降るとすると、傘が必要だな。

(24)―b　午後から雨が降るとなると、傘が必要だな。

しかし、両形式の表現性は必ずしも同じではない。「〜とすると」も「〜となると」も、仮定の言い方で使える(上記ａｂも仮定ととれる)が、「〜となると」の場合、いったん仮定して述べて、以下でそれを否認するような言い方では使えない。

(25)―a　もしも昨日彼に会ったとすると、彼は既に殺されていたのだから、そんなことはあり得ない。

(25)―b ?もしも昨日彼に会ったとなると、彼は既に殺されていたのだから、そんなことはあり得ない。

すなわち、「〜とすると、……そんなことはあり得ない」のようなつながりは十分成り立つが、「〜となると、……そんなことはあり得ない」のようなつながりは不自然なものになる。

このことには、しばしば問題になるスル表現とナル表現の相違が関わっているように思われる。すなわち、事柄を自然生起的に描くナル表現に対して、我々はしばしばその事柄を受け入れざるを得ないように感じがちである(実際、「点検のため、午後はエレベーターは使用中止にします」などと書かれていたりすると、それじゃ不便だから何とかしてくれと文句の一つも言いたくなるが、「点検のため、午後はエレベーターは使用中止になります」とあったら、それでは仕方ないなと諦めるといったことは、ままあることである）。それ故、「〜となると」で想定した事柄については、受け入れる意識が働き、否認し難いのだろう。このように、構成要素（動詞）のもともとの表現性が複合辞の用法に影を落とすことは、しばしば見られることである。

関連して、また次のようなこともある。「〜とすると」に対しては、「〜としても」のような逆接・譲歩の形式が考えられるが、「〜となると」に対して「〜となっても」のような形式は、ふつうは使われない。bのように絶対に言えないわけではなかろうが、少なくとも自然な表現ではないだろう。

(26)—a　雨が降ったとしても、傘はいらないだろう。

(26)—b　?雨が降ったとなっても、傘はいらないだろう。

(26)のような逆接・譲歩の文で言わんとすることは、前件の事柄があってもそれに左右されず後件の事柄が成り立つという関係であろうが、「前件の事柄に左右されず」というように、実質的に前件の事柄を無効とすることになる述べ方と、「なる」について回るナル表現の「受け入れる意識」とが矛盾する故、「〜となっても」のような形式が複合辞として成立しにくいのであろう。

五、結　び

5　この節では、複合辞「〜となると」をとり上げ、その用法・パタンの関係を整理するとともに、その表現性についても、いささか立ち入って考えた。

【第8節・注】

（1）次のように、「〜のこと」のような名詞句を承ける言い方では、「〜となると」は「〜となったら」に置き換えが可能だが、
（ア）―a　趣味の鉄道のこととなると、小田氏は話題が尽きない。
（ア）―b　趣味の鉄道のこととなったら、小田氏は話題が尽きない。
こうした例では、一応まだ「なる」に対して主語を立てることができるので、複合辞の例とは言えない。
（ア）―c　話が趣味の鉄道のこととなると（／となったら）、小田氏は話題が尽きない。
こうした「〜のこととなると」「〜のこととなったら」は、「主題」というより、後件に対して前提条件を示す節というべきであろう。また、複合辞「〜となると」は「〜になると」の形には置き換えられないのに対し、これらは「〜になると」と置き換えてもほぼ同義の表現になるので、やはり複合辞「〜となると」とは別に考えるべきものといえる。
（ア）―d　趣味の鉄道のことになると、小田氏は話題が尽きない。

（2）ちなみに、江田（一九九二）は、江田（一九九一）をふまえ、「〜となると」と「〜と」「〜とすると」を比較している。

（3）なお、次のような「〜コト」節が出てくる言い方も考えられるが、これは「〜になる」の形と置き換え可能であり、むしろ「〜ことになる」のような言い方からの類推で出てきた言い方と考えられる。
（イ）―a　すったもんだのあげく、いよいよ黒幕が登場することとなった。
（イ）―b　すったもんだのあげく、いよいよ黒幕が登場することになった。
「黒幕の登場となった」のような「〜となる」表現は「黒幕の登場になった」とすると不自然（また、「黒幕の登場となると」も「黒幕の登場になると」とすると不自然）であるので、こうした「〜こととなる」のような言い方は、ここで問題にしている「〜となる」表現とは別の言い方と考え、考察の対象からはずす。

9. 「～わりに」

～ここの蕎麦は、高いわりにさほど美味くない～

一、はじめに

1―1　この節では、次例に見られるような「～わりに」という形式をとり上げ、その意味・用法について、いささかの考察を行う。

（1）奥さんの手作りだそうだが、この菓子は、大きいわりに、火もしっかり通っている。

（2）彼は門外漢のわりによく知っている。

（3）ようやく見つけた仕事は、ある会社の社員食堂の残飯を片づける仕事だった。時間が短いわりに賃金はよかった。（東野圭吾「手紙」）

（4）水泳中の事故は件数が多い割に検証が進んでおらず、［注・今回ノ事故ハ］実態解明のモデルケースになりえる。（京都新聞、朝、二〇一三、六、四）

（5）黒い鳥が二羽、枝にとまっているのが見えた。名前を知らない鳥だ。尾が長く、体軀の小さなわりに声が鋭くて大きい。（村上春樹「IQ84」）

（6）たくさんの人の気配があるわりに賑やかではない。（森見登見彦「夜は短し歩けよ乙女」）

（7）大量の資本を投入する割に、生み出される利益は少なく、環境破壊、労働災害、強制立ち退き被害などの弊害が大きい。（毎日新聞、朝、二〇〇六、三、七）

（8）「味としてはワラビよりもこっちのほうが上等だと思うよ。山菜図鑑に必ず載っている割に、食べる地域は意外に少ないみたいだけどね。イタドリっていうんだけど」　（有川浩「植物図鑑」）

（9）シフトが深夜中心のためだろうか。平日しかバイトを入れていない割に、総額は十万そこそこになっている。　（同右）

（10）勝った割りには後味の悪い試合だった。　（毎日、朝、二〇〇五、四、九）

これらの「〜わりに」は、名詞「わり」と助詞「に」の結びついたものと考えることができ、それがひとまとまりになって接続助詞のような関係表現に転じた一つの複合辞であるといえる。以下では、この複合辞「〜わりに」について、立ち入って検討してみたい。

なお、「〜わりに」に関しては、（10）のように「は」を伴った「〜わりには」という形も見られるが、「〜わりに」と「〜わりには」は、次のとおり相互に書き換えても、意味・用法に相違は生じない。

（10）—a　勝った割りには後味の悪い試合だった。

（10）—b　勝った割りに後味の悪い試合だった。

（3）—a　時間が短いわりに賃金はよかった。

（3）—b　時間が短いわりには賃金はよかった。

以下では、両者の例を区別せず、「〜わりに」で一括して考えていく（ただし、このことに関しては、後の**4**—**3**で改めて問題にするところがある）。

また、関連して「そのわりに」という接続形式もあるが、指示内容を補って「…わりに」という節の形に改めても文意は変わらないので、その関係づけの意味は複合辞「〜わりに」に準じて考えてもよさそうである。

（11）—a　流れるほど汗をかくことがあるが、その割りに体温は下がらない。

（11）―b　流れるほど汗をかくことがある割りに体温は下がらない。

（毎日、朝、二〇〇五、八、一七）

（12）―a　得意のスタートで体が起き上がってしまい、バランスを崩した。その割りにタイムは悪くない。

（毎日、夕、二〇〇六、三、四）

（12）―b　得意のスタートで体が起き上がってしまい、バランスを崩した割りにタイムは悪くない。

「そのわりに」については、以下では特に考えることはしない。

1―2　さて、「～わりに」は基本的には逆接関係を表すものであり、「～にもかかわらず」（あるいは「～のに」）と書き直しても文意がほぼ同じになるのがふつうである。

（1）―a　この菓子は、大きいわりに、火もしっかり通っている。

（1）―b　この菓子は、大きいにもかかわらず（／のに）、火もしっかり通っている。

（2）―a　彼は門外漢のわりによく知っている。

（2）―b　彼は門外漢にもかかわらず（／なのに）よく知っている。

しかし、逆に「～にもかかわらず」「～のに」が、すべて「～わりに」に書き換え可能ではない（また、後述するように、実は「～にもかかわらず」「～のに」に書き換えられない「～わりに」の表現もある）。

（13）―a　大学を出たにもかかわらず（／のに）、就職できなかった。

（13）―b　*大学を出たわりに、就職できなかった。

逆接というだけではもちろん十分ではない。「～わりに」の表現性（意味・用法）の特質を以下で更に掘り下げて考えてみたい。

1―3　なお、「わりに」という形式は、単独で程度副詞的にも用いられる。

(14) 果して精養軒ホテルと横に書いた、割に小さい看板が見附かつた。（森鷗外「普請中」）
(15)―a 汽車は割に空いていて、三人とも腰かけられた。（太宰治「斜陽」）
(16) 司馬さんは割に気難しい方だから、気に入らないと［注・ソノ店ニ］通うわけがない。（毎日、夕、二〇〇六、二、九）

この用法の「わりに」は、「割合」「割合に」の形にしても可である。(1)
(15)―b 汽車は割合に（／割合）空いていて、三人とも腰かけられた。
一方、複合辞用法の「〜わりに」は、少なくとも今日では(2)「〜割合に」などとはできない。
(1)―c *この菓子は、大きい割合に（／割合）、火もしっかり通っている。
副詞用法の「わりに」（「割合に」「割合」）は、類義語に言い換えるなら、「比較的」「そこそこ」くらいに当たると思え、形は共通するものの、逆接的な接続形式である複合辞「〜わりに」とは、意味的には隔りのあるもののように思える。この副詞用法の「わりに」と複合辞「〜わりに」の関係については、おしまいの第五項で少しだけふれることにする。

二、先行記述

2―1 複合辞の総括的研究書・辞典類の主要なもので、「〜わりに」について記述しているのは、森田・松木（一九八九）、グループ・ジャマシイ（一九九八）、国研［山崎・藤田］（二〇〇一）である。まず、こうした記述について見てみて、「〜わりに」についておさえるべきことや記述の問題点などを確認しておきたい。記述の都合上、グループ・ジャマシイ（一九九八）から見てみる。
2―2 グループ・ジャマシイ（一九九八）では、【わりに】という項目で、「1わりと／わりに」として、副詞用法の「わりに」をとり上げ、「2わりに（は）」として、この節で問題にしている複合辞用法の「～わりに」をとり上げて、用例と簡略な説明を加えている。このうち、2の記述を引いておく。

2わりに（は）

［Nのわりに］

［Naなわりに］

［A―いわりに］

［Vわりに］

(1)あのレストランは値段のわりにおいしい料理を出す。

(2)このいすは値段が高いわりには、すわりにくい。

(3)あの人は細いわりに力がある。

(4)ひとの作った料理に文句ばっかり言っているわりにはよく食べるじゃないか。

(5)あまり勉強しなかったわりにはこの前のテストの成績はまあまあだった。

(6)山田さん、よく勉強したわりにはあまりいい成績とはいえないねえ。

あるものの状態から常識的に予想される基準と比較すれば、という意味。プラス評価でもマイナス評価でも、基準どおりではないときに使う。かたい文にはあまり使わない。

（六四六～六四七頁・原文横書き）

記述は簡略だが、「あるものの状態から常識的に予想される」と、「予想」ということに言及している点は、「～わりに」の意味・用法の一つのポイントをおさえたものといえる。ただ、「(予想される）基準」というのはいかがか。「基準」とは、〃物事を判断する拠り所・目安としてあらかじめ用意されているもの〃といったことになろうが、例えば先の（4）の「水泳中の事故の件数」の「多い」こと、（5）の「尾が長く、体軀の小さ」いことから、そういった何らかの用意された「基準」が「予想される」とは思えない。まして、(8)の「山菜図鑑に必ず載っている」ことから、「常識的に」どんな「基準」が出てくるのか不審である。ここは「基準」などとせず、広く「予想されること」とする方が、記述としてはむしろ適切と思える。[3]

従って、ここの記述は、「基準」を「予想されること」と置き直せば、一応首肯できるものではある。すなわち、「〜わりに」の意味・用法を、〃あるものの状態から常識的に予想されることと比較すれば、という意味〃だとし、〃プラス評価でもマイナス評価でも、予想どおりではないときに使う〃というのは、基本的には妥当な理解だと思える。しかし、それでも、次のような例が不自然になることについては、これでは説明がつかない。

(17)―a ＊この問題は難しい割に、全員が解けた。

(17)―b　この問題は難しい割に、かなりの人が解けた。

「この問題は難しい」ので、〃解ケル者ガ少ナイ〃と予想されるだろう。しかし、aもbも後件には予想と比較して予想どおりでないことが述べられた形になっている。にもかかわらず、bは可なのにaは不自然だと思われる。aが不可になる理由は、グループ・ジャマシイ（一九九八）の記述を右のように修正して考えても説明できない。このあたり、更に掘り下げて考える必要が感じられる。

2―3　次に、森田・松木（一九八九）を見てみたい。森田・松木（一九八九）では、「〜わりに」は「〜にしては」と一括され、まずそれと同義と見たうえで、細かな相違が論じられる。

「にしては」は、条件と結果とを比較し、結果が予想や標準を上回るか下回るかしたことを表すものである。「割り」「割合」は、一方の程度に応じた他方の程度を示し、そのつり合い度を問題にすることから、「わりに」「わりあいに」の形で「にしては」と同様の意味を表すようになった。活用語の連体形を受けるが、「にしては」が形容詞を受けにくく、また形容動詞を受けられないため、動詞の場合にしか互換性がない。と言っても、

「にしては」は、前件・後件が同一主体に限られ、「わりに」「わりあいに」にはその制限がないため、動詞の場合ならすべて入れ換えられるというわけではない。従って、

○生産者としての漁師も、末端消費者が高いと思う割りには、もうけていないのである。（早1）

のような前件・後件異主体の例を「にしては」で表現することはできないのである。ただし、

・母親が受験に熱心でいるにしては、息子があまりに無関心すぎる。

のように前件・後件を対比の関係で並べる場合には、異主体であっても構わない。また、意味的には「にしては」のほうが予想・標準と結果との差をより大きく——多くは相反するものとして——とらえるため、与える響きが強くなる。（中略）

○あの学生は、熱心な割りに、勉強がよくできません。（MⅡ）

○のれんの古い割りには、味は大したこともない店もある。（早1）

○心の上澄みは妙におどおどあわてている割合に、心の底は不思議に気味悪く落ちついていた。（生）

最後の例のように前件・後件が異主体の場合には、対比の意味合いが強くなる。（二二四～二二五頁）

「割り」が「一方の程度に応じた他方の程度を示し、そのつり合い度を問題にする」という理解には、留意すべきものがあるだろう。しかし、そこから直ちに「～にしては」と同様の「結果が予想や標準を上回るか下回る」といった意味は出てこない。「～わりに」が逆接とか、いわば〃予想との齟齬〃といったような意味合いになる経緯を更に考える必要がある。また、例えば先の（10）「勝った割りには後味の悪い試合だった」のように、単に「一方の程度に応じた他方の程度」というような見方では説明できない例もある（これについては、後の**3―1**で考えたい）。

2―4　更に今一つ言うなら、そもそも「～わりに」と「～にしては」は（右に指摘された相違を別にすると）意

味・用法が同じだと言ってよいのか。

この点も、今少し掘り下げて考える必要が感じられる。というのも、右に指摘されたのとは別に（つまり、異主体云々等の問題とは言えない事例で）、「～にしては」が「～わりに」と書き換えられない例が考えられるからである。

(18)—a　この絵は、大雅堂の作にしては、違和感が残る。

(18)—b　＊この絵は、大雅堂の作の割に、違和感が残る。

右のような用法が可能であることも考え合わせると、「～にしては」は「ＡニシテハＢ」で、〝Ａをいったん認める・了解するとしても、それで済まない（納得できない）Ｂということがある〟という関係を示す形式といえるのではないか。そして、右のような用法のずれもある以上、「～わりに」の意味・用法を考えるにあたっては、これを「～にしては」に引きつけ過ぎるのはよくないだろう。

2—5　また、森田・松木（一九八九）は、「～わりに」はその前件・後件が同一主体でなくてもよく、異主体も可だという。そして、異主体の場合には、「対比の意味合いが強くなる」とする。確かに、「主体」が動作・状態の主体という意味であるなら、前件と後件とで別のガ格（もしくは「～ハ」）が立つことはあり得る。しかし、「～わりに」は、主体が別の対立する事柄を単純に「対比」しては使いにくい（単純な「対比」でも使える「～にもかかわらず／のに」の例と比較されたい）。

(19)—a　？東京は一千万都市である割に、地方は過疎化が目立つ。

(19)—b　東京は一千万都市であるにもかかわらず（／のに）、地方は過疎化が目立つ。

しかし、次のように、前件・後件が一つの同じ主題についてのコメントであり、しかも、それによって一方から予想されることと他方とがずれるといった読みが可となってくる形にすると、不自然さはぐっと解消される。

(19)—c　今の日本は、東京が一千万都市である割に、地方は過疎化が目立つ。

従って、「〜わりに」の用法の基本は、むしろ一つの主題となる事項について、対比・対照される二つの事柄を関係づけるものという点にあるのではないかと思える（森田・松木（一九八九）が前件・後件異主体として挙げる「心の上澄み……」の例は、有島武郎「生まれ出づる悩み」（一九一八）からのもので、かつては「割合に」も複合辞用法で用いられたことがわかる例だが、これも「私は」といった（表には出ていない）主題についての二面の対照と解される。なお、「生産者としての……」の例も異主体として挙げられているが、この例は文意が不明確で、例文としては適切といえない（従って、評価し難い）と思える）。

ちなみに、「〜にしては」は、次のように、対比でなくても前件・後件異主体の例は考えられ、森田・松木（一九八九）のいうような「前件・後件が同一主体に限られ」るという制約があるとは、必ずしもいえない。

(20)　大雅堂がこの絵を描いたにしては、気品が全く感じられない。

2—6　三つ目に、筆者も関わった国研（二〇〇一）だが、これは先行の森田・松木（一九八九）やグループ・ジャマシイ（一九九八）も参照して書かれているので、「〜わりに」の記述についても以上と重なるところがある。「〜わりに」の項の「意味・用法」の記述と「文法」の記述を次に引いておく。(4)

意味・用法

「Aスル／シタ／ノわりにB」の形で、後件Bの事柄は、前件Aのような状態・資格・立場などにあったり、行為を行ったりすることから、期待・予想される程度のものとは異なるという関係を述べる。

（用例略）

文法

前接する用言は、動詞、形容詞、形容動詞も名詞述語も（連体形の形で）あるが、名詞述語の場合、「Nデアルわりに」は「Nノわりに」の形にもなる。述語はスル形もシタ形もとることができ、アスペクト形式や否定の形もとれるが、「だろうわりに」のようなムード表現はとれない。基本的には、事実の関係を問題にする言い方なので、後件には意志や疑問、命令などの言い方はとれない。前件と後件は、同一主語となる。

（六六〜六八頁・原文横書き）

「文法」の項から見てみると、「〜わりに」節の「わりに」に前節する述語について、どれほどの文法カテゴリーが現われ得るかにふれ、また、「〜わりに」節に対する主節の文末制約について言及している点は(5)、先行記述に見られなかったところではある。また、「前件と後件は、同一主語となる」という書き方は的確ではなく、厳密には、既に見たように、「前件と後件は、同一の主題に対するものとなる」とでもすべきであろう。

一方、「意味・用法」の項では、先行記述を承けて〝予想との齟齬〟という基本的な意味特徴はおさえ、また、〝程度〟ということにも言及しているが、まだ不十分である。たとえば、先に見た（17）—ａ「＊この問題は難しい割に、全員が解けた」のような言い方が不可であることは、この程度の記述では、やはりうまく説明できない。

2—7　以上、「〜わりに」に関する先行記述を見てみたが、「ＡわりにＢ」として考えると、「〜わりに」が、前件Ａから予想されることを問題にする言い方であり、その予想と齟齬するものとして後件Ｂを述べる言い方であることは、ほぼおさえられてきた。また、そこに〝程度〟といった意味合いが関わることも、それぞれの記述で言及されている。更に、〝予想と齟齬〟というとらえ方で、「〜わりに」が、主題となる一つの事項をめぐって対比・対照される二つの事柄を関係づけるものであることも、先行記述の検討を通して明らかになったといえるだろう。

けれども、単に〝予想と齟齬〟ということだけでは説明できない例もある。また、〝程度〟ということを問題にしていても、それぞれの力点の置き方は微妙にずれるし、そのようなとらえ方がうまく当てはまらないように見える例もある。このような記述のレベルを今一歩深めるためには、「〜わりに」の示す関係のとらえ方・関係的意味に、〝程度〟という意味合いがどのように関わるのかを整理し、それを通して問題例の説明をも試みていくべきだろうと思う。このことについては、次の第三項で論じる。

更に、そもそも「〜わりに」が予想ということに関わったり、逆接とかその〝予想との齟齬〟といった意味を持つのはなぜかという点については、従来論じられてはいない。この点については、第四項で筆者なりの解釈を示してみたい。

三、「〜わりに」の意味・用法の特質

3—1　以上の先行記述の検討をふまえ、更に「〜わりに」の意味・用法の特質に踏み込んで、いささかくわしく論じてみたい。

まず、「〜わりに」の用法においては、前件・後件の程度的意味ということが基本要件になると思われる。

ここで、あらかじめ言うなら、複合辞「〜わりに」は、「AわりにB」で〝Aであるのに、そのAの程度から予想されるあり様に反する程度のBである〟という関係を示すものと考えられる。(6) 典型的には、次の再掲例（1）に見る通りである。

（1）……、この菓子は、大きいわりに、火もしっかり通っている。

ただし、既にふれた通り、ただ〝程度〟というだけでは、説明できない（10）のような例もあった。

（10）勝った割りには後味の悪い試合だった。

例えば、この（10）の前件は「勝った割りには」とあるが、「勝った」ということは、いわば〝勝ッタカ負ケタカ〟の〝勝ッタ〟方だということで、〝程度〟というようなことが言われることではない。(7)

これについては、次のように考えられるのではないか。前件の「勝った」ことは、すごいこと・並々ならぬこと

である。そういう（よくも悪くも）並々ならぬ・相当だというようにとらえるということを、「注目度」があるというなら、「注目度」があることも、「並々ならぬ」程度的なこととして、程度性の延長上に考えてよいのではないか。すなわち、直接に程度が云々できないことでも、「注目度」がある場合は、「AわりにB」の前件としての要件を満たすことになるのではないか。

　そのような見方をすると、説明できることもある。

(13)―b　*大学を出たわりに、就職できなかった。

(13)―c　鳴り物入りで大学を出たわりに、就職さえできなかった。

(21)―a　(?)上京したわりに、ろくな評価も得られなかった。

(21)―b　ヨーロッパに行ってきたわりに、ろくな評価も得られなかった。

(13)―bのように単に事柄相互の矛盾を言うような場合は「〜わりに」は不可だったが、(13)―cのように前件を並々ならぬ大層なことだととらえた言い方――つまり、「注目度」のある内容にすれば（また、後件も程度的な含みのある言い方にすると）、不自然ではなくなる。また、(21)―aは、文として不可ということはないだろうが、すんなり理解できるものではない。これに比べると(21)―bはずっと自然だと思えるが、これは「上京」より「ヨーロッパに行」くことの方が、並々ならない、「注目度」のあることだからである。

3―2　「AわりにB」の後件は、〝前件から予想されるあり様に反する程度〟として示されるものであり、前件との関係で言われるものであるから、いわば相対的な内容である。森田・松木（一九八九）で「わり」が「つり合い度を問題にする」と言われているが、それが複合辞となってもこうした意味合いとして生きているといえよう。

　故に、後件に、前件とのかかわりで相対的に言われているとはとれないような、絶対的な程度の表現が出てくるのは不自然である。

(22)—a　この蕎麦は、安いわりに、とても美味い。

(22)—b　*この蕎麦は、安いわりに、絶品だ。

先に見た(17)—a「*この問題は難しい割に、全員が解けた」が不可だったのも、「全員が解けた」ということは、一〇〇％の絶対的な合格率とされ、「難し」いこととの関係で相対的に言われていることとは解し難いからである。

3—3　そして、後件の内容と暗に比べられる〝予想されるあり様〟は、前件の〝程度から予想されるあり様〟であるから、本来はこれも程度的な意味合いをもつものであろう（つまり、前件の〝程度から予想されるあり様〟とは、〝コレクライノコトダロウ〟といった、いわば〝相場〟的あり様といえよう）。この点は、国研（二〇〇一）で「期待・予想される程度のもの」という言い方で言及したことでもある。そうした程度的な意味合いということは、必ずしも常に表立ってはこないが、時に顕在的になると、「〜わりに」独自の表現性が示されることになる。

例えば、「〜にもかかわらず」は「〜わりに」と一見互換性が高いが、次のような例では、書き換えると意味が違ってきたり、意味が通じなくなる。

(23)—a　男のわりに、小柄だ。

(23)—b　男（である）にもかかわらず、小柄だ。

bでは、「男（である）」なら〝大キイ（少ナクトモ、小サクナイ）〟という予想があって、事実はそうでないことが述べられている。この場合、予想に程度的な意味合いはない。しかし、aでは〝男ナラコレクライノ大キサガ相場ダ〟という程度的予測がなされ、それに反するということが述べられることになる。

また、

(24)—a　嘘をついたわりに、叱られなかった。

(24)—b　嘘をついたにもかかわらず、叱られなかった。

(25)—a　怪我をしたわりには、大したことはなかった。

(25)—b ＊怪我をしたにもかかわらず、大したことはなかった。

(24)—aでは、「嘘をついた」→〝ヒドク叱ラレルハズダ〟という程度的な予想があり、それに反して〝ソレホドノ程度ニハ〟「叱られなかった」という意味になる。叱られはしたが〝さほど叱られなかった〟ということである。bには、そういった程度的な予想はなく、「嘘をついた」→〝叱ラレルハズダ〟という単なる予想に反して〝全く叱られなかった〟という意味になる。予想に程度的な意味合いがあるかどうかで文意が大きくずれるのである。更に、(25)—aでは、「怪我をした（大変ダ！）」→〝（怪我トイウカラニハ）大層ナコトダロウ〟という程度的な予想があって、それに反し「大したことはなかった」ということが述べられている。そのような程度的予想が出てこない「～にもかかわらず」を用いては、文意が通るような内容の対比が成り立たず、(25)—bのような言い方は不自然になってしまう。

以上、複合辞「～わりに」の表現性に「程度」という意味合いがどのように関わるかを改めて考えながら、問題例について説明を与え、注意すべき例も指摘して検討した。

3—4　さて、「AわりにB」という言い方を用いることで、更に、Aの程度とBの程度はつり合わず、アンバランスだということが示されることにもなる。再掲例（5）で言えば、「体軀の小さ」いことから〝声モソレホドデナイダロウ〟と予想されるのに反して「声が鋭くて大きい」という不つり合いなあり様が述べられている。この鳥の、予想を介して関係づけられるあり様相互のアンバランスさが示されることになるのである。

（5）……。名前を知らない鳥だ。尾が長く、体軀の小さなわりに声が鋭くて大きい。

しかし、この様な〝あり様のアンバランスさ〟の表現として使われるとなると、もっぱらそのような表現性が表立って、予想というものが介在しているとはもはや思えないような使われ方も見られ、また可能になってもいるようである。

（26）　9条の改正文案、現行憲法より数倍の文字数を費やした。しかし、中身を子細に見ると、繰り返しや過剰な説明が目立つ割に、肝心なところを避けて通っている。（毎日、朝、二〇〇五、八、二）

（27）　枝葉が広がり過ぎている割には太い幹がない、という感じがしますね。（毎日、夕、二〇〇六、一〇、六）

（28）　鼻が大きいわりには、目は随分と細い。

例えば（28）では、「鼻が大きい」ことから、〝目ハ細クナイ〟という予想が出てきて、それに反してなどと解釈するのは、いかにも無理があるだろう。また（26）についても、「繰り返しや過剰な説明が目立つ」というまずいあり様から、〝肝心ナトコロニフレテイルダロウ〟という好ましいことが予想され、それに反してというような文意とも考えにくい。こうした「AわりにB」は、もはや予想を介さない、事柄の目についた表面的な不つり合い——ある事物・人等の対照される二つのあり様について、はっきり目につくようなバランスの悪さが見てとれるということを言う表現に移行しているものと考えられる。

複合辞「〜わりに」のこのような用法については、従来全く指摘がなかったので、ここで併せて指摘しておきたい。

四、「〜わりに」の意味・用法の由来

4—1　第三項では、「〜わりに」の意味・用法の特質と拡がりについて述べたが、ここでは、そもそも「〜わりに」がどうして以上に見たような表現性を持つことになるのか、その経緯をいささか考えてみたい。

第三項の最初に、「〜わりに」の意味・用法について、「AわりにB」で、

〝Aであるのに、そのAの程度から予想されるあり様に反する程度のBである〟という関係を示す。とした。書き方がくどくどしくて恐縮だが、これについて考えたいポイントは二点ある。すなわち、

①「（Aノ程度カラ）予想されるあり様」としたが、どうして「～わりに」という言い方で、前件から予想（しかも、程度的予想）が出てくることになるのか。

② 更に、その予想をふまえて、「予想されるあり様に反する」というような逆接的な意味関係を表すことにどうしてなるのか。

という点である。以下、順に考えてみたい。

4―2　まず、何故「～わりに」で前件をふまえた「予想」が出てくることになるのか。これに関しては、次のようなことを考えてみたい。

名詞「わり」は、辞書の意味説明では、「比率・割合」などと言い換えられることが多いが、「比率・割合」といわれることには、詳しく見れば二つの異なる内容のものが考えられる。

一つは、「堺市の全人口に対する未成年の比率（／割合）を調査する」というように、当該のものの全体に対して占める（百分率や、その種の）量的度合をいう場合で、一般には、こうした使い方がまず想起されやすいように思える。今一つは、「江戸時代中頃には、ほぼ金一に対し銀五の比率（／割合）で交換をしていた」「酸素1、水素2の比率（／割合）で化合させる」のように、二者（場合によっては、それ以上）の数・量の対応関係をいう場合である。

今日では、名詞「わり」は、「比率・割合」の意味といっても、「三日働いて二万円のわりで賃金を支払う」のように、後者の意味で使われるのがふつうである。そして、複合辞「～わりに」の右のような表現性も、これを構成する名詞「わり」がもともと後者のような意味合いのものであったと考えることで説明できようと思う。

すなわち、「〜デアル（／スル）わり」という言い方は、もともと逐語的には〝「〜デアル（／スル）」ことについての数・量的対応〟をいうような意味になるのだろう。もっとも、「〜デアル（／スル）」ことというような事柄について数・量ということは直接に考えにくいから、その点は量としてとらえられる事柄の程度の面をいうものになって、〝「〜デアル（／スル）」ことについての程度的な対応〟をいう意味になると見られる。

そして、ある事柄について程度的な対応関係を考えることは、必然的に、程度的に対応する何らかの今一つの事柄をも考えることになる。(8)

従って、「〜デアル（／スル）わり」は、もともと〝〜デアル（／スル）ことに程度的に対応すると考えられること〟といった意味が読みとれる言い方であった。それが、「〜わりに」という形で複合辞化するにあたって、意味が稀薄化して、「〜について考えられる（＝予想される）こと」といった含みになったものと考えられる。「〜わりに」が、前件から出てくる「予想」を問題にする言い方であるのは、以上のような経緯によるものと解釈できる。そして、前件から出てくるその予想が程度的な意味合いをもつものであることも、「予想」は前件となる事柄にもともと程度的に対応するとして考えられるものであったことが尾を引いていると考えれば納得できるだろう。

4―3　次に、「〜わりに」が「予想されるあり様に反する」というような逆接的な意味関係をどうして表すことになるのかという点であるが、これに関しては、次のことがカギになると思われる。

既に見たとおり、「〜わりに」は「〜わりには」と同義的であり、相互に書き換えても文意に違いは生じなかった。とすれば、「〜わりに」は（形の有無を問わず）「〜わりには」と同じく常に「は」の意味を含んでいるものと思われる。そして、この「は」は（少なくとも「主題」ではあり得ないから）「対比」の「は」である。つまり、「〜わりに」「〜わりには」には、常に「対比」の意味がついて回る。(9) それが固定化したことによって、最も端的な対比の内容、つまり、そこまでで想起された予想・期待と反対の内容を導く働きとして、複合辞の意味の中に組み込まれたのだと考えられる。

五、結びに代えて

5―1　複合辞「〜わりに」の表現性を以上のように考えるなら、副詞用法の「わりに」（「割合に」「割合」）の意味・用法をこれに関係づけて考えることは、妥当ではないと思われる。

「〜わりに」は「〜わりには」と書き換え可能であり、「対比」の「は」の意味を含んでいた。

（3）―a　時間が短いわりに賃金はよかった。

（3）―b　時間が短いわりには賃金はよかった。

しかし、副詞用法の「わりに」には「は」をそえることはできない。この一点でも、両者が大きく異なるものであることは了解されよう。

（16）―a　司馬さんは割に気難しい方だから、……

（16）―b ＊司馬さんは割には気難しい方だから、……

副詞「わりに」は「比較的」などと類義だとしたが、大きくおさえれば「相対的に」といった意味ではないかと思われる。だから、コンテクスト・フリーに「割にXだ」と言えば、〝他ト比ベテXカXデナイカトイエバXダ〟くらいのことを言ったことになるのだろう。その程度のことを主張するのだから、あまり程度大というようには聞こえないわけである。

なお、副詞「わりに」に「予想に反して」といった意味を読みとろうという見方[10]もあるが、当たらないだろう。次のように、「予想どおり」という文脈でも使えるからである。

(29)　思ったとおり、彼は今日は割に素直だったよ。

もちろん、「予想に反して」という文脈でも使えるが、それは「割に」に限ったことではない。

(30)―a　大したことないだろうと思ってたけど、彼の新しい奥さん、割に美人だったよ。

(30)―b　大したことないだろうと思ってたけど、彼の新しい奥さん、すごく美人だったよ。

言語表現にあたって、話し手の予想・反予想がついて回ることは当然のことであるが、そのことと、形式の意味として組み込まれている「予想（に反して）」という意味特徴とは、同じ次元で考えるべきものではない。

5―2　以上、この節では複合辞「～わりに」をとり上げて、その表現性をめぐって論じてみた。なお考えるべきこともあるが、ここでの記述は以上にとどめることにしたい。

【第9節・注】

(1)　更に「わりと」という形もあり、これはぐっとくだけた言い方のように感じられる。なお、この「わりと」という形では、複合辞用法も可能ではないかと思われる。

(ア)　彼女、いろいろ文句を言うわりと、怒っているようにも見えないな。

少なくとも筆者の語感では、右の（ア）は不可ではない。

(2)　しかし、少し古い用例を見てみると、「割合に」は、複合辞用法でも用いられたことがわかる。

(イ)　要するに和蘭は國の小さい割合に良港に富んで居る。

（中山秀三郎（談）「名士の和蘭観　水利土木工事の進歩」（一九〇九））

(ウ)　婦人に関する著作は、戦争の影響で一般に出版物が減少して居た割合に多く出ました。

（与謝野晶子「心頭雑草」（一九一七））

森田・松木（一九八九）でも、有島武郎「生まれ出づる悩み」（一九一八）からの複合辞用法の例をあげている（**2―3**の（生）参照）。

なお、副詞「わりに」は「割合に」から生じた（それ故、ややくだけた語感がある）と見られることが多いが、複合辞用法の「〜わりに」が右のような複合辞用法の「〜割合に」の省略から生じたものかどうかは、目下のところよくわからない。「わり」という名詞も存在するのだから、「わり」＋「に」の複合・転成と考えることも十分可能であろう（従って、逆に「〜わりに」からの類推で「〜割合に」という形が使われたとも考え得る）。また、「〜わりについても、右の（イ）（ウ）と同等の古い用例は見られる。

（エ）所詮方今の劇評家及び俳優は貌の穿鑿に浮身をやつす割に神の穿鑿に疎遠なり。

（坪内逍遥「劇評に就きて」（一八九五））

（オ）故に日本労働者が収入の少ない割に多くの食費を要してゐると云うことは一目瞭然である。

（山脇玄「日本の貴婦人は何を為しつ、ありや」（一九一七））

この点については、今後のこの方面の研究の深化に俟つこととしたい。

（3）後述のとおり、「予想されること」は本来程度性をもつもので、予想される（コレクライダロウトイウ）〝相場〟とでも言うべき意味になるはずだが、しかし、必ずしもそれが常に際立ってくるわけではない。例えば、（1）の「この菓子は、大きいわりに、火もしっかり通っている」のような例でも、「大きい」といっても具体性がないこともあって、「コレクライシカ火ガ通ラナイダロウ」というような程度的な予想は出てきにくい（せいぜい「火ガ通リニクイダロウ」と大雑把に予想するだけである）。そうした例がむしろ多く、それ故「〜にもかかわらず」との書き換えも、多くの場合、さほど支障がないのである。

（4）なお、「ノート」として次のような記述を掲げたが、この判断は、今読み直してみると、妥当ではない。

ノート

後件は前件から予想されることに反したものである点で逆接的であり、「のに」と重なる部分があるが、「のに」の場合、後件は前件から予想されること全《（ママ）》くに反したものとされるのに対し、「わりに」は、いわば前件から予想されることが十分予想される程度にそうなっていないということを述べるものである。従って、前件と後件の内容の対立は、「のに」ほど著しくはならない。それゆえ、「彼は、現実主義者であるのに、ひどく涙もろいんだ」とはいえても、「彼は、現実主義者である割に、ひどく涙もろいんだ」とはいいにくい。

（六八頁・原文横書き）

少なくとも、「『彼は、現実主義者であるのに、ひどく涙もろいんだ』とはいえても、『彼は、現実主義者である割に、ひどく涙もろいんだ』とはいいにくい」という判定は、妥当でないと思える（「現実主義者」は「現実主義」を信奉する度合の高い者という程度的意味で読めるので、〃その信奉の度合の高さから予想されるのに反して〃というような読みをすれば、「〜わりに」の用例として十分成り立つものと思う）。

（5）　ただし、「彼は門外漢のわりによく知っているのか」というような疑問の言い方は可であろう。つまり、「門外漢のわりによく知っている」をいったん「の」で一括りにまとめて、「〜わりに」の関係づけと文末が直接関わらない形にすれば、そのような形の疑問の言い方は可能である。

（6）　そのような関係的意味が確立しているので、次のような表現が可能である。

（カ）—a　この蕎麦は、値段の割に、美味い。

（カ）—b　この蕎麦は、値段の割に、不味い。

同じ「値段の割に」という表現が、パラフレーズすれば、a「値段が安い（ト思エル）割に」、b「値段が高い（ト思エル）割に」と反対の意味に解せられるのも、「割に」の前件と後件を結ぶ、程度的な意味の逆接的対応を核とする関係的意味が確立しているからである。これを、「〜にもかかわらず」とすると、日本語として不自然になってしまう。

（カ）—c ?この蕎麦は、値段にもかかわらず、美味い（／不味い）。

（7）　なお、後件の「後味の悪い試合だった」は、「勝った」ことから予想される〃満足度の高さ〃に反して〃満足度の低い〃試合だったといった意味と解することが可能で、程度的意味は十分読みとれる。

（8）　この点、次のようなことも参考になろう。この名詞「わり」は、かつては「割当て・配分」のような意味で使われた（なお、「割合」も同様の意味で使われた）。

（キ）　相場だってどんな上り下りがあるかもしれねへから〈略〉おめへに割を出す高もきめねへのだから。

（仮名垣魯文「西洋道中膝栗毛」（『日本国語大辞典』の挙げる例））

「割当て・配分」とは、概略〃あることをした（もしくは、あることがあった）結果、それに応じて与えられるもの〃といったことである。つまり、何らかの事柄について対応関係をいう「わり」が、何らかの事柄と対応関係にある（＝応じて与えられる）ものを表す言い方へと、意味がずれたものといえる。このような意味で「わり」が使われたことを考えても、あることについての対応関係を問題にすることは、直ちにあることと対応すること・ものを問題にすることにつながっていくことが理解されよう。

(9)　念のために言えば、「〜わりに」に先行して「〜わりには」がもっぱら用いられ、その「は」が無形化して「対比」の意味を含む「〜わりに」が生まれたなどと言っているわけではない。「東京に昨日行ってきました」のような文でも、「東京に」の部分に〃他ノ場所デハナク〃のような対比の意味が加わることはふつうにある。そうした意味が「〜わりに」に読み込まれ、固定化したということである。

(10)　グループ・ジャマシイ（一九九八）の副詞用法についての「1わりと／わりに」の記述では、「きょうの試験はわりとかんたんだった」という例について、「むずかしいだろうというみんなの予想に反して」という説明がされており、「プラス評価でもマイナス評価でも、基準どおりではないときに使う」という説明が見られる（この場合の「基準」は、以下の説明を参照すると〃予想されるレベル〃くらいの意味と見られる）。

10.「～はおろか」

～パソコンはおろかスマホさえ使ったことがない～

一、はじめに

1　この節では、次のような「～はおろか」という形式の表現をとり上げて、その統語的性格と表現性を検討してみたい。

（1）―a　私はそれまでずっと関西在住で、東京はおろか名古屋にも行ったことがなかった。

（2）―a　有希は、泳ぐことはおろか顔をつけることもできなかった。

（3）―a　私は機械は大の苦手で、ＰＣはおろか携帯電話さえ持っていない。

こうした「～はおろか」は、もっぱら「ＡハオロカＢモ（／サエ等）Ｘシナイ（／Ｘデナイ）」といったパタンで用いられ、大略「Ｘスル（／Ｘデアル）」ことの実現可能性の低いＡとそれよりは実現可能性が低くないＢとを対比して、〝ＡについてＸスル（／デアル）ことが実現しないことは言うまでもないこととして、ＢについてもＸスル（／デアル）ことが実現しない〟といった関係を述べるものである。

一般に「～はおろか」が用いられる文では、これと対応する述語は否定の形のものか、形は否定でなくても意味として不実現を表すものになるのがふつうだとされるが、次のように、肯定の形で不実現を表すわけでないものが出てくることも、実際に見られる。

（4）―a　私は、日本酒なら一合はおろか一升だって飲める。

確かに、否定的な意味の述語がくるパタンの方が一般的ではあろうが、このような肯定述語の表現も用いられるようになってきているようである。そして、肯定述語の場合、意味関係はいわば逆になる。つまり「AハオロカBモ（／サエ等）Xスル（／Xデアル）」というパタンで、「Xスル（／Xデアル）」ことの実現可能性が低くないAとそれより実現可能性の低いBとを対比して、〝AについてXスル（／デアル）ことが実現することは言うまでもないこととして、BについてもXスル（／デアル）ことが実現する〟といった関係を述べることになる。

以下では、「〜はおろか」の用法にこうした二つのパタンがあることを一応認めて考察していくが、とり上げる例はもっぱら一般的な否定的意味の述語がくるものを中心とする。

ところで、こうした「〜はおろか」は、「〜はもちろん」と置き換えても、ほぼ同義的な文が成り立つ。

（1）―b　私はそれまでずっと関西在住で、東京はもちろん名古屋にも行ったことがなかった。

（2）―b　有希は、泳ぐことはもちろん顔をつけることもできなかった。

（3）―b　私は機械は大の苦手で、PCはもちろん携帯電話さえ持っていない。

（4）―b　私は、日本酒なら一合はもちろん一升だって飲める。

そこで、この節では「〜はもちろん」と対比して検討することによって、「〜はおろか」の統語的性格・表現性を浮かび上がらせるという形で、考察を進めていく。

二、基本的な事柄

2―1　まず、「はおろか」「はもちろん」は、次のように、助詞「は」を別のものに代えたり、「は」と「おろか」「もちろん」との間に他の語を挿入したりすることは出来ず、もはやこれでひとまとまりの形式となっていると考えるべきものである。

（1）―c　＊私は……東京がおろか名古屋にも行ったことがなかった。
（1）―d　＊私は……東京がもちろん名古屋にも行ったことがなかった。
（1）―e　＊私は……東京はとてもおろか名古屋にも行ったことがなかった。
（1）―f　＊私は……東京は実際もちろん名古屋にも行ったことがなかった。

これらの「はおろか」「はもちろん」は、ひとまとまりのものとして固定化しており、何らかの事項・事柄をとり上げて以下と関係づける表現であるから、複合辞的な形式と見てよいだろう。

2―2　次に、「はおろか」「はもちろん」の（関係的）意味・ニュアンスについても少々観察しておく。

これらは、「AはおろかB」「AはもちろんB」というパタンで言えば、AとBを対比して言う言い方だが、今一歩踏み込んで言うなら、Bに関して実現・不実現を言うにあたって、それより以前にAに関して実現・不実現がまず言えることを付け加えるような言い方である。いわば「～はおろか」「～はもちろん」は、以下に対する「前提」を付け加えるような言い方だといえるが、「前提」という用語はいろいろに使われるので、それを避けて、この節では「付帯事項」ということにしておく。また、ニュアンス（語感）も少々違って、「～はおろか」はとり上げて以下と対比する事項・事柄を、否定のパタンでは、〝論外〟と強く否定するニュアンスが出るし、肯定の場合には、〝あたりまえ〟と軽く扱うようなニュアンスが感じられる。これに対し、「～はもちろん」は、むしろ文字どおり〝当然〟（成リ立ツ・成リ立タナイ）と認めるような語感がある。(1) 一応、こうしたニュアンス（語感）の違いにも注意しておきたい。

2―3　「～はおろか」についての立ち入った記述・分析はあまりない。(2) 「～はおろか」は、**2―1**で見たとおり複合辞的な形式の一つと考えることができるが、複合辞を網羅的に記述した森田・松木（一九八九）や国研（二〇〇一）にも、また、グループ・ジャマシイ（一九九八）にも立項されていない。「～はおろか」をとり上げて論じた論文としては、服部（二〇〇六）、澤田（二〇〇六）があるが、これらの論文では、「〜はおろか」は「〜どころか」という類義の言い方と対比して論じられており、一つの尺度の上に関係づけられる二項を対比していう表現としてもっぱらその意味特性が考究されている。

この節では、そうした先行研究とはいささか角度を変えて、統語的な側面から「〜はおろか」と「〜はもちろん」の性格の違いに光をあて、そこから「〜はおろか」の表現性を考えてみたい。

三、「〜はおろか」の関係構成の段階

3—1　考察のきっかけとして、次のようなことを考えてみたい。

（5）—a ＊中本氏はおろか君も来るな。

（5）—b　中本氏はもちろん君も来るな。

（6）—a ＊中本氏はおろか君も来い。

（6）—b　中本氏はもちろん君も来い。

（5）（6）のような禁止・命令の表現では、「〜はもちろん」は可だが、「〜はおろか」を用いると不自然である。これはどういうことか。

これは、必ずしも「〜はおろか」は禁止・命令で使えないということではない。実際、次のような例では、「〜はおろか」を用いても、また「〜はもちろん」を用いても、不自然にはならない。

（7）—a　謹慎中の身なのだから、君は大学はおろか近所のタバコ屋にも行くな。

（7）—b　謹慎中の身なのだから、君は大学はもちろん近所のタバコ屋にも行くな。

（8）—a　求法のためには、天竺はおろか地の果てにまでも行ってこい。

（8）—b　求法のためには、天竺はもちろん地の果てにまでも行ってこい。

右のとおり、「〜はおろか」は禁止・命令に使えないわけではない。となると、（5）（6）—aが不自然になるのはどのような事由によるものか。以下、このことを考察のきっかけとして、いささか考えてみたい。

3—2　右の問題を考えるために、ここで「〜はおろか」と「〜はもちろん」の統語的な働き方の違いを見てみたい。この二つの形式は、一見意味も近似していて、統語的にも同じように働くかに見えるが、実際には次のとおりはっきり異なる点がある。

次の（9）と（10）を比較されたい。

（9）—a　弘実は、離婚はもちろん別居さえしなかった。

（9）—b　弘実は、離婚することはもちろん別居さえしなかった。

（9）—c　弘実は、離婚しなかったことはもちろん、別居さえしなかった。

（10）—a　弘実は、離婚はおろか別居さえしなかった。

（10）—b　弘実は、離婚することはおろか別居さえしなかった。

（10）—c　*弘実は、離婚しなかったことはおろか、別居さえしなかった。

「〜しなかった」という述語を共有できる形なので、分けたりまとめたりしていくつかの形で同じ意味のことが表せるが、注目されるのは、（9）—cは（ややぎこちないかもしれないが）十分可なのに、（10）—cは明らかに不可だということである。つまり、「〜はもちろん」の場合、「〜ナイことはもちろん…ナイ」と、対比される後の節だけでなく前の節にも否定が出てくる形が可なのに、「〜はおろか」では、そのような形は不可なのである。

このことから、次のようなことがうかがわれるだろう。すなわち、「〜はおろか」は、否定がかかる前の段階——厳密に言えば、文の叙述において否定—肯定が決まる前の段階で事柄内容をとり上げて対比する言い方であり、それに対して「〜はもちろん」は、否定がかかった後の段階――厳密に言えば、文の叙述において否定―肯定が決まった後の段階の事柄内容を対比する表現であるということである[3]（以下、紛らわしくならないよう、文の叙述において否定―肯定が決まる前の事柄内容を〈事柄〉と表記することにする）[4]。この点、否定のかかり方の違いを明確にして、（10）の「〜はおろか」と（9）の「〜はもちろん」の形成する意味―統語的関係を図示してみると、次のように表すことができるだろう（なお、「〜はおろか」「〜はもちろん」は〝対比〟する言い方だが、今一歩踏み込んで言うと、「〜は」を以下に対し先立ってまず問題となる「付帯事項」として付加するものであることは、**2―2**で既に述べた）。

（10）《「〜はおろか」の文》

［［離婚スルコト］―〈付帯事項〉⟹［別居スルコト］］＋（否定）

（9）《「〜はもちろん」の文》

［離婚スルコト］＋（否定）］―〈付帯事項〉⟹［［別居スルコト］＋（否定）

実際また、「〜はおろか」と「〜はもちろん」の働き方の違いをこのように考えないと、説明しにくいこともある。

（11）―a　あいつはヤブ医者で、手術はおろか、風邪一つ治したことがない。

先の（1）の「東京はおろか名古屋にも行ったことがなかった」では、「行った」という述語が共有され、「東京ニ行ッタコト」という〈事柄〉と「名古屋ニ行ッタコト」という〈事柄〉が対比されることになる。「〜はおろか」の用例には、こうした述語を共有する形の言い方が実際多いが、しかし、（11）―aのように述語が共有されるパタンでない使い方も可能である。そして、このような例では、「手術」という〈事柄〉と「風邪ヲ治ス」という〈事柄〉とが対比されて結びつき、それに否定がかかるという関係が、比較的よく見てとれるだろう。この文の文意では、「手術」は付帯事項として、いわば〝論外〟と否定し去られる意味になるが、しかし、「手術」が直接結びつく否定述語は見当たらない。それでも、これが否定される意味になるのは、「風邪ヲ治ス」と対比されて結びつき、「風邪ヲ治ス」にかかる否定のスコープの中にこれも入ってくるからである。

これに対して、同様の形で「～はもちろん」を用いることはできない。

（11）―b ?あいつはヤブ医者で、手術はもちろん、風邪一つ治したことがない。

（11）―bのような文は、文意を推し量ることで了解不能でないかもしれないが、(5) 自然さはぐっと損われる。これは、「～はもちろん」が否定がかかった後の段階での事柄内容を対比するものなのに、「手術」が、これと直接結びつく否定述語が見当たらず、これが否定の意味が加わったと解される根拠が見出せなくなって、表現としていわば〝浮いてしまう〟故であろう。

以上くり返せば、「～はおろか」は、否定―肯定が決まる前の段階で関係構成して働くものであり、「～はもちろん」は、それより後の段階で働くものだということである。

3―3　さて、「～はもちろん」は、否定―肯定が決まってそれが加えられるより後の段階で働くものだと述べたが、それでは、これが働いて関係構成するのは、どのような段階なのか。今少しその点について考えてみることにする。

（9）―d　弘実は、離婚しなかったことはもちろん、別居もしなかった。

（9）―e　弘実は、離婚しなかったことはもちろんで、別居もしなかった。

（9）―f　弘実が離婚しなかったことはもちろんだ。（彼女は）別居もしなかった。

（9）―g　もちろん、弘実は離婚しなかった。（彼女は）別居もしなかった。

右のd～gは、ほぼ同義のことを述べるものであり、従って、各表現における「もちろん」の（以下の「も」と呼応しての）関係づけの働きは、基本的に同様のものと思われる。そして、gでは言い切り述語が出てきて文の通達的意味（述べ立て、命令などの文の意味）が決まる段階で「もちろん」が関係づけとして働いているのであり、d〜fも同様の意味関係の表現と理解されるということは、d〜fのような「（は）もちろん」も、文の通達的意味を含んだ段階までを射程に入れて関係づけしているものと考えられる。そして、dのような「〜はもちろん」は、そうした関係づけを最も縮約した形で表すために特化した形式といえよう。

このことは、「命令」の場合を見ると、よりはっきりするだろう。

(12)—a　計画を立案することはもちろん、その遂行の指揮もとれ。

(12)—b　計画を立案することはもちろんだ。その遂行の指揮もとれ。

(12)—c　もちろん、計画を立案しろ。その遂行の指揮もとれ。

a〜cはほぼ同義であり、cと同様a・bでも「計画を立案」することと「その実行の指揮」をとることが「命令」されていると解せられる。従って、cのような言い方との連続性から考えて、「〜はもちろん」という形式は文の通達的意味が加わった段階の事柄内容を関係づけするものだと言えよう。

更に、次例のような場合、「〜はもちろん」が関係づける前の節と後の節で次のように主語が異なると不適格な文になる。

(12)—d　*私が計画を立案することはもちろん、君もその遂行の指揮をとれ。

「私が行かなかったことはもちろん、頼みの山田も欠席の通知を送ってよこした」という文が十分成り立つことからもわかるように、「〜はもちろん」が関係づける前と後の節で別の主語をとれないというわけではない。しかし、(12)—dが不可なのは、「命令」という通達的意味を含む内容を関係づける表現なのに前の節の主語が一人称であり、結果として「私が……シロ」といった一人称に対する「命令」という成立し得ない意味内容が生じてしまう故である。

以上の観察から、「〜はもちろん」は、文の通達的意味が出てくる段階で、それを含む事柄内容を関係づけて働くものと見ていいだろう。

3—4　以上のように考えると、本節の最初で言及した問題にも、一応答えが出せるのではないかと思う。（5）（6）を再掲する。
（5）—a　*中本氏はおろか君も来るな。
（5）—b　中本氏はもちろん君も来るな。
（6）—a　*中本氏はおろか君も来い。
（6）—b　中本氏はもちろん君も来い。
まず、（5）—aの場合、この意味関係をわかりやすくパラフレーズして図示すると、次のようなことになるだろう。
（5）—c　[[中本氏が来る]コトはおろか[君が来る]コトモ]（君ハ）スルナ。
「〜はおろか」は、否定—肯定が決まる前の段階での関係づけなので、禁止、すなわち否定的要求の内容（〃スルナ〃と求められる内容）として、「中本氏が来る」という〈事柄〉と「君が来る」という〈事柄〉とが並ぶことになる。そして、それを〃スルナ〃と求められるのは「聞き手」（君）である。この文では、通達的意味として含まれる「禁止」は一つだけであり、それが向けられるのは「聞き手」以外にはあり得ない。そこで、「君が来る」ことを〃スルナ〃と求められるのは問題ないが、「中本氏が来る」ことは中本氏の意向によることだから、それを聞き手（君）に〃スルナ〃と求めるのはお門違いで、そのような不自然なことを言うことになる（5）—aは、おかしく感じられるのである。

これに対し、「～はもちろん」は通達的意味まで含んだ事柄内容を対比して関係づけるものであり、3―3で見たように、（5）―bは結局次のように言うに等しくなる。

（5）―d　もちろん、中本氏は来るな。（ソシテ）君も来るな。

逆に言うと、（5）―bは（5）―dと同様、「禁止（否定的要求）」という通達的意味が二つ含まれているものと言ってもいいだろう。

そして、（5）―dで考えると、聞き手に対し「中本氏は来るな」というのもおかしいようだが、これはあくまで「中本氏」に向けられた否定的要素であり、「聞き手」が実現を求められたわけではないと考えれば、別に不自然にはならない（たとえば、聞き手が「中本氏」側の人間であれば、それを伝えることが期待されるといったことにすぎない）。（5）―bが不自然にならないのも、同様の理解が可能だからだと思われる。

以上、（5）―abについて、aが不自然と解されbが不自然にならない理由を考えてみたが、（6）―abについても同様に説明が可能である。

一方、abともに不自然でないとした先の（7）（8）の場合、例えば（7）について見ると、

（7）―a　君は大学はおろか近所のタバコ屋にも行くな。

（7）―b　君は大学はもちろん近所のタバコ屋にも行くな。

（7）―aは、その意味関係をパラフレーズして図示すると次のようになろうが、「大学に行く」という〈事柄〉も「近所のタバコ屋に行く」という〈事柄〉も聞き手（君）のすることであるから、それを〝スルナ〟と求めるのは別に不自然ではない。

（7）―c　君は［［大学に行く］コトはおろか［近所のタバコ屋に行く］コトモ］スルナ。

また、（7）―bは（7）―dとほぼ同義のことを言うことになるが、やはり聞き手のすることに対して否定的

要求をすることになり、不自然なことは生じない。

（7）—d　もちろん、君は大学に行くな。（ソシテ）近所のタバコ屋にも行くな。

（8）—abについても、同様に説明が可能である。

以上のようなことで、「〜はおろか」は、「〜はもちろん」とは関係構成する段階が実は異なっている。その結果、形成される意味関係が微妙に違ってきて、場合によっては不自然な表現が生じることもあるのである。

四、「〜はおろか」の表現性

4—1　次に、以上をふまえて、「〜はおろか」と「〜はもちろん」の表現性に関していくらか考えてみたい。今度は、次のような例をとり上げる。

（13）—a　＊会には、会員でない山田はおろか牧野も来ていなかった。

（13）—b　会には、会員でない山田はもちろん牧野も来ていなかった。

aは不自然であるが、bは自然に成り立つ。このことは、次のように理解できよう。

「〜はおろか」は、実現可能性の異なる二つの〈事柄〉を対比して、困難な〈事柄〉は言うまでもなく成り立たず相対的に容易な〈事柄〉も成り立たないとか、相対的に容易な〈事柄〉は言うまでもなく成り立つし困難な〈事柄〉も成り立つとかいったことを述べる表現であった。そして、aの場合、「会員でない山田が来る」ことと「牧野が来る」ことが対比されることになるが、そもそも「山田」は「会員でない」のだから、その「山田」が来るなどということはもともと実現可能性のないことである。だから、初めから対比の対象とならないのであり、そのようなことを「〜はおろか」でとり上げようとするaは不自然なのである。言い方を変えれば、「〜はおろか」が実現可能性という一つの尺度の上に二つの項目（〈事柄〉）を対比していう表現であることは、既に指摘されてきたことであるが、「会員でない山田が来る」ことはもともと実現可能性のないことであって、そうした尺度の上に乗らないのである。

一方、bについては、何ら不自然さは感じられない。このことからもうかがわれるように、「～はもちろん」は、実現可能性という一つの尺度に直接基づいて対比していうような言い方ではない[6]。むしろ、「～はもちろんだ」のような表現との連続性から考えても、「もちろん」の〝当然〟と認めるような意味が十分生きていて、それが基本にある言い方であると考えられる。すなわち、「～はもちろん」である項目（に関する事柄内容）・ある事柄内容をとり上げて〝当然〟と認め、それを付帯事項として以下に結びつけていく関係づけの表現なのである。そして、「～はもちろん」は、既に見たとおり否定―肯定が決まった後の段階、文の通達的意味が加わった段階で、そうした意味まで射程に入れて働くものであった。従って、(13)―bは、意味関係としては結局「会員でない山田が来テイナカッタ」という表現内容を〝当然〟として認め、以下の「牧野も来ていなかった」という表現内容に付帯事項として付け加えて述べるものということになるが、「会員でない山田が来ていなかった」ことはあたりまえで〝当然〟と認められることであり、(13)―bにおける「～はもちろん」という形式の使用に関わっては何らの不自然さも生じないのである。

4―2　**4―1**で「～はおろか」が、実現可能性という一つの尺度の上に二つの項目を対比していう表現だということに言及したが、既に指摘されてきたこのことと、この節で見てきた、「～はおろか」が、否定―肯定が決まる前の〈事柄〉を対比していう言い方であることとは、実は不可分のことのように思われる。

文の叙述において否定―肯定が決まる前の〈事柄〉とはどのようなことか。それは、否定するにせよ肯定するにせよ、まず〝考えられること〟であるはずで[7]、それは否定―肯定、つまり真偽が決まらない以上、〝可能性〟としてであることのはずである。

実現可能性という尺度に基づいて項目を対比する「〜はおろか」という表現において、対比されるのが、否定—肯定の決まる前の可能性としての〈事柄〉であることは、このように考えてみると必然的なことといえる。

ここでも、表現の特性と統語的性格とが、深いところで相応じているという事実を見ることができる。

4—3　おしまいに、「〜はおろか」の語感についてもふれておく。（1）の例を今一度掲げると、

（1）—a　私は……東京はおろか名古屋にも行ったことがなかった。

（1）—b　私は……東京はもちろん名古屋にも行ったことがなかった。

aの「〜はおろか」を用いた場合、bの「〜はもちろん」を用いた場合に比べると、とり上げられた「東京（ニ行ッタコト）」の部分をずっと強く否定するような語感があるが、こうした語感が感じられることも「〜はおろか」の統語的性格によるところが大きいだろう。

すなわち、（1）—aのような表現は「AハオロカBモXナイ」と一般化できるが、これは「[AニツイテXスルコトハオロカBニツイテXスルコトモ] ナイ」というように〈事柄〉を対比して否定するという意味関係であり、「BニツイテXスルコト」に否定がかかるにあたって、まず先だって否定される付帯事項として付加されているのが「A（ニツイテXスルコト）」であるから、まず何をさしおいてもこれが否定されるという語感が生じる。

一方、「〜はおろか」には、

（4）—a　私は、日本酒なら一合はおろか一升だって飲める。

のような肯定で使われる用法もあるが、こうした場合は、「〜はおろか」でとり上げられ「〜」の部分の内容（右の例なら「一合（飲メル）」）が、いわばあたりまえのこととして軽く扱われているような語感がある。これも、結局同様のこととして解釈可能で、（4）—aのような表現を「AハオロカBモXスル」と一般化すると、これは、意味関係としては「[AニツイテXスルコトハオロカBニツイテXスルコトモ] アル」といった肯定される事柄を

対比して述べるものであり、「BニツイテXスルコト」が肯定されるにあたって、まず先立って肯定される付帯事項が「A（ニツイテXスルコト）」であるから、当然・あたりまえのこととして肯定されるものであるというような語感が生じ、そこから〝軽く扱う〟といった印象も生じてくるものと考えられる。

「〜はおろか」の、否定・肯定にかかわる右のような語感も、この言い方が、否定・肯定の決まる前の段階の〈事柄〉について対比するものであるという統語的性格から出てくることだといえる。

五、結　び

5　この節では、「〜はおろか」という複合辞的形式をとり上げて、「〜はもちろん」とも対比しつつ、その統語的性格を考察し、その表現性についても、一、二目につくところを論じてみた。従来あまり論じられてこなかった側面についての考察を補うものともなればと思う。

【第10節・注】

（1）　こうした〝論外〟〝あたりまえ〟とか〝当然〟といったニュアンスがあることは、〝わかりきったこと〟というような意味合いを感じさせることであるので、（わからなくて）質問することと矛盾することになる。そのため、「〜はおろか」「〜はもちろん」は質問の文ではしばしば使いにくくなる。次のように、「行カナカッタ」ことが本当か単に尋ねる文では「〜はおろか」「〜はもちろん」を用いるとかなり違和感がある。

（ア）―a　?東京はおろか名古屋にも行かなかったのか。

（ア）―b　?東京はもちろん名古屋にも行かなかったのか。

一方、次のように、「東京ハオロカ（／モチロン）名古屋ニモ行カナカッタ」という内容を考えたり聞いたりして前提とし、そうしたニュアンスになるとらえ方をいったん認めたうえで、それがそうなのかと確認して問うような場合は不自然にならない。

（イ）―a　東京はおろか名古屋にも行かなかったというのか。

（イ）―b　東京はもちろん名古屋にも行かなかったというのか。

「～はおろか」「～はもちろん」が質問の文となる場合は、右のようにそのようなニュアンスになるとらえ方がいったん認められた形の表現になっているものと思われる。

（2）「～はもちろん」も同様で、グループ・ジャマシイ（一九九八）の「もちろん」の項に「2　Nはもちろん」として用例と一般的な用法説明があるくらいである。なお、そこではもっぱら「AはもちろんBもCも」のようなパタンが言及されている。こうした三項以上に言及するパタンは、「AはおろかBもCも」のように「～はおろか」についても考えられるが、基本的に二項のパタンのヴァリエーションと考えられるので、この節では特にとり上げることはしない。

（3）述語には、否定―肯定も含めてさまざまの文法的意味を表す形式（及びゼロ形式）が層をなして現われる。これは、文の叙述・表現が形づくられていくにあたって、さまざまの文法的意味が段階的に付加され、決まっていくことを反映するものと解釈される。とすれば、「～はおろか」と「～はもちろん」が関係を構成して働く段階は、そういう意味ではっきり異なるものだといえる。

（4）〈事柄〉とは、文の叙述において否定―肯定が決まる前の段階の内容だとした。ただ、「～はおろか」で対比される〈事柄〉として、次のように否定の形のものが出てくることはある。

（ウ）三郎は大食漢で、減量しなければならないのに、間食しないことはおろか毎日の食事を腹八分目にすることもできない。

〈事柄〉として「間食しないこと」と「毎日の食事を腹八分目にすること」とが対比されている。「間食しない」という否定の形が出てくることは、〈事柄〉が否定―肯定の決まる前の段階のものということと抵触するようだが、これは「正規の食事のみをとるようにする」というような内容を否定を使った言い回しで表現したというにすぎず、文の叙述において否定―肯定が決まる段階の前か後かといった問題とは次元の異なることである。

（5）つまり、「あいつはヤブ医者で、手術はもちろん（ダメだし）、風邪一つ治したことがない」というように、傍線部のような内容を補って読むことは、すぐに思いつくことではある。

（6）もっとも、〝当然〟と思う根拠として、事柄内容に内在する実現可能性の違いが参考されることも多いから、「～はもちろん」の文は「～はおろか」の文と多くの場合同義的に書き換えられる。

（7）『岩波哲学小辞典』の「可能性」の項にも、「論理的には〈考えうる〉ということであって」（三九頁）とある。

11.「～からして」

～ものの言い方からして、気にくわない　など～

一、はじめに

1　この節では「～からして」という形式をとり上げて、その意味・用法や文法的性格、関連する形式とのつながりについて、いささか検討してみたい。

「～からして」は、複合辞とすべき形式であるが、その意味・用法から考えると、二つのタイプのものがある。まず、次の（1）～（8）のような意味・用法のものが考えられるが、

（1）この手口からして、玄人の仕業だな。
（国研（二〇〇一）のA77「～からして・～からすれば・～からすると」の項の用例（1））

（2）ホテルの北東徒歩十三分くらいの地点に、シュタットフリートホーフがあった。名称からして、市営墓地のような感じがする。
（柘植久慶「核の迷路」）

（3）「ときに、あなたは○○党に入党して頂けませんか、あなたならシベリヤ民主運動の経歴からして、きっと入党できると思いますよ」
（いまいげんじ「生きて還って」）

（4）吉崎のほうは、まだ、公判の日取りが決まらず、未決拘留中だったが、美也子の証言などからして、有罪は間違いない。
（和久峻三「赤かぶ検事」）

（5）空海は、唐において韓方明から書を学んだという伝承があるが、空海の滞在のみじかさなどからしても、

にわかに信じがたい。（司馬遼太郎「空海の風景」）

（6）ところで、長嶋監督の用いた暗示では、引き金として「編集されたビデオ」が用いられている。内容は深層心理からして、実に当を得たものであったし、視覚に訴えるビデオは優れた暗示効果をもたらした。（佐藤直曉「成功を確信させる暗示型戦略」）

（7）しかし、本人の主体性をできる限り尊重するという新しい成年後見制度の理念からして、被後見人を解任の請求者から除外する理由はありません。（前田祐司「Q＆A成年後見制度解説」）

（8）その場合、あれこれと推測するのではなく、ドラッカーのいうようにストレートに尋ね、自分の特性もストレートに伝えることが、信頼を生み出すという点からしても最も適切である。（片山又一郎「ドラッカーに学ぶマネジメント入門」）

これらは、「〜から考えて」「〜から見て」などと書き換えてもほぼ同義であり、以下のように判断する根拠や観点を示すものといえる。「AからしてB」というパタンで言うなら、Aを、Bのようにいう根拠・観点として示す言い方といってもよいだろう。こうした「〜からして」を①用法の「〜からして」（適宜、「〜からして」①と略記する）と呼ぶことにする。

①用法の「〜からして」は、次のように多くの場合、「〜からすれば」「〜からすると」とほぼ同義的に書き換えが可能であり、類義形式としてひとまとめに扱われることも多い。

（1）—a　この手口からして、玄人の仕業だ。

（1）—b　この手口からすれば、玄人の仕業だ。

（1）—c　この手口からすると、玄人の仕業だ。

しかし、「〜からして」①の用法が常に「〜からすれば」「〜からすると」と重なるわけではない。

また、上記のとおり、①用法の「〜からして」の例は判断の根拠・観点を示すと解せられるのがふつうだが、しかし、①用法の例に連続するものの中には、（個別になされる）「判断」の根拠を示すとは言えない例も見られる。この節では、そのような点について立ち入ってみたい。

一方、「〜からして」には、今一つ次の（9）〜（15）のような意味・用法のものもある。

（9）ものの言い方からして、気にくわない。

（10）なるほど、女性がターゲットの店は、盛り付けからして違うのだ。（麻生玲子「眠る体温」）

（11）あの美のかけらもない醜いだけの男がロダンだなんて、名前からして、いかがわしいけれど、それ以上にインチキくさい笑顔で私の全身を嘗めまわすように見るのよ。（連城三紀彦「美の神たちの叛乱」）

（12）私がシャネル・ブランドが好きなのは、一つには従来の習慣にはとらわれない柔軟な発想、ゆとりの遊び心とおしゃれ感覚。創始者のココ・シャネルという人の生き方からして、憧れの的だった。（梅宮アンナ「『みにくいあひるの子』だった私」）

（13）一方、新しい品種の試験は毎日進められているがそこは見せることができない、という。純粋さを保ちながらの試験だから、服装からして普通の恰好では入ることができない。（中村靖彦「遺伝子組み換え食品を検証する」）

（14）彼はまた、この「屋根裏の散歩」を、いやが上にも、興味深くするために、まず、身支度からして、さも本ものの犯罪人らしく装うことをわすれませんでした。（江戸川乱歩「屋根裏の散歩者」）

（15）「少し怖いわ」「なにか怖いことあるもんか。どうせどこへ行ったところで日本の中さ。乗車券代からして大した金額じゃない。……」（森村誠一「銀河鉄道殺人事件」）

これらの「〜からして」は、いわば、「第一に」「何よりも」といったニュアンスを添えて項目をとり上げる言い方といえよう。「AからしてB」のパタンで言うなら、「何よりもAがBである」「第一にAがBである」というような意味合いでAをとり上げ、そして、暗に〝まして他は言うまでもなくBである〟といった含みが感じられることになる言い方である。こうした「〜からして」を、②用法の「〜からして」（適宜、「〜からして」②と略記する）と呼ぶことにする。

②用法の「〜からして」の場合、「〜からすれば」「〜からすると」との同義的書き換えはできない。

（9）—a　ものの言い方からして、気にくわない。

（9）—b *ものの言い方からすれば（／からすると）、気にくわない。

また、①用法の「〜からして」は、先の用例（5）（8）に見るように「も」を伴って「〜からしても」の形でも、ほぼ同義的に用いられるが、②用法の「〜からして」では、「も」を伴った形は不自然になる。

（9）—c *ものの言い方からしても、気にくわない。

こうした点でも、①用法の「〜からして」との相違は明らかであろう。

以上の「〜からして」の二つの用法については、従来ある程度認識はされてきたものの、それぞれの用法の「〜からして」の表現性や、それぞれの用法の「〜からして」の関係をどう考えるかについては、必ずしも立ち入った考察がなされているわけではない。この節では、そのあたりをいささか掘り上げて考えてみたい。

二、先行記述

2—1　上述のとおり、「〜からして」については、従来十分な記述がなされてきたとは言い難い。「〜からして」を主たる対象として論じた研究論文はないようである。また、複合辞の意味・用法を総括的に記述した近年の辞書・研究書の類では、森田・松木（一九八九）、グループ・ジャマシイ（一九九八）、国研（二〇〇一）に、こうした

「〜からして」についての記述があるが、いずれも未だ十分なものとはいえないように思える。以下、簡単にそれらの記述を見ておきたい。

最初に、森田・松木（一九八九）から見てみると、同書では「〜からして」は、「格助詞の働きをするもの」の中でとり上げられ、まず「1．資格・立場・状態・視点を示す」ものの❹として、「からすると／からすれば」や「からいうと／からいえば」「からみると／からみれば」など一括して扱われている。これは、この節でいう①用法の「〜からして」にあたるものといえるが、❹については、次のような意味説明が示されている。

　ある立場から事物をながめて判断・評価を下すという、話者の視点を表すもので、人物はもちろん、無生物も自由に受けることができる。　（六頁）

しかし、こうした説明は、どうも「〜からみると」などの言い方にひかれた一面的なものというべきで、①用法の「〜からして」の説明として適切とは思えない。例えば、冒頭の（2）の「名称からして、市営墓地のような感じがする」のような用例で考えても、「名称からして」が「ある立場から事物をながめ」た「話者の視点を表す」言い方だとするのは、明らかに無理がある（「名称」は立場ではないし、「名称」ということを問題にすることを「視点」だというようなことでは、用語の歯止めのない拡張であって、的確な説明とはとても言えない）。

一方、同書では、「格助詞の働きをするもの」の中の「5．起点・終点・範囲を示す」ものの❶としても、「〜からして」が「〜をはじめ」と一括・対比される形でとり上げられている。こちらの「〜からして」は、この節の②用法の「〜からして」にあたるものである。そして、そうした「〜からして」について、ここでは次のような説明がなされている。

　「からして」は体言等を受け、〝〜から後〟〝〜からはじめて〟といった時間的・空間的起点、さらには、〝〜をはじめとして〟〝〜がまず〟という現状認識における起点を表す。現状認識における起点とは、普通はまず問題にならない（そうあっては困る）事物を起点として取り上げ、全体にわたってそう言えることを強調する用法であるが、逆に言えば、ある範囲の中から特に重要な事物を取り出して示す用法ということにもなる。全体として、「からして」の場合は起点のみを取り出す表現で、終点は全く意識されていないのが特徴である。語調を整えて強調する「して」によって文語的色彩を帯びているが、意味的には格助詞「から」と大差はない。

（三二頁）

だが、率直に言って、この説明は首尾一貫したものとなっていない。これによれば、ここで問題になっている「〜からして」（②用法の「〜からして」）は、「現状認識における起点を表す」ものであり、「現状認識における起点とは、普通はまず問題にならない……事物を起点として取り上げ、全体にわたってそう言えることを強調する用法」（注・傍点藤田）と定義されるのに、「『からして』の場合は起点のみを取り出す表現」だというのでは、明らかに説明が矛盾している。もちろん、後述のように、「起点」つまり「〜からして」でとり上げる事柄のみがもっぱら意識されるというようなことはあり得ると思うが、しかし、「〜からして」②は、基本は他を暗に類推させる言い方とすべきものであろう。

また、「〜からして」でとり上げられるのが「普通はまず問題にならない（そうあっては困る）事物」だというのもいかがか。例えば、第一項に挙げた（15）の「乗車券代からして大した金額じゃない」の例で考えても、「乗車券代」が「普通はまず問題にな」るとかならないとかいう意味合いで意識されるものとも思えないし、まして「問題にな」っては「困る」ようなものでもあるまい。このような規定は、「〜からして」②の全般にあてはまるものとはいえない[1]。

以上のとおり、②用法の「〜からして」についての上記の説明も、決して妥当なものではない。ただ、この②用法の「〜からして」を、「から」に「語調を整えて強調する『して』」が加わったものと考え、「意味的には格助詞

『から』と大差はない」とする指摘は、検討に値することのように思われる。この点については、改めて後で考えてみたい。

2―2　次に、森田・松木（一九八九）より約十年程の時間をおいて出されたグループ・ジャマシイ（一九九八）の記述を見てみることにする。同書では、「～からして」は、【からして】の見出しのもとに、次のように説明されている。

　1Nからして〈**例示**〉

（用例略）

極端な例や典型的な例を示して、「それでさえそうなのだから、ましてほかのものは言うまでもない」という気持ちを表すのに用いる。マイナス評価が多い。「にしてからが」とも言う。

　2Nからして〈**根拠**〉

（用例略）

判断の手がかりを表す。「からすると」「からみて」「からいって」などとも言う。

（九一頁・原文横書き）

1の〈**例示**〉がこの節の②用法の「～からして」、2の〈**根拠**〉がこの節の①用法の「～からして」である。一見簡潔でわかりやすい説明とも思えるが、しかし、1の〈**例示**〉の用法（つまり、「～からして」②）で、「～からして」でとり上げられるのが、「極端な例や典型的な例」だとするのは、いかがか。例えば、第一項に挙げた(10)の「女性がターゲットの店は、盛り付けからして違うのだ」の例で考えても、「～からして」で問題にされる「盛り付け」が、この場合「極端な例」というのも当たらないだろう。そもそも「極端」には〝偏ってバランスを欠く〟というニュアンスがあるが、第一項の「～からして」②の用例を見ても、「～からして」②がとり上げるのがそうした〝偏った〟例だというのは、やや的はずれに思える（もとより、説明の言葉の問題といえばそのとおりだが、それがまだ的確でない以上、やはり「～からして」②の用法を的確におさえたことにはならない）。まして、(10)の例で「盛り付け」が「典型的な例」だなどというのは明らかにおかしい。結局、上記のような言い方では的確に説明できない場合が、ごくふつうに見いだされるわけである。それに、考えてみれば「極端」と「典型的」とは正反対とさえ言えることで、「～からして」②が、そんな正反対の「例」をとり上げるものと説明するのも何か変である。こうした記述はまだ目についた事例を表面的にまとめたレベルのものであり、今少し掘り下げて考える余地があろうと思われる。

2―3　今一つ、今度は筆者もかかわった国研（二〇〇一）の記述を掲げる。国研（二〇〇一）では、A77の項目として、「～からして」が「～からすれば」「～からすると」と一括してとり上げられており、次のような説明がなされている。

接続

名詞（名詞節を含む）に付く。

意味・用法

（1）「Aからして」「Aからすれば」「Aからすると」の形で、「Aに基づいて考えれば」という意味を表わす。

（2）「Aからして」の形で、「まず何よりAが（／を／に）」といった協調的〔注・「強調的」の誤植〕な意味で使われる。「Aからすると」「Aからすれば」には、こうした用法はない。

用例

（省略）

文法

判断の手掛かりを示す規定句となって、以下に判断内容としての叙述を導く。命令や意志・希望・詠嘆などの言い方は以下には来ない。

ノート

「〜からすれば」には、「その点は、組合派の人たちからすれば異論のあるところだ」のような用法も見られる。この「組合派の人たちからすれば」は「組合派の人たちにすれば」としてもほぼ同義であり、この種の「〜からすれば」は立場・考え方の主体を表す「〜にすれば」の形の一つのバリエーションと考えられる。

（一五〇〜一五一頁・原文横書き）

上記は、もちろん森田・松木（一九八九）やグループ・ジャマシイ（一九九八）の記述をふまえて書かれたものであり、それらをふまえつつも、更にそれまでなかった文法的な事柄についての説明も付け加えられている。もっとも、ごく基本的なことが書かれているだけであり、「〜からして」の表現性を考究するためには、まだまだ記述が深められる必要がある。

また、上記では、（1）の意味説明が①用法の「〜からして」に、（2）の意味説明が②用法の「〜からして」に対応しているが、（2）の意味説明で他を暗に類推させる含みがあるという点についてふれていないことは、不十分であろう。もちろん、既にふれたように、そうした含みがあまり意識されない場合もあると思われるが、その点も含め、更に考えるべきことはいろいろある。

2—4　以上、主な先行記述を見てみたが、「〜からして」の意味の説明についても、立ち入って見てみれば、まだ不十分・不的確なところが目につく。だが、それぞれについておさえるべきポイントは一応はっきりしているように思われる。

しかし、そもそも①用法の「〜からして」と②用法の「〜からして」の関係——それぞれがどのような形式・表現として位置づけられるかという点については、きちんとした考察はなされてこなかった。グループ・ジャマシイ（一九九八）、国研（二〇〇一）では、①用法の「～からして」も②用法の「～からして」も、同じ一つの項目の中で説明されている。辞書・用例集といった形をとる故の一つの便宜的措置かもしれないが、しかし、①用法の「～からして」と②用法の「～からして」を一つの項目に収めて、同一の形式の二つの意味・用法のように位置づける根拠は、実はないと思われる。両用法の「～からして」の関係・位置づけをどう見るか、以下で改めて考えていくことにしたい。

また、①用法の「～からして」及び②用法の「～からして」の表現性（意味・用法）についても、それぞれ考察を深める必要を感じるが、そのためには、これらの「～からして」と類義の形式・関連する形式との比較・検討も有意義であろうと思われる。そして、そうした点を掘り下げていくことが、両用法の「～からして」のそれぞれの位置づけを考えることにつながると思われるのである。

以下、①用法の「～からして」、②用法の「～からして」の順に、それぞれの表現性（意味・用法）を掘り下げて検討し、それを通して、それぞれの「～からして」の位置づけを考えていくことにする。

三、①用法の「～からして」について

3―1　①用法の「～からして」については、既述のような「～からすれば」「～からすると」といった形式との類義性・連続性が指摘されてきた(2)。筆者も、その見方は基本的に妥当だと考える。すなわち、①用法の「～からして」は、「から」＋「する」＋「て」が複合してひとまとまりとなった複合辞であり、「から」＋「する」＋助詞の複合という意味では、「～からすれば」「～からすると」と同様の成り立ちであって、それ故、意味・用法も近いものになっているのだと考えられる。

ただし、「～からして」とは異なり、「～からすれば」「～からすると」には、まだ仮定条件的な意味合いが生きている面があると思われる。例えば、次のような例では、「仮に」のような仮定を表す副詞が「～からすれば」「～からすると」とは共起する。

(16)—a　受益者負担の観点からして（／からすれば／からすると）、彼の要求は受け入れられない。

(16)—b　*仮に受益者負担の観点からして、彼の要求は受け入れられない。

(16)—c　仮に受益者負担の観点からすれば、彼の要求は受け入れられない。

(16)—d　仮に受益者負担の観点からすると、彼の要求は受け入れられない。

つまり、「～からすれば」「～からすると」の構成要素の意味がある程度生きているわけである。とすれば、「～からすれば」「～からすると」は、まだ十分に複合辞に転成し切っていないということかもしれない。そして、こうした違いは、「～からして」と「～からすれば」「～からすると」の微妙な意味・用法の違いを生み出している。

「～からすれば」「～からすると」の用例をいくらか掲げる。

(17)—a　一生のうちに二度も三度も新築を経験することは、世界標準からすれば、異常である。

（大野秀敏「建築学がわかる」）

(18)—a　少なくとも残っている記録からすると、カンチは夜叉だよ。

（小野不由美「黒祠の島」）

(19)—a　それは、「生まれを問うことなかれ、行いを問え」という根本姿勢からすれば、当然である。

（高尾利数「ブッダとは誰か」）

(20)—a　しかも、この母親の年齢からすると、戦後教育の影響はあまり受けておりません。

（笹沢佐保「明日はわが身　人間ならば魂の開発を」）

(21)—a　淀どのの目からすれば、秀頼は十二歳ながら、幼児にひとしい子のままに思えた。

（澤田ふじ子「千姫絵姿」）

（22）—a　生産の効率という点だけからすれば、条件のよい地域に生産を集中したほうが合理的だとも言えるからである。　（生源寺眞一「よくわかる食と農のはなし」）

これらの「〜からすれば」「〜からすると」は、一応いずれも〝判断の根拠（もしくは観点）〟を示すものといえようが、これらを「〜からして」に書き換えてみると、すべてが自然な表現として成り立つわけではない。

（17）—b　一生のうちに二度も三度も新築を経験することは、世界標準からして、異常である。

（18）—b　少なくとも残っている記録からして、カンチは夜叉だよ。

（19）—b　それは、「生まれを問うことなかれ、行いを問え」という根本姿勢からして、当然である。

（20）—b　しかも、この母親の年齢からして、戦後教育の影響はあまり受けておりません。

（21）—b　?淀どのの目からして、秀頼は十二歳ながら、幼児にひとしい子のままに思えた。

（22）—b　*生産の効率という点だけからして、条件のよい地域に生産を集中したほうが合理的だとも言えるからである。

（21）はかなり落ち着きが悪く、（22）は明らかに不自然になる。書き換えが不自然になる理由を考えるうえで、注目すべきは（22）の例である。（22）では、〝判断の根拠〟としてとり上げられた「生産の効率という点」に副助詞「だけ」が付され、暗に他の「点」との対比がなされることで、「生産の効率という点」にしぼって〝判断の根拠〟とすることが、あり得ること（可能性）の一つだとする含みが生じ、その結果、〝仮に一つの可能性として根拠とするなら〟のような仮定的な意味合いが出てくるものと思われる。そうした場合には、仮定条件的な意味のない「〜からして」は使えないのであろう。このことは、「だけ」を削った場合、次のとおり「〜からして」でも十分自然であることからも裏付けられよう。

（22）―c　生産の効率という点からして、条件のよい地域に生産を集中したほうが合理的だとも言えるからである。

対比的な意味合いが感じられることから、一つの可能性をとり上げる仮定的な意味合いが生じるということで言うなら、（21）も同様である。実際、〝人（もしくは、それに準じる者）の目からすれば（／からすると）〟というような言い方は、比較的よく目にするものだが、「～からして」との書き換えは、基本的に不自然である。これも、この言い方が〝（他の人でない）ある人の目（＝見方）〟といった対比的な意味を感じさせることから、一つの見方の可能性という含みを生み、仮定的な意味合いの言い方でないとなじまないからだといえよう。このように、とり上げられる〝判断の根拠〟が、他との対比の中で、一つの可能性としてとり上げられると感じられるような場合は、「～からすれば」「～からすると」でないと不自然である。つまり、そのような含みでの用法も、「～からすれば」「～からすると」は持っているといえる。また、次の例は2―3の国研（二〇〇二）のノートの指摘にもあるような例だが、やはり「～からして」と書き換えられない用法で、パラフレーズするなら「～にとっては」に近いような意味を表すものであろうが、「～からすれば」（また、「～からすると」でも可）には、こうした用法もあった。

（23）　もちろん現実の制度を考えると、日本ではすぐには実現しそうもない学校像である。先生からすれば、絵空事に思うかもしれない。（氏岡真弓「学級崩壊」）

してみると、「～からすれば」「～からして」は、構成要素の意味がある程度生きていることに相応じて、「～からして」に比べて用法は広い。逆に「～からして」は、「～からすれば」「～からすると」と連続性はあるものの、用法は限定され、特段の含みなくもっぱら〝判断の根拠〟を単に挙げるものになっているといえる。

もっとも、もっぱら〝判断の根拠〟を単に示すものであるから、「も」を下接することで他にも根拠があることをうかがわせたり（冒頭の用例（5）も参照）、次のようにそれをいろいろ挙げるというような列記の用法も、「～

からして」では可能である。

(24)　状況からしても、目撃者の証言からしても、その男が犯人に違いない。

「も」の下接やこうした列記の用法は、「～からすれば」「～からすると」では出来ない。「～からして」にも、「～からして」なりの独自性は、もちろん見いだされる。

3―2　ところで、「～からして」や「～からすれば」「～からすると」の意味・用法を〝判断の根拠（もしくは観点）〟を示すという言い方で論じてきた。これらの意味・用法の基本は、このような言い方で説明してよいと思われる。しかし、「～からして」の実際の用例を見てみると、〝判断〟が個別になされるものとはとりにくいような場合にも、こうした言い方が用いられることがある。

(25)―a　ネットの右を向いてかまえる内角打ちでは、ミートポイントが前（想像上のピッチャー寄り）になり、打球は左方向へ。しかし、無理に引っ張るのではなく、十分に腰を回転させて球を捉えれば、バットの角度からして、打球は自然と左方向へ飛ぶ。（仲沢伸一「上達する！バッティング」）

(26)―a　ＬＳＤは麻薬の一種であり、その使用が多くの国の法律で禁じられているようだが、麻薬はその作用からして、神経伝達物質と深い関係を持つので、脳神経系の研究には今後も重要である。（斎藤成也「遺伝子は35億年の夢を見る　バクテリアからヒトの進化まで」）

例えば(25)の場合、話し手（書き手）が「バットの角度」を根拠に判断してどうなるというようなことを言っているわけではない。むしろ、言っているのは、「バットの角度」がそのようだから、必然的に以下のようになるということであろう。(26)も同様であって、「麻薬」は「その作用」を持つのだから、必然的・当然のこととして「神経伝達物質と深い関係を持つ」ことになるということが言われている。つまり、こうした例では、個別の判断などに拠らない物事の必然の帰結といったことが述べられているのである。(3)「Ａからして B」のパタンで言えば、

「A」であることから必然的に「B」ということが帰結するという関係の表現に「〜からして」が用いられている。「A」は確かに「B」となる〝根拠〟〝所以〟ではあろうが、それをふまえてここで判断した結果「B」ということになるというわけではなく、「A」である以上、当然のこととして「B」なのである。これは、①用法の「〜からして」の用法拡張と思われるが、従来指摘されることがなかったようなので、ここでふれておきたい。

そして、こうした「〜からして」も、「〜からすれば」「〜からすると」と、一応同義的に書き換えは可能である。

(25)―b　……。しかし、無理に引っ張るのではなく、十分に腰を回転させて球を捉えれば、バットの角度からすると、打球は自然と左方向へ飛ぶ。

(26)―b　……、麻薬はその作用からすれば、神経伝達物質と深い関係を持つので、脳神経系の研究には今後も重要である。

こうした点でも、「〜からして」と「〜からすれば」「〜からすると」の連続性・類義性は見てとれるといえる。

3―3　以上、本項では①用法の「〜からして」をとり上げ、「〜からすれば」「〜からすると」との類義性から考えても、これらと同様、これが動詞「する」を核として複合した形式であることを論じ、しかしまた、「〜からすれば」「〜からすると」では、構成要素の意味がある程度生きていることと相応じて用法に広がりがあるのに対し、「〜からして」は特段の含みなく単に〝判断の根拠（もしくは観点）〟を示す、用法のより限定された複合辞になっているものと考えられることを述べた。また、①用法の「〜からして」は、基本的に〝判断の根拠（もしくは観点）〟を示すものといえようが、個別の判断に拠らない物事の必然の帰結といったような関係を表す用法も見られること、このような用法は「〜からすれば」「〜からすると」にも認められることを指摘した。

次に、項を改めて、②用法の「〜からして」について検討していく。

四、②用法の「〜からして」について

4—1　②用法の「〜からして」は、ある事物を「まず第一に」といった意味合いでいわばとり立てて問題にするものであり、また、〝それでさえそうなのだから、まして他のものは言うまでもない〟といった含みを表すなどと説明されるように、他を暗に意識させ類推させる言い方である。その意味では、副助詞（とりたて詞）的な形式と考えられるが、実際、その文法的・意味的な働き方には、副助詞と同様なところが見られる。

例えば、副助詞はしばしば格助詞「が」「を」及び「に」をいわば背後に隠す形で用いられる。つまり、「だけ」を例にすれば、次のとおりである。

(27)—a　今日は中野だけ欠席だ。（＜中野ガ欠席ダ）

(28)—a　答えだけ教えて、自分で採点させた。（＜答エヲ教エテ、…）

(29)—a　時間がなかったので、ＴＤＬだけ行ってきた。（＜…、ＴＤＬニ行ッテキタ）

こうした形での使い方は、「は」にも見られるもので、三上章は「代行」と呼んでいるが、「代行」は②用法の「〜からして」でも可能である。

(9)—a　ものの言い方からして、気にくわない。（＜モノノ言イ方ガ、気ニクワナイ）

(30)　先生は、そのような経緯からして、既にちゃんと知っていた。（＜ソノヨウナ経緯ヲ、既ニチャント知ッテイタ）

(31)　スカイツリーがどうこうと言ったって、私は東京からしてあまり行ったことがないんだ。（＜東京ニアマリ行ッタコトガナインダ）

このような形で使える点では、②用法の「〜からして」は、確かに副助詞的だといえる。

もっとも、副助詞は格助詞に前接する形で用いることもできる。また、「が」「を」以外に対してなら後接させることもできる。

(27)—b　今日は中野だけが欠席だ。

(28)—b　答えだけを教えて、自分で採点させた。

(29)—b　時間がなかったので、TDLだけに行ってきた。

(29)—c　時間がなかったので、TDLにだけ行ってきた。

しかし、「〜からして」では、このような使い方はできない。その点では、「〜からして」は副助詞と同様に使われるとは言えない。ただし、格助詞「が」に対してなら、「〜からして」が前接する例が見られる。

(32)　いったいそんな言いがかりを言うような所へ周旋する君からしてが不埒だ。（夏目漱石「坊っちゃん」）

これは少し古い例であるが、今日例えば次のような言い方はあり得るものと思われる。

(9)—b　ものの言い方からしてが、気にくわない。

「が」に対してなら前接することがあり得るのであれば、こうした点でも②用法の「〜からして」は副助詞的な性格をある程度持っていることがうかがわれよう。

4—2　今一つ、次のようなことにも注目しておきたい。

(33)　我々の軍勢は、そもそも数からして少数だ。とても勝ち目はない。

この例では、「数からして少数」とあるが、この場合、〝まず数が少数なのだから、まして他のものは言うまでもなく少数だ〟などということを言っているとは解せない。むしろ、これはいわゆる「とりたて詞の『後方移動スコープ』[4]」にあたる事例と考えられる。例えば、

(34)—a　お茶だけ飲んで、そこで別れた。

のような例で「お茶だけ飲んで」は、〝お茶を飲んでそれ以外のものは飲まなかった〟といったことを言っているわけではなく、むしろ〝お茶を飲むことだけして、それ以外はしなかった〟というような、事柄を暗に対比していう意味の言い方と解せられる。つまり、（34）―aは（34）―bのように言うのと同じであり、本来とりたて詞（副助詞）の働く作用域（スコープ）が前接部分であるのなら、むしろbの方が本来の形といえようが、aではとりたて詞から見るとその作用域が後方にまで広がったものになっているわけである。

（34）―b　お茶を飲んだだけで、そこで別れた。

このことと同様のことが、（33）についても考えられると思われる。すなわち、「数からして少数だ」は、「数」をとり上げて他と対比するわけではなく、むしろ〝数が少数だ〟ということをとり上げ、〝まず何より、数が少数なのだから、まして他の条件（事柄）がよくないことは言うまでもない〟といったことを類推させる言い方であろう。もちろん、「〜からして」を「数が少数だ」という部分に後接させる言い方はできないが、文中にある「〜からして」が文の表す事柄内容全体をとり上げて、他と暗に対比し類推させるように働いている点では、「後方移動スコープ」などということと同じ表現だといえる。

こうした表現ができる点でも、「〜からして」②は、副助詞（とりたて詞）的な表現性をもった形式だといえる。

4―3　さて、②用法の「〜からして」は、「『まず何より〜が（／を／に）』といった強調的な意味で使われる」（国研（二〇〇二））などとも説明されているが、「〜からして」②を用いて事柄を描くにあたっては、批判とか驚き、問題視する気持ちなど、いわば〝通り一遍のことでない〟と感じるような情意がついて回るようである。上記に「強調的な意味」と殊更言っているのも、そういった情意があることに言及したかったものと思える。

端的な例を一例挙げておく。次の例は、熱烈な怪獣愛好者の著書『怪獣の謎』に揶揄を交えて言及したものである。

(35)　第一章のタイトルからして、「怪獣と人間生活」だ。別に怪獣オタクのライフスタイルを懸念しているわけではなく、UMA研究者たちを礼賛しているのだ。（天野ミチヒロ「世界UMA―未確認生物―探検記」）

第一章のタイトルが「怪獣と人間生活」であることが、そもそも通り一遍のことではなく、とてもついていけないといった呆れた気持ちが、この「〜からして」からうかがえるといえよう。

従って、「まず第一に〜」といったことを言うにしても〝通り一遍でない〟と感じる情意が生じないような場合は、「〜からして」の使用は不自然になる。

(36)―a　?試験が始まったが、問題は第一問からして解けた。

(36)―b　試験が始まったが、問題は第一問からして解けなかった。

bのように「問題」が「第一問がまず解けなかった（他も解けなかった）」というのでは、全問不正解であって、通り一遍でない、とても困ったことである。こうした場合、「〜からして」の使用は自然である。しかし、aのように「問題」が「第一問がまず解けた（他も解けた）」というのは、まあ結構なことではあるが、それだけでは何ということもないことである。こうした場合、「〜からして」の使用はかなり不自然である。もっとも、aのような例も、次のように、それが〝通り一遍でない〟ことだと感じられる文脈があれば、ずっと自然になる（a自体が可と判定する人は、暗にこうした文意を読み込んでいるのだろう）。

(36)―c　試験が始まった。かなりの難問揃いだと聞いていたが、問題は第一問からして解けた。

「〜からして」の表現性を考えるうえで、こうした情意がついて回るという点についても注意しておく必要がある。

4―4　先に述べたとおり、「〜からして」は、副助詞（とりたて詞）的な形式であり、その表現性の一つのポイントは、何らかの事物をとり上げて、それがそのようであるのだから、他は言うまでもないと類推させる点にあった。「AからしてB」のパタンで言えば、「まずAがBである」ということを述べ、〝ましてその他は言うまでもなくBである〟ということを類推させる言い方だといえる。以下、この点について今少し掘り下げて考えてみたい。

「からして」という形式は、「から」がもともと起点を表すものであるから、「〜からして」で何らかの事物をとり上げて、それを起点とする一連の系列を考えさせることで、他を類推させる言い方となっているものと考えられる。そして、「〜からして」でとり上げられる事物は、起点、つまり初めの段階にあるものであるから、類推される〝その他〟より問題になる度合・いろいろな意味でのレベルの低いものであることが多い。例えば、冒頭の例を再掲すると、

(9) ものの言い方からして、気にくわない。

(10) なるほど、女性がターゲットの店は、盛り付けからして違うのだ。

(9)の場合は、「ものの言い方」という大したことでないようなことが既に「気にくわない」のであり、まして他のより重要なこと（人柄・行動等）は言うまでもなく「気にくわない」というようなことを言っていると解せるし、(10)では、「盛り付け」というような、料理では一応本質的でないことが既に他と「違う」と述べ、まして他のより重要なこと・本質的なこと（つまりは、味）は他店と「違う」はずだとの期待をうかがわせているといえる。

しかし、「〜からして」の使われ方を見ていくと、「〜からして」でとり上げられる事物が、問題となる度合・いろいろな意味でのレベルにおいて低いとは言えないような場合も、実際にある。

(37) そんな難しいことからして、彼はちゃんと知っている。まして、当たり前のことなど何でも知っている。

(38) 課長からして事態を把握していないのだからヒラの社員によくわからないのも無理はない。

（グループ・ジャマシイ（一九九八）の【からして】の項の1の用例（2））

(37)では、「そんな難しいこと」という難易度のレベルの高いことが「〜からして」でとり上げられ、それを

「知っている」のだから、ましてそれよりレベルの低い「当たり前のこと」は「何でも知っている」と類推・対比して述べられている。(38)では、「課長」という（おそらく当該事態の当事者として）問題になる度合の高い者が「〜からして」でとり上げられ、まずその者が「事態を把握していない」のだから、それより問題になる度合の低い「ヒラの社員に」は「よくわからない」のだということが類推・対比されて述べられている。つまり、こうした例では、「〜からして」でとり上げられる事物のレベルの高低と類推の方向性が、先の例とは逆になっているのである。

こうした表現が成り立つのは、次のような経緯によるものと考えられる。「〜からして」で何らかの事物をとり上げると、それに連なる一連の系列が意識されるとともに、それは起点としてとらえられるが、起点であることは、始めの段階、つまりレベル低と意識されるとは限らない。むしろ、起点であることが第一番にあるもの、つまり（何らかの）レベルの高いものととられることも十分あり得ることである。それ故、問題となる度合・（いろいろな意味での）レベルの高いものを「〜からして」でとり上げて、それがあるあり様であるなら、それに連なる他の、より問題となる度合・レベルの低いことは言うまでもなく同様であるとの類推が働く表現が成り立ち得る。それが(37)(38)のような例だといえよう。

以上、「〜からして」でとり上げられ、そこから他のことが類推されることになる事物は、問題になる度合・（いろいろな意味での）レベルにおいて、低いととられるものも、また高いととられるものも、両様ある。それに応じて、類推の働き方もまた逆方向になるわけである。

このことをふまえて、ここで第二項で見た先行記述をふり返ってみると、森田・松木（一九八九）では、「〜からして」でとり上げられるものを「普通はまず問題にならない」ものとしていたが、これはもっぱら「〜からして」でとり上げられるものが問題となる度合・レベル低の場合にのみ注目していたわけである。一方、グループ・

ジャマシイ（一九九八）では、「〜からして」でとり上げられるのが「典型的な例」「極端な例」だとしている。「〜からして」が「典型的な例」をとり上げるというのは、例えば次のような例の場合であろう。

(39)　そういう商談の進め方からして、いかにも近江商人らしい。

「典型的」とは、それらしい特徴を最もよく備えているあり様をいう。(39)の例で言えば、「そういう商談の進め方」に何より「近江商人らしい」特徴が出ているということである。つまり、「典型的」とは、それらしさが最も高いというべきあり様なのであり、グループ・ジャマシイ（一九九八）が「〜からして」でとり上げられるのは「典型的な例」だとしたのは、結局「〜からして」でレベル高の事物がとり上げられる場合の一部にのみ注目した記述であったといえる。一方、「極端な例」というのは、やはり問題になる度合・レベルの低いものをとり上げる用法に言及しようとしたものかと思えるが、既述のとおり用語として必ずしも的確でなかった。

こうした先行記述の指摘は、既に**2—2**でふれたが、一部矛盾するようにさえ見える。しかし、「〜からして」がとり上げる事物に、原理的にレベル低のものとレベル高のものの両様があり得ることをおさえれば、それぞれの記述がおさえようとしたことが理解できるように思える。

4—5　以上に、「〜からして」には、「から」の起点の意味から、〝第一番に〟というような意義づけで、問題となる度合の高いものをとり上げる言い方があることを見たが、このことは、更に次のようなことにもつながってくる。

(40)　アメリカへ行くったって、第一、君は英語からして話せないじゃないか。無茶言うもんじゃないよ。

(40)の例では、「〜からして」が用いられてはいるが、「英語」もしくは「英語が話せない」ことから、更に何かが〝言うまでもない〟こととして類推されるわけではない。むしろ、この「英語からして話せないじゃないか」は、「何よりも英語が話せないじゃないか」に近く、もっぱら一番問題になることを指摘した表現と解せられる。

「〜からして」に、「から」の起点の意味から、〝第一番に〟という意味合いが出てくることは先に見たとおりだが、(5)こうした例では、その意味合いが中心になって、もはや他への類推は働かず、もっぱら〝一番問題になること〟を問題にするだけの表現になっているわけである。

②用法の「〜からして」に連続するものとして、このような、〝まして他は言うまでもない〟といった類推が働かない用法の「〜からして」があることも、ここで併せて指摘しておきたい。

4―6　最後に、②用法の「〜からして」の形式としての成り立ちについてふれておく。**2―1**で見たとおり、既に森田・松木（一九八九）でも、「から」に「語調を整えて強調する『して』」が添えられたものという趣旨の説明(6)がなされていたが、そうした見方は妥当と思われる。

そもそも、こうした特段の意味を添えない、一種の整調とでもいうべき「して」は、何故か「から」となじみがよいようで、次のように接続助詞「から」に添えられる例は、しばしば目にするものである。

(41)　贈与で成り立つてゐる日本の政治であるからして［＝あるから］、新日報社への土地の贈与を認めるべしとおつしやつてゐる。　（丸谷才一「女ざかり」）

(42)　かく言うぼくも、そういうバカな幼児性を持て余している男性の一人であるからして［＝あるから］、当然、実弾射撃の看板を前にして、好奇心にかられた。　（原田宗典「日常ええかい話」）

以上のような言い方は、もったいぶった印象が生じるが、右のとおり現代作家も用いており、今日でもまだ生きている言い方といえる。また、次のように、助詞ではなく副詞の語末の「…から」に「して」が添えられた形さえ見られる。

(43)　遠征軍にはおのずからして、吉野方面軍と赤坂方面軍の間に対抗意識が生じている。　（森村誠一「太平記（上）」）

以上のとおり、今日でも、こうした「して」は「から」という語形となじみがよい。そして何より、例えば1にあげた（9）の「ものの言い方からして、気にくわない」は、「ものの言い方から、気にくわない」としてもほぼ同義的文として成り立つ。このように、格助詞「から」と「からして」という形式の間に一応連続性が見てとれることから考えても、ここで問題にしてきた「〜からして」という形式は、格助詞「から」に、特に意味が感じられない整調の「して」が添えられて成立しているものと考えてよさそうである。

しかし、こうした「〜からして」が、特に意味のない「して」が「から」に添えられたものであるから、意味・用法において「から」と同じだなどということは、当たらない。そもそも②用法の「〜からして」を「〜から」と書き換えて、常に文が自然に成り立つとは限らない。(7) むしろ、不自然になるのがふつうである。試みに、何例か掲げてみると、

（10）―a　なるほど、女性がターゲットの店は、盛り付けからして違うのだ。

（10）―b　なるほど、女性がターゲットの店は、盛り付けから違うのだ。

（13）―a　純粋さを保ちながらの試験だから、服装からして普通の恰好では入ることができない。

（13）―b　*純粋さを保ちながらの試験だから、服装から普通の恰好では入ることができない。

（15）―a　乗車券代からして大した金額じゃない。

（15）―b　*乗車券代から大した金額じゃない。

（44）―a　建国から八百年以上も過ぎ、自然の流れにも似た消耗と権力闘争による消耗の両方によって、ローマの名門貴族は数からして減少する一方だった。

（塩野七生「危機と克服（上）」）

（44）―b　*……、ローマの名門貴族は数から減少する一方だった。

右の（10）―aはbのように「〜からして」を「〜から」に書き換えても同義的に成り立つが、（13）（15）（44）で

はそのような書き換えはできない。このように、「～からして」が「～から」と重なる部分はむしろ大きくない。その意味で、森田・松木（一九八九）が「意味的には格助詞『から』と大差はない」とするのは、正しくない。むしろ、事実に即していうなら、②用法の「～からして」は、この形でひとまとまりの複合辞となり、それによって用法を広げて、独自の表現性（意味・用法）をもつものとなっているというべきだろう。

五、結　び

5　この節では、「～からして」という形式をとり上げ、これが大きく二つの用法をもつことから、①用法の「～からして」と②用法の「～からして」というように分けて、それぞれについて検討してみた。以上の検討を通して、それぞれの用法の「～からして」について、その表現の特質に関する記述をいくらかでも深めることができたかと思う。そして、以上の検討から、二つの用法の「～からして」は、用法のつながりや成り立ちから考えて、一つの形式として扱うべきものではなく、同形異形式の別々の複合辞とすべきものであろうと考える。

【第11節・注】

（1）　また、「～からして」が「時間的・空間的起点」を表すというのも妥当ではないと思われる。「今日は一時半からして試験だ」というような言い方は、いかにもおかしいだろう。時間的・空間的起点を表す格助詞「から」に整調の「して」が添えられた形が出てくることはないとは言えないが、「～からして」という形式が一般に「時間的・空間的起点」を表すとすることは当たらない。

（2）　「～からすれば」と「～からすると」についても、あるいは微妙な意味・用法の相違があるかもしれないが、ここではその点には立ち入らず、一応同義の形式と考えておく。また、「～からしたら」のような形式もあるが、これも同義の形式と考え、特にとり上げることはしない。

（3）言い方を換えれば、こうした例では、事物・世界についての知識が表明されているといってもよかろう。

（4）「後方移動スコープ」に関しては、沼田（一九八六）一四七頁以下参照。

（5）ちなみに、森田・松木（一九八九）で「からして」を「起点のみを取り出す表現」としたことも、あるいは〝第一番に〟といったニュアンスが出てくることをおさえようとしたものかとも思える。そして、（40）や、「あいつ、ものの言い方からして生意気だ」のような表現が「あいつ、何よりものの言い方が生意気だ」のような意味で言われた場合は、これらが「起点のみを取り出す」ような「～からして」の用法だと言えなくもない。

（6）もっとも、こうした指摘は森田・松木（一九八九）の独自の見解ではなく、例えば松村（編）（一九七一）のような辞典類にも既に見られ、森田・松木（一九八九）は、そうした先行の記述をふまえたものと見られる。
なお、古典語にかかわるそうした辞典類の記述を見ると、この節の②用法の「～からして」にもつながるかと思えるような言い方は古くからあることが指摘されており、このあたり、歴史的な事実の確認・検証が必要と感じられる。

（7）②用法の「～からして」を「～から」に書き換えても不自然でないのは、せいぜい「違う」「同じだ」といった異同や、「けしからん」「立派だ」といった簡潔な所感を述べる述語の場合くらいかと思われる。

12.「～に至っては」

～大根も白菜も値上がったし、ほうれん草に至っては通常の倍の値段だ～

一、はじめに

1―1　この節では、次のような「～に至っては」という形式をとり上げて、その意味・用法や、関連する形式との関係から見た位置づけについて検討する。

（1）また、ハイテク製品への需要が急増していることで、［藤田注・レアメタルの］価格が高騰しているのも問題だ。経済産業省によると、03年以降の三年間で、タングステンやバナジウムは約四倍、モリブデンは六倍、インジウムに至っては十倍近くまで高騰した。（毎日新聞、朝、二〇〇六、六、二五）

（2）ともに課題に挙げられるのが盗塁阻止率。昨シーズン、パの正捕手レベルで三割を切ったのは日本ハムの高橋と細川だけ。野田にいたっては二割も下回った。（毎日、朝、二〇〇五、二、二一）

（3）それまで日本の有識者の間で、世界最強の国といえば、ロシアだと思われていた。英仏はオランダと同様、商人の国であり、ドイツ、オーストリアにいたっては、たかだか欧州内で覇を競う国に過ぎない。（泉三郎「堂々たる日本人」）

（4）ニレンバーグが研究を始めたころ、タンパク質の生産過程はおぼろげにしか解明されておらず、メッセンジャーRNAにいたってはまったく知られていなかった。（ラリー・トンプソン（清水信義訳）「遺伝子治療革命」）

（5）少年時代から算勘の塾には熱心に通ったが、武術の方にはあまり興味がなかった。槍や弓は何度か持ったという程度だし、鉄砲や馬に至っては全く触ったこともない。（堺屋太一「峠の群像」）

「〜に至っては」は、この形でひとまとまりのものとなっており、「は」をはずした形をとることはできない。

（1）—a　……、インジウムに至っては十倍近くまで高騰した。

→*……、インジウムに至って十倍近くまで高騰した。

（2）—a　野田にいたっては二割も下回った。

→*野田にいたって二割も下回った。

「至って」には主語もとれず、（6）のような動詞用法と比べて明らかなように、

（6）光圀主従は、笠間を経て、ようやく小山に至った。

「至る」という動詞の原義（到着スル）も稀薄になって、〃前に示したものよりももっと極端な例を示す〃といった表現性をもった複合辞となっていると見られる。

1—2　通常の（単一の）格助詞に「は」を下接した形の例では、「は」を除いても、基本的に不自然にはならない。

（7）東京には二回行った。

→東京に二回行った。

（8）ホールではレセプションがある。

→ホールでレセプションがある。

（9）研究所からは山崎さんが来た。

→研究所から山崎さんが来た。

「は」はとりたてのために付加されるが、「は」を除いても述部との関係は基本的に成り立つ。「は」の付加された形が、もとの格助詞と全く異なる関係を表すものになるわけではない。(1)

複合辞（複合格助詞とされるもの）の場合、「は」を下接した形の例で(2)「は」を除いても、多くの場合、不自然にはならない。

(10)　新規の請求に対しては、追加の予算措置をする。

→　新規の請求に対して、追加の予算措置をする。

(11)　矢島氏は、この分野においては第一人者だ。

→　矢島氏は、この分野において第一人者だ。

(12)　アイヌ語については、私はよく知らない。

→　アイヌ語について、私はよく知らない。

しかし、複合辞の場合、「は」が下接した形で、「は」を除くと不自然で表現として成り立たなくなるような例も見られる。

(13)　下半期の九条ネギの出荷については、三十トンにのぼった。

→　*下半期の九条ネギの出荷について、三十トンにのぼった。

(14)　相手方の要求に対しては、ケース・バイ・ケースだ。

→　*相手方の要求に対して、ケース・バイ・ケースだ。

(15)　この件をめぐっては、処置なしだ。

→　*この件をめぐって、処置なしだ。

こうした例では、複合辞に「は」が下接した形が、複合辞のみでは構成できない関係を構成するものになっていると見られる。しかし、このような表現は、一種の〝飛躍〟から出てくるものと考えられ、その意味では、もとの複合辞の関係構成とのつながりをたどることはできると思われる。

例えば（14）で言えば、これは、次のaのような「ドウスルカトイウト」といった表現内容が端折られて生じた言い方と考えられる。

（14）—a　相手方の要求に対しては、ドウスルカトイウト、ケース・バイ・ケースだ。

（14）—b　相手方の要求に対しては、どうするか。

⟶　相手方の要求に対して、どうするか。

bのとおり、「どうするか」という述部に対しては、「〜に対しては」も「は」を除いた「〜に対して」も、自然に結びつく。そうした本来結びつくはずの述部が端折られて、話が一歩先に進んだ言い方になり、「は」を伴った主題的な形でなければ述部と自然に関係を結べなくなったのが、（14）のような言い方であろう。（13）（15）も同様と思われる。(3)

このように、複合辞に「は」が下接してそれを除くと不自然になる表現も、その複合辞の「は」を伴わない単独の形での用法との関係は比較的容易に見てとれるのがふつうである。しかし、この節でとり上げる「〜に至っては」の場合、「は」を伴うこの形の表現は、先に見たとおり「は」を除くと表現として成り立たなくなるものであり、しかも、「〜に至っては」は、この形で極めて特徴的な表現性（意味）を持つものであって、「は」を伴わない「〜に至って」のような形式との連続性は必ずしも容易にはたどりにくい。

「〜に至って」も、ある程度複合辞的な形式とはいえるが、これは次のように、もっぱら時や段階、時間的順序のあるもの・事柄を表す名詞や節を承けて用いられ、ほぼ「〜になって」（(19)は「〜ことになって」くらい）に言い換えられるような〝時・事態の（当該のものへの）推移〟を表す言い方である。

（16）主としてこの「統治」の概念が曖昧なため、明治政権は昭和二十年八月に至つて瓦解したと言つても過言ではなかろう。（丸谷才一「文章読本」）
（17）しかしどうして日本人は、中世期に至ってほぼ全国的にこのような特徴を見せるようになったのだろうか。（中橋孝博「日本人の起源」）
（18）『日本書紀』にも『古事記』にも猫の記述は見られない。平安初期に生まれた仏教説話集『日本霊異記』に至って初めて、猫らしき動物について書き記されることになる。（田中貴子「鈴の音が聞こえる」）
（19）しかし、しかしである。この中村先生が極め付きの酒徒なのだ。この現実を確認するに至って、私の憂悶は一気に吹き飛んだ。（矢沢永一「時代の手帖」）

こうした形式と、〝極端な例を示す〟というような特徴的な表現性を持つ「〜に至っては」がどのような関係になっているのかについては、いささか考えてみる必要がありそうである。

1―3　以上のような問題意識から、この節では、複合辞「〜に至っては」をとり上げて、「〜に至って」などとのかかわりから、これがどのように位置づけられるのかを考えてみたい。しかし、その前に、そもそもこの「〜に至っては」の意味・用法についての記述自体が十分に行われているとも思えないので、まず、「〜に至っては」の意味・用法について確認し、それからこの複合辞の、関連する形式との関係から見た位置づけについて考えることにする。

二、「〜に至っては」の意味・用法

2―1　複合辞「〜に至っては」をとり上げて論じた論文はないようで、複合辞を広くとり上げて包括的に記述した森田・松木（一九八九）、グループ・ジャマシイ（一九九八）、国研（二〇〇一）にいくらか記述が見られる程度である。以下、まずそれらの記述を概観しておく。

最初に森田・松木（一九八九）だが、同書では、複合辞「～に至っては」は、「係助詞の働きをするもの」のうちの「主題化を示す」形式の一つとしてとり上げられており、「～に至ると」と一括して立項されている。しかし、「～に至っては」と「～に至ると」はかなり表現性が異なり、少なくとも「～に至ると」に〝極端な例〟をとり上げるといった意味は明確に出ない。このような括り方をした点で、大切なところがややあいまいになってしまっている嫌いがあるように感じられる。

5 に至ると／に至っては

ある事物を題目として取り立てる機能を果たす。特徴的なのは、動詞「至る」の原義通り、段階的に事物をとらえながら、最終的にある段階・状況・地点に到達したという意識があることである。その点で、「となると」などとも近いが、こちらのほうが段階性・終着性の意識が強い。

○（略・「に至ると」の用例）

○「哲学でも宗教でも、その本尊は知らぬことその末代の末流に至ってはことごとくそうです。」（牛）

○孫にいたってはもうおばあさんも年を取っていなさったから、よほどお手柔らかなお取扱をいただいたわけである。（み）

（森田・松木（一九八九）五四～五五頁）

右に見るとおり、こうした形式について、「動詞『至る』の原義通り」に、①段階的に事物をとらえ、②最終的に到達したという意識がある、といった意味的特徴を指摘し、また、類義の形式として複合辞「～となると」にも言及がなされている。

次にグループ・ジャマシイ（一九九八）では、「～に至っては」は【にいたる】の項の4としてとり上げられている。

４　Ｎにいたっては

(1)父も母も私の転職に大反対し、姉にいたっては、そんなことより早く結婚しろと言い出す始末だった。

(2)首相が代わってからというもの、住宅問題も教育問題も手付かずで、軍事面にいたっては予算が増加する一方である。

(3)不登校の生徒に対して、どの教師も何の対応もしようとせず、教頭にいたってはどこかよその学校に転校してもらえたらなどと言う始末である。

(4)ことここにいたっては、家庭裁判所に仲裁を頼むしかないのではないだろうか。

マイナスの評価のことがらがいくつかあり、その中でも極端な事例を述べるのに使う。(4)の「ことここにいたっては」は「ここまで問題が深刻になったら」という意味の慣用句。

（グループ・ジャマシイ（一九九八）四二六頁・原文横書き）

右のとおり、これも簡潔な記述ながら、③マイナス評価の事柄を問題とし、④その中でも極端な事例を述べる、といった意味的特徴を指摘している。

三つ目に国研（二〇〇二）であるが、森田・松木（一九八九）やグループ・ジャマシイ（一九九八）に比べて基本的な文法的記述が加えられていることが特徴的であり、特に「～に至っては」がスル形（つまり節）を承けるという指摘は、これが最初である。

◇Ａ49　～に至っては

接続

名詞に付く。動詞のスル形に付く。

意味・用法

「Aに至っては」の形で、話題になっている一連の事柄の中から、特に注目される・問題となる事柄Aを取り上げて、以下にどのような点で注目される・問題になるかを述べる表現。

用例

(1)〜(7)・省略

(8)いままでの民主党にしろ、自由党にしろ、ずいぶん立派な党名であると思うのに、その党名にふさわしい政治を行ってくれなかった人たちが、反省する色もなく離合集散し、新しい党名で出直そうとするなどはもってのほかだと思うのに、党名を公募するというにいたっては、新党の底意も知れるようである。

（朝日新聞、一九九四、一一、一三）

文法

(8)のように、動詞のスル形に付く場合もある。連体修飾の形は用いられない。「にいたりましては」という丁寧の形は、有り得るが、あまり用いられないと思われる。「にいたっては」の後には、どうであるかの事実描写が述べられるのであり、疑問や命令・意志の表現はとれない。

ノート

1.「に至っては」は、一連のものから一つをとりあげて主題とする言い方であり、一連のものが示される文脈がなければ、用いにくい。「事故の発生件数は最近、増え続ける一方だ。」とは言えても、「事故の発生件数に至っては、最近、増え続ける一方だ。」と単に言うのは不自然になる。

2．関連して、「事ここに至っては」のような言い方があるが、進退窮まって何ともしようのない場面に至ったことをいうもので、これだけで一まとまりの慣用句と扱うべきであろう。（以下略）

（国研（二〇〇一）一一一〜一一二頁・原文横書き）

「意味・用法」の項の記述は、「一連の事柄」ということで、〝段階的にとらえる〟という点をおさえ、「特に注目される・問題となる」ということで、〝極端〟という点をおさえようとしたものだが、今見直してみると、そうした用語が必ずしも適切とは言えないように思える。少なくとも、段階的に意識されることの一方の極という意味で〝極端〟ということになるという点をはっきりさせるような書き方にすべきであろう。一方、「文法」の項の基本的な記述は現在でも有効と思われる。

さて、先行記述を以上のとおり概観してみると、「～に至っては」については、

①　段階的に物事をとらえる。

②　最終的に到達したという意識。

③　マイナス評価の事柄を問題にする。

④　極端な事柄を述べる。

といった意味的特徴が指摘されていることが知られる。これが現在の「～に至っては」の表現性（意味）としておよそ理解されているところであろう。しかし、これで本当に妥当か、以下にいささか検討しておきたい。

また、「～に至っては」は、名詞を承ける例ばかりが注目され[(4)]、もっぱら提題の係助詞のように考える記述もあるが、節を承ける場合もあることが指摘されており、この点は、「～に至っては」の位置づけにあたって大切なことと思われる。このことについては、第三項でとり上げたい。

2—2　上記③のとおり、「～に至っては」は、しばしばマイナス評価の物事をとり上げる言い方と考えられてきた。しかし、「～に至っては」で問題にされるのは、必ずしもマイナス評価の事柄とは限らない。

(20)　キャビアと貝柱の和え物も絶妙なコンビネーションで味覚を刺激する。オリーブオイルに浸した蟹のビネガー・ソースに至っては、一瞬この世に生きる悩みのすべてを忘却してしまうほどの美味だった。

（21）　毎日ひっきりなしに電話がかかってくるし、女性社員はきびきびと働き、社長のかえでにいたっては全国を飛びまわっている。
（松岡圭佑「千里眼のマジシャン少女」）

（22）　それでも三度も―しかも、内二回は彼女は我が身を挺してまで自分を庇ってくれたのであり、三度目に至っては正真正銘命を救ってくれたのだ。
（永井路子「茜さす」）

（20）の「蟹のビネガーソース」が「一瞬この世に生きる悩みのすべてを忘却してしまうほどの美味だった」ことは羨しいようなよいことであり、（21）の「社長のかえで」が「全国を飛びまわっている」ことは商売繁盛で結構なことであり、（22）の彼女が「三度目」は「命を救ってくれた」ということは有り難い立派な行いである。このように、プラス評価されるような事柄を述べる場合も、「〜に至っては」は用いられる。
（前田珠子「神威抱く者」）

そして、次の（23）のような例で考えてみると、abは自然な言い方であるが、cは不自然になる。

（23）―a　……、A社に至っては、利益が半減した。
（23）―b　……、A社に至っては、利益が倍増した。
（23）―c＊……、A社に至っては、利益が少し増えた。

aの「半減した」ことは、マイナス評価されることであって極端なことといえる。また、bの「倍増した」ことは、プラス評価されることであって並々ならぬことである。こうした場合、「〜に至っては」を用いても不自然ではない。しかし、cの「少し増えた」ことは、プラス評価はされるが、極端なこととはいえない。この場合には、「〜に至っては」の使用は不自然である。

このことからも了解されるように、「〜に至っては」は、プラス評価・マイナス評価を問わず、極端な・並々ならぬ事柄を述べる場合に用いられるものといえる。従って、④の「極端な事柄を述べる」という意味的特徴が、

「〜に至っては」の表現性の一つの本質であると見られる。

ちなみに、複合辞「〜ときたら」なども、次のａのようにマイナス評価の内容を導くとしばしば言われるが、ｂのような例も実際に見られるので必ずしもそうとは限らない。むしろこれも、並々ならないという気持ちで事柄をとり上げる言い方と考えられる。(5)

(24)—ａ　あいつときたら、けしからん奴だ。

(24)—ｂ　オツベルときたら大したもんだ。（宮沢賢治「オツベルと象」）

いろいろな複合辞について、〝マイナス評価の内容を問題にする〟といった記述がしばしばなされるが、実際のところはそれでよいのか、見直してみる必要のある部分もあろう。

2—3　上記の①②のように、「〜に至っては」は、「原義」をふまえ、物事を段階的にとらえて、最終的にある段階（＝極端な段階）に到達したという意識が働く言い方とされる。確かに、「〜に至っては」と近いとされる「〜となると」と比べると、「〜となると」は次のａのように重ねて使うことができるが、ｂのように「〜に至っては」を重ねて使うのは不自然に感じられる。

(25)—ａ　ハイドンではまだ古典派というべきだが、ベートーヴェンとなるとロマン的傾向が後期に目に見えて強まり、シューマンとなると紛れもないロマン派の作風だ。

(25)—ｂ　?ハイドンではまだ古典派というべきだが、ベートーヴェンに至ってはロマン的傾向が後期に目に見えて強まり、シューマンに至っては紛れもないロマン派の作風だ。

(25)—ｃ　ハイドンではまだ古典派というべきだが、ベートーヴェンとなるとロマン的傾向が後期に目に見えて強まり、シューマンに至っては紛れもないロマン派の作風だ。

「〜に至っては」は、それが話の行きつくところでその先はさしあたり念頭にない言い方といえるだろう。

ただし、必ずしも順次段階を追ってたどるといった意識は感じられず、問題となるものの中で他とはレベルの違う極端なものを単にとり上げるというような使い方も見られる。

(26)　三人ともやる気まんまんで、茜に至っては身支度している。

(27)　一見してわかるのは、ヨーロッパの国々における携帯の普及率が非常に高いことだ。フィンランド、スウェーデンにいたっては七十％を超えている。

(『週刊ダイヤモンド』二〇〇一年四月二一日号)

つまり、段階的といっても、必ずしもステップ・バイ・ステップでレベルの違うものをいくつもたどっていくような意識であるとは限らない。極端な段階（レベル）に注目するだけというような場合もあるわけである。

2—4　以上をふまえていったん整理すると、「〜に至っては」の表現性は、まず基本的に次のようにおさえておいてよいだろう。

問題となるいくつかの事柄を、それらが問題になる観点に沿ってレベルの違う順にたどって考えたり、単にその観点で見てみて、それらのうち極端だととらえられる事柄をとり上げる言い方。

2—5　更に、「〜至っては」の意味・用法については、次のことを確認しておく必要がある。

まず、「〜に至っては」を用いた場合、とり上げられる〝極端な事柄〟についての何らかの批評的な気持ちが加わってくる。それは、次のようにそれが言語化されることからも了解できよう。

(28)　老舗の蕎麦屋ということだったが、サービスは悪く、味に至ってはカップ麺の方がまだましだとは、情けないものだ。

(29)　北方三島のディーゼル発電設備工事の入札問題で、東京地検特捜部の家宅捜査に至っては、取り調べの当日に社長が別件で不在であったというのだから開いた口がふさがらない。

(寺垣武「智恵」)

言語化の有無にかかわらず「〜に至っては」を用いるにあたっては、（素朴な感じ方のようなものも含めて）何らかの批評的な気持ちがついて回るものと思われる。

さて、右のような表現は、パタンとして示せば次のように表すことができよう。

ナニナニ〈A〉に至っては、～ダ／スル〈B〉とは（／のだから等）、……ダ〈C〉

これは、「～に至っては」の表現性を言語として十分に展開させたパタンだと言えるだろう。そして、このようなパタンをもとに考えると、そこから、「～に至っては」が用いられた文にはパタンとして次のようなヴァリエーションがあることも理解できるだろう。

(a)〈A〉に至っては〈B〉とは（等）〈C〉

(b)〈A〉に至っては〈B〉

(c)〈A〉に至っては〈C〉

(28)の例をもとに各パタンを示せば、次のとおりである（(a)の例がa、(b)がb、(c)がc）。

(28)—a　老舗の蕎麦屋ということだったが、サービスは悪く、味に至ってはカップ麺の方がまだましだとは、情けないものだ。

(28)—b　老舗の蕎麦屋ということだったが、サービスは悪く、味に至ってはカップ麺の方がまだましだ。

(28)—c　老舗の蕎麦屋ということだったが、サービスは悪く、味に至っては情けないものだ。

(b)（右のbのような例）が最もよく目にするパタンだろうが、(c)（右のcのような例）も、例えば次のように、実例が見いだせる。

(30)　……赤絵にしても明代であって、清になると、すでに素質が低下している。現代に至っては、論外である。

（北大路魯山人「魯山人『食楽』の極意」）

2—6　今一つ確認しておきたいのは、次のことである。「〜に至っては」は、それが付加される項目——先のパタン表示で言えば、単に〈A〉を極端だとしてとり上げるわけではない。「〜に至っては」を用いた表現は、〈A〉が〈B〉であることによって、それが極端だとするものであり、つまり、極端だととらえられるのは、〈A〉が〈B〉であるという事柄である（以上の記述でも、〃事柄を極端なものとしてとり上げる〃などという書き方をしてきたのは、そのような考え方によるものである）。

このことは、次の（31）のような例を検討してみれば、よくわかることだろう。

（31）受講している女子学生に尋ねてみたが、中には、将棋の駒を見たことのない者さえいる。ルールを知らない学生に至っては、数え切れない。

右は将棋を知っているかどうか尋ねた時の話だが、「将棋の駒を見たことのない者」の方が「ルールを知らない学生」よりも極端というべきもののはずだが「〜に至っては」でとり上げられているのは後者の方である。これは、単に「ルールを知らない学生」を極端だとしてとり上げているのではなく、「ルールを知らない学生」が「数えきれない」という事柄が極端だとして問題にされているのだと考えれば納得できることである。

「〜に至っては」が、事柄を〃極端だ〃としてとり上げるものであるということは、以下の検討のためにも重要な点であるので、ここで確認しておく。

以上、この第二項では「〜に至っては」の意味・用法・表現性について従来の見方を確認し、見直すとともに、更に二点、重要な事項を付け加えた。

三、「〜に至っては」の位置づけ

3—1　ここでは、「〜に至っては」という言い方を、関連する形式ともかかわりづけて位置づける。そのためには、まず、次のような表現に注目したい。あまり言及されることは多くないようだが、複合辞「〜に至っては」は、動詞のスル形を承ける——正確に言えば、スル形の述語を持つ節を承ける用法がある。ちなみに、この節の述語はスル形しかとれず、この節は事柄内容を単に提示するものといえる。(6)

（32）—a　いじめに対して、教育委員会では何らの対応もとられなかったし、学校当局者がそれを隠蔽しようとするに至っては、言語道断だ。

もちろん、この「〜に至っては」は「は」をはずすことはできない。

（32）—b ＊いじめに対して、教育委員会では何らの対応もとられなかったし、学校当局者がそれを隠蔽しようとするに至って、言語道断だ。

そして、注意すべきは、こうした節を承ける「〜に至っては」の場合、以下には、その節で示される〝極端な〟意味からしても、節の形で示される事柄を極端なものとしてとり上げる複合辞の一つの用法と考えられる。

事柄についての批評的コメント——先のパタン表示で言えば〈C〉が出てくる形になることである。

（33）　さらに松坂大輔投手の大リーグ入り交渉の経緯をトップニュースで伝えるに至っては、愚の骨頂である。その結果を伝えるだけで十分だ。（毎日、朝、二〇〇六、一二、二七）

（34）　相次ぐ政治家の国民年金保険料未納の発覚。子供じゃあるまいし「つい、うっかり」「制度が難しい」はないでしょう？　返答に窮して「答えられない」なんて言うに至っては「喜劇」を通り越してしゃれにもならないお粗末さである。（毎日、朝、二〇〇四、五、二七）

(35) その上、小泉純一郎首相自ら、在任中に日朝正常化達成だと発表するに至っては、国民の生命がかかった拉致の本質を全く理解されていないのではないかと危惧せざるを得ない。（毎日、朝、二〇〇四、八、二）

(36) 右辺でも黒の猛攻に耐え、途中で上辺白29、39の2手を打ったのはいくさ上手ぶりを表している。攻めさせるうちに白51まで下辺に地をまとめるに至っては感嘆するしかない。（毎日、夕、二〇〇三、一、一〇）

つまり、この場合は、〃〈A〉が〈B〉に至っては〈C〉〃のようなパタンになるわけである。事柄を極端なものとして、まず「～に至っては」の形でとり上げ、以下にそれに対して批評的コメントを加えるパタンであるという点で、こうした節を承ける用法の「～に至っては」の表現は、この複合辞の表現性を最もよく体現したパタンだと考えられる。

3—2　一方、こうした節を承ける「～に至っては」に対して、やはり節を承ける「～に至って」を用いた次のような表現がある。

(37)—a　司法大臣ドン・フェルナンドが到着するに至って、無実のフロレスタンは牢獄から解放される。

こうした「～スルに至って」は、およそ次のように言い換えてもほぼ同義であり、

(37)—b　司法大臣ドン・フェルナンドが到着して（＝到着スルトイウ状況ニナッテ）、無実のフロレスタンは牢獄から解放される。

事態・状況がそのようなものに推移することをいう言い方といえる。更に例を揚げておく。

(38) イラク戦争後、中東民主化を目指す「拡大中東構想」を米政府が打ち出すに至ってイスラエルを中心とした中東再編の思惑は誰の目にも明らかになったはずである。（毎日、朝、二〇〇四、九、一〇）

(39) 調整能力があるはずの米国が発見を断念し、アナン事務総長が「国連憲章違反」を指摘するに至って首相の論理は根底から揺るぎ始めた。（毎日、朝、二〇〇四、九、一七）

（40）今世紀に入って、ウォール街界隈とブロードウェイに沿って、高層ビルが集中的に建設されるに至って、「スカイスクレーパー」は、ニューヨーク、特にマンハッタンの代名詞になった感がある。
（末延芳晴「荷風とニューヨーク」）

（41）とりわけ妙法院宮さまがおん自ら弟子となられ、そのご推挙にて禁中のご用をさえつとめらるるに至って声名は都鄙にとどろき、門下に遊学する若ものの数は千をこえるとも申しまする。
（宮本徳蔵「敵役」）

これらの「〜に至って」は、「……打ち出すに至っては」「……指摘するに至っては」のように、文意として文障なければ、対比の意味を出すために「は」を下接できるが、もちろん「は」がなければならない表現ではない。実際、事態・状況の推移の用法であれば、次のとおり、「は」を除くこともできる。

（42）—a ［後］8九歩成に［先］6七銀と活用するに至っては、全軍躍動の観がある。
（毎日、朝、二〇〇五、四、五）

（42）—b ［後］8九歩成に［先］6七銀と活用するに至って、全軍躍動の観がある。

右は、将棋の観戦記の一節で、後手が8九歩成と歩を成ったのに対して、働きがなく役に立たない駒だった銀を、先手が6七銀と動かして生かして使う状況になって、といったことを言っているが、それまでの（銀が役に立たない駒だった）状況との対比の意味で付されたaの「は」を除いてbのようにしても、不自然ではない。

そして、こうした「〜に至って」の表現は、次のような言い切りの言い方とも、意味の上でも明らかに連続している。

（37）—c（そして、）司法大臣ドン・フェルナンドが到着するに至った。

つまり、事態・状況の推移を表す「〜に至って」は、同様の意味を表す文末表現「〜に至る」の連用中止法の形と見ることができるわけである。

3—3　こうした、事態・状況の推移の用法に対し、今一歩抽象化した意味で用いられ、時・段階の推移を表すのが、**1—2**でも見たような、名詞句を承ける「〜に至って」の用法と考えられる。

(16)—a　……、明治政権は昭和二十年八月に至って瓦解したと言っても過言ではなかろう。

(17)—a　しかしどうして日本人は、中世期に至ってほぼ全国的にこのような特徴を見せるようになったのだろうか。

(18)—a　平安初期に生まれた仏教説話集『日本霊異記』に至って初めて、猫らしき動物について書き記されることになる。

こうした「〜に至って」は、次のように言い換えてもほぼ同義であり、″コレコレノ時・段階ニナル″という推移を述べるものである。

(16)—b　……、明治政権は昭和二十年八月になって瓦解したと言っても過言ではなかろう。

(17)—b　しかしどうして日本人は、中世期になってほぼ全国的にこのような特徴を見せるようになったのだろうか。

(18)—b　平安初期に生まれた仏教説話集『日本霊異記』になって初めて、猫らしき動物について書き記されることになる。

ただし、時・段階の推移の用法の場合、「〜に至った」という言い切りの言い方は考えにくく、その意味で文末表現「〜に至る」とは、断絶がある。意味が一段抽象化することと相応じて、辞的形式としての独立性が強まったといえる。(7)

(16)—c　*昭和二十年八月に至った。

(17)—c　*中世期に至った。

(18)—c ＊仏教説話集『日本霊異記』に至った。

3—4 さて、**3—1**で節を承ける「〜に至っては」について観察し、**3—2**では、これと形の上で近い、節を承けて事態・状況の推移を表す「〜に至って」という言い方について見てみたが、両者の関係はどのように考えられるか。

事態・状況の推移を表す「〜に至って」の「至って」について、何が〝至ル〞のかという主語的内容を考えるなら、当然〝事態・状況が〞といったことがそれと考えられよう。実際、そうした主語が立てられることはふつうないが、次のように、そうした主語を立てた表現も考えられなくはない。

(37)—d 事態が、司法大臣ドン・フェルナンドが到着するに至って、無実のフロレスタンは牢獄から解放される。

主語を立てる余地がある点で、この「至って」には、まだある程度動詞としての具体的な意味が残っているといえる。また、それ故特定の意味の副詞と結びつき、その修飾をうけるとも考えられる。例えば、(37)—ｅｆの例で副詞は「到着する」ではなく「至って」に係ると考えられる。もし「到着する」に係るのならｆも可になるはずだが、ｆはかなり不自然である。「すぐに」が「至る」と意味の上で齟齬するからであろう。

(37)—ｅ ようやく、司法大臣ドン・フェルナンドが到着するに至って、……

(37)—ｆ ?すぐに、司法大臣ドン・フェルナンドが到着するに至って、……

そして、こうした「〜に至って」は、現実に時間的順序のある事態が推移し、当該の事態になったことを言うものである。(37)の例であれば、〝司法大臣の到着〞に先行する（それが未実現の）事態・状況から、〝司法大臣の到着〞という事態へと、順を追って推移したことを言うものといえる（更に言えば、**3—3**で見た〝時・段階の推移〞を言う「明治二十年八月に至つて」や「『日本霊異記』に至って」は、明らかに順番のある時や段階が当該のものへと推移することを言うものである)。

これに対して、複合辞「〜に至っては」の場合は、「至って」にもはや主語を立てることはできないが、もし何が〝至ル〟のかという主語的内容を考えるなら、〝事態・状況が〟というようには考えにくい。まず、節を承ける「〜に至っては」の(32)の例を再掲して考えると、

(32)—a　いじめに対して、教育委員会では何らの対応もとられなかったし、学校当局者がそれを隠蔽しようとするに至っては、言語道断だ。

「学校当局がそれを隠蔽しようと」したことは、「教育委員会では何らの対応もとられなかった」ことの後に出てきた事態とは必ずしも考えられない。むしろ、二つの事柄は並存していたと考えるのが自然である。そして、そうした並存がはっきりするように「一方で」のような語を添えた文も十分成り立つ。

(32)—c　いじめに対して、教育委員会では何らの対応もとられなかったし、一方で学校当局者がそれを隠蔽しようとするに至っては、言語道断だ。

つまり、複合辞「〜に至っては」の場合、現実に時間的順序のある事態が順を追って当該事態に推移することを言うものではない。その意味では、「〜に至っては」の「至って」の主語的内容として〝事態・状況が〟といったことを考えるのは、当たらない。このことは更に、節を承ける「〜に至っては」の場合、次のように未実現の事柄をとり上げることができることからも了解できる。

(43)　これだけ巨額の負債を抱えることになった以上、銀行としても経営陣の責任を問わないわけにはいかない。さらなる増資を認めるに至っては、論外だ。

「さらなる増資を認める」ことはまだなされていないのだから、事態・状況の当該のものへの推移とは明らかに言えない。

こうした節を承ける複合辞「～に至っては」は、むしろ時間的順序のあるとは必ずしも言えないものも含め、いくつかの事柄を念頭に置いて、話し手の基準・判断で順序づけし、その極端なところに位置づけられる事柄をとり上げて評する言い方と考えることができる。

そして、もしこうした「～に至っては」の「至って」に主語的内容を考えるなら、〝話・話柄が〟といったことを想定するのが妥当かと思われる。つまり、例えば（32）の「学校当局者がそれを隠蔽しようとするに至っては」は、叙述を進めてきて、〝話が「学校当局者がそれを隠蔽しようと」したという（極端な）ことになるなら、それは〟というような意味合いの言い方と解してよかろうと思われる。

このような見方をとることは、名詞句を承ける複合辞「～に至っては」についても、無理なく当てはまる。例えば、冒頭（1）の「インジウムに至っては十倍近くまで高騰した」なら、これは〝話が「インジウム」（という極端なもの）のことに及ぶなら、それが十倍近くまで高騰した（トハ、エライコトダ）〟というような意味の言い方と解することができる。

ここで注意すべきは、こうした複合辞「～に至っては」は、主語的内容を敢えて想定するなら〝話・話柄が〟といったことになるとしたことからも分かるように、話し手（書き手）が自らの叙述（文表現の表現の展開の仕方）に同時的に自己言及する言い方になっているという点である。「～に至っては」は、話し手（書き手）が叙述を進めながら、同時にその叙述の展開の仕方・話柄の持ち出し方に自ら言及する言い方であり、自分がその時操っている言葉に言及するのだから、一種のメタ言語的な表現だとも言える。順序のある事態・状況の推移をたどる「～に至って（は）」のような言い方が、順序ある事態・状況をたどることから、話柄を順序づけてたどることへと使われ方が移行したところに、「～に至っては」という複合辞が成立しているといえる。

そして、こうしたメタ言語的な自己言及の表現になることは、複合辞化の一つの重要な要因と考えられる。

例えば、次例の「～といっても」は、引用形式由来の複合辞としてしばしばとり上げられるものだが、

（44）　五右衛門は、盗っ人だといっても、立派な男だ。

では、主語の「五右衛門」について「盗っ人だ」という記述をいったん持ち出し、以下にそれと対立する記述を導く関係を構成する。そして、話し手が「盗っ人だ」という記述を持ち出すことに「いって（も）」は（持ち出すと同時に）自己言及しているものと理解できる。こうした、話し手が自らの言葉の操り方に同時的に言及する表現は、（この場合、主語が自明であって現れなくなることで、動作を表す動詞としての意味も稀薄になって）話し手自身の言葉と言葉の関係づけを示す辞的表現へと移行する。(8) 引用形式から複合辞が生じることが多いのは、おのずとこうした自己言及的な用法で用いられることになる故である。このことは、第1章第2・3節にも既に詳述した。

また、「～となると」という形式には大別して二つの用法があるが、ここでは便宜上名詞句を承けるパタンに限定してその二つの用法を見てみると、

（45）—a　いよいよ黒幕の登場となると、心してかからねばならない。

（45）—b　［事態・状況ガ］いよいよ黒幕の登場となると、心してかからねばならない。

（45）—c　すったもんだのあげく、いよいよ黒幕の登場となった。

（46）—a　オヲの混同の古例となると、『地蔵十輪経』元慶七年点のものが知られている。

（46）—b　［話・話柄ガ］オヲの混同の古例となると、『地蔵十輪経』元慶七年点のものが知られている。

（46）—c　*次に、オヲの混同の古例となった。

「なる」の主語的内容として〝事態・状況〟が想定される（45）のような例では、「～となった」のような言い切り表現との連続性をたどることができる。

この場合、「～となった（なる）」は「だ」に近いコピュラ形式に近づいており、これに連続するこの種の「～と

なると」は、いわばその条件形への展開である。一方、(46)のように主語的内容として〃話・話柄〃が想定され、話の展開に同時的に話し手が自己言及する言い方の場合、言い切り表現との連続性も断たれており、一つの複合辞として確立したものとなっている（詳しくは、本章第8節を参照）。

このように自己言及的なメタ言語的表現に移行することは、複合辞化の一つの重要な要因と見ることができる。そして、「〜に至っては」も、そうした要因を支えとして複合辞となっているものと考えられる。

3—5　以上に、節を承ける複合辞「〜に至っては」を、やはり節を承けて事態・状況の推移を表す「〜に至って(は)」との関係で考え、後者がメタ言語的自己言及表現に移行するところに位置づけて見た。

複合辞「〜に至っては」について、より一般的に目にする、名詞句を承ける言い方も、既述のとおり、やはり同様のメタ言語的自己言及と考えてさしつかえないと思われる。しかし、以下では、複合辞「〜に至っては」の節を承ける用法と名詞句を承ける用法について、今少し考えておきたい。

2—6で見たとおり、名詞句（先のパタン表示で言えば〈A〉）に付加される場合も、単にその名詞句の事物〈A〉を〃極端だ〃としてとり上げるのではなく、それがあるあり様である（先のパタン表示では〈B〉である）という事柄を〃極端だ〃ととらえ、何らかの批評の気持ち（先の〈C〉）をもって問題にする表現だといえた。そのように見るなら、節を承ける用法の方が「〜に至っては」の表現性を自然に言語の形に展開したパタンだと考えられるので、こちらを基本として考えるべきだと思われる。

節を承けるパタンを名詞句を承けるパタンに書き直すと、しばしば〈C〉の批評の部分は言外に隠れる（もちろん明示することもできる）が、ニュアンスとしては同義のものに改めることができる（また、〈B〉が了解されているなら、それが隠れたパタンもあり得る）。(32)の例を再掲すれば、aの節を承けるパタンはdefのように名詞句を承ける形に改められるが、言外に隠れた内容も含めれば、言っていることは同じだといえる。

（32）—a　いじめに対して、教育委員会では何らの対応もとられなかったし、学校当局者がそれを隠蔽しようとするに至っては、言語道断だ。

→d　いじめに対して、教育委員会では何らの対応もとられなかったし、学校当局者に至ってはそれを隠蔽しようとした。

→e　いじめに対して、教育委員会では何らの対応もとられなかったし、学校当局者に至ってはそれを隠蔽しようとしたとは、言語道断だ。

→f　いじめに対して、教育委員会では何らの対応もとられなかったし、学校当局者に至っては言語道断だ。

ここでａとｄｅに注目すると、ａでは、「〜に至っては」が問題にしたい事柄に下接する形をとり、いわば当該の事柄に言及するといった位置を占めるのに対し、ｄｅでは、問題の事柄を示す表現に割り込むような位置に「〜に至っては」が入っている。だが、両者は基本的に同義的である。辞的形式がこのような位置関係になって、しかも同義的というような表現で、直ちに想起されるのは、次のようないわゆる「とりたて詞」の例である。

（47）—a　お茶だけ飲んで、別れた。

（47）—b　お茶を飲んだだけで、別れた。

ａは、「お茶」だけ飲んで、それ以外のものは飲まなかったというようなことを言っているのではなく、「お茶を飲む」ことだけして、その他のことはしなかったという意味である。とりたて詞の作用域が本来前接部分であるなら、ａは作用域が後方にまで広がったものといえる。このようなとりたて詞の働き方を、沼田（一九八六）は、「とりたて詞の『後方移動スコープ』」と呼んでいるが、問題にする範囲（作用域）が後方に広がるという点では、名詞句を承ける「〜に至っては」も、一種の後方移動スコープの表現と考えることができよう。

誤解のないように付言しておくと、節を承ける「〜に至っては」の表現から名詞句を承ける「〜に至っては」の表現が派生して成立したなどということを言っているわけではない。とりたて詞の例で言えば、右のbのような、とりたて詞が基本の形で働くパタンと、aのような、同様のことを言うがとりたて詞が「後方移動スコープ」で働くパタンとが共時的に共存するのと同じように、「〜に至っては」の場合も、これが節を承ける基本的と見なされるパタンと、同様のことを言うが「〜に至っては」がいわば後方移動スコープで働くパタンの二つが、やはり共時的に考えられるということである。

とりたて詞は、範列的に意識され得る一連のものの中から当該のものをとり上げて問題にする言い方であり、段階的に意識され得る一連の物事の中から当該のものを〝極端だ〟としてとり上げる「〜に至っては」とも表現性においては相通じるものがある。従って、とりたて詞に見られるのと同趣のパタンが「〜に至っては」についても認められるということは、十分納得できることであると思われる。

四、まとめ

4　以上に論じたこと（**2**—**5**以下）を整理すると、図のようになる。

念のために言うなら、図は、このような変化が実際に歴史的に起こったというようなことを言おうとするもの

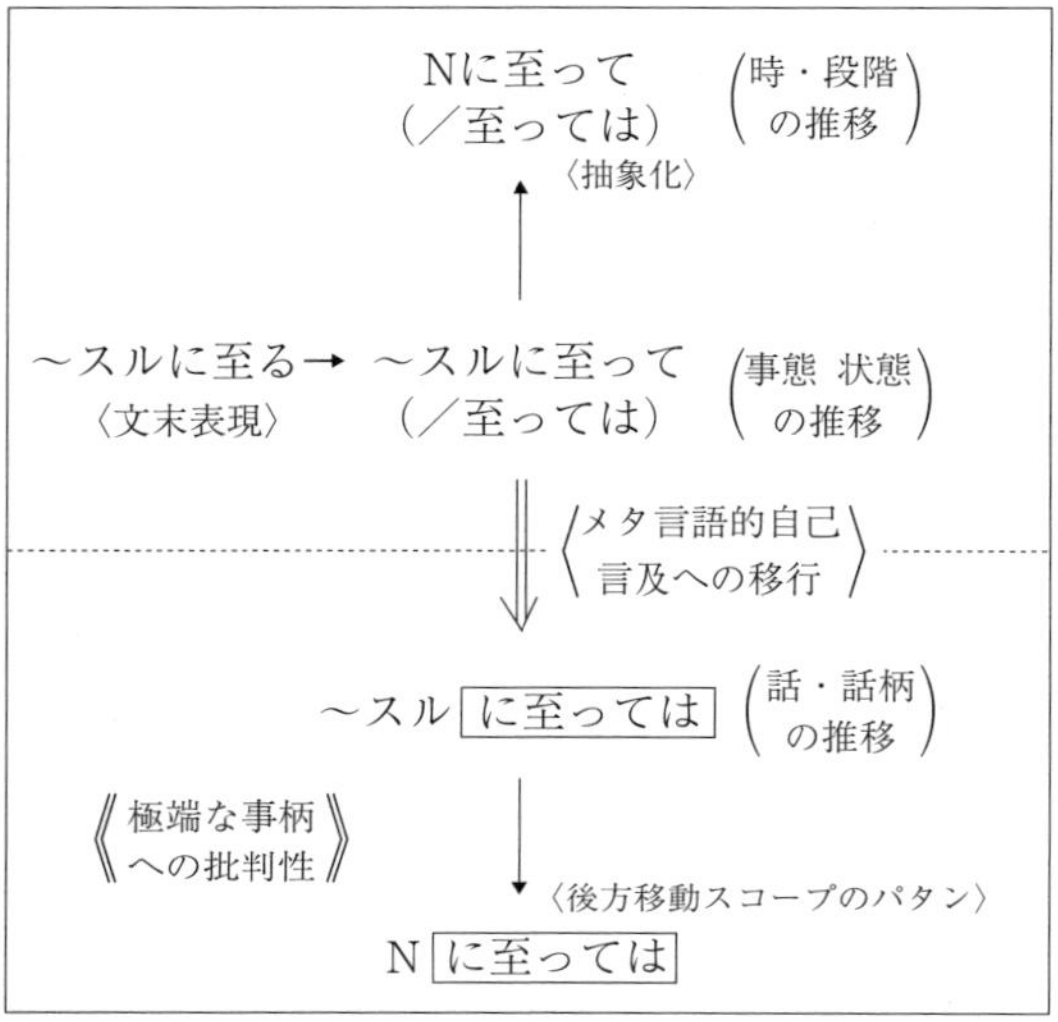

［図　関連形式から見た複合辞「〜に至っては」の位置づけ］

ではもちろんなく、形式相互の表現としての関連性をこのように共時的にたどって記述できるということを示すものである。

現代語の複合辞を共時的な立場で記述しようとするなら、その形式が他の形式との関係でどのように位置づけられるのか、その関連性を描き出すことが、意義のある一つの方法であろうと思う。この節は、そうした記述の一つの試みである。

【第12節・注】

(1)　唯一その例外と見られるのは、定義・説明に用いられる「～とは」の場合で、次のとおり「は」を除くと不自然になってしまう。これは、「とは」で一語化していると見るべきであろう。

(ア)―a　ギョエテとは俺のことかとゲーテ言い。

(ア)―b　＊ギョエテと俺のことかとゲーテ言い。

このような例外的な事例が見いだされるのも、引用の「と」とも共通するこうした形式の「と」が、通常の格助詞といささか異なる性格を持つ故と思われる。

(2)　もちろん、複合辞（複合格助詞などとされる類）すべてに「は」の下接が可能なわけではない。この問題を論じた三枝（二〇〇八）は、「おわりに」の節で考察をまとめ、

1.　複合助詞には「は」がつき得るものと、つかないものがある。その違いは、前者が、〔藤田注・単一格助詞に近似的に置き換えられることで知られるように〕格関係を担う点にある。　（三枝（二〇〇八）一二頁）

としている。

(3)　筆者は、本章第15節に示したように、複合辞「～について」と結びつく述部を、「情報、認識・所感の獲得・形成」「情報、認識・所感の所有」「情報、認識・所感の発信・記録」「対処・処置」の四タイプに分けるが、(13)の例などは、そのいずれでもなく、いわば所有されている（もしくは獲得されるべき）情報内容そのものが出てきているとい

える。ただ、（13）のような例も、「ドレクライカトイウト」のような内容が端折られた飛躍した表現で、本来は情報の獲得を求める述部のあった形から派生したものと考えることもできる。

（4）例えば、グループ・ジャマシイ（一九九八）では、既に示したとおり、「〜に至っては」の用法のパタンを「Nにいたっては」とだけしており、名詞を承ける用法しか示されていない。また、森田・松木（一九八九）も、「〜に至っては」の例文としては名詞を承ける例しか挙げていない。

（5）藤田（二〇〇〇）四五一頁以下参照。

（6）節を承ける「〜に至っては」は、シタ形は承けない。つまり、節の述語にテンス・アスペクトは分化しない。しかし、「〜シナイ」のような否定の形を承けることはできる。

（イ）制限枚数を守らないのでは掲載できないし、締切を守らないに至っては、論外だ。

なお、**3―2**で問題にする、節を承けて事態・状況の推移を表す「〜に至って」は、シタ形を承けないだけでなく、否定の形も承けられない。

（ウ）―a　予告された報酬が届くに至って、一同は俄然活気づいた。

（ウ）―b ＊予告された報酬が届かないに至って、一同は口々に不平を述べはじめた。

こうした文法的な面でも、「〜に至っては」と「〜に至って」には微妙な違いがある。

（7）「〜になって」が時を表す名詞句を承ける場合であれば、「明治二十年八月になった。」のような言い切りの形も考えられる。言い切りの形が考え得るだけ、「〜になって」のような言い方には、より動詞的性格が残っているといえる。

（8）藤田（二〇〇〇）四〇〇〜四〇二頁参照。

13. 「〜に限って」

〜うちの子に限って、そんなことをするはずはない　など〜

一、はじめに

1　この節では、次のような、複合辞的形式とされる「〜に限って」について考察してみたい。

（1）—a　祥子には現在、週に二回の割合で入っているレギュラーの仕事があった。（中略）その他にも、ラジオで株式市況を読むという仕事も、レギュラーのアナウンサーがNGの日に限って引き受けているし、時折はコマーシャルの仕事も入る。（乃南アサ「置きみやげ」）

（2）—a　例えば、マクドナルドはハンバーガーを平日に限って半値にしようと考え、静岡、山梨、沖縄の三県でテスト。（毎日新聞、朝、二〇〇一、一、五）

（3）—a　実は当初、厚労省は牛の骨などから抽出した成分を濃縮する健康食品や美容飲料に限って点検するつもりだったという。（毎日、朝、二〇〇一、一〇、一三）

（4）—a　イギリス人は、アジアでオランダ人との競争に敗れ、すでに来航しなくなっていたので、オランダ人と中国人だけが長崎の港に限って貿易を許されることとなった。（鵜飼他「新しい社会［公民］」）(1)

（5）—a　しかし、14Cの半減期は短いので、この方法は、せいぜい4万年前までの年代の新しいものに限って有効である。（湊他「地学Ⅰ」）

（6）—a　小型、中型の日本犬の場合、差尾も巻尾もよいのであるが、大型の秋田犬に限って差尾は減点である。巻尾でも、尾先がようやく背線を切った程度のものでは、喜ばれない。
（近藤啓太郎「犬バカものがたり」）

（7）—a「私たちは戦争をすべきだ」と言っていた人たちに限って、敗戦に終わった後は、「自分はそんなこと言っていない」と弁解するものだ。（毎日、朝、二〇〇〇、四、一五）

（8）—a いろいろ考えて、私はブリ大根の匂いに耐えることを選択したのだ。そんなときにかぎって、母が台所から声をかけてくる。「ちょっと、お鍋の蓋を取って味見してね」（筒井ともみ「火鉢の匂い」）

（9）—a 実は、その朝に限って新聞をまだ見ていなかったし、万柳に投稿したこともしっかり忘れていたのです。（毎日、朝、二〇〇〇、三、二一）

（10）—a 学校や先生の決めたことをただ守っているだけの子に限って、つぎつぎ流行の歌手を追いかけている。（灰谷健次郎「子どもの隣り」）

（11）—a とにかくですな、小池先生にかぎって、他人の恨みを買うようなことはなかったと断言できます。（毎日、朝、二〇〇〇、八、二〇）

（12）—a それに両親はいつもデニスに、小さな弟の面倒を見ることを、ほとんど負担にならない程度にしつけていたから、他の家の年上の子どもが、年下の子どもを恨むようなまねは、デニスにかぎって一度もなかった。（S．キング（山田順子・訳）「スタンド・バイミー　恐怖の四季　秋冬編」）

「ナニナニに限って」は、以上の例に見るように、いわば「ナニナニ」という項目をそれに限定されるものとしてとり上げる一種の関係表現の形式のように用いられ、その意味で複合助詞的に感じられるものである。実際、こうした「に限って」は、副助詞「だけ」（あるいは、「だけ」と適切な格助詞等）に置き換えられることも多く、それに近い辞的意味を担うものになっていると考えることは、十分可能である。

（1）—b　……、ラジオで株式市況を読むという仕事も、レギュラーのアナウンサーがNGの日だけ引き受けているし、……
（2）—b　例えば、マクドナルドはハンバーガーを平日だけ半値にしようと考え……
（4）—b　……、オランダ人と中国人だけが長崎の港だけで貿易を許されることとなった。
（6）—b　……、大型の秋田犬だけは差尾は減点である。

もっとも、単に「だけ」（あるいは、「だけ」と格助詞等）と置き換えると、次のようにもとの意味とは違った表現になってしまう例もあり、「に限って」を常に「だけ」と同様の〝限定〟の意味を添えるものと考えるだけでは不十分である。

（7）—b　「私たちは戦争をすべきだ」と言っていた人だけが、敗戦に終わった後は、「自分はそんなこと言っていない」と弁解するものだ。

一方、「〜に限って」は、動詞としての性格をもって用いられていることもあり、そうした例と複合辞的な例とは、連続的である。

（13）—a　日曜くらぶで今年3月まで一年半連載されました（一部地域を除く）「ミステリー劇場」が単行本になりました。（中略）74回の長期連載でしたが、このうちの、舞台を日本に限って、31の〝現場〟を収録しています。（毎日、朝、二〇〇〇、一二、一〇）

（14）—a　したがって、彫刻主導型要素の特性を具体的に説明するため、ここでは、明朝体の活字にかぎって述べることにしよう。（渡辺茂「漢字と図形」）

例えば、（13）—aの「限って」は、ヲ格をもとって、動詞述語的なものとして用いられている（もっとも、「限る」は言い切りでは使いにくく、基本的に動詞としての性格が衰えていることは、第1章第2節に既述のとおりであるが）。また、（14）―aも、「話ヲ」のようなヲ格が隠れて存在するともとれるので、そのように見れば、（13）―aと同様動詞的といえそうだが、一方この「～に限って」も「明朝体の活字のことだけを」のように「だけ」の形に書き換えることも可能で、その意味では複合辞的な例とも連続している。こうした例を仲介として、複合助詞的な「～に限って」と動詞述語的な性格を残す「～に限って」とは、連続的なのである。[2]

このような「～に限って」形式の表現について、以下では、①これが、どのような要件のもとに、〝複合辞らしさ〟を際立たせるようになっていくのかを考え、また、②その意味・用法を検討・整理することにしたい。

二、これまでの記述から

2　複合辞を総括的に記述したこれまでの研究の中でも、「～に限って」についての記述は、必ずしも多くない。例えば、松木・森田（一九八九）では、「副助詞の働きをするもの」の一つとして「～に限って」を「～に限り」とともに立項するが、次のような簡単な記述を付している程度である。

(1)に限って／に限り

名詞を受けて特にそのものだけを限定し、〝～だけは〟〝～だけ特に〟の意味を表す。「に限り」の方が本来の動詞「限る」の用法に近い。（用例略）（松本・森田（一九八九）六九頁）

また、グループ・ジャマシイ（一九九八）では、「限る」「限り」関係のいくつかのパタンについては言及があるものの、なぜか「～に限って」についての記述が見られない。

一方、筆者もかかわった国研（二〇〇一）は、助詞的複合辞の一つとして「～に限り・～に限って」を立項し、いささかの記述・考察を加えている。以下にその摘要を示しておく。

◇Ａ40　～に限り・～に限って

意味・用法

「Aに限り／に限って」の形で、「A以外は別として」という意味を表す。

文法

連体修飾の形はとりにくい。「に限りまして」のように丁寧形は取れる。

ノート

1．限定の副助詞「だけ」と意味・用法が近く、相互に置換できることが多いが、「Aに限り／に限って」は「A」以外を排除する言い方をすることで「A」以外がこれにあてはまらないということを暗に述べる表現であるのに対して、「Aだけ」は、〝唯一Aが〟という言い方で「A」を特に取り立てる言い方だと言える。従って、当該項目（「A」）以外のものが意識されにくいような表現においては、「Aに限り／に限って」は、使いにくい。例えば、「アウトラインだけ出来上がった」とはいえても、「アウトラインに限って出来上がった」というのはいささか不自然である。この場合、「アウトライン」の完成という事実それだけが述べられているのであって、それ以外は、まだ問題になっていないのである。

2．例えば、「なぜか荷物の多いときに限って雨が降る」は、「～に限り～」とは言いにくい。このように、「に限り」と「に限って」とは、必ずしも表現的に同価値ではない。従って、「に限り」と「に限って」とは相互に置き換えが出来ないこともしばしばある。「に限り」に比べると、「に限って」には、対比の意味が強く出るものと思われる。

（国研（二〇〇一）九九～一〇〇頁〔摘要・原文横書き〕）

これまでの、以上のような程度の記述からも、「～に限って」については、少なくとも次のようなことに留意して考察していく必要があることがわかる。

第一に、従来「～に限って」と併せて「～に限り」がほぼ同等の形式としてとり上げられてきているが、「～に限って」は常に「〜に限り」と書き換えがきくわけではなく、この二つは、表現的に必ずしも同じだとは言えないということである。(3) そして、松木・森田（一九八九）が言うように、「〜に限り」の方が本来の動詞的用法としての性格が残っているように感じられるのだとすれば、複合辞的な形式の研究としては「〜に限って」を中心として、「〜に限り」と適宜対比しつつ考察を進めくことが、手順として適切だろう。

また、「に限って」が〝限定〟の副助詞「だけ」と意味が近く、意味説明において言い換え的に持ち出されるほどであっても、両者はやはり常に書き換え可能というわけではない。「〜に限って」を「〜だけ」と書き換えるとはっきり意味の異なるものになる場合があることは、既に第一項でも見たが、逆に、単に〝限定〟の意味で理解されるはずの表現において、「〜だけ」を「〜に限って」に書き換えると不適切なものになることがあるということも指摘されている（少し例を変えて再掲しておく）。

（15）―a　車輪の部分だけ出来上がった。

（15）―b ?車輪の部分に限って出来上がった。

このあたり、既に一応の説明はあるものの、なお踏み込んで考えるべきことがあるように思える。

なお、「〜に限って」については、この節のもとになった論文が書かれるまで、特にこれをとり上げて論じた論考はなかった。この節のもとになった論文が出た後、宮崎（二〇一〇）が書かれたが、これは拙論をふまえ、『限って』を後置詞として分析する」ことに主眼を置いたもので、事実の記述としては大きく異なるところのあるものではない。併せて一読されることも有意義かと思うが、以下では特にこれにふれることはしない。

三、動詞「限る」の意味と「〜に限って」

3―1　ところで、初めにもふれたように、複合辞的な「〜に限って」は、動詞用法の「限って」と連続的であり、動詞「限る」をもとにして出来たものであることはもちろんである。従って、動詞「限る」の意味が、複合辞的な「～に限って」にも引き継がれ、その意味・用法を規定している面があるように思われる。そこで、この項では、まず動詞「限る」の基本的な意味を形に即しておさえ、そこから「～に限って」の意味・用法を考えてみたい。既述のとおり、「限る」の動詞としての用法は衰えているが、以下あえて動詞として使った場合を考えて論じる。

3—2　語の意味は使われ方に反映すると考えるなら、動詞の意味は、その格パタンを手掛かりに整理するのが一つの妥当な方法であろう。

動詞「限る」については、その格パタンとして次の二つがある。

①　AヲBニ限ル

②　Aヲ限ル

具体例をあげておく。(16)(17)(18)が①のパタン、(19)(20)が②のパタンの用例である。

(16)—a　外務省はこれまで、在外公館に対象を限って査察を実施してきた。（毎日、夕、二〇〇一、七、一七）

(17)—a　彼がこれまでの常識を壊したことを受けて政党がすべきなのは、推薦すべきかどうかではなく、国が外交や防衛に仕事を限り、公共事業は地方に任せることを実現することだ。（毎日、朝、二〇〇二、九、一九）

(18)—a　委員長の近藤氏は、葬儀への参列者をごく親しい友人に限って、式を執り行った。

(18)—b　委員長の近藤氏は、葬儀への参列者を三〇人に限って、式を執り行った。

(19)　内部から反発があり、次期会頭を1年以上も前に内定し続投期間を限るという妥協策で合意した。（毎日、夕、二〇〇〇、六、八）

(20)　1週間程度の期間を限って希望退職を募った会社でも、わずか数時間で募集枠がいっぱいになるケースが

続出している。　（毎日、朝、二〇〇一、七、二〇）

①については、概ねこれが「〈物事ノ範囲〉ヲ〈一部〉ニ限ル」という意味パタンになり、問題となる〈物事ノ範囲〉について、その特定の〈一部〉を区切ってとり出し、それ以外は除外することを述べる言い方になる。(18)―bのように、〈一部〉が数量として示されることもある。

また、②については、更に二つの場合があり、(4) ヲ格にそれぞれ次のような意味の名詞がくる。

②―1　〈広ガリノアル（特定デナイ）範囲〉ヲ限ル

②―2　〈一定の範囲〉ヲ限ル

②―1は、①のニ格が落ちた形とも見えるが、ニ格がないと「限る」は〝区切る〟といったような意味は際立たず、こうした場合は「狭くしぼる」のような意味ととられる。(19)の例がこれにあたる。また、②―2の場合は「限る」では、「（区切って）決める」のような意味が表立つ。(20)の例がこれにあたる。

3―3　この節で問題にしている「～に限って」は、ニ格をとる①のパタンの表現に連続するものと見られ、このパタンの表現から派生するものと考えられる。

ところで、「AヲBニ限ル」は、問題になる〈物事ノ範囲〉Aについて、その〈一部〉Bを切り出すことを言うのだから、結局問題になる《物事ノ範囲》をB対非Bに構造化することを言うことになる。こうした基本的な意味は、問題の「～に限って」にも引き継がれている面があるように思われる。

例えば、次のような場合、(21)―aは自然だが(22)―aはかなり不自然である。そして、「に限って」を「だけ」（と格助詞）に置き換えると、いずれも自然になる。このことは、右に述べたような意味特性が「～に限って」にも引き継がれていると考えれば、説明が可能だと思えるのである。

(21)―a　私は、問い合わせのあった人に限って連絡しておいた。

(22)―a ?私は、三井氏に限って連絡しておいた。

(21)―b 私は、問い合わせのあった人だけに連絡しておいた。

(22)―b 私は、三井氏だけに連絡しておいた。

つまり、「ナニナニに限って」は、「〈物事ノ範囲〉ヲ〈一部〉ニ限ル」のパタンの表現から派生したものであるため、「ナニナニ」に対して非「ナニナニ」が意識され、そのように構造化される〈物事ノ範囲〉が意識される表現なのだと考えられる。そこで、(21)―aのような場合、「問い合わせのあった人」に対しては、当然、非「問い合わせのあった人」つまり「問い合わせのなかった人」があることが想起され、両方のトータルとしての全体の〈物事ノ範囲〉が考えられるから、その〈範囲〉の中での〈一部〉にあたる「問い合わせのあった人」を特に限定していうものとして、自然に理解される。しかし、(22)―aの場合、「三井氏」に対しては、非「三井氏」がどのような人々なのかがイメージしにくく、その結果、問題となる〈物事ノ範囲〉も意識されにくい。それ故、(22)―aは不自然な印象があるのである。だから、次のcのように〈物事ノ範囲〉として意識すべきものを明示すると、不自然さは解消する。

(21)―c 私は、前回の参加者五人のうち、三井氏に限って連絡しておいた。

なお、(21)―aをbのように「三井氏だけに」の形にしても不自然さはもちろん感じられないが、「だけ」は、範列的に並び得るその他を暗に否定・排除するものであっても、その他の範囲ということが特に意識されるものではないので、「に限って」の場合のような不自然さは生じないのである。

後述するところからも知られるように、(21)(22)―aの「〜に限って」は、実はまだ動詞的性格がいくらか認められるものであり、その意味で「限る」の「AヲBニ限ル」パタンの意味特性を引き継いでいることは、当然かもしれない。しかし、問題となる〈物事ノ範囲〉を当該の〈一部〉対非当該部分に区別して、対比的に構造化するといった意味は、「～に限って」のさまざまな用法が生まれてくる要所要所に、微妙な形で引き継がれて働いているように思える。

四、「～に限って」の複合辞化の要件

4—1　さて、この節で問題にしている「～に限って」は、先にもふれたとおり、動詞として用いられる「限って（限る）」の例とも連続的であるが、これが付属語的な性格を際立たせ、複合辞らしくなっていくには、どのようなことがその要件となるのだろうか。すなわち、第1章第2節でふれた「当該語句を複合辞たらしめる条件」の問題である。ここでは、その点について考えて、「～に限って」表現の連続相を大きく整理してみたい。

既に第1章第2節で見たように、主語が見当たらなくなり、主語との関係を断たれることで、動詞述語的連語形式が辞（関係表現）的性格を際立たせることになった。このことは、「～に限って」の場合においても当てはまるものと思われる。

すなわち、「～に限って」が動詞的性格を乏しくして複合辞的になっていく第一の要件は、主語が見当たらなくなるということ（主語の喪失）である。

4—2　右の「動詞的性格を乏しくして複合辞的にな」るということのあり様をおさえるため、まず次のようなことに注目したい。

やや冗長だが、「に限って（限る）」が動詞としての性格をある程度持っている場合、「～に」には「だけ」が挿入できる。

（13）—b　……、舞台を日本だけに限って、31の〃現場〃を収録しています。

（16）—b　外務省はこれまで、在外公館だけに対象を限って査察を実施してきた。

ニ格のみならずヲ格をもとって、動詞的に使われている「限って」の場合、そのニ格には、右のとおり文意を変えることなくごく自然に「だけ」を加えることができる。また、実際「だけ」が入っている用例も見いだされる。

(23)　党執行部は選挙応援を神奈川県選出議員だけに限って実態の沈静化を図ったが、同県以外の選出議員10人が告示日に中田氏の出陣式に出席。（毎日、朝、二〇〇二、四、一）

そして、「だけ」の挿入という点では、一応中間的とした(14)の例も同様に可能である。

(14)—b　……、ここでは、明朝体の活字だけにかぎって述べることにしよう。

右の場合、「かぎって述べる」が並列述語のように読め、「述べる」主語が「かぎ」る主語であると解され得るので、「かぎって」に対する主語をなお考えることができ、そのため「かぎって」が主語の行為を表す動詞述語としての性格を維持していると解せられる。このように、「限って」に動詞述語性が認め得る場合には、「〜に」に「だけ」の挿入が可能である。

そして、更に冒頭に掲げた(1)〜(4)の例も、「〜に」に「だけ」を挿入することが可能であるが、これらもいずれも「限って」が後の述語と並列のように読め、なお主語を考えることができるような例である((4)の場合、「限って」と「許(す)」が並列で、そのひとまとまりが、「[限って許さ]れる」と受身化されているととれる)。

(1)—c　……ラジオで株式市況を読むという仕事も、レギュラーのアナウンサーがNGの日だけに限って引き受けているし、……

(2)—c　例えば、マクドナルドはハンバーガーを平日にだけに限って半値にしようと考え、……

(3)—b　……牛の骨などから抽出した成分を濃縮する健康食品や美容飲料だけに限って点検するつもりだったという。

（4）―c　……、オランダ人と中国人だけが長崎の港だけに限って貿易を許されることとなった。
「～に限って」は、松木・森田（一九八九）でも「副助詞の働きをするもの」の一つとされているように、複合辞としては、副助詞に類する暗指的な意味を添えるものだと考えられる。しかるに、意味が極めて近いはずの副助詞「だけ」の挿入が可能なものが見られるとすれば、そうした例の「～に限って」は、まだ副助詞的な複合辞に転じているとはいえず、むしろ、自由な副助詞挿入を許すニ格名詞句をとった動詞述語といった性格を残しているものと言ってもいいだろう。

（1）～（4）のような「～に限って……する」のようなパタンで出てくる「～に限って」の例は非常に多いが、後の述語と並列のものと読めることにおいて、動詞性をなお認め得るものということになるのである。

一方、「～に限って」の例でも、「～に」に「だけ」を加えると不自然なものはもちろんある。例えば、冒頭の（6）以下の例は、いずれも「だけ」を挿入すると不適格な表現になる。

（6）―c　*……、大型の秋田犬だけに限って差尾は減点である。
（7）―c　*「私たちは戦争をすべきだ」と言っていた人たちだけに限って、……弁解するものだ。
（11）―b　*……、小池先生だけにかぎって、他人の恨みを買うようなことはなかったと断言できます。

こうした例では、いずれも、「限って」が後の述語と主語を等しくする並列の関係にあるものなどとは解されず、もはや主語が見当たらなくなっている。そのことが、動詞述語句としての性格を乏しいものにしており、「～に」についても、自由に副助詞挿入を許すニ格名詞句という性格が失われている。そして、逆にそのことがまた、副助詞的な辞としての性格を際立たせる契機ともなり、副助詞として意味に重なる部分のある「だけ」が加わることを、いずれにせよ難しいものにしているのだと考えられる。このように、「主語が見当たらなくなる」ことが、「～に限って」の場合も、複合辞的な形式に転じていく重要な要件なのである。

4—3　今一つ、次のようなことにも注目してみたい。「〜に限って」は、「〜に限り」と書き換えられる場合が少なからずある。まず、「だけ」を「〜に」に挿入できるような、動詞述語性が十分認められる例では、基本的に書き換え可だと言ってよいだろう。

(13)—c　……、舞台を日本に限り、31の〝現場〟を収録しています。

(14)—c　……、ここでは、明朝体の活字にかぎり述べることにしよう。

(2)—d　例えば、マクドナルドはハンバーガーを平日に限り半値にしようと考え、……

(4)—d　……オランダ人と中国人だけが長崎の港に限り貿易を許されることとなった。

また、主語が見当たらず、「だけ」の挿入が不自然な例でも、書き換え可のものがある。

(6)—d　小型、中型の日本犬の場合、差尾も巻尾もよいのであるが、大型の秋田犬に限り差尾は減点である。

(24)—a　精進湖は、厳冬期のわずかな期間にかぎって、ほぼ全面氷結する。（毎日、夕、二〇〇〇、二、二四）

(24)—b　精進湖は、厳冬期のわずかな期間にかぎり、ほぼ全面氷結する。

(24)—c　?精進湖は、厳冬期のわずかな期間だけにかぎって、ほぼ全面氷結する。

しかし、既に指摘されているとおり、書き換えると不自然になる例ももちろんある。これらも、いずれも、主語が見当たらず「だけ」の挿入が不自然で、複合辞的な性格が際立つものである。

(7)—d　*「私たちは戦争をすべきだ」と言っていた人たちに限り、……弁解するものだ。

(11)—c　?……、小池先生にかぎり、他人の恨みを買うようなことはなかったと断言できます。

(6)や(24)と、(7)や(11)を比べてみると、前者の場合、「に限って」が単に〝限定〟の意味を添えるといったものであるのに対し、後者の「に限って」には、それだけにとどまらない何らかの含みがあるように感じられる。こうした「〜に限って」表現の性格の違いをめぐっては、次のような解釈が可能ではないかと思われる。

すなわち、「～に限って」が主語を喪失して辞的な形式に転じた初めの段階では、意味としてももとの「限る」の意味が抽象化された体《てい》のものであり、なお形も固定せず、ある程度の形のヴァリエーションもあり得るが、更に何らかの独自の意味含みが加わってはっきり複合辞に転じると、それに応じて形も固定するのだと考えられる。

かつて、永野賢（一九五三）が示した複合辞認定の基準には、「単なる構成要素のプラス以上の意味をもっていること」「構成要素の結合が固着していること」といった点があげられていた。すなわち個々の構成要素の意味から直ちに予測できない何らかの意味・含みをもつことや形が固定化することは、複合辞らしい形式として認められる重要な要件だということである。まさに、「～に限って」はそうした要件を満たす形で複合辞らしさを際立たせていくのだということができよう。

以下では、項を改めて、〝独自の意味〟を担い、形も固定して複合辞として確立した段階の「～に限って」について検討してみたい。その前に、（6）や（24）のような、複合辞に転じはじめた段階と見られる「～に限って」について補足しておくことにする。

4―4　念のため、先の（24）も含めて当該の用例を掲げておく。

（24）精進湖は、厳冬期のわずかな期間にかぎって、ほぼ全面氷結する。

（25）巡航ミサイルにしても、定まった目標が静止している場合に限って有効であり、的確な情報なくしてその効果は望めない。（毎日、朝、二〇〇一、九、二二）

（26）チェンライ県の国境の町メサイ周辺では、便宜上、国境から5キロまでの範囲に限って身分証明書がなくても行動は自由だ。（毎日、朝、二〇〇二、九、二三）

これらの「に限って」は、いずれも「だけ」（あるいは、「だけ」と格助詞）に置き換えてもほぼ同義であり、ほとんど〞ソレ以外ハ除ク〟といった〞限定〟の意味を添える程度の表現である。主語は見当たらないので、一歩複合辞の世界に足を踏み入れたものといえるが、「限る」という動詞の意味から予測される〞限定〟の意を添える以上の独自の意味は感じられない。いわば、複合辞に転じはしたものの、複合辞らしい個性は未だはっきりしない段階の表現といえる。

ところで、この種の「～に限って」の使用には条件があるようで、文で述べられる内容が具体的で個別的な出来事でなく、一般的な事柄の叙述でないと、そこでは用いにくい。例えば、

(27)―a ?砂川村は、九月三日から五日の間に限って、祭りだった。

(27)―b　砂川村は、九月三日から五日の間だけ、祭りだった。

(27)―c　砂川村は、九月三日から五日の間に限って、祭りになる。

のような例に見るとおり、期間の〞限定〟の意を添えるだけであり、bのように「だけ」が使えるのだから「に限って」でもよさそうなものだが、aのように不自然になってしまう。それに対して、cのような場合は不自然にならない。どうもaのような、ある時点で起こる個別的・具体的な出来事を述べるものと感じられる表現内容と「～に限って」はなじみが悪く、cのような事柄の一般的な叙述においてでないと使いにくいようなのである。今一つ例をあげる。

(28)―a ?連絡を受けた者に限って参加した。

(28)―b　連絡を受けた者だけ参加した。

(28)―c　連絡を受けた者に限って参加することになった。

bの「だけ」と同様の表現として、単に〞限定〟の意味を添えるだけの、この種の「～に限って」が使えそうに思えるのだが、aのようにするとかなり不自然である。しかるに、「～ことになった」とし、そういう成り行きに

なったと、出来事としての具体性を一段捨象して（その意味では、一般化して）述べると、ずっと自然になる。

結局、この種の「～に限って」は、動詞「限って（限る）」のもともとの意味が持っていた行為としての具体性が失われ、単に〝限定〟というような抽象的な意味を表しているといった表現であるので、行為・出来事の具体性が捨象された表現内容の中でないとなじみが悪いということだと思われる。そして、確かにこうした「～に限って」は、主語が見当たらなくなっている点では動詞性を乏しくして複合辞の世界に足を踏み入れたものと言えようが、一方、複合辞としての、もとの動詞の意味から直接に予測できないような〝独自の意味〟を担っているわけでもなく、複合辞としてはなお不安定さを残す段階のものなのではないかと見られる。それ故に、特定の条件に支えられてでないと使いにくさが出るということではなかろうか。

ちなみに、先の第二項であげた（15）―bも、この種の例である。確かに、「車輪の部分」のみがいきなり出てくるのは唐突だろうから、少なくともそれ以外のものをうかがわせる文脈がないとまずいと思われるが、それでもcはまだかなり不自然に感じられる。おそらく、「出来上がった」が出来事が起こったという具体性をかなり感じさせるからであり、dのような遠回しで具体性を捨象した表現にすると、ずっと自然になると思われるが、いかがだろうか。

（15）―b ?車輪の部分に限って出来上がった。
（15）―c ?車体その他はまだだが、車輪の部分に限って出来上がった。
（15）―d　車体その他はまだだが、車輪の部分に限って完成の運びとなった。

五、「～に限って」が〝独自の意味〟を担う場合（1）

5―1　以下では、「～に限って」が〝独自の意味〟を担って、複合辞らしさをはっきり際立たせているものについて検討していきたい。

その種の「～に限って」には二つのタイプのものがあるが、まずは、次のような例に見られる「～に限って」についていて見てみることにする。

(29) 大きな声で「国際電話です」と言っている。こんな時に限って主人は不在です。
(毎日、朝、二〇〇〇、一、二八)

(30) その上、ちゃんこの味がしみていない、つまり入門から数場所で出世する力士に限って、寿命は短く、「促成栽培」とやゆされたりする。
(毎日、朝、二〇〇〇、九、五)

(31) 最初の勢いがいい人に限って続かない。
(毎日、朝、二〇〇〇、一一、九)

(32) ただ、売れ行きに関しては『たまごっち』もそうでしたが、獣医師が『売れない』と予測したものに限って売れる時代でもあるから……」と話す。
(毎日、朝、二〇〇一、九、一一)

これらの「～に限って」は、いずれも「反期待」の含みで用いられている。すなわち、(29)では、国際電話が来たような「こんな時」は、当然〃主人ガイテホシイ〃と期待されるところだが、なぜかちょうど「主人は不在」なのである。(30)は、「入門から数場所で出世する力士」だから、〃将来有望カ?〃と期待されるものだが、意外にも「寿命は短」いのである。(31)も、「最初の勢いがいい人」だから、〃コノママイクカ?〃と期待されるのだが、案外なことに「続かない」。そして、(32)にしても「獣医師が『売れない』と予測した」ものだから、〃売レナイノカ〃と思うと、これが意外にも「売れる」というわけである。このように、これらの例では、「～に限って」は、当該事項について期待されることと反する内容を以下に導く言い方であり、その意味で「反期待」の含みのある表現といえる。

なお、冒頭に掲げた(7)(8)も、この種の例であることは理解されよう。そして、「反期待」というような

〝独自の意味〟が加わってくるので、単に「だけ」と置き換えては、意味の違ったものになってしまう。このことは既に見たとおりである。

「反期待」というような含みがあることに応じて、この種の「〜に限って」の用法には、制約が生じる。すなわち、意志や命令の言い方は文末にとれない（禁止ならとれそうである）。

(33)—a ＊こんな時に限って、電話をかけろ！

(33)—b ＊こんな時に限って、電話をかけよう！

(33)—c　こんな時に限って、電話なんかかけてくるな！

話し手自身の期待に反することの実現を、話し手が志向することは、矛盾したことだからである。

また、この種の「〜に限って」は、一般に「Aニ限ッテBデアル」というパタンで用いて、「A」という、ある種の期待が持たれる物事や場合について、「B」という、その期待に反する事態が殊更生じることをいうものであり、その意外性についての詠嘆の言い方とは、自然に結びつく。他方、「期待に反する」ことなのだから、当然の帰結という「はずだ」等とは結びつかない。

(33)—d　こんな時に限って、電話なんかかけてくるとはナァ。

(33)—e ＊華子は、こんな時に限って、電話をかけてくるはずだ。

なお、右に「意外性」と述べたが、この種の「〜に限って」が「意外性」を強く示す言い方になる仕組みは、次のようなことと思われる。つまり、「Aニ限ッテBデアル」のような言い方で、「A」という、ある種の期待が持たれるものがとり上げられる場合、「限ッテ」の動詞としての基本義が効いていて、「A」に対し非「A」、すなわち、その種の期待を持たれないその他が対比されるのである。そうした非「A」の場合であれば、期待が特に持たれるものでないのだから、期待のようなことにならなくてもおかしくはない。しかし、期待が持たれる「A」について、殊更「B」のような期待に反する仕儀になってしまうと、よりによって何とも意外なことよといった気持ちがそこに生じる、ということなのだろう。

こうした「〜に限って」の微妙な表現性が出てくる基底にも、もともとの動詞「限る」の基本義が効いているものと考えることができそうである。

5—2　以上のような「反期待」の「〜に限って」の用法が出てくる経緯を考えさせるのが、冒頭の（9）のような例である。ここでは、次のように、更に簡単にした例で考えてみたい。

（34）—a　丹羽氏は、その朝に限って、新聞を見ていなかった。

（34）—b　丹羽氏は、その朝だけ、新聞を見ていなかった。

aは、一応bのように書き換えても、ほぼ意味の同じような表現になるともいえる。しかし、正確には、aの「その朝に限って」の方については、bのように「その朝だけ」としたのではさほど強く伝わらない、ある種のニュアンス——〝他ノ朝デアレバイツモ見テイタノニ、ナゼカ、その朝に限って〟といったような含みが感じられる、つまり、ここでも「限って」の動詞としての基本義が効いていて、「その朝」が非「その朝」（=他の朝）とはっきり対比されて意識されるのである。

ところで、この例の「その朝」については、「ソノ朝ナノダカラ……」と特に何かが期待されるわけではない。その意味では、**5—1**で見てきた「反期待」の用法とは異なる。しかし、こうした場合、いわば「その朝」が、特に変わったことはないと思われるものだということはできるだろう。およそ、毎日毎日の時間などというものは、何らかの事情がなければ、ふつうは、同じように繰り返されて流れていくことが期待される。ところが、「この朝」はいつもと違っていたというわけで、そのような成り行きを、「この朝に限って……」という言い方で述べると、先のとおり、「他の朝」が対比的に意識されることになる。そして、他に朝はいくらもあろうし、別にそれらとは変わらないだろうと期待される「その朝」が特に他と違ったあり様になったということについての意外さがうかがわれる表現になる。そうした意味では、このような例も、消極的な「反期待」とでも言うべきものなのである。あるいは、このような用法を出発点として、「〜に限って」が、いわば積極的に「反期待」の成り行きであることを示す表現として利用されるようになっていったのかもしれない。

5—3　ところで、ある物事や場合について、殊更期待に反することが出てくるということは、それを述べる話し手にとって面白からぬこと、少なくとも納得しにくいことであろう。たとえ、次のように、「期待に反すること」が有り難いことであっても、それはやはり「皮肉」なことであり、釈然としないところは残るはずである。

(35)　こちらが疲れている時の講義に限って、学生が妙に熱心にノートをとったりするのだ。

そうしたところから、この「反期待」の含みの「Aニ限ッテBデアル」の表現が、期待というようなことから離れて、面白からぬこと・よろしからぬことが連鎖していくこと――一つのよからぬことが、また別のよくないことに対応することを述べるものとして用いられる用法が見られる。(5) このような用法は意外に知られていないようだが、確かに次のような言い方は有り得る。(6)

(36)　歩き方のバランスが悪い子に限って、お話を最後まで聞いていられなかったり、着替えや給食を食べるのが遅い。　（毎日、朝、二〇〇〇、一、三）

(37)　無責任なことを平気で言う奴に限って、仕事もいい加減なものだ。

右の例では、「Aニ限ッテBデアル」の「Bデアル」が「A」について期待されることと反するというようなものではない。むしろ、特に「A」のようなよろしからぬもの・ことについては「Bデアル」ことがありがちなのだ・予想されるのだといった言い方である。ちなみに冒頭に掲げた(10)も、この種の用例だといえる。

ただし、「A」について「Bデアル」ことが予想されることだといった言い方であるにせよ、よいことの連鎖を言う場合には決して使えない。
(38)＊立派なことを言う人に限って、行ないも正しいものだ。
あくまで、よろしからぬことの連鎖を言うことにしか使えないようであるから、右に述べたような経緯で派生してきた用法と見ておくのが妥当かと思う。

六、「〜に限って」が〃独自の意味〃を担う場合(2)

6 今度は〃独自の意味〃を担って、複合辞としての性格をはっきりさせている「〜に限って」のうち、二つめのタイプのものを見ておきたい。
次のような例に見られるのが、それである。
(39)—a オヤジたちは「うちの女房に限ってそんなことはない」と思っているが、そんなに甘いものじゃない。(毎日、夕、二〇〇一、一二、二一)
(40)—a でも、僕の妹に限って、そんな横暴なことをするわけなかった。(村山由佳「緑の午後〜おいしいコーヒーのいれ方V〜」)
冒頭に掲げた(11)や(12)も同様の例である。「うちの子に限ってそんなはずはない」などといった言い方がよく云々されることもあり、複合辞的な「〜に限って」の用法としては、あるいはもっとも意識されやすいものなのかもしれない。一見すれば、一応強い限定の言い方といえそうだが、そのように言っただけでは十分ではない〃独自の意味〃を担うものとなっている。そのあたりを、少し立ち入って考えておきたい。

この種の「〜に限って」は、概ね「〜だけは」と書き換え可能である(その意味では、確かに「強い限定」といった意味ととることも不当ではない)。

(39)―b　うちの女房だけはそんなことはない。
(40)―b　僕の妹だけは、そんな横暴なことをするわけなかった。
しかし、「〜だけは」と違って、「〜に限って」の場合は、文末に必ず否定の言い方がこなければならない。
(41)―a　誠だけは、そのことを聞いているはずだ。
(41)―b　＊誠に限って、そのことを聞いているはずだ。
(41)―c　誠に限って、そんなことを聞いているはずがない。
今一つ注目されるのは、この種の「〜に限って」は、先行文脈の内容を承けた形でないと使えないということである。例えば、(42)―bのように、先行文脈なしにいきなり「〜に限って」が使われると（そして、表に出ていない先行文脈があると考えられないなら）、極めて不自然な印象がある。ちなみに、「〜だけは」の場合は、cのようにいきなり出てきても、さほど不自然ではない。
(42)―a　うそをついた人は何人かいるようだ。しかし、太郎に限ってうそをついてはいない。
(42)―b　?太郎に限ってうそをついてはいない。しかし、うそをついた人は何人かいるようだ。
(42)―c　太郎だけはうそをついてはいない。しかし、うそをついた人は何人かいるようだ。
以上の観察からとりまとめると、この種の「〜に限って」は、既に話題になっている事柄があることを前提に、特定のものをとり上げて、それがその事柄に該当するものでないということを、それ以外と対比して述べるものと言えそうである。

つまり、問題となっている事柄Bがまずあることを前提に(7)「Aニ限ッテBデナイ」という言い方で、Bに該当しそうな候補の範囲の中から、該当しないものとしてAを他から区別して特にとり出す表現といえる（該当しそうな候補の範囲を、A対非Aに区分することになるので、非Aが意識され、「他ハ知ラナイガ、Aハ」といった対比していうニュアンスが強く出てくることにもなる）。いわば、「限局」して「問題外」と扱う表現なのである。

七、結び

7 この節で論じてきたことの要点を、次表を手掛りにふり返っておきたい。

この節では、複合辞的形式として問題にされる「〜に限って」にも多様なものがあることに注意し、（1）「〜に」への副助詞「だけ」の挿入の可否と、（2）「〜に限り」への書き換えの可否を手掛りに、「〜に限って」表現を段階的に整理してみた。ここでは、便宜上表に従って、それぞれⅠ段階・Ⅱ段階・Ⅲ段階と呼ぶことにする。

Ⅰ段階の「〜に限って」は、一応主語を考えようと思えば可能なものであり、その意味ではなお動詞的な性格がある程度残っているものといえる[8]。

次いでⅡ段階になると、対応する主語が見当たらなくなり、「〜に限って」は、単に〝限定〟の意味を添える副助詞的なもののように解されるようになる。もっとも、これは複合辞的なものに転じた初めの段階で不安定な面の残る表現らしく、出来事・行為としての具体性が捨象された一般的な表現においてでないと用いにくい。そうした具体性を捨象した表現の中で用いられることに支えられて、何とか許容されるもののようである。

そして、Ⅲ段階になると、「〜に限って」が、形としても固定したものになるとともに、もともとの動詞「限る」の意味から直接に予測できないような〝独自の意味〟を担って用いられるようになる。この段階では、「〜に限って」ははっきり複合辞として確立したものになっているといえる。

Ⅲ段階の、〝独自の意味〟を担う「〜に限って」には、二つのタイプのものがある。

［表2　「〜に限って」形式の連続相］

指標＼段階	Ⅰ	Ⅱ	Ⅲ
［〜に］への「だけ」の挿入	○	×	×
「〜に限り」への書き換え	○	○	×

一つは、「反期待」の含みで用いられるものであり、そこから、よからぬことの連鎖をいう用法も派生してくる。今一つは、「うちの子に限って、そんなはずはない」のような場合の、「限局」して「問題外」と扱う意味で用いられるものである。

こうした〝独自の意味〟は、確かに動詞「限る」の意味から直ちに予測できるものではないが、こうした〝独自の意味〟が出てくる基底には、動詞「限る」の基本義が働いているものと見られる。また、右に限らず、「～に限って」の「～だけ」などと比べての用法の特色を考えるうえでも、そこに動詞「限る」のもともとの意味特性が影響していると理解すべきところがある。

およそ以上のようなことを論じてみた次第である。なお考えるべきこともあるが、(9) ここでの考察はこれにとどめることとしたい。

【第13節・注】

（1）例文（4）（5）は、国研（二〇〇一）の「～に限り・～に限って」の項の用例から転載したものである。

（2）なお、「述べる」のような述語の場合、「述べる」対象を複合辞「について」で示した「活字について述べる」のような表現を、格助詞「を」で対象を示す形に改めようとすると、「活字のことを述べる」のように、「のこと」を補わないと不自然になる。複合辞「に限って」の表現を「だけ」と格助詞「を」の形に改める場合も、同様のことになるらしい。

（3）この点、「『に限り』に比べると、『に限って』には、対比の意味が強く出るものと思われる」との指摘もあるが、これは、「に限って」と「に限り」の問題ではなく、むしろ、「～テ」形対連用形の印象の違い――前者の方が以下といったんはっきり切れる印象があるといったことに由来する観察と思われる。「～に限って」の問題にとどまらないことであるので、右の指摘については考えに入れないでおく。

（4）『日本語基本動詞用法辞典』では、「山の稜線が空を限っている」「海岸線が海を限っている」のような例をあげ、ヲ格をとるパタンに、「（《物》が）《所》ヲ限ル」のようなものを立てている。確かにこのような言い方もあるかもしれないが、現代語としては実際にどの程度使われるものか。少なくとも、使われるとしてもごく稀なものと考えてよいように思えるので、ここでの議論では特に問題にしないでよかろうと思う。

（5）対応するのは、別個の「よろしからぬこと」でなければならない。一方から必然的に導かれること・予測されるようなことは、別のこととは言えない（いわば、その「一方」に含まれていることなのである）。従って、「よろしからぬこと」を対応させている形であっても、次のような「〜に限って」の使い方は、不自然なのである。

（ア）？時間にルーズな奴に限って、よく遅刻する。

（6）五十代（この節のもととなった原稿執筆当時）のある研究者から、こうした用法は自分には自然に感じられないとのコメントをもらった。筆者（当時四十代）は特に違和感はなく、同年代の数人の研究者も筆者と同様であった。あるいはこうした用法は、近年になって生まれてきたものなのかもしれない。

（7）前提とされる「問題となっている事柄」は、悪いことであることが多いようにも思えるが、次のように、よいことに該当しないという意味でこの種の「〜に限って」を使うこともできるので、必ずしも悪いことが前提になるとは限らないと考えておくべきだろう。

（イ）あいつに限って、そんな立派な口上が言えるはずはない。

（8）ただ、実際のところは今少し微妙で、確かに主語を意識すれば動詞的に見えてくるが、主語を意識しないと辞（関係表現）的にも見えてくる、といった両様の見え方がするというのが本当のところかもしれない。

（9）関連して、覚え書き的にメモしておきたい。「〜に限って」に「は」や「も」がついた形についてである。

まず、「〜に限っては」は「限局・問題外化」の用法を明確にした言い方になることが多いようだが〝限定〟の意味を単に添えてとりたてているような言い方になることもある（名詞と「は」の間という、副助詞の入る位置にくることで「に限って」が副助詞的な性格を際立たせるのかもしれない）。

（ウ）—a　うちの子に限っては、そんなはずはない。

（ウ）—b　この問題に限っては、私に処理させていただきます。

また、「～に限っても」は、以下で述べる文内容の範囲を限定する文副詞的な句になる。この節で論じた複合辞的な「～に限って」とはかなり性格の違うものになるわけである。

（エ）　光熱費に限っても、昨年度に比べて7％も増加している。

14.「～に限らず」

～オランダ語は、オランダに限らずベルギーの北部でも話されている～

一、対象の整理と位置づけ

1―1 この節では、次のような「～に限らず」という形式をとり上げ、その用法についていささか考えてみたい。

(1) 彼女たちの「情報」すべてが、女性に限らず男性にまで影響を与える。
(毎日新聞、朝、二〇〇〇、二、五)

(2) ペンギン島に限らず、モンキー・マイアでもペリカンなど野鳥は人を怖がらずに近付いてくる。
(毎日、朝、二〇〇〇、四、二三)

(3) 日本書紀に限らず、魏志倭人伝にも同じことがいえるのだが、戦後五十数年、当然のこの原則を軽視した古代史研究が目につく。
(毎日、朝、二〇〇〇、一一、三)

(4) これは中国に限らず、21世紀の全世界が考えるべき問題だ。
(毎日、朝、二〇〇〇、二、七)

(5) 五輪に限らず、大規模な国際イベントの招致・開催については、自然を含む開催地域の社会環境の保全に対する姿勢が厳しく問われるようになってきている。
(毎日、朝、二〇〇〇、一、二六)

(6) 流通業に限らず産業界で生き残るには、「選択と集中」で同業者に負けない中核事業を育て、時々刻々変わる消費者のニーズを的確につかむという商人道の原点に戻るしかない。経営者は肝に銘じるべきだ。
(毎日、夕、二〇〇〇、二、一五)

右のような「～に限らず」は、「～だけでなく」「～のみならず」のような言い方に置き換えても、ほぼ同義と感じられる。概して言えば、人・事物・事柄等を〝ソレニ限定サレルモノデハナイ〟といった意味合いでとり上げて、以下に示される、それと並んで考えられるものに意味的に関係づける表現だといえる。その意味では、添加等の関係を示す助詞にも近い形式だということもできよう。この種の用法の「～に限らず」を①として、「項目関係づけ用法」と呼ぶことにする。

そして、右の例から見てとれるとおり、そうした関係づけにも大きく二つのパタンがある。

①―1　A1に限らずA2（も／まで　等）

①―2　A〔部分〕に限らずB〔全体〕（が／を　等）

すなわち、一つは、用例（1）の「女性に限らず男性（にまで）」のように、「に限らず」によって同じ次元で並ぶ項目が関係づけられるパタンである（（2）（3）も同じ）。これを①―1として、右のように示しておこう。ちなみに、このパタンでは、A2の方に「も」や「まで」といった累加を示す語が加えられるのが普通である。今一つは、用例（4）の「中国に限らず、21世紀の全世界（が）」のように、「に限らず」によって、部分にあたる項目と、その部分を含む全体にあたるものとが関係づけられるパタンである（（5）（6）も同じ）。これを①―2とする。なお、このパタンでは、次のように、全体にあたるものをいう部分が副詞的な形になることもある。

（7）　地方の財政悪化は、東京都に限らず全国的に深刻である。（毎日、夕、二〇〇〇、二、一五）

「～に限らず」が、〝ソレニ限定サレルモノデハナイ〟という意味合いで以下の相並んで問題となる項目と形成する関係のパタンには、大別して以上のような二つのタイプがある。

①―2タイプの「～に限らず」表現には、対応する連体修飾の言い方が考えられる。すなわち、「中国に限らず、21世紀の全世界が……」のように、全体にあたるものをいう部分が名詞の形をとる場合、ほぼ同義的に「中国に限

らない21世紀の全世界が……」といった言い方が可能である。これに対し、①―1タイプの場合、対応する連体修飾の言い方は考えられない。「女性に限らない男性にまで……」といった言い方は、できないのである。その意味でも、①―1と①―2のタイプ分けをまず考えておくことは妥当だろう。(1)「〜に限らず」の用法は、しかし、右にとどまらない。というのは、次のように「〜に限らず」の後に、「〜に限らず」でとり上げられるものと相並んで考えられるような他のもの・全体が出てこないパタンも見られるからである。

(8) この会議に限らず、米国での禁煙は徹底している。（毎日、夕、二〇〇〇、九、六）

(9) 入試に限らず各大学の個性化・多様化がますます進むことは間違いない。（毎日、朝、二〇〇〇、一〇、一三）

(10) 財政に限らず、私たちは不安の渦中に投げ込まれている。（毎日、朝、二〇〇〇、六、二五）

これらは、〝〜に限らず、スベテニオイテ〟のような意味が伏在しているととれる。その点では、①―2の延長上にあるものということができるが、形としては大きく違うので、この用法を②として区別しておく。

② Aに限らず、……

これは、ある項目に言及しつつも、それに限定されるものでないとして、一般的な話であるという意を添える言い方であるので、さしあたり「項目非限定用法」と呼ぶことにする。

以上、手始めにまず、この節で問題にする「〜に限らず」の用法のパタンを概観してみた。(2)

1―2 右に見たような「〜に限らず」は、動詞「限る」の打消の形に由来するものだが、動詞としての動作・行為の意味が乏しくなり、抽象的な関係表現としての複合辞に転じたものといえる。従って、同じく「〜に限らず」の形をとっても、動詞述語の「〜に限らず」とは、文法的性格が異なってくる。

まず、ここで問題にしている関係表現の「〜に限らず」の場合、主格やヲ格はとれない。次のとおり、「限る」が動詞述語である場合は、主格やヲ格をとることができる。これは、その否定中止形である「限らず」の形でも同様である。

(11)—a　主催者は、対象を青年層に限って、公募した。

(11)—b　主催者は、対象を青年層に限らず、広く公募した。

しかし、先に見た「〜に限らず」の例（1）〜（10）については、主格やヲ格にあたるものは考え難いし、そうしたものを形の上ではっきり付加するようなことも、もちろんできない。主格やヲ格がとれなくなっているということは、こうした例の「限らず」（そして、その部分である「限る」）が、誰か（主体）が何かに関して行う動作・行為を描く動詞としての意味を乏しくしていることの反映といえる(3)。

次に、動詞述語の「限らず」の場合、同様の否定中止の形としては「限らずに」「限らないで」といった形も考えられ、微妙なニュアンスを別にすれば、「限らず」は一般に「限らずに」「限らないで」に同義的に書き換えることができる。

(11)—b　主催者は、対象を青年層に限らず、広く公募した。

⟶c　主催者は、対象を青年層に限らずに（／限らないで）、広く公募した。

しかし、関係表現の「〜に限らず」の場合、こうした書き換えはできない。

(1)—a　彼女たちの「情報」すべてが、女性に限らず男性にまで影響を与える。

⟶b　*彼女たちの「情報」すべてが、女性に限らずに（／限らないで）男性にまで影響を与える。

(4)—a　これは中国に限らず、21世紀の全世界が考えるべき問題だ。

⟶b　*これは中国に限らずに（／限らないで）、21世紀の全世界が考えるべき問題だ。

（8）—a　この会議に限らず、米国での禁煙は徹底している。

⟶b ＊この会議に限らずに（／限らないで）、米国での禁煙は徹底している。

つまり、こうした「〜に限らず」は、一つの関係表現の形式として、形が固定化しているのである。また、その意味では、やはり動詞述語の「〜に限らず」と違って、「は」の挿入もできない。

（11）—d　主催者は、対象を青年層には限らず、広く公募した。

（1）—c ?彼女たちの「情報」すべてが、女性には限らず男性にまで影響を与える。

（4）—c ?これは中国には限らず、21世紀の全世界が考えるべき問題だ。

（8）—c ?この会議には限らず、米国での禁煙は徹底している。

このような形の固定化は、従来複合辞化の指標とされてきた特性である。

以上のように、この節で問題にしている「〜に限らず」は、動詞述語が動作性を乏しくして関係表現に転じたものと見られ、それに応じて形も固定化している。その意味では、複合辞と呼んで然るべきものだといえる。

もっとも、複合辞として働く「〜に限らず」形式のあることが明らかに認められ、それが動詞述語とは区別され得るものであるにしても、複合辞「〜に限らず」が動詞述語「〜に限らず」と全く連続性を持たないわけではない。例えば、先に挙げた例（1）〜（7）や次の（12）などでは、「限らず」に主語を考えることは難しく、その点で、動詞述語としての性格を欠くものになっているといえる。

（12）　砂川氏に限らず日高氏も、その点では同じ見解だ。

しかし、次のように、関係表現と解される「〜に限らず」でも、後に出てくる動作的な意味の動詞述語と並列的にも読める場合は、その動詞述語と同一の主体の動作・行為を表すものと解する余地が生まれてくる。

（13）—a　今回は、三井氏に限らず全員に連絡した。

つまり、aの「限らず」は、bのように書き換えてもほぼ同義の動詞述語と解する可能性もなくはないのである。

（13）―b　今回は、三井氏に限らずに全員に連絡した。

このように、複合辞的な関係表現の「〜に限らず」も、動詞述語との連続性が考えられるような場合はなくはない。しかし、動詞述語とは解し難い例がはっきり存在するのであるから、典型的には、こうした「〜に限らず」を一つの複合辞として論じてさしつかえないと考えられる。そのような立場をここで確認し、以下検討を進めることにしたい。

1―3　なお、「限る」という動詞は、それ自体がもともとかなり抽象的な意味の動詞であるためか、辞的な形式をいろいろ派生させている。否定とかかわっても、右のようなものの他に、次のような言い方の「限らない」も、「限る」主体等は考えにくく、動詞述語としての性格を失っていると考えられる。

（14）―a　大事な場面での彼女の失敗は、今回に限らない。

こうした「〜に限らない」は、ほぼ「〜だけでない」と同義であり、名詞を受けてひとまとまりの述語句を形成する助動詞的な複合辞として働くものと言っていいだろう。そして、これには「〜限らず」という中止形もある。

（14）―b　大事な場面での彼女の失敗は今回に限らず、我々は随分迷惑をかけられてきた。

しかし、もちろんこの節でとり上げるものとは別と考えるべきもので、以下では扱わない。一言だけ付け加えておくと、この種の「〜に限らず」には、「は」の挿入が可能と思われる（ちょうど「〜だけでなく」に「〜だけではなく」と「は」が挿入できるのと同様である）。その点でも、この節で扱う形式とは性格が異なる。

（14）―c　大事な場面での彼女の失敗は今回には限らず、我々も随分迷惑をかけられてきた。

二、これまでの記述から

2—1　前項では、この節で問題にする「〜に限らず」の用法について概観し、その複合辞としての性格を確認したが、ここでは、この複合辞「〜に限らず」についての主要な記述をふり返り、この「〜に限らず」をめぐって検討すべきポイントを明確にしていきたい。

複合辞「〜に限らず」を考察の中心に据えた単行論文といったようなものは見いだせないから、これについてのある程度まとまった記述となると、結局これまで公にされた複合辞全般にわたるいくつかの包括的記述の中に見られる「〜に限らず」への言及の部分ということになる。(4) そのような、いくらか踏み込んだ言及が見られるのは、森田・松木（一九八九）と国研（二〇〇一）であるが、まず森田・松木（一九八九）から見てみたい。

森田・松木（一九八九）では、「〜に限らず」を「限定・非限定を示す」また「添加を示す」副助詞的な複合辞の一つとしてとり上げ、次のように説明を加えている。

「に限らず」は「に限って」「に限り」の否定形で、様々な名詞を受けて非限定を表す最も一般的な形である。〝あるものだけに限定せず、その他のものにも視野を広げる〟という点で添加の意味合いを帯びることも多く、その場合、「ばかりか」「だけでなく」等との置き換えが可能である。（七〇頁）

特段掘り下げた記述というわけではないが、置き換え可能な類義形式として「〜ばかりか」「〜だけでなく」等を挙げている点は注目される。そして、「〜ばかりか」との対比で、更に次のような簡単な言及がある。

「ばかりか」は、名詞を受けて事物がただそれだけに限られず他にまで及ぶことを表す。「AばかりかB」の形でより程度の軽い事物Aをまず挙げ、〝Aだけではなく、さらにその上により重いBまで加わる〟の意で程度を引き上げる発想である。Bには「も」「まで」「さえ」「だって」等の副助詞が伴いやすい。（用例略）類似表現として「Aに限らずB」「AのみならずB」があり、ほぼ同様の文脈で用いられるが、「AばかりかB」と違って、ABの間に程度の軽重という差は特別ないようである。（七一〜七二頁）

確かに「～ばかりか」は、「～に限らず」「～だけでなく」「～のみならず」とはかなり意味的性格が異なり、それに応じて文法的性格においても違いが見られる。意味に関しては右の記述で基本的なところは押さえられているかと思われるが、ここでは併せて文法的な特質にも目を向けておきたい。すなわち、注意しておきたいのは、「～ばかりか」を用いた場合、その文を意志や命令の表現にはできないという点である。

(15)―a　この問題については、専門家に限らず一般の方々の率直な意見を聞きましょう（／聞くように）。

(15)―b　この問題については、専門家だけでなく一般の方々の率直な意見を聞きましょう（／聞くように）。

(15)―c　この問題については、専門家のみならず一般の方々の率直な意見を聞きましょう（／聞くように）。

(15)―d　*この問題については、専門家ばかりか一般の方々の率直な意見を聞きましょう（／聞くように）。

(15)―e　この問題については、専門家ばかりか一般の方々の率直な意見を聞いた。

この事実は、「～ばかりか」の表現性を反映するものと思われる。一歩踏み込んで言えば、「～ばかりか」は、二つの事態を比較して、事態がより重いものととられる段階に至っていることを言う、一種の評価性を持った言い方である。[5]（15）の例で言うなら、「専門家ばかりか一般の方々の率直な意見も聞く」という表現は、物事が「専門家ノ（率直ナ）意見ヲ聞ク」という事態にとどまらず、「専門家ニ加エテ一般ノ方々ノ率直ナ意見ヲ聞ク」というより重い事態に至っているということを述べるものであって、そこには、前者に比べて後者を重しとする評価が表れてくるわけである。故に、当該の文から読みとられ比較される事態は、評価を与える対象となる確定したもの・確定すると想定できるものでなければならず、意志や命令によってこれから実現がはかられる未確定のものであってはならない。これに対し、「～に限らず」等には、そのような評価的な意味はないので、基本的に意志や命令の文においても使えるわけである。

このように、「～に限らず」と類義的といわれる形式でも、表現性（意味・機能の仕方の特質）において大きく違うと見られる「〜ばかりか」との相違は比較的わかりやすい。しかし、用法が非常に近い「〜だけでなく」「〜のみならず」との違いの方が微妙で、むしろ問題だといえよう。

2―2　そのあたりにいくらか言及しているのは、筆者もかかわった国研（二〇〇一）である。国研（二〇〇一）では、「〜に限らず」を一つの複合辞として立項し、一歩踏み込んだ観察等を記した、その「ノート」の部分で、「〜に限らず」の類義表現として「のみならず」に言及し、次のように記している。(6)

「のみならず」の場合、「するのみならず／したのみならず」と、動詞句を受ける用法が可能だが、「に限らず」にはこうした用法はない。また、名詞を受ける場合でも、「に限らず」は、〟範囲はこれだけでない〟ということを述べるのに重点があるのに対して、「のみならず」は、〟それに加えて更に〟と以下の列記にされるものを取り上げる点に重点がある。それ故、問題になる人・ものを並べ立てて言う場合は、「山崎氏のみならず井上氏も来た」とは言えても、「井上氏に限らず山崎氏も来た」という言い方は不自然である。「来た」ということにあてはまるのが何かが問題になっているわけではないからである。

（二〇一頁・原文横書き）

すなわち、右では「〜に限らず」の「〜のみならず」との相違として（一）動詞句を受ける用法がない、（二）名詞を受けて以下の名詞と関係づける用法でも、「〜のみならず」を「〜に限らず」と置き換えられない場合がある、ということが指摘されている（この二点は、「〜に限らず」の「〜だけでなく」との相違としても妥当する）。動詞句を受ける副助詞をその構成部分としている「〜のみならず」「〜だけでなく」との相違ということであるから、（一）はそれなりに納得できるものであるが、（二）の「〜のみならず」を「〜に限らず」と書き換えるとはっきり不自然に感じられる例があるという指摘は注目してよいだろう（なお、「山崎氏のみならず井上氏も来た」に対して、「井上氏に限らず山崎氏も来た」と、「山崎氏」「井上氏」の順まで入れ替わっているが、これは単なるミスである）。もっとも、そうした〟ずれ〟を右のような意味の違いとして単に説明してみたところで、なお十分説得的でないように思われる。むしろ、そうした説明は措いて、どのような要因で「〜のみならず」「〜だけでなく」が「〜に限らず」と置換しにくいのか、掘り下げて検討する必要があるだろう。この節では、この問題に焦点をあててみることにしたい。

なお、「〜のみならず」と「〜だけでなく」は、その用法がほぼ重なり、相違は文語的かどうかといった文体的なものだと思われる（もっとも、それ故「のみならず」が接続詞的用法をもつ等の違いはある）[7]。以下では、より自由に用いられる「〜だけでなく」で両者を代表させ、「〜に限らず」と比較することにする。

が、項目関係づけ用法の「〜に限らず」と「〜だけでなく」との比較に先立ち、従来あまり言及されてこなかった項目非限定用法の「〜に限らず」について、まず見ておくことにしたい。

三、項目非限定用法の「〜に限らず」

3　項目非限定用法の「〜に限らず」は、「〜ニ限定セズ、スベテニオイテ」といった意味を表し、その「スベテニオイテ」が隠れた形とも見られる点では、①—2用法とも連続するものだと述べた。しかし、逆に①—2用法の「スベテ」［全体］にあたる部分を落とせば、どんな場合でも、この②の項目非限定用法の形にできるというわけではない。例えば、次のような例では、aをbのようにすると、やはり不自然である。

(16)—a　桜介は熱を出して十分勉強できなかったのだが、今回は彼に限らずみんなが単位を落としてしまった。

(16)—b ＊桜介は熱を出して十分勉強できなかったのだが、今回は彼に限らず単位を落としてしまった。

(17)—a　店の新年会には、周太に限らず全員を招待した。

(17)—b ＊店の新年会には、周太に限らず招待した。

主格や目的格等にあたるものを、このような「〜に限らず」表現を用いて伏せた形にすることはできない。つまり、こうした項目非限定用法で、「〜ニ限定セズ、スベテニオイテ」と言及できるのは、述語を中心として描かれる文の事柄内容の構成要素（つまり、格成分として示される項目）の部分ではなく、そのような事柄内容が成り立つ「場合・領域・場所」等である。

(18)　今回に限らず、事前の準備が大切だ。

(19)　法律の問題に限らず、論理の一貫性は厳しく問われることだ。

(20)　日本に限らず、テロの危険は増加しつつある。

このように、そこで問題になった「場合・領域・場所」等の一例に言及し、以下の事柄内容が成り立つのは、その一例にとどまらない一般的なことだとの説明を加えるのが、この項目非限定用法の「〜に限らず」なのである。

従ってまた、この用法の「〜に限らず」表現が添えられるのは、一般的な事実・状況の表現であって、一回的な出来事を表すととられる表現とは結びつかない。例えば、次のaのような文は相当不自然に感じられるが、これは「誠は週末に高崎に行った」のような表現が、普通には一回的な事柄の表現ととられるものだからである（決め事として一般的にそうだったというbなら可になることと比較されたい）。

(21)—a　?今回に限らず、誠は週末に高崎に行った。

(21)—b　今回に限らず、誠は週末に高崎に行くことにしていた。

以上見てきたとおり、この種の「〜に限らず」は、文で述べられる事柄内容について説明・限定を加えるものである。その点では、いわゆる文副詞に近いところがある。しかし、文の表現内容を主体的なモダリティの面と客体的なプロポジション（命題）の面とに大きく二分する考え方に立つなら、文副詞がプロポジションの外側にあって話し手の主体的な評価や注釈を加えるものであるとされるのに対し[8]、この種の「〜に限らず」は、事柄内容が成り立つのはとり上げられた一つのケースにとどまらない一般的なことだとの説明を加えるものであり、あくまで客体的なプロポジションの側のあり様を述べるものだと考えられる。つまり、文構造における位置づけとしては、この種の項目非限定用法の「～に限らず」(9)は、プロポジションの側にあって、その文で述べられる事柄内容の成り立ち条件について説明を加える副詞的規定句を形成して働くものということができるだろう。

四、「～だけでなく」との比較

4―1　次に、懸案の、「～だけでなく」と①用法の「～に限らず」について比較検討してみたい。「～だけでなく」は「～に限らず」と互換性が高いように思われがちだが、詳しく見てみると、意外に置き換えが自然に行かない例が少なくない。既に国研（二〇〇一）でもそうした一例を挙げたが、新たにその種の例を一、二掲げておこう。

(22)―a　きのうのコンパでは、正浩は、枝豆だけでなく唐揚げやフライドポテトも食べた。

(22)―b ?きのうのコンパでは、正浩は、枝豆に限らず唐揚げやフライドポテトも食べた。

(23)―a　この店は、昼だけでなく夜もやっている。

(23)―b ?この店は、昼に限らず夜もやっている。

(22)(23)のaの例と比べ、bの例は、特別の文脈でもなければ、かなり不自然になる。この点、念のために補足しておくと、「ナニナニだけでなく」という言い方だって、その〝ナニナニ〟にどうして言及するのかがわかる文脈等がなければ唐突な感があるのではないかと思うかもしれないが、次のように説明を加えて、当該の事物がそこで持ち出されること自体の唐突さを除いてみても、「～に限らず」の方には、やはり不自然さが残るのである。

(22)―c　きのうのコンパでは、正浩は、〝今日のおすすめ〟の枝豆だけでなく唐揚げやフライドポテトも食べた。

（22）—d　?きのうのコンパでは、正浩は、〞今日のおすすめ〟の枝豆に限らず唐揚げやフライドポテトも食べた。

右のような自然さの違いがどうして出てくるのか、もう少し表現のニュアンスの微妙な違いを押さえて、掘り下げてみたい。

「AだけでなくBもある〔食べる、やっている等、ここでは「ある」で代表させる〕」というような言い方は、〞AもBもある〟〞AもあるしBもある〟といった意味に自然に解せられる。これに対し、「Aに限らずBもある」のような言い方は、その含みを汲み取ってみると、〞Aは当然だとして、その上Bもある〟といったように言うものだと感じられる。つまり、〞Aは当然のもの〟というニュアンスでAが持ち出される言い方であるわけだが、こうした表現に違和感を覚えるとすれば、何の説明もなしにAは当然だといった示し方がなされることが、唐突で不自然に感じられるのである。つまり、当然のように示される〞Aがある〟ことが、当該の文の範囲だけでは実は当然のこととして確立されていないと感じられた故の違和感だと考えられる。

この見方は、次のような事実からも裏付けられよう。すなわち、右の（22）（23）のbのような例でも、「Aに限らずBも食べた／やっている」といった表現に関して、〞Aは当然食べる／やっている〟ということが文脈的に保証されれば、不自然さはなくなるのである。

（22）—e　正浩は枝豆が大好物なのだが、きのうのコンパでは、彼は、枝豆に限らず唐揚げやフライドポテトも食べた。

（23）—c　この界隈の店は大体は昼に営業しているのだが、この店は昼に限らず夜もやっている。

このように、①パタンの「Aに限らずB……」のような表現は、〞Aは当然だ〟ということが文意や文脈から保証されないと、実は用いにくい。もちろん、我々は、一文のみを与えられても、それを自然に理解するためには、先行する然るべき文脈があるのだろうと想像するのが普通である。従って、例えば冒頭の（2）～（7）のような例も、新聞記事の中の一文であり、「～に限らず」でとり上げられる項目が当然前提されることになるような文脈があったのだろうとの想像が容易であることに支えられて、不自然さはほとんど意識されない。しかし、断片的な作例として示され、そうした想像が直ちに働かない（22）（23）のbのような例では、以上のような「～に限らず」の表現性の特徴が際立ってくるのである。

なお、右に見てきた例は、①パタンでも①―1のタイプの例であるが、「Aに限らずB」のAとBが〔部分〕と〔全体〕の関係になる①―2タイプの例でも、「～に限らず」のこうした表現性は同様である。

（24）―a　きのうのコンパでは、正浩は、枝豆だけでなくすべてのメニューを食べた。

（24）―b ?きのうのコンパでは、正浩は、枝豆に限らずすべてのメニューを食べた。

（24）―c　正浩は枝豆が大好物なのだが、きのうのコンパでは、彼は、枝豆に限らずすべてのメニューを食べた。

4―2　右のとおり、「～に限らず」と「～だけでなく」の相違は、後者が特別の含みの出てこない中立的な言い方であるのに対し、前者には「～は当然のこととして、それ以外も」といった含みが出てくることだといえる。従って、「Aに限らずBも／すべて」といった言い方は、一面ではむしろ「AはもちろんBも／すべて」というような表現にも近いものといえる。例えば、先の（22）―eや（23）―cを次のようにしても、文意は極めて近いものになる。

（22）―f　正浩は枝豆が大好物なのだが、きのうのコンパでは、彼は、枝豆はもちろん唐揚げやフライドポテトも食べた。

（23）―d　この界隈の店は大体は昼に営業しているのだが、この店は昼はもちろん夜もやっている。

また、(24)―cを次のようにしても、やはり意味は非常に近い。

(24)―d　正浩は枝豆が大好物なのだが、きのうのコンパでは、彼は、枝豆はもちろんすべてのメニューを食べた。

「～に限らず」に右のような含みが出てくることは、この形式の成り立ちから説明できるだろう。

複合辞「～に限らず」は、動詞「限る」の否定中止形に由来するが、動詞「限る」は、ニ格を伴っては、

X　[問題となるもの（の範囲）]ヲ　Aニ　限ル

のようなパタンで用いられる（もっとも、言い切り用法ではかなり使いにくい）。そして、端的に言うなら、「XヲAニ限ル」ということは、結局「XヲAトスル」ことである。問題となるXというもの・事柄について、いくつもの可能性の中からAにしぼって決めるということである。例えば、次例で言えば、問題になる「試験場に持ち込めるもの」をどうするかについて、いろいろな可能性の中から「筆記用具」にしぼって決めたわけである。

(25)―a　試験場に持ち込めるものを筆記用具に限って、受験させた。

このように、「XヲAニ限ル」のような構造において、ニ格は、Xについてどうするかのいわば〝答え〟として用意されたものが示されることになる。そのため、「限ル」のとるニ格には、問題となっていることの〝答え〟として用意されたものがもち出されるといった受けとめ方が、ついて回ることになる。

そして更に、これが「XヲAニ限ラナイ」といった否定の言い方になると、ニ格に示されるAは、Xについてどうするかの〝答え〟といった意味合いで措定されたはずのものだが、それに限定しないとなると、もともと〝答え〟として用意されたAは当然Xの範囲に入ってくるし、それ以外もXには入るということとなる。「Aは当然のこととして、それ以外も」といったニュアンスが生じてくるのである。例えば、次例で言えば、

(25)―b　試験場に持ち込めるものを筆記用具に限らなかったが、問題は生じなかった。

このような言い方がなされる場合、「試験場に持ち込めるものを筆記用具に限って……」というような事態もあることが意識されたうえで、そうしなかったということが述べられていることになる。そして、わざわざニ格に言及された「筆記用具」は、「試験場に持ち込めるもの」はどうなのかのあり得る〝答え〟としてもともと用意されたものであるから、当然〝持ち込み可〟の範囲に入ってくるのであり、その上、それ以外も認められるということになるわけである。

このような「XヲAニ限ル／限ラナイ」表現を背景に、その否定中止形から派生した複合辞「〜に限らず」であるので、「〜に」でとり上げる項目について「〜は当然のこととして」といった含みが出るという表現性を引き継いでいるものと考えられる。

これに対して、「〜だけでなく」には、そのような込み入った表現性を生み出す背景は考えられない。「だけでなく」が「ダケダ／デナイ」から出てくるものだとしても、その「〜ダケ」でとり上げられる項目に特定の意味合いが読み込まれる経緯もないので、「〜に限らず」の場合のような特別の含みは生じないのである。

五、結　び

5　以上、この節では、（一）「〜に限らず」の用法を一段詳しく整理するとともに、（二）特に「〜に限らず」と「〜だけでなく」の相違、すなわち「Aに限らずBも／すべて」のような言い方と「AだけでなくBも／すべて」のような言い方について、その用法の違いをやや立ち入って論じた。

【第14節・注】

（1）　ただし、次のように、両タイプが複合した例が出てくることもある。

（ア）本に限らず、音楽、演劇、絵画、家具など、人生を豊かにするものと真剣に向かい合うから、目も耳も鍛えられている。

（毎日、夕、二〇〇〇、六、七）

（2）なお、次のような使われ方の例も、稀に目にすることがある。

（イ）地方の指導者がエリツィン氏と接触すると、敵味方にかぎらず、常に皇帝に仕える地方首長ような態度となった。

（毎日、朝、二〇〇〇、二、二）

これは、「〜にかかわらず」とすればよく意味の通る言い方で、これとの混同ではないかと思われる。それ故、複合辞「〜に限らず」の用法の記述からは除いておく。

（3）複合辞「〜に限らず」の「限らず」の部分が動詞述語としての性格を乏しくしていることの反映としては、「〜に」の部分に限定を表す「だけ」等の副助詞が挿入しにくいという事実を挙げることもできるかと思う。例えば、（11）のbのような動詞述語として働く「限らず」のとる「〜に」の部分に、「だけ」を加えることは、ごく自然にできる。

（ウ）主催者は、対象を青年層だけに限らず、広く公募した。

しかし、複合辞「〜に限らず」の「〜に」の部分に「だけ」を加えるようなことは、冗語的でかなり不自然である。例えば、用例（1）（8）をそれぞれ（エ）（オ）のようにすると、やはり自然な言い方ではない。

（エ）?彼女たちの「情報」すべてが、女性だけに限らず男性にまで影響を与える。

（オ）?この会議だけに限らず、米国での禁煙は徹底している。

このように「だけ」の挿入が冗語的で不自然になるのは、「限らず」の動詞性が乏しくなったことで、「〜に」が対立項の考えられる補語ととらえられなくなり、「〜に限らず」自体が範列的な関係を表す助詞的な形式に転じたためだと考えられる。

もっとも、一種の強調の気持ちが働いて、複合辞「〜に限らず」の「〜に」の部分に「だけ」のような副助詞が加えられることはあると思われる（森田・松木（一九八九）に、その種の用例があり、また、実際に検索する中でも出てくることはある）。従って、（エ）（オ）のような言い方も、現れない形ではない。

（4）なお、この節のもとになった論文を公刊した二年後に出されたグループKANAME（二〇〇七）には、「〜に限らず──非限定を表す──」として、「〜に限らず」が立項され、簡単な説明が加えられている（藤村知子執筆・以下、藤村（二〇〇七）とする）。しかし、この節で指摘した「項目非限定用法」については、全くふれられておらず、その点で、「～に限らず」の用法説明としては不十分である。また「項目関係づけ用法」についても、「N^1に限らずN^2」のパタンで「N^1とN^2の関係は、包含、添加、反対の3種類である」（一八七頁）とし、「ニュースに限らず、レポート、インタビューでも……」のような用法を「添加」、「都会に限らず、地方においても……」のような用法を「反対」として区別するが、後者を「添加」と見たとしても別段支障はなかろうと思われ、このような区別が「～に限らず」の分析として意味があるものとも思えない。以下この節の記述では、藤村（二〇〇七）については特に問題とすることはしない。

（5）服部（一九九六）五二頁参照。

（6）実は、引用した部分の前には「「だけではない」という言い方としては、「のみならず」等が考えられるが微妙に用法が異なる。」という一文があるが、これは誤植・誤脱のある文で本来「「に限らず」という言い方と類義の言い方としては、「のみならず」等が考えられるが微妙に用法が異なる。」とあるべきところである。お詫びして、ここで訂正しておきたい。

（7）次のような使い方は、あり得るだろう。

（カ）商工会議所の担当者は、きちんとした説明もしなかった。のみならず、それではもはや協力できないと告げても、長年の貢献に対し礼一つ言わなかった。

（8）例えば、中右（一九八〇）参照。

（9）一方、項目関係づけ用法の「～に限らず」は、最初にもふれたように、添加等の関係を表す並立助詞に近い形式だと、一応は位置づけられようかと思うが、なお検討の余地もあるかもしれない。

15.「〜について」「〜につき」

〜会議中につき、静粛に願います　など〜

一、はじめに

1　この節では、代表的な複合辞の例として言及されることも多い「〜について」及び「〜につき」をとり上げて、いささか考えてみたい。「〜について」「〜につき」は、格助詞「に」＋動詞「つく」（＋接続助詞「て」）というような動詞連語に由来し、一見「〜について」と「〜につき」は形の上でのヴァリエーションに過ぎないかとも思われかねないが、いくつもの用法があり、しかも、それが形とも対応する部分があることは興味深い。ここでは、そうした「〜について」「〜につき」に関して、目下考えるところを述べることにする。

なお、あらかじめ断っておくなら、以下で述べることは、「〜について」「〜につき」の意味・用法の詳しい記述というようなものではない。これらの意味・用法に関して、以下述べることは、従来言われてきたことを大きく越えるものではない。むしろ、ここではこうした形式が複合辞として働くことを支えている要件・複合辞たらしめている要件はどのようなことなのかという点に焦点を当てて、複合辞という形式、そしてそれがそれとして受けとめられ用いられているということを見直してみたい。既に第1章第2節で述べたことと、大きく重なる部分も一部あるが、あえてくり返しをいとわず論ずることにする。

二、「～について」「～につき」の用法概観

2

議論の前提として、最初に「～について」「～につき」の用法を概観しておく。「～について」は、最も代表的な複合辞であり、たとえば次のように用いられる。

（1）—a　日本語の文法について、論文を発表した。

こうした「～について」について、森田・松木（一九八九）では、「動作や状態が取り扱ったり関係を持ったりしている対象を指示する機能を果たす」（七頁）としている。便宜上、このような用法を①対象用法（略して①用法）としておく。①用法の「～について」は、ふつう「～につき」と置き換え可能と考えられている。

（1）—b　日本語の文法につき、論文を発表した。

さて、この「～につき」の形では、次のとおり、①用法と全く違う意味で用いることができる。

（2）—a　冷房中につき、ドアをお閉め下さい。

こうした「～につき」は、右を「冷房中なので」と書き換えてほぼ同義であることでもわかるように、理由を表すものといえよう。以下、②理由用法（略して②用法）とする。②用法では、「～について」の形は不可である。

（2）—b　*冷房中について、ドアをお閉め下さい。

更にまた、次のような用法もある。

（3）—a　一時間につき八百円の時給を支払った。

これは、いわば数量の対応をいうもので、③数量の対応用法（略して③用法）としておく。③用法の場合、「～について」は可だとされている（グループ・ジャマシイ（一九九八）の「について」の項にも、2としてこの用法が挙げられている（四四五頁））。しかし、この用法で「～について」を用いることに違和感を覚える人も少なくな

いようで、必ずしも問題なく可とはいえないようである。

（3）—b　一時間について（1）八百円の時給を支払った。

以上の概観・整理をふまえ、「〜について」「〜につき」が複合辞として理解され、用いられることを支えている要件について考えていく。

三、複合辞として用いられることを支える条件——本動詞用法の衰退——

3—1　「〜について」「〜につき」が複合辞であると了解され、用いられることの支えとなっていると考えられる事実として、ここで次のようなことに注目したい。

「〜について」「〜につき」は、動詞「つく」を含む連語から転成したものであることは明らかなのだが、いったいどのような意味の「つく」の用法からこうした形式が転成したのか、少々考えてもよくわからない。つまり、転成の筋道がよく見えてこないのである。③用法のように名詞を対応づけるような言い方は、もはやお手上げという気がするので措くが（2）、①用法の「対象」を示す意や②用法の「理由」の意が、動詞「つく」のどのような意味から出てきたのか、どのような「つく」の意味につながるのか、容易に見当がつかないのである。言い方を変えれば、①②用法と連続する本動詞「つく」の用法が見当たらなくなっているといえる。

このことは、「〜について」「〜につき」が複合辞と解され、用いられることを支える一つの要件となっていると思われる。すなわち、複合辞と連続する本動詞の用法が見当たらなくなっていることで、こうした「〜について」「〜につき」は、動詞連語とははっきり違った形式として理解されることになり、他の形式との対立の中で動詞連語ではない辞的形式としての表現価値が明確になっていると考えられるのである。

3—2　ところで、①②用法については、それがどのような「つく」の意味・用法につながるのか、少々考えたくらいではわからないと述べた。しかし、少なくとも①用法については、本動詞「つく」との連続は、細々としたつつながりではあるが、たどれるように思う。

（4）ぜひ現物について見てほしい。

（5）その点に関して詳しくは、小田勝氏の『実例詳解古典文法総覧』に就かれたい。

（4）は、『大辞林』が動詞「つく」の項で「実際にそれにあたる」という意味の用例として挙げたもので、「ぜひ現物に実際に接して、見てほしい」といった意ということになる。また、かなり硬い（古風な）文体の学術書などでは、（5）のような言い方が出てくるが、これも「『実例詳解古典文法総覧』に実際にあたって、見ていただきたい」という意である。こうした例からわかるように、「つく」には「実際にそれにあたる、見てみる」といった意味があった。そして、おそらく①用法は、こうした意味の「つく」の用法に連続するものだろう。

実際、（4）は①用法の例ととっても別に不自然ではない。つまり、「〜について」を、「実際にそれ（現物—「対象」）にあたって」といった意味がない、単に「見る」対象を示す形式ととっても、（4）は十分理解できる。このように同じコロケーションの中でどちらともとれる例があり得るということからも、①用法とこうした意味の「つく」の用法の連続性は明らかであろう。本動詞「つく」の「実際にそれ（対象）にあたって」という具体的意味が稀薄化して、対象を示す複合辞へと転成したという筋道を見てとってよいと思われる。

もちろん、「実際にそれにあたる、それを見てみる」といった意味の「つく」の本動詞用法は、衰退していて、今日ではほとんど使えない。

（6）*勧められたので、現物についた。

（7）*その点に関しては、小田勝氏の『実例詳解古典文法総覧』に就いた。

（8）—a *私は、すぐに図書館で電話帳についた。

右のとおり、言い切りでは自由に使えない。言い切り述語としては、「参照せよ」という意味で「〜に就かれたい」という言い方でしか使えないだろう。また、「〜について」の形でも、次の（8）—bは「電話帳に実際にあたって」とは読みにくいし、（9）も「パンダを実際に見てみて」ということが言われているなどとは解されない。「〜について」の形についても、（4）のような用法では、とれる名詞は〝実際ノモノ〟といった意味合いのものに限られ、もはや固定的な慣用表現のようになっていると言えよう。

（8）—b　私は、図書館で電話帳についてメモをとった。

（9）　佳那は、上野動物園でパンダについてスケッチをした。

しかし、もしこうした意味の「つく」の本動詞用法が衰えずにちゃんと生きていて、（8）—bや（9）が「実際にそれにあたって」のようにも読めるという状況であったなら、複合辞なのかどうかがはっきりしないということが頻繁に生じてしまうだろう。だからこそ、逆に言えば、複合辞と連続する意味の本動詞「つく」が衰退してしまっていることで、①用法の複合辞「〜について」「〜につき」は、その表現価値を明確にしているのだともいえる。

3—3　なお、②用法の「〜につき」については、筆者にはこれに連続する本動詞「つく」の意味が見いだし難い。だが、敢えて言うなら、次のような「ついては／つきましては」が「それで」「だから」のような理由表現に近く、関係がありそうだが、だとしても、この形でしか使えない。

（10）　先般申請した助成金が承認されました。つきましては、来月三日に最初の打ち合わせを行いたく、出席方よろしくお願い致します。

むしろ、「ついては／つきましては」で固定化したひとまとまりの慣用表現と見るべきであろう。

また、もちろん「つく」を「理由」の意味で本動詞的に使おうとしてもだめだし、その点は③用法についても同様である。

（11）—a　担当教員病気につき、本日は休講します。
→b　*本日の休講は、担当教員病気につく（／ついた）ことです。
（3）—a　一時間につき八百円の時給を支払った。
→c　*八百円の時給を支払ったのは、一時間につく（／ついた）ことだ。

②③用法についても、これと連続する意味の本動詞「つく」[3]は共時的には見当たらないというべきである。そして、そうした本動詞用法が見当たらなくなっていることが、複合辞の複合辞としての表現価値を明確にすることの支えとなっているのだといえる。

3—4　以上、複合辞が複合辞として解され用いられることを支える要件として、第1章第2節で述べたことをくり返すことになったが、「本動詞用法が見当たらなくなっていること」を述べた。複合辞を共時的な言語体系の中で考えるためには、こうした点に目を向けることがやはり重要である。

四、複合辞を複合辞たらしめる条件——文の機能・構造——

4—1　さて、「〜について」「〜につき」に関しては、①〜③の三つの用法があったが、第三項では「〜について」「〜につき」が複合辞と解され用いられることを支える条件として、いずれの用法の場合にも効いていると思われる一つの基本的な事柄について考えた。この節では、①〜③それぞれの用法の複合辞がそれぞれの用法で用いられるにあたって、それを可能にする条件といったことについて考えてみたい。

まず、②用法から見てみることにする。②の理由用法では「〜につき」の形しか不可であるが、この②用法の「〜につき」の使用には、かなり制約がある。次のとおり、ごくふつうの叙述や疑問、意志表示などの文で、②用法の「〜につき」を用いようとすると不自然である。

（12）—a　*昨日、私は病気につき会社を休んだ。

（12）—b　*昨日、君は病気につき会社を休んだのか。

（12）—c　*私は、今日は病気につき会社を休むことにしよう。

また、命令文についても、特定の人に向けての命令の文においては使えない。

（12）—d　*君は、病気につき家に帰りなさい。

端的に言えば、こうした②用法の「〜つき」は、不特定多数に向けて公に状況や要求を告げ知らせるために示されるような文においてしか使われないのではないのかと思われる。[4] 既に挙げた②用法の「〜につき」の用例は、いずれもそうした文であった。

（2）—a　冷房中につき、ドアをお閉め下さい。

（11）—a　担当教員病気につき、本日は休講します。

このような、不特定多数に公に告げ知らすべく示される文を、「告示」の文と呼ぶなら、こうした文は、告げ知らせる内容を公に提示するだけのものであり、特定の聞き手に向けてある時・ある場所で発せられるといった性格の乏しいものといえる（実際、（2）—aや（11）—aのような文に接するとすれば、もっぱら掲示板や貼り紙に書かれたものとしてであろう）。

こうした独自の機能を担った文でしか②用法の「〜につき」は用いられない。ということは、「〜につき」が②用法の複合辞として一文中で用いられることを可能にしているのは、それが用いられる文が「告示」の文という機能を持っていることだということにもなる。複合辞がある用法で複合辞として用いられることになる条件の一つとして、それが用いられる文の機能ということが考えられるわけである。

4—2　次に③用法だが、この場合は、〃〈数量名詞句〉につき〈数量名詞句〉〃というパタン（構造）で用いられることが、「～につき」が③用法の複合辞となることを可能にしているといえる（なお、③用法については、ここでは「～につき」の形で代表させて記しておく）。実際、次のａｂを比べると、ｂは不自然であろう。

(13)—ａ　報酬として、一人につき十分な額を支払った。

(13)—ｂ ＊報酬として、一人につき十分支払った。

「十分な額を支払った」と「十分支払った」は、意味するところはほぼ同じである。しかし、ａの「十分な額」が数量を表す名詞句であるのに対し、ｂの「十分」は副詞であり、ｂが〃〈数量名詞句〉につき〈数量名詞句〉〃のパタンにならないため、「～につき」が③用法の複合辞として働かないのである。つまり、「～につき」が③用法の複合辞として用いられることになるのは、右のような構造をとることだといえる。もちろん、ある形式がある意味で用いられることがある構造の中で用いられることによるといったことは既にいろいろ論じられていることでもあるが、この場合も、その一事例ということになる。

ちなみに、③用法の「～につき」が文法的にどのような関係構成をしているのかについては、一筋縄でいかないところがある。〃ＡにつきＢ〃のパタンとして考えると、まず、この語順を変えることは明らかに不自然である。

(14)—ａ　一人につき五万円が支給された。

(14)—ｂ ？五万円が一人につき支給された。

しかし、〃ＡにつきＢ〃でひとまとまりの名詞句のようになっているわけではない。たとえば次のように、「一人につき五万円」を、連体修飾句をかけて名詞句のように用いようとすると、明らかにおかしくなる。

(14)—ａ　一人につき五万円が支給された。

→ｃ ？支給された一人につき五万円を妻に渡した。

とすると、この〝Aにつき〟は、統語的には述語に係るものであろうが、意味的には、言葉の線条性を利用して、Bという数量名詞句に対し対応関係を注記する形でAを関係づけるものといえよう。

こうした③用法の「につき」と同様の関係構成をするものとしては、「あたり」「ごとに」「に対して」「あて」といった言い方が考えられるが、これらの意味―統語的な関係構成のあり方については、なお考えるべきこともありそうである。

4―3　三つ目に、最もよく用いられる①用法である。これについては、少し長くなるが、立ち入って考えておきたい（なお、①用法については、ここでは「〜について」の形で代表させて記しておく）。

①用法を、仮に「対象」を表す用法としたが、もちろん、どんな「対象」でも「〜について」で示せるわけではない。次の「リンゴ」は「食べる」動作の「対象」だが、もちろんbは不可である。「食べる」のような述語の場合、「〜について」でその「対象」を示すことはできない。

(15)―a　リンゴを食べる。

(15)―b *リンゴについて食べる

従来、「〜について」は思考（精神活動）や言語活動に関する意味の述語と結びつくことが多いとされてきた。ここでは、今一歩踏み込んで、（a）情報や認識・所感の獲得・形成、（b）情報や認識・所感の所有、（c）情報や認識・所感の表明・発信、もしくは記録、といった意味合いと解せられる述語（述部）[5]と結びつくのが典型的な用法と考えて整理してみたい。

具体的には、たとえば（a）としては（16）〜（19）のような例、（b）としては（20）〜（22）のような例、（c）としては（23）〜（25）のような例を考えることができよう。

(16)　日本語について研究する／考える／質問する。

⒄　日本語について新事実を明らかにした／資料をもらった。
⒅　懸案の安全保障の問題について話し合った／会議を開いた。
⒆　その男の発言について、私は違和感を覚えた。
⒇　日本語について詳しい／一家言ある／いろいろ知っている。
(21)　誠は、日本語についてそれが膠着語の一種であることを知っている。
(22)　その男は、その時の自分の行動について悔んでいる。
(23)　日本語について説明する／話す／思いを述べる。
(24)　勇太は、当日の演目についてその概要を記録した。
(25)　彼女の演技について、批評家は、素晴らしいと評した。

（a）に関しては、⒃のように情報や認識・所感の獲得・形成の過程にあることをいう例も、⒄のようなその達成まで行くことをいう例も、ここに入るものとしておく。また、⒅のような「話し合」う等も情報や認識・所感の獲得形成のための行動であるので、ここに入る。また、⒆のようにどのような所感等が形成・獲得されたのかが示される例も見られる。

（b）に関しては、⒇のような情報や認識・所感の所有という例がここに入る（なお、「知っている」は情報の所有だが、「知った」は（a）の情報の獲得と考える）。また、(21)(22)のように所有する情報・所感の内容が示される言い方も、もちろんよく目にするところである。

（c）に関しては、(23)のような表明・発信の例と(24)のような記録といった例を一括してここにまとめるが、これは所有する情報の処理といった括りで考えるものである。これについても、表明したり記録したりする内容が示される(25)のような言い方が考えられる。

なお、「日本語について研究しない」「日本語について何も知らない／無知だ」「日本について話さない」といった否定的な言い方の例も、それぞれ（a）（b）（c）に入るものと考える。

ところで、あまり強調はされてこなかったことだが、「〜について」は、必ずしも思考（精神活動）や言語活動とは言えない意味合いの述語（述部）ともごく自然に結びつく例が見られる。

(26) 日本語教育について、振興策を講じる。

(27) 米国は、厳しい財政事情と国際情勢の変化を背景に、東アジア・太平洋地域に配備した米軍について、段階的な調整を行っている。（「外交青書」（平成4年版））

こうした例では、「〜について」でとり上げられる、問題となる事物・事柄に対して、それに対する対処・処置といった意味合いと解せられる内容が述語（述部）に出てきている。こうした意味合いの述語（述部）を（d）対処・処置とするなら、「〜について」はこうした（d）対処・処置といった意味合いの述語（述部）とも、よく結びついて用いられるといえる。

以上、①用法の「〜について」がどのような意味合いの述語（述部）と結びつくか、典型的なものについて（a）〜（d）のようにタイプ分けしてみたが、このような整理で、「〜について」の使われ方の基本的なところはおさえられるように思う。(6)

［表3　検索した用例の内訳］

〜について	141
〜については(／も)	113
〜についての	28
〜についてだ	6
〜について。	8
③　用　法	2
別　　語	2
計	300

4—4　このことを検証するために、『現代日本語書き言葉均衡コーパス』（通常版 Ver. 1.1）を中納言で検索してみた。検索方法は長単位検索で、語彙素として「について」を指定した。その結果、一〇一二二八件該当例があったが、中納言のダウンロード件数制限により、そのうちダウンロードできたのは一〇万件であった（しかし、該当例の約九九％が取得できたことになり、問題はな

［表4　「〜について」と結びつく述語（述部）の量的分布］

（a）情報、認識・所感の獲得・形成	56
（b）情報、認識・所感の所有	14
（c）情報、認識・所感の発信・記録	44
（d）対処・処置	23
その他	4
計	141

いと考える）。この一〇万件からランダムに抽出した三〇〇例を用い、これについて「〜について」の使われ方を整理し、その量的分布を調べた。

まず、形に即して整理したのが前頁の表3である。「〜については」のような形の場合、「〜について」と用法に違いが出てくる部分があるので、[7]これを「〜について」とは別にカウントした。「〜についての」は連体用法の形、「〜についてだ」は「問題は、〜についてだ」といった強調構文や「〜についてですが、……」のような前置き的な言い方で出てくるもの、また「〜について。」としたのは「〜について」で切れる例（『日本語について』のような題名・書名が多い）である。その他、「③用法」は先に見た「一時間について八百円支払う」のような数量対応の用例、そして、語彙素として「について」を指定したのだが、「身についてくる」「最後についていきました」といった複合辞「〜について」とは別の語の例も二例出てきた。

「〜について」及び「〜については（／も）」という、述語（述部）に係る形がやはり基本であって、ほぼ八割五分を占めている。このうち、「〜については（／も）」は用法に違いのあるところがあるので、[7]「〜について」の一四一例にしぼって、どのような意味合いの述語（述部）に結びつくのかを見てみた。結果を表4として示す。

表4から明らかなように、先に示した述語（述部）のタイプ（a）〜（d）で一四一例中一三七例、ほとんどをカヴァーできる。そして、確かに（a）〜（c）の思考（精神活動）や言語活動に関わる述語（述部）の例が八割と多数を占めているが、（d）の対処・処置の例もある程度見られる。

ちなみに、「その他」の四例中、一例は文意不明、それ以外の三例は次のとおりである。

(28)―a　ちなみに『おくのほそ道』の登場人物について興味深いのは、その半数以上が既に亡くなった者たちであることだ。（宮本健次「桂離宮から月を観る」）
(29)　平方根の乗除について、次の式が成り立つ。（杉山吉茂・他「新しい数学3」）
(30)　これについて、福田雅章「少年法の拡散現象と少年の人権」刑法雑誌二十七巻一号（千九百八十六年、有斐閣）二百三十三頁以下が大いに参考になる。（安藤博「子ども・学校と教育法」）

これらは、(b)と比べて言うとわかりやすいが、情報や所感を持っていることを述語（述部）で述べるのではなく、持っている情報や所感そのものが、「〜について」以下に出てきているといえる。(7)

こうした、「〜について」でとり上げられる事物・事柄に関わって持っている情報や所感の内容（もしくは、その内容に関する説明）が以下に出てくるような言い方は、「〜については」の場合にはごく自然であり、(28)〜(30)のような例は、そうした言い方にひかれて生じたものかもしれない。

実際、(29)(30)の「〜について」は「〜については」としても問題ない（むしろ、その方が自然とさえ感じられる）。また、(28)のような場合、これが言い切りだとかなり不自然だが、「〜については」とすれば言い切りでも自然に成り立つ。

(28)―b　?『おくのほそ道』の登場人物について（ソレガ）興味深い。
(28)―c　『おくのほそ道』の登場人物については（ソレガ）興味深い。

おそらく(28)の場合、本来は「〜については」の形であるべきところが、aでは連体句の中なので「は」が消えた形になったものであろう。

以上のとおり、(28)〜(30)の例は「〜について」の形をとっていても「〜については」にひかれて生じたか、それが何らかの事情で「〜について」に変容して生じたものと思われる。

ともあれ、こうしたごくわずかの例外用法を除けば、「〜について」がどのような意味合いの述語と結びつくかについては、（a）〜（d）の四つのタイプの範囲に収まる。以上の簡単な検証からもうかがえるように、「〜について」の結びつく述語（述部）については、（a）〜（d）の四つのタイプで、基本的に説明可能と思われる。

4—5　さて、①用法の「〜について」が典型的にこうした（a）〜（d）のような意味合いの述語（述部）と結びつくのは、この形式と連続する意味の本動詞「つく」が「(〜に) ついて」の形で用いられた場合に考えられる典型的なコロケーションを、基本的な用法として引き継いだものと考えられるのではないか。「〜について」に連続する本動詞用法の「つく」の意味としては、「実際にあたってみる」「実際に接して見てみる」といった語義が考えられたが、その「つく」が「(〜に) ついて」の形をとって、「実際にあたってみて」「実際に見てみて」と用いられた場合、そしてどうなるかというと、以下に続くのは、典型的には四つくらいのことかと思える。まず、「実際にあたってみる」のは、それによって対象に関する情報を得ようとしたり認識・所感を持とうとしたりすることであろうから、以下にそうした内容が続くことがあるだろう。また、それによって情報や認識・所感が得られている状況になっていることもあろうから、以下にそうした内容が出てくることもあるだろう。更に、「あた」ることは情報等を求めてのことであるが、求めて得られた情報を公表したり記録したりする、つまり情報を処理することもあろうから、そうした内容がくることもあるだろう。更には、「あたってみ」て問題性が認識されれば、そうした対象に対処し、処置を行うこともあろうから、そうした内容が続くこともあるだろう。

このような典型的な後続内容との連続の仕方を、複合辞「〜について」は典型的な用法（述語（述部）との結びつき方）として引き継いでいるのだろう。

4—6　以上に「〜について」が結びつく述語（述部）を（a）〜（d）の四つにタイプ分けして考えてきたが、このように考えることで、「〜について」の使い方を今少し的確に説明することができそうである。「〜について」

は思考（精神活動）に関わる意味の述語と結びつくことが多いとされているが、次のような場合は不自然である。

（31）―a　昔のことを思った。

（31）―b　?昔のことについて思った。

思考（精神活動）に関わることであっても、先の（a）～（c）のいずれにも（そして、もちろん（d）にも）当てはまらない、たとえば右の単なる「想起」をいう場合は、「～について」は用いられない。

ということは、逆に言うと、「～について」が①用法で用いられることを支えているのは、述語（述部）として（a）（b）（c）あるいは（d）のような意味合いに解せるものと結びつく構造をとっていることだともいえる。

4―7　以上、複合辞「～について」「～につき」が①②③のそれぞれの用法で用いられる際に、それを支える要件として、文の機能や文において複合辞が組み込まれる構造といったことが効いていることを見てみた。文における構造がそこに組み込まれた語の意味・用法を規定するといったことは、いろいろ論じられていて、事新しく持ち出さなければならないことでもないかもしれないが、ここでは、複合辞もそうした考え方があてはめられる例外ではないことを確認したわけである。

五、語形と用法

5　ここで、語形と用法の関係につきいささか補足しておきたい。

既に見たとおり、②用法では「～につき」の形でなければ不可であった。

（2）―a　冷房中につき、ドアをお閉め下さい。

（2）―b　*冷房中について、ドアをお閉め下さい。

これに対して、①用法の場合も、実は形の固定化が進みつつあるのではないかと思われる。「～について」と

「〜につき」は、①用法では同義的に用いられる形の上でのヴァリエーションと考えられがちだが、次のような例では、aの「〜について」に対して、bのように「〜につき」を用いるとかなり不自然に思える。

(32)—a　彼は、日本語の文法について研究している。

(32)—b　?彼は、日本語の文法につき研究している。

(33)—a　朋奈は、佐賀県の名産品について、いろいろ知っている。

(33)—b　?朋奈は、佐賀県の名産品につき、いろいろ知っている。

念のため、簡単なアンケート[8]の形で、筆者の勤める龍谷大学文学部において、筆者の「日本語学演習ⅠA」（平成二七年度）を受講しているゼミ生一〇名（三年生）に確認してみたが、全員bは「不自然」と答えた。また、次のようなやや硬い内容の例では、筆者にはbの「〜につき」も許容できるように思えるのだが、学生たちは一〇名中一名を除いて皆「不自然」と判定した。

(34)—a　野党議員は、集団的自衛権の問題について、さらに質問した。

(34)—b　(?)野党議員は、集団的自衛権の問題につき、さらに質問した。

もとより簡単な確認であって十分な調査といえるものではないが、それでも、「〜につき」の①用法での使用が若い世代でかなり抵抗のあるものになってきていることはうかがえよう。筆者の見るところ、次のようにはっきり硬い言い回しの文でなら、「〜につき」の使用は全く不自然でないと思える（例の時代劇での奉行の「これより上州屋一家殺害の一件につき吟味致す」といったようなセリフも思い起こされよう）。

(35)—a　先日照会の件について、早急にご返答願いたい。

(35)—b　先日照会の件につき、早急にご返答願いたい。

しかし、そのようなスタイルの言い回しでなければ「〜につき」の使用が抵抗のあるものになってきているということは、①用法で使用される形が「～について」に固定化されつつある傾向を物語っているといえる。

おしまいに、③用法についてふれておきたい。最初にも述べたとおり、③用法では「～につき」も「～について」も、両形が使われるとされる（また、実際に用例を検索すると、「～について」の用例も出てくる。**4**―**4**の表3参照）。しかし、「～について」の使用に抵抗が感じられなくもない。筆者の内観では、次のbは第一見ではかなり不自然に感じられるが、何度も読み直してみると許容できるように思えてくるというのが正直なところである。

（3）―a　一時間につき八百円の時給を支払った。

（3）―b　一時間について八百円の時給を支払った。

先の簡単なアンケートでも、この点について確認してみたが、次のような例で、(36)―aについては一人が「?」［注・判定に迷うということか］とした以外は皆「不自然」と判定し、(37)―aについても一人が可とした以外は皆「不自然」と判定した（なお、(36)(37)―aは、ともにグループ・ジャマシイ（一九九八）が「について」の項で挙げた用例）。

(36)―a　(?)テニスコートの使用料は1時間について千円ちょうだいします。

(36)―b　テニスコートの使用料は1時間につき千円ちょうだいします。

(37)―a　(?)乗客1人について3つまでの手荷物を持ち込むことができます。

(37)―b　乗客1人につき3つまでの手荷物を持ち込むことができます。

簡単な確認であって断定的なことを言うことはできないが、少なくとも③用法で「～について」を使うことに抵抗を感じる人がいることは確かである。

思うに、最もよく用いられる①用法の形が「～について」に固定化される傾向があることの一方で、①用法以外の（①用法ほど目立って用いられているわけではない）用法については「～につき」の形をとる方向で、形が分化していく流れがあるようである。

　このように、形が分化していく流れがあるということは、もちろん逆に言うなら、形が複合辞がある用法で使われることの支えになっていくということだともいえる。

六、結　び

6　この節では、「～について」「～につき」を例として、複合辞が複合辞として理解され用いられることを支える条件、また、複合辞がそれぞれの用法で用いられるための条件といったことを、やや立ち入って考えてみた。

【第15節・注】

（1）記述の便宜上、「～について」あるいは「～につき」の形をとることでひとまとめにして各用法に言及したが、各用法間に意味的な連続性はもはや感じられず、①用法の「～について」「～につき」、②用法の「～につき」、③用法の「～について」「～につき」は、同音異形式として扱うべきものであろう。

（2）あるいは③用法は、「作業時間一時間に対して（／対し）千円の報酬を支払う」のような言い方への類推から生じたものかとも思われるが、今のところ明確なことをいう準備はない。

（3）なお、第1章第2節で述べたとおり、本動詞用法と複合辞とのつながりが見てとれなくなることは、もちろん本動詞用法の衰退によってだけ起こることではない。

（4）②用法の「～につき」は、他にたとえば毎日の出欠等を記録した帳簿で、「九月二日、吉原愛美《なるみ》　病気につき早退」などという記載にも出てくると思われる。となると、②用法の「～につき」は、（具体的・個別的な他者に向けての）伝達性の乏しい表現に出てくる点に本質があるということになるかもしれない。ただ、右のような記載の表現は文とは言えないだろうから、②用法の「～につき」が何らかの文中で使われるとすれば、本文に述べた「告示」の文の中ということになるだろう。

（５）（ａ）（ｂ）（ｃ）及び（ｄ）のタイプ分けは、述語（述部）の語彙的な意味だけでなく、述語（述部）の表す事柄の文中・文脈中での意味をも考えての分類である。たとえば、4―4で検索した例の中に次の（ア）（イ）のようなものが出てきたが、

（ア）この事について、投票を作成しましたので、よろしければどうぞ。

（イ）学校でも合併についてパンフレットをもらいましたが、問題点などは全くのっていません。

（Yahoo! ブログ）

（ア）の「投票を作成」することは、この場合は「この事」に対する対処にあたると判断して（ｄ）とした。また、（イ）の「パンフレットをもら」うことは、この場合、情報の獲得を意味すると判断して（ａ）とした。

なお、さしあたり「述語（述部）」という言い方で説明しているが、①用法の「～について」が係るのは、次のように節というべき場合もある。

（ウ）そのことについて、返答が来た。

ここでの「述語（述部）」は、そうした場合も含むものと考えていただきたい。

（６）なお、①用法につながると見られる「～について」の用法としては、検索した例の中にはみられなかったが、実は次のような言い方も可能である。次例は（ａ）（ｂ）（ｃ）（ｄ）のいずれのタイプにも当てはまらない（これは、この節のもととなった論文の入力をお願いしていた業者の方に送ったＦＡＸで、筆者自身が書いた文面の一部であるが、こんな言い方もできるのかと我ながら気づかされた）。

（エ）―ａ　お願いしていた論文入力について、原稿が仕上がりました。差し支えなければ、明日にでもＦＡＸいたします。

これはおそらくｂのような言い方から「ですが」の部分が消える形で生まれた言い方で、「～について」の部分が、いわば以下の前置き的に添えられるものになっているといえよう。「～について」が、複合辞（複合助詞）というより、注釈副詞句を形成するような形式として使われていることになるが、「～について」の用法の一環として、ここに書き添えておく。

（エ）―ｂ　お願いしていた論文入力についてですが、原稿が仕上がりました。差し支えなければ、明日にでもＦＡＸいたします。

[表5　「〜については（／も）」の後続内容の分布]

（a）	情報、認識・所感の獲得・形成	19
（b）	情報、認識・所感の所有	27
（c）	情報、認識・所感の発信・記録	13
（d）	対処・処置	14
	情報内容、その説明	37
	その他	2
	計	113

（7）「〜については（／も）」は、「〜について」に関して示した（a）〜（d）の四つのタイプの述語（述部）ともちろん結びつくが、それ以外に、次のように「〜については（／も）」以下に、「〜については（／も）」でとり上げられる事物・事柄に関して所有している知識・見解の内容そのもの、あるいは（キ）のようにその内容について説明した言い方が出てくる例が見られる。

（オ）し尿については、水洗化人口の増加等により、ここ数年微減傾向にあり、五十九年度では三千八百二十万kl（五十八年度三千九百五十六万kl）となっている。（『環境白書』（昭和62年版））

（カ）―a　一方、理事数が少ない法人については、2人以下の法人が五十六法人あった。（『公益法人白書』（平成17年度版））

（キ）附近の各州県については、官軍なぞいるといっても多寡が知れています。（姚雪垠「叛旗」）

（ク）―a　その点についても、前項と同じです。

こうした言い方は、一般に「〜について」では不可である（ただし、**4―4**の例の（28）〜（30）についての記述も参照）。

（カ）―b？一方、理事数が少ない法人について、2人以下の法人が五十六法人あった。

（ク）―b？その点について、前項と同じです。

「〜について」とは異なる、「〜については（／も）」独自の用法であり、これは、次のような（b）タイプの言い方から「分かっている」のような知識の所有を言う内容が消える形で派生したものかと思われる。

（カ）―c　一方、理事数が少ない法人については、2人以下の法人が五十六法人あったことが分かっている。

（ク）―c　その点についても、前項と同じであることが分かっている。

なお、**4―4**の「検証」のための検索で得られた「〜については（／も）」の用例一一三例について、表4と同様の整理を行うと、表5のようになる。表5から知られるように、「〜については（／も）」を用いた場合、問題の事柄について情報等を所有することやその情報内容の如何を言う言い方になることが多い。

（8）アンケートは、次のような形のものである。（原文横書き）。

◎次の各文について、日本語として不自然と感じられるのものには×、自然と感じられるものには○をつけなさい。

（1）—a　彼は、日本語の文法について研究している。（　）
（1）—b　彼は、日本語の文法につき研究している。（　）
（2）—a　野党議員は、集団的自衛権の問題について、さらに質問した。（　）
（2）—b　野党議員は、集団的自衛権の問題につき、さらに質問した。（　）
（3）—a　朋奈は、佐賀県の名産品について、いろいろ知っている。（　）
（3）—b　朋奈は、佐賀県の名産品につき、いろいろ知っている。（　）
（4）—a　改装中について、しばらくお休みさせていただきます。（　）
（4）—b　改装中につき、しばらくお休みさせていただきます。（　）
（5）—a　ただいま会議中について、通行される方は静粛に願います。（　）
（5）—b　ただいま会議中につき、通行される方は静粛に願います。（　）
（6）—a　テニスコートの使用料は1時間について千円ちょうだいします。（　）
（6）—b　テニスコートの使用料は1時間につき千円ちょうだいします。（　）
（7）—a　乗客1人について3つまでの手荷物を持ち込むことができます。（　）
（7）—b　乗客1人につき3つまでの手荷物を持ち込むことができます。（　）

氏名（　　　　）

本文中の例文（32）（33）（34）（36）（37）が、右のアンケートの（1）（3）（2）（6）（7）にあたる。これを授業の終わり近くの一五分で解答してもらった。

16.「～に比べて」

～菜穂子は、弘実に比べて背が高い～

一、はじめに

1　この節では、次のような「～に比べて」という形式をとり上げて、その意味・用法や文法的性格についていささか検討してみたい。

（1）―a　この問題は、さっきの問題に比べてずっと易しい。

（2）―a　菜穂子は、弘実に比べて背が高い。

（3）―a　アジア象にくらべて、アフリカ象はその生活環境がかなり変化にとみ、分布範囲も広い。

（亀井節夫「日本に象がいたころ」・国研（二〇〇一）の用例（5））

（4）―a　同県の教員採用数は、昨年に比べて15％増加した。

「～に比べて」は、比較の対象をとり上げる助詞的複合辞といえようが、その意味・用法について立ち入って考察されたことはなく、グループ・ジャマシイ（一九九八）、国研（二〇〇一）にこれにふれたいささかの記述がある程度である。

このうち、グループ・ジャマシイ（一九九八）では、「～に比べて」について、「～にくらべると」とも一括して、「XにくらべてY」「XにくらべるとY」の形で、Xと比較してYについて述べるのに使う。「XよりY」に言いかえられる。

（四三三頁）

とする。[1] 確かに、次のとおり「〜に比べて」は「〜より」とほぼ同義的に書き換えが可能のように見える。

（1）—b　この問題は、さっきの問題よりずっと易しい。

（2）—b　菜穂子は、弘実より背が高い。

（3）—b　アジア象より、アフリカ象はその生活環境がかなり変化にとみ、分布範囲も広い。

（4）—b　同県の教員採用数は、昨年より15％増加した。

しかし、「〜比べて」は、必ずしも常に「〜より」に書き換え可能であるわけではない。たとえば、次のような例では、「〜に比べて」はもちろん「〜より」に書き換えられない。[2]

（5）—a　今回の補修工事にかかる費用は、前回に比べて同じくらいだ。

（5）—b　*今回の補修工事にかかる費用は、前回より同じくらいだ。

こうしたことでも分かるように、「〜に比べて」については、その用法自体が、まだ十分におさえられていないといえる。そこで、次の第二項では、「〜に比べて」の用法の広がりを簡単に素描してみる。

また、「〜に比べて」と「〜より」は確かにほぼ同義と見られる表現で用いられることも多いが、そのような場合でも、全く同義的であるというわけではない。第三項では、そうした両者の表現性の違いについていささか見てみることにしたい。

更に、「〜に比べて」は複合辞と呼ぶことのできる形式と考えられるが、第四項では、その複合辞としての文法的性格や、類義形式としてしばしば一括される「〜に比べると」「〜に比べたら」等との関係について検討する。

なお、「〜に比べて」には「〜に比べ」や「〜と比べて（／比べ）」といった形のヴァリエーションが考えられる。

（2）—c　菜穂子は、弘実に比べ、背が高い。

（2）—d　菜穂子は、弘実と比べて背が高い。

これらは、あるいは微妙な用法の相違があるのかもしれないが、さしあたりここでは、形の上でのヴァリエーションであって同義のものと考え、特に「～に比べて」と区別して問題にすることはしない。

二、「～に比べて」の用法の広がり

2―1　以下、この節では「～に比べて」の用法の広がりを概観する。「～に比べて」は、比較の言い方であるが、比較して問題にすることの最も基本的な次元は、〝違いがあるか同じか〟というところであり、「～に比べて」を用いても、そのあたりを問題にする表現が当然考えられる。

（6）―a　この缶詰は、あっちのに比べて値段が同じだ。
（7）―a　『水沫集』の改訂版は、初版に比べて字句に違いがある。
（8）―a　砲声が消え、やっと戦火が収まった湾岸戦争。当初心配されていた原油価格なども開戦当時に比べてほとんど変わらず、市民生活への直撃は避けられた。　（毎日新聞、夕、一九九一、三、一）

こうした、「～に比べて」を用いて〝違いがあるか同じか〟を問題にする言い方を、以下①として、〝AハBニ比ベテ違イガアル／同ジダ〟という形で一般的に示す。

これらの「～に比べて」は、「～より」とは書き換えられないが、「～と」と同義的に書き換えられるのがふつうである。

（6）―b　この缶詰は、あっちのと値段が同じだ。
（7）―b　『水沫集』の改訂版は、初版と（は）字句に違いがある。
（8）―b　砲声が消え、やっと戦火が収まった湾岸戦争。当初心配されていた原油価格なども開戦当時とほとんど変わらず、市民生活への直撃は避けられた。

もっとも、〝違いがある／同じだ〟という意味の述語が複雑な言い回しをとった場合、「〜と」への書き換えができない場合もある（(9)の場合、「ひけをとらない」という慣用句はニ格をとるので、cのように「〜に」なら可）。

(9)—a　半五郎の彫師としての腕は、師匠に比べてひけをとらない。

(9)—b　*半五郎の彫師としての腕は、師匠とひけをとらない。

(9)—c　半五郎の彫師としての腕は、師匠にひけをとらない。

さて、〝AハBニ比べテ違イガアル〟というような言い方は、その「違い」の内容を示して、〝AハBニ比べテ〜トイウ違イガアル〟のように言うことができる。そして、そうした言い方の延長上に、「違い」ということを更に一歩具体的にして〝AハBニ比べテ〜トイウ特徴（／性質等）ガアル〟といった言い方も考えられる。

(10)　ウイルスは、他の微生物に比べて、生物なのに結晶化するという特徴がある。

(11)　アルコールは、水に比べて、常温で気化するという性質がある。

こうした「〜に比べて」は、「〜と」にはもはや書き換えられない。

なお、次のaは、「他の娘」が「人見知りするくせ」がないのに対して「長女」にはそれがある意ととれば①の例である。しかし、いずれの「娘」も「人見知りするくせ」があって、その程度差をいう意だと考えることも可能で、そう読めば「〜に比べて」はbのように「〜より」に書き換えられることにもなるが、その場合は、後の**2**—**3**で見る②の例である。

(12)—a　長女は、他の娘に比べて、人見知りするくせがある。

(12)—b　長女は、他の娘より、人見知りするくせがある。

「違い」がいろいろ具体的に言われる一環として、次のように〝不備・不十分さ〟とか〝すばらしい点〟とかいったことがとりざたされる言い方もある。つまり、「違い」に〝評価〟が加わった言い方である。

（13）—a　この論文は、他の特集論文に比べて、論証の根拠を明示していないという不備がある。

（13）—b　この論文は、従来の研究に比べて、注目すべき創見がいくつもある。

2—2　ところで、上に見てきた①の〝AハBニ比ベテ違イガアル／同ジダ〟の表現は、いずれもAとBを比較の対象として相並べて扱う言い方である。しかし、同じ①パタンの一種であるが、次の（14）（15）の例はそうではない。

（14）—a　ここの設備は、国のガイドラインに比べて、不備がある。

（14）—b　ここの設備は、国のガイドラインに比べて、十分なレベルである（≒合致シテイル）。

（15）日本でも在宅の場合いろんな福祉サービスがあります。そのメニューは外国に比べてだいたいそろっています。（毎日、朝、一九九一、九、八）

これらの例では、〝AハBニ比ベテ……〟のBをまず基準として話の前提に置き、Aがそれに合うかどうかを述べる言い方になっている。いわば、「〜に比べて」が、照らし合わせて合っているかどうか評定する基準・拠り所を持ち出すものといえる。

2—3　以上、比較の言い方である「〜に比べて」が、〝違いがあるか同じか〟のレベルを問題にする表現で用いられた①の例をたどってみたが、次に、違いがあるとして、〝その違いが相対的にとらえられる場合、どのようなあり様（状態・性質）においてどうなのか〟をいう言い方で用いられた例が考えられる。これは、「〜に比べて」の用法として、最もふつうに想起されるものであり、最初に掲げた（1）〜（4）の例はいずれもこの用法のものであった。例を再掲し、一二用例を加えておく。

（1）—a　この問題は、さっきの問題に比べてずっと易しい。

（2）—a　菜穂子は、弘実に比べて背が高い。
（3）—a　アジア象にくらべて、アフリカ象はその生活環境がかなり変化にとみ、分布範囲も広い。
（4）—a　同県の教員採用数は、昨年に比べて15％増加した。
（16）ゴ大統領は三月で六十歳になるが、ペレストロイカを始めたころに比べてめっきり白髪が増えた。（毎日、朝、一九九一、二、三）
（17）これに対して石川六郎日商会頭は「当初案に比べて企業に配慮したもので、やむを得ない」としながらも「土地保有に対する税負担がこれ以上増大することは経営上重大問題である」として廃止を含めた税負担の緩和を求めている。（毎日、朝、一九九一、四、二五）

既述のとおり、これらの「～に比べて」は「～より」に同義的に書き換え可能である。以下、こうした「～に比べて」を用いて相対的な違いを問題とする言い方を、②として〝AハBニ比べテ……ダ〟という形で示す。

こうした用法の一環として、〝違いがどのようなあり様（状態・性質）においてどうなのか〟という点が具体的に述べられた表現も考えられる[3]。

（18）A大学の入試は、B大学に比べて、厄介な計算問題は出さない。
（19）同じ犬でも、土佐犬は他の犬に比べて、まるで小牛のようだ。

更に、「違い」を具体的に言うものとしては、比率や倍数として示す言い方もある（また、先の（4）—aのように、これと程度（相対差）に関する意味の述語とが組み合わせられることも多い）。

（20）現在の本学の入試に対する出願者数は、例年に比べて、まだ20％程度だ。
（21）八七年に比べて加工米飯の製造量は二倍弱だ。（毎日、朝、一九九一、四、二一）

(22) 発売されるのは「mova（ムーバ）」と名付けられた四機種で、重さ二三〇グラム、体積一五〇ccと現行機種に比べて三分の一の世界最小・最軽量モデル。（毎日、朝、一九九一、四、一二）

(23) 首都圏のファミリータイプのマンションの家賃は五、六年前に比べて、高いところでは二倍を超えている――。賃貸住宅あっせん会社の朋和（東京都品川区）の家賃相場調査で分かった。（毎日、朝、一九九一、三、二八）

こうした例では、「～に比べて」は「～より」に書き換えはできない[4]。

2―4　以上は、何かの点で〝違いがあるか同じか〟①とか、〝違うとして、どのようなあり様においてどうなのか〟②といった、同一の指標で比較対象を比較する言い方で「～に比べて」が用いられたものであった。「～に比べて」の用法として意識にのぼりやすいのは、こうした使い方である。しかし、あまり注意されることはないようだが、「～に比べて」には、同一の指標で比較するのではなく、異なる（もっぱら相反する）あり様を対照するといった用法がある。一つのタイプは次のような言い方である。

(24)―a　この甲虫は、その身体の大きさに比べて、いたって大食いだ。

(24)―b　この甲虫は、その小さな身体に比べて、いたって大食いだ。

(25) ダイニングの照明は電球を大きなガラスで包んであるだけだった。テーブルの大きさに比べて光度が弱く薄暗い感じがした。（毎日、朝、一九九一、一、一七）

(26) 経済大国を築いた男たちだが、身につけている上質なシャツ、海外デザイナーブランドのスーツにくらべて余りにも貧相な姿勢、粗野な立ち居振る舞いはとても残念。（毎日、朝、一九九一、二、一〇）

これらは、一つのもの（S）のある面のあり様（X）と別の面のあり様（Y）とが、相反する対照的なものであることを、〝SハXニ比べてYダ〟といったパタンで述べるものといえる（(25)の場合も、たとえば「コノ部屋ハ」といった〃Sハ〃が考えられる）。こうした言い方を③としておく。

対照される二つの面のあり様は、相反するものでなければならない。次のような、二つの面が予想どおりで矛盾がないと見られるような場合、こうした言い方は成り立たない。

(24)—c ＊この甲虫は、その大きな身体に比べて、いたって大食いだ。

〃SハXニ比ベテYダ〃のような③用法では、「〜ニ比ベテ」に〃以下ノYニ対シテ相反スルト見ラレルアリ様ヲ持チ出ス〃という意味合いがはっきりある。それ故、(24)—a（bと同義的に解せられる）や(25)のように、Xの面のあり様を具体的には言わない言い方ができるのである。

こうした③用法の「〜に比べて」は、もちろん「〜より」に書き換えることはできない。しかし、Xに対してYが相反する、つまり期待されるあり様と反するものである点で、やはり期待・予想と反する関係を述べる「〜わりに」とは、かなりよく書き換え可能である。

(24)—d この甲虫は、その小さな身体のわりに、いたって大食いだ。

2—5 **2—4**では、一つのものの別の二つの面の相反するあり様を対照する用法の「〜に比べて」を見てみたが、「〜に比べて」には更に、別の二つの事柄の相異なるあり様を対比するといった用法もある。いわば〃P（トイウコト）ニ比ベテQ（トイウコト）ダ〃といったパタンである。④としておく。

(27)—a 彼が約束どおり定刻に来たのに比べて、彼女は今回も例によって遅刻した。

(28)—a 広東省、福建省、江蘇省などのような対外経済の振興で潤っている地域に比べて、中央政府は大幅な赤字財政に悩まされている。（毎日、朝、一九九一、四、一二）

(29)—a 市民組織の活発さに比べて、日本政府の対応は遅い。（毎日、朝、一九九一、四、二〇）

(30) 本書に先行する『雁と胡椒』が戦後派の文学者たちに対する追悼集といった趣きだったのに較べて、本書には橋川文三、澁沢龍彦、磯田光一などの年少者に対する追悼文も含まれている。

（毎日、朝、一九九一、五、六）

「〜に比べて」の前には（27）（30）のように節の形が来ることもあるが、（28）（29）のように名詞句的なものが来ることも多い。（28）のような場合、「広東省……のような対外経済の振興で潤っている地域に比べて」は、「広東省……のような地域が対外経済の振興で潤っているのに比べて」というのにほぼ等しい。「〜に比べて」はこうした形でも一つの事柄をとり上げて、そのあり様を以下の別の事柄のあり様と相異なるものとして対比しているといえる。

この④用法の場合、**2―4**で見た③用法のように「相反する」（つまり、期待されるのと反する）あり様の対照である必要はないようである。たとえば、（30）の「〜に比べて」に、〃本書モ戦後派ノ追悼集カト思エタノニ反シ〃のような明確な反期待の含みがあるとは感じられまい。この用法では、対比される二つの事柄が〃比べてみて相異なるあり様だ〃といえる程度であれば、表現として成り立つものと見られる。

こうした「〜に比べて」も、「〜より」に書き換えられないのはもちろんであるが、相異なるあり様を対比する言い方であるから、「〜に対して」とは、一般に書き換えが可能である。

（27）―b　彼が約束どおり定刻に来たのに対して、彼女は今回も例によって遅刻した。

（28）―b　広東省、福建省、江蘇省などのような対外経済の振興で潤っている地域に対して、中央政府は大幅な赤字財政に悩まされている。

（29）―b　市民組織の活発さに対して、日本政府の対応は遅い。

このように、この④用法の「〜に比べて」は一般に「〜に対して」と書き換えが可能であるが、逆に「〜に対して」がこうした「〜に比べて」と常に同義的で相互に書き換え可能であるわけではない。「〜に対して」は、事柄をつき合わせて並べてみるといった程度の関係づけのようで、同様のあり様であることも結びつけて示せるが、そうした場合、「〜に比べて」は不可である。

(27)―c　彼が約束どおり定刻に来たのに対して、彼女もほぼ定刻にはやってきていた。

(27)―d　*彼が約束どおり定刻に来たのに比べて、彼女もほぼ定刻にはやってきていた。

また、次のaの「〜に対して」をbのように「〜に比べて」とするのは、かなり不自然である。

(31)―a　弘実が大学では「キノコッチ」と呼ばれているのに対して、彼は「熊」と仇名されている。

(31)―b　?弘実が大学では「キノコッチ」と呼ばれているのに比べて、彼は「熊」と仇名されている。

「弘実が大学では『キノコッチ』と呼ばれている」ことと「彼が『熊』と仇名されている」こととは、単に別の事柄であり、〝比べてみて〟違うとかいったことが特に意識されることのないものである。それ故、その二つの事柄を、「〜に対して」で単につき合わせて述べる言い方は成り立つが、〝比べてみて相異なるあり様である〟として対比する「〜に比べて」では、かなり不自然なのである。この点、次のcの「〜に対して」をdのように「〜に比べて」としても違和感があまりないことと比較されたい。

(31)―c　弘実が大学では「キノコッチ」と呼ばれているのに対して、彼は特に仇名はない。

(31)―d　弘実が大学では「キノコッチ」と呼ばれているのに比べて、彼は特に仇名はない。

「弘実が大学では『キノコッチ』と呼ばれている」ことと「彼は特に仇名はない」こととは、仇名のあるなしという点で〝比べてみて〟違うことが自然に意識されることであるから、「〜に比べて」としても違和感がないのである。

2―6　ところで、こうした二つの事柄の相異なるあり様を対比する④の言い方は、一方で、**2―1**で見た〝違いがあるか同じか〟を問題にする①の言い方(の〝違いがある〟ことを言う方)とも連続している。たとえば、**2―**

1で「違い」があることを具体的に述べたものとして、次のような例をあげた。

（13）―a　この論文は、他の特集論文に比べて、論証の根拠を明示していないという不備がある。

「この論文」は「論証の根拠を明示していないという不備があ」り、その点で〝そうでない〟「他の特集論文」と比較して違っているというのが、右の（13）―aの文意である。だが、〝そうでない〟という「他の特集論文」のあり様も具体的に記して、次のようにすると、これは2―5で問題にしてきた二つの事柄の相異なるあり様を対比する④の用法の表現ということになる。その意味では、両用法は連続性があるものといえる。

（13）―c　いずれも十分な事実の観察をふまえ、説得的な論を展開している他の特集論文に比べて、この論文は論証の根拠を明示していないという不備がある。

以上、この節では「～に比べて」の用法の広がりを概観して、大きく①～④の四つの用法があることを見てきた。従来「～より」と書き換え可能な用法ばかりがもっぱら意識されてきた「～に比べて」であるが、その用法にはそれだけにとどまらない広がりがある。それ故、これまであまり注意が払われていなかった用法の指摘も含め、以上のようにその広がりをたどってみることは、それなりに意義のあることであろうと考える。

三、「～より」と類義的に見える「～に比べて」の「～より」との表現性の違い

3―1　次に、今少し「～に比べて」の表現性を掘り下げて考えてみたい。

第二項の2―3で見たとおり、②の用法の言い方では、「～に比べて」を「～より」に書き換えても、ほぼ同義と感じられることがふつうであった。例を一二再掲しておく。

（1）―a　この問題は、さっきの問題に比べてずっと易しい。

（1）―b　この問題は、さっきの問題よりずっと易しい。

(2)—a　菜穂子は、弘実に比べて背が高い。
(2)—b　菜穂子は、弘実より背が高い。

しかし、こうした「AハBニ比べテ……ダ」と「AハBヨリ……ダ」も、必ずしも全く同じだとはいえない。そのあたりを掘り下げることを通して、「〜より」と比較しての「〜に比べて」の表現性を考えてみたい。

先回りしてあらかじめ結論を言えば、「AハBヨリ……ダ」が、AをBと同じ尺度の上に置いて、その値(尺度の上の位置)の違いを問題にする言い方なのに対し、②用法の「AハBニ比べテ……ダ」は、AをBと同じ尺度の上で比較するにしても、その相対的な関係を言うだけの言い方だと考えられる。たとえば、「AはBより大きい」という場合は、〝大きさ〟(「大きい」度合)という尺度の上にAを置いて、その値を同じ尺度の上にあるBの値と比較し、値がより大だということを言っている。従って、同じ尺度の上のAの値とBの値が問題にされる言い方といえる。これに対し、「AはBに比べて大きい」は、AとBを〝大きさ〟という尺度で比較はするが、Aの方がBの方よりも度合が大ということを相対的に言うものであり、AやBの値自体が直接問題にされるような言い方ではない。

そして、次のような事実は、以上のように考えてはじめて了解できるものと思える。すなわち、次の例ではaに比べるとbはかなり不自然であるが、この違いを説明することも右のような見方によって十分可能である。

(32)—a　金は大切だが、愛は金より大切だ。
(32)—b　?金は大切だが、愛は金に比べて大切だ。

これらの例では、まず「金は大切だ」とあって、「金」は大切なものと位置づけられている。つまり、〝大切さ〟の尺度の上に一定の値をもつものとされている。そして、それに続けて、「AヨリBハ……ダ」という言い方で、その「金」の〝大切さ〟の値よりも「愛」の〝大切さ〟の値の方が大きいということをいうaは、文意が自然につながる。しかし、bのようにいったん大切なものとして位置づけられた「金」について、以下ではその〝大切さ〟の値にふれず、「Aニ比べテBハ……ダ」という言い方でただ相対的に「愛」の方が〝大切さ〟の度合が大きいという関係だけを言うのでは、文意が一貫しないのである。

また、「値が問題にされる」かどうかという点から、次のような相違も理解できよう。

（33）―a　昨日より早く来てくれ。

（33）―b　?昨日に比べて早く来てくれ。

aに比べてbは、日本語として絶対に成り立たないとは言えまいが、こうした依頼・命令の表現としては、いかにも不自然である。これは、次のような事由によるものと考えられる。こうした表現は、「来てくれ」と求める時間を指示した言い方で、具体的な時間帯を示すもののはずである。aの場合、「昨日より」という言い方で、〝昨日来夕時刻〟という具体的な値が問題化され、それを基準にして「早く」ということで、来るよう求める時間帯が具体的に指定されることになる。従って、aはこの場合の表現として適切なものといえる。しかし、bの場合は、〝昨日に比べて〟では、〝昨日来夕時刻〟の値が直接問題にされるわけではなく、〝昨日来夕〟のに比べて相対的に「早く」というくらいの意味でしかないので、話が漠然としてしまい、具体的な時間帯指定としては不十分なものになってしまうのである。

3―2　そもそも、「AハBニ比べテ……ダ」というような言い方は、これで②パタンの言い方を代表させてきたが、今一歩一般化して考えると、必ずしも②の用法であるとは限らない。このような言い方は、第一義的には、比較対象の一方であるAをもう一方のBとひき比べた場合「……ダ」というあり様であることを言うだけであり、それが場合によって（つまり、述部の意味の解釈や文脈・背景知識等によって）、相対的な相違を言う②用法になったり、「違いがあるか同じか」を言う①用法になったりするものと見られる。先に、**2―1**で（12）―aの例について、これが両義的にとれることを述べた。

（12）—a　長女は、他の娘に比べて、人見知りするくせがある。

すなわち、「長女」も「他の娘」も「人見知り」はするのであり、その程度差が言われているという意味に解釈するなら②用法の例であり、「他の娘」は「人見知り」しないのに対し「長女」は「人見知り」するという意味に解釈すれば①用法の例ということになる。このようになるのも、「AハBニ比べテ……ダ」が第一義的には右のようなことを言う程度の表現であることによる。従ってまた、こうした「AハBニ比べテ……ダ」という言い方が②用法になるとしても、その意味はひき比べての相対関係をいう程度にとどまるのであろう。

一方、（12）—aに対して「〜より」を用いた（12）—bは、必ず「人見知り」の度合という尺度の上での比較の意味になる。

（12）—b　長女は、他の娘より、人見知りするくせがある。

つまり、「AハBヨリ……ダ」という言い方の方は、もともとAとBを「……デアル」度合という同一の尺度で比較する言い方であり、AとBはもともと尺度の上に乗せられることになるものであるから、尺度の上のそれぞれの位置（値）も意識されることになると見られる。

このことに関連して、次のような違いにも注目しておきたい。

（34）—a　吉原さんは阪田さんに比べてどうですか。

（34）—b ?吉原さんは阪田さんよりどうですか。

aはごく自然な問いの言い方と感じられるのに対し、bは絶対不可とまでは言えないかもしれないが、かなり使いにくい。これは、「AハBヨリ……ダ」と「〜ヨリ」を使う場合、AとBの値が「……デアル」度合という尺度の上で比較されるわけだから、まず「……デアル」度合という尺度が決まっていて使われるはずなのに、（34）—

bではABが先にあって尺度が示される述語の方を〃どうですか〃と聞く言い方になっている点が、順序が逆でいかにも不自然なのである。(5) これに対して、「Aニ比ベテBハ……ダ」と「〜に比べて」を使う場合は、第一義的に比較対象を単にひき比べる言い方であり、(34)—aのように述部の方を尋ねる形にしても、両者をひき比べてどうかといろいろなコメントを求める言い方として、ごく自然に使われる。

3—3　さて、実際の用例を見ていると、一見「〜に比べて」を「〜より」に書き換えられそうに見えるのに、書き換えると何か違和感の残るものがあるが、そうした違和感も以上のような見方をふまえれば説明できる。一例をあげて検討してみたい。

(35)—a　十一日から東京・池袋のセゾン美術館で開催される「カリフォルニア・アート・シーン　自然、生活と創造のなかのリアリティー展」は、東海岸に比べて触れることの少なかった西海岸の美術を、初めて網羅的に紹介する展覧会だ。　（毎日、夕、一九九一、三、三〇）

(35)—b　……「……自然、生活と創造のなかのリアリティー展」は、東海岸より触れることの少なかった西海岸の美術を、初めて網羅的に紹介する展覧会だ。

「触れることの少なかった」という程度的な意味の述部と結びついていることもあり、一見「〜に比べて」を「〜より」に書き換えることはできそうに思えるが、aをbのようにすると、何か言っていることが違うような違和感がある。このことは、次のように説明できる。

既述のとおり、「AハBヨリ……ダ」はもともとAとBを〃……デアル〃度合という同一の尺度の上に置いて、その値を比較する言い方であった。そして、bのように言うと、「東海岸より触れることの少なかった西海岸の美術」という言い方は、〃触れる〃ことの少ない〃度合において「西海岸の美術」の方が上（値が大）ということを言ったことになるが、その場合「西海岸の美術」とともに〃触れることの少ない〃度合の上に位置づけられて比較された「東海岸（ノ美術）」も、やはり幾分か〝触れることの少ない〟あり様のものととらえられていることになる。しかし、もとのａを読む限り、「東海岸（ノ美術）」を書き手が〝触れることの少ない〟ものだと言っているようには感じられない。むしろ、〝触れることの少ない〟「西海岸の美術」に対して、「東海岸（ノ美術）」の方は〝ある程度触れる機会はあった〟と書き手はとらえて書いているように感じられる。(6)「ＡハＢニ比ベテ……ダ」は、第一義的にはＡをＢにひき比べて「……ダ」と言うだけの言い方であるから、「東海岸に比べて触れることの少なかった西海岸の美術」という言い方は、書き手の側に右のようなとらえ方があるととって支障のない表現であり、背景知識（アメリカの東海岸文化については比較的お馴染み）などからしてもそのようにとって然るべき文意であろう。しかし、それを「〜より」と書き換えてしまうと、上述のようなことで、もとの表現とは異なる意味が付け加わって、違和感が生じるのである。

「〜に比べて」と「〜より」は、「ＡハＢニ比ベテ……ダ」の形と「ＡハＢヨリ……ダ」の形で、意味・用法は一見同じように考えられがちだが、両者の表現性には相違があり、それが微妙な用法のずれ・適不適をも生んでいる。

四、「〜に比べて」の文法的性格

4—1　おしまいに、この「〜に比べて」という形式の文法的位置づけ・文法的性格について考えておきたい。

「〜に比べて」は、複合辞というべきものであるが、ある意味ではいささか不安定な面のあるものといえる。

まず、複合辞とは、もともといくつかの語であった語連続が、転成してひとまとまりの形式となり、付属語（辞）のような文法的意味を表すようになったものである。ひとまとまりのものとなっているため、たとえば次のように、動詞連語句に由来するものであっても、もはや副助詞等（ふつうの格助詞と動詞との間に割り込めるもの）の割り込みを許さない（ｂのように前接は可）。

（36）—a　*矢島氏は、近世語の文法になどついて研究している。
（36）—b　矢島氏は、近世語の文法などについて研究している。
この点は、「～に比べて」も同様で、次のとおり副助詞の割り込みは許さない。
（2）—e　*菜穂子は、弘実になど比べて背が高い。
（2）—f　菜穂子は、弘実などに比べて背が高い。
また、複合辞は転成して辞化したものであり、もとの連語句とは文法的性格が違ってくる。「～に比べて」は、「に」＋「比べる」＋「て」という動詞連語句に由来するが、「比べる」という動詞はヲ格がとれるはずなのに、「～に比べて」の場合、次のように無理にでもヲ格をとらせようとしても、ヲ格はやはりとれない。
（1）—c　*この問題は、これをさっきの問題に比べて、ずっと易しい。
「～に比べて」には、確かに「比べる」という動詞の意味がかなりはっきり感じられるが、右のとおり動詞連語句とは文法的性格の異なるものになっている。その点を考慮すると、「～に比べて」は、この節で見てきたような用法では、一応転成してひとまとまりの辞的形式になっていると考えてよいだろう。これは、「～に比べ」「～と比べて（／比べ）」についても同じである。

4—2　しかし、問題なのは、「～に比べて」から少し形が変わっただけで、それが複合辞らしくない性格を示しだすということである。たとえば、次のように「も」が添えられただけで、副助詞の割り込みを許すようになる。
（2）—g　菜穂子は、弘実になど比べても、背が高い。
また、「～に比べて」の類義形式としてしばしば一括される「～に比べると」「～に比べたら」（あるいは「～に比べれば」など）も、むしろ複合辞らしからぬ面が目立つようである。これらも、副助詞の割り込みを許す。
（2）—h　菜穂子は、弘実になど比べたら（／弘実になど比べると）、背が高い。

更に、「〜に比べても」や「〜に比べたら」等では、先のように無理にヲ格をとらせようとすれば、できなくはない。

（1）—d　この問題は、これをさっきの問題に比べても、ずっと易しい。

（1）—e　この問題は、これをさっきの問題に比べたら、ずっと易しい。

更にまた、「〜に比べて」は転成して動詞句としての性格が失われた結果、副詞の修飾をうけないが、「〜に比べても」や「〜に比べたら」等では、ある種の副詞の修飾はうけると見られる。

（37）—a　木星は、火星に比べて、ずっと大きい。

（37）—b　*木星は、試みに火星に比べて、ずっと大きい。

（37）—c　木星は、火星に比べても、ずっと大きい。

（37）—d　木星は、試みに火星に比べても、ずっと大きい。

（37）—e　木星は、火星に比べたら、ずっと大きい。

（37）—f　木星は、試みに火星に比べたら、（やはり）ずっと大きい。

このように見てみると、この節で見てきた「〜に比べて」は一応複合辞化していると考えられるが、少し形が違ってくると、まだ動詞連語句というべき形式が隣接していくつも見られる。その点、そうした形式が類義的で類似したものとして意味・用法の上で干渉してくるところがあり得る分、「〜に比べて」は複合辞として不安定な面もあるものといえるだろう。

4—3　第1章第2節でも述べたとおり、筆者は、「いう」「する」などの抽象的な意味の動詞に由来する複合辞が複合辞として安定して存立する要件は、もとの動詞との共時的な関係にあるとした。すなわち、もとの動詞の動詞としての用法が衰えていたり、もとの動詞の意味と複合辞化した形式（の動詞部分）の意味とが明らかに分化しているといえるような場合には、そうした動詞に由来する複合辞は、複合辞として安定した形式たり得るのである。これに比べて、今回とり上げた「〜に比べて」は、もとの「比べる」という動詞が現に動詞として盛んに使われているものであり、「〜に比べて」の「比べ」と動詞「比べる」に意味の分化もさほど感じられない。突き詰めればこのことが、「〜に比べて」の複合辞としての存立をいささか不安定なものとしているのだと感じられる。

このように考えると、この「〜に比べて」は、先の筆者の主張を裏側から根拠づける事例ということができるだろう。そして、そうした「〜に比べて」を複合辞たらしめているのが、何より「主語が失われ」ているという要件であることも、既に第1章第2節に論じたところである。

五、結　び

5　この節では、従来あまり立ち入って論じられることのなかった「〜に比べて」という言い方について、いささか考えてみた。なお筆者は、国研（二〇〇一）でこの「〜に比べて」についてはいささかふれたが、その記述は決して十分なものではなかった。[1] この節の記述が、その不備を補うものとなればと思う。

【第16節・注】

（1）また、国研（二〇〇一）は、筆者の関わったものであるが、その「意味・用法」の項では次のように述べている。

「Aに比べてB」の形で、Bという点で比較する対象としてAをとり上げる表現。（一〇五頁）

記述内容としては、グループ・ジャマシイ（一九九八）と同程度のレベルであって、以下この節で述べるところからも知られるように、決して十分なものとはいえない。

なお、念のため付け加えると、グループ・ジャマシイの記述の「Xに比べてY」の「X」「Y」は比較対象となる二項であり、国研の「Aに比べてB」の「A」は比較対象の一方、「B」は述語である。書き方は違うが、挙げられた用例から明らかなように、どちらももっぱら「コレはアレに比べて大きい」のようなパタンを念頭に置いての記述である。

（2）なお、物事を比べていう用法の「〜より」の方も、一見「〜に比べて」といずれも書き換え可能のように見えるが、相対的な程度の比較ではなく、二者の選択になるような用法の場合は「〜に比べて」と書き換え不可である。

（ア）—a　人生は、金より愛だ。

（ア）—b　*人生は、金に比べて愛だ。

この点については、既に国研（二〇〇一）で指摘した。

（3）こうした例では、「〜に比べて」を「〜より」に書き換えられるかどうかは場合によるものと思われる。

（4）ただし、倍数の場合は判断が分かれるところがありそうである。たとえば、「今年の収穫高は昨年に比べて二倍だ」は、「今年の収穫高は昨年より二倍だ」と書き換えると明らかに不自然であろう。しかし、「今年の収穫高は昨年に比べて二倍になった」を「今年の収穫高は昨年より二倍になった」とすると、筆者にはまだ不自然に感じられるが、許容する判定もありそうである。なお、「今年の収穫高は昨年に比べて二倍に増えた」のように述語に程度の変化や程度差をはっきり示す意味のものが来れば、「今年の収穫高は昨年より二倍に増えた」としても、もちろん不自然さはない。

（5）（34）—bのような言い方が出て来得るとしたら、「吉原さんは阪田さんよりどうですか。病弱なんですか」のように、実際には「……ダ」にあたる述語内容が予定され、決まっているような場合ぐらいかと思われる。

（6）結局、端的に言ってしまえば、程度的な意味の述部と結びついても、この場合の「〜に比べて」は、違いがあることを問題にする①用法だったのだということである。

17.「〜に伴って」

〜医学の進歩に伴って、難病の治療に光明が見えてきた〜

Ⅰ.複合辞化の経緯

一、問題の所在

1—1　この節では、次のような「〜に伴って／伴い」という形式をとり上げる。まずⅠとして、その「複合辞化」の経緯についていささか検討してみたい。

（1）テクノロジーの進歩にともない、学習ということが極めて大切なものになっていく。（ビル・ゲイツ（西和彦訳）「ビル・ゲイツ未来を語る」）

（2）湿度の上昇に伴って、不快感が増していった。

（3）急激な都市人口の増加に伴い、失業率が高まり、社会の底辺層では生活苦によって一般犯罪が激増し、社会不安は増幅する。（伊高浩昭「コロンビア内戦」）

（4）新たな大統領の就任に伴って、対外政策も大幅に変更された。

（5）母は父の満州観象台への転勤にともない、昭和十八年四月、満州へ渡った。（藤原咲「父への恋文」）

（6）総理府に金融監督庁が設置されたのに伴い、証券取引等監視委員会は大蔵省から金融監督庁へ移管された。（服部育生「『新』証券取引法講義」）

こうした「〜に伴って／伴い」は、「〜に」と「伴って／伴い」の間に語句の挿入が許されず、「〜に伴って／伴い」でひとまとまりとなっているといえる。

（2）―a　湿度の上昇に伴って、不快感が増していった。

（2）―b ?湿度の上昇にだけ伴って、不快感が増していった。

（2）―c ?湿度の上昇にちょうど伴って、不快感が増していった。

〝Aに伴ってB〟のパタンで言えば、「〜に伴って／伴い」は、Aという事柄にBという事柄がいわば〝ついてくる〟[1]（連動）というべき関係づけの意味を表すものであり、「伴って（伴い）」に主語は立てられない（むしろ意味的にはAに「伴う」のは何かといえばBであり、Bの内容が主語相当といえる）。このように、「〜に伴って／伴い」は、もはや動詞句ではなく、右のような関係を表す複合辞[2]として働いているものと考えられる（以下、「〜に伴って」で代表させる）。

1―2　ところで、「〜に伴って」は、動詞「伴う」がニ格をとった形に由来するが、「伴う」はヲ格をとることもあり[3]、興味深いことに、ニ格をとるかヲ格をとるかで、格成分（ニ格・ヲ格）と主語及び主語にあたる内容との関係が〝逆〟になる。例えば、「〜を伴う」を用いたbの文では、〝ついてくる（伴ワレル）〟ことが格成分の方に出てくるが、「〜に伴って」を用いたaでは、〝ついてくる〟ことは、格成分ではなく、内容的には「伴う」の主語にあたる後続句の方に出てくる。

（7）―a　計画の実行に伴って、危険が生じた。

（7）―b　計画の実行が、危険（の発生）を伴った。

ニ格をとる場合とヲ格をとる場合は、ある意味で表現として裏表であり、右のabは、事柄としては同様のことを述べるものといえるだろう。従って、「伴う」の意味も同じレベル（の抽象度）と思われる。しかし、ヲ格をとる場合は、右のbのように「伴う」が言い切り述語として使われ、動詞としての性格がはっきりあるのに対し、ニ格をとる場合は、言い切りでは（少なくとも現代語では）ふつう使えず、複合辞にしかならない。

（7）―c　*危険（の発生）が、計画の実行に伴った。

一方、ヲ格をとる「伴う」も、「～を伴って」というようにテ形で用いられることはあるが、その場合、次のとおり「～を」と「伴って」の間に語句の挿入が許されることからも明らかなように、あくまでも動詞句であって、「～を伴って」でひとまとまりの複合辞になるわけではない。

（8）―a　山沿いでは、雷を伴って、激しく降るでしょう。

（8）―b　山沿いでは、雷を一部伴って、激しく降るでしょう。

すなわち、格のとり方に応じて用法分化が認められ、それが「～に伴って」が複合辞であることの支えにもなっているといえる。

しかし、むしろここで気になるのは、次のようなことである。動詞句由来の複合辞は、ふつう動詞の意味が稀薄化・抽象化して複合辞になったものと説明される。しかし、ヲ格をとる場合と動詞にあたる部分の表す意味の抽象度はあまり違わないと思われるのに、どうしてニ格をとる形だけが複合辞になるのだろうか。

こうした事例については、少なくとも〝もとの動詞の意味の稀薄化・抽象化〟ということだけで、複合辞化する・しないということを十分に説明することは難しいと思われる。今少し、事の経緯を掘り下げて考えてみる必要があるだろう。

そこで、この節のⅠでは、複合辞「～に伴って」について、これがどのような経緯で複合辞化しているのか、もっぱらその点に焦点をあてて考察してみたい。

1―3　ここで若干補足しておく。「伴う」がニ格をとった場合、ふつうは言い切りでは使えないと述べた。ただし、次のような言い方では、「伴う」がニ格をとって言い切り述語となる。

（9）　彼は、優希《ゆき》を件《くだん》の宴に伴った。

（10）　実力が名声に伴わない。

（9）は、「伴う」が〝連れて行く〟のような意味になる言い方で、この場合、やや硬いが確かに「伴う」が言い切りに用いられる。しかし、こうした言い方では、「伴う」はニ格だけでなくヲ格もとる（また、このニ格は〝行き先〟を表すものである点で、複合辞になる場合の「〜ニ」とも明らかに異なる）。単にニ格のみをとって複合辞になる場合とは、意味・用法ともに分化した別パタンと見ておいてよいだろう。また（10）は、「伴う」が〝つり合いがとれている・合っている〟といった意味ととれる言い方だが、使われ方が限定されていて、同趣の言い方は自由に作れない（「＊給料が仕事に伴わない」などとは言えない）。現代語では、固定的な慣用表現と考えておけばよいと考えられる。

従って、「伴う」が（ヲ格はとらず）ニ格をとるパタンでは、「伴う」は、現代語では基本的に言い切り用法では使われないと考えてよい。

しかし、注意すべきは、次のように「〜には」の形と結びついて「〜には…が伴う（／伴っている）」のような言い方でなら、「伴う」が言い切り述語として使われるということである[4]。

（7）—d　計画の実行には、危険が伴った。

「〜には」もニ格であるが、このようなパタンでなら、ニ格と結びつく「伴う」はどうして述語用法で使えるのか（つまり、一つの文を形作れるのか）——こうした点にも、注意しておきたい。

二、ニ格をとる「伴う」とヲ格をとる「伴う」――歴史的な用例の確認――

2―1　複合辞「〜に伴って」の成り立ちの経緯を考えるために、まずニ格をとる「伴う」・ヲ格をとる「伴う」・その他の「伴う」の用法について、歴史的な用例で確認しておきたい。もとより厳密な記述を試みるものではなく、およそのあり様がわかるよう用例を示して概観するものである。『日本語歴史コーパス』（ＣＨＪ）によって見てみると、ニ格・ヲ格をとる「伴ふ」の用例は、中古末くらいから見いだされる（以下、中世後半から近世の例を補っている[5]）。

まず、「〜に伴ふ」の用例を掲げる。

(11)　然れば、彼の国に二十年有て、天平七年と云ふ年、遣唐使丹治比の真人広成と云ける人の帰けるに伴なひて、此の国に帰り来れり。（『今昔物語集』巻第十一）

(12)　人に伴なひて春は山に入りて鹿を狩り、秋は野に出て雉を殺す。（同巻第十五）

(13)　藤原惟規は世のすきものなり。父の越後守為時にともなひて、かの国へ下りけるほどに、重くわづらひけるが、……（『十訓抄』第一）

(14)　これ［注・平将門］を平げんために宇治民部卿忠文をつかはしける。この関に至りてとどまりけるが、清原滋藤といふ者、民部卿に伴ひて軍監といふ司にて行きけるが、「漁舟の火の影は寒うして波を焼き、駅路の鈴の声は夜山を過ぐ」といふ唐の歌を詠《なが》めければ、涙を民部卿流しけりと聞くにも哀れなり。（『東関紀行』）

(15)　箱王、かねては、鎌倉殿の御奉幣の時、余の児どもに伴ふて見物せんと約束したりけるが、……（『曽我物語』）

(16) 忘るなとたのむの雁に伴ひて、立ち別れ行く都路や、春はさそひてまた越路　（「閑吟集」）

(17) 己にしかざる者を友とする事なかれといふ文を聞ては、我より勝りて善き人に友なはんとして、己より目下なる者には交らはず。（「浮世物語」）

次いで、「～を伴ふ」の用例を示す。

(18) 本より得意と有ける人一両人を伴なひて、道知れる人も無くて、迷ひ行けり。（「今昔物語集」巻第二十四）

(19) 義家朝臣、陸奥前司のころ、つねに堀河右府の御許に参りて囲碁を打ちけり。いつも小雑色一人ばかりを相伴たりけり。（「十訓抄」第一）

(20) しかれども、かの庵にも、折琴、継琵琶などをともなへり。（同第九）

(21) 判官は叔父の備前守を伴ひて、十一月三日都を出で給ふ。（「義経記」）

(22) 釈迦如来、御説法ありしに、提婆、一万人の外道を伴ひ、木の枝・篠の葉に幣を付けて踊り叫《さけ》めば、御供養展べがたかりしに、……（「風姿花伝」）

(23) 時に佐々木、畠山、景清夫婦をともなひ、御前に出でらるる。（「出世景清」第五）

なお、(19)は「相伴ふ」の例だが、この「相（あひ）-」はここではいわゆる整調として添えられた接頭辞であり、この「相伴ふ」は「伴ふ」と意味において違いはないと考えられるので、ここに掲げた。

併せて、「～に伴ふ」「～を伴ふ」以外で見ておくべき「伴ふ」の用例も示しておく。

(24) 春宮も、次々の宮たちも、なつかしき御遊びがたきにてともなひたまへば、……（「源氏物語」匂宮）

(25) 而るに朝綱失て後、あまたの年を経て、八月十五日夜の月極く明かりけるに、文章を好む輩十余人伴ひて、月を翫ばむが為に、「いざ故朝綱の二条の家に行かむ」と云て、其家に行にけり。

(26)　人あまたともなひて、三塔巡礼の事侍りしに、横川の常行堂のうち、竜華院と書ける古き額あり。
（「今昔物語集」巻第二十四）

(27)　二つの形見を一つ供養したてまつりて、父のを残しても何にかはせむ。幾世残しても、中有の旅に伴ふべきことならずやと思ひ切りて、……
（「徒然草」第二三八段）

（「とはずがたり」巻五）

(28)　「門出の杯、しみじみお礼申したし。井筒屋へ伴ひましよ。……」
（「山崎与兵衛寿の門松」）

2—2　以上、近世までの「伴ふ」の用例を掲げて、「伴ふ」の使われ方がおよそどのようであったかを示したが、ここから読みとれることを摘記しておく。

まず、ニ格をとる例、ヲ格をとる例は古くからあるが、格としてとられる内容が今日とは異なる。ニ格には、今日と違って、人（もしくは人に準ずるもの）を表す名詞句がとられる。ヲ格については、人を表す名詞句をとる用法が目立つが、これは今日でもふつうに見られる（「介添人を伴って、果たし合いに臨む」など）。しかし、今日と違って、人を表す名詞句がとられるだけでなく、(20)のように物を指す名詞句もとられる（今日、「*本を伴って、旅行した」などという言い方はしない）。

意味としては、概ね、

・「〜に伴ひて」：〜について（いく）［──→そこから「交友する」といった意にも］
・「〜を伴ひて」：〜を連れて（いく）、〜をもって（いく）

といったようなことで、「伴ふ」は具体的な動作の意味をはっきり持った動詞であったと考えられる。

さて、(24)(25)(26)のような例から考えて、「伴ふ」は、基本的には「一緒になる」といった意味を持つものと思われる。[6] この〝一緒〟ということを今一歩突き詰めて、〝共存〟というような意味を「伴ふ」の意味の基本として見てとってもよかろう。

そして、それがニ格をとるパタンになると、「一緒になる」者について、〝ついていく〟（従属する）側と〝ついて来られる〟（従属される主たる）側の関係が表されることになる。更に、ヲ格をとるパタンでは、「伴ふ」は他動詞として「一緒に（なるように）する」といった意味に転じ、〝連れていく・もっていく〟（従属させる）主体と〝連れていかれる・もっていかれる〟（従属させられる）対象の関係を述べる言い方になる。

つまり、ニ格をとる「伴ふ」もヲ格をとる「伴ふ」も、右に述べたとおり古典語では具体的な動作の意味を表すものであるが、それぞれのパタンでは、その基底においては、次のような関係が表されるものだと考えられる。[7]

・XガYニ「伴ふ」：X（従）がY（主）に一緒になる
・XガYヲ「伴ふ」：X（主）がY（従）を一緒に（なるように）する

そして、留意すべきは、主語（X）と格成分（Y）の間には、右に述べたことからも理解できるであろうが、それぞれ、一方が（主）、他方が（従）というべき関係があるといえる点である。

最後に今一つ別のことを書き添えておくと、右のニ格もしくはヲ格をとる「伴ふ」の例より現われ始めるのは少し後になるようだが、(27)(28)のような、「行き先」を表すニ格（もしくはヘ格）と結びつく「伴ふ」の用例も、近世以前に既に見いだされ、先の(9)のような例とのつながりが見てとれる。

2―3　以上、近世までのあり様を概観したが、次にやはり『日本語歴史コーパス』（CHJ）に拠って明治期の用例――後期の文語文の例に限られるが――を見てみたい。念のため述べておくと、「伴ふ」は現代語においては書き言葉的な言い方であり、その用法は明治期の一般的な書き言葉である文語文から言文一致体の今日の書き言葉に自ずと継承されたと考えられる。それ故、文語文の用例を見ることを以て、現代語の複合辞「〜に伴って」の成り立ちを考える手掛りとすることは支障のないものと判断している。

まず、「～に伴ふ」の例から掲げる。

(29)　夫聞だ會々故岩倉全權大使の隨行官田中不二麿君に伴ひ、米國を始とし歐洲諸國を巡歴し、親しく各國教育の様子を視察し、大いに悟る所あり。（『國民之友』（一八八八）「同志社の規模及其目的」）

(30)　狹隘なる割拠は狹隘なる思想に伴ふ。（同（一八八七）「吾人をして先見の名を爲さしむる勿れ」）

(31)　而して國富は實業の發達に伴ひ、實業の發達は實業の教育の進歩に伴ひ、實業教育の進歩は實に理學の應用に因すること著しければなり。（『太陽』（一八九五）「教育此談」）

(32)　故に世運の進歩に伴うて、寫眞術應用の範囲は日に月に增して殆ど測り知る可らざらんとす。（同（一八九五）［工業］）

「～を伴ふ」の例は、もっぱら人を表す名詞句をヲ格にとるものが出てくるが、そうした例を一、二挙げておく。

(33)　乃ち越後の人五十嵐氏を伴ひ、一部の枕山詩集、カーライル氏の文稿を携へ横浜に至りて之れ［注・汽船芳野丸］に搭ず。（『國民之友』（一八八八）「近南洋紀行（一）」）

(34)　余は主人の知友なる老年の淑女と紳士とを伴ひ來れり。（同（一八八八）「隨見錄（二）」）

以上から、まずニ格の例では、ニ格に「人」の意の名詞句をとる(29)のような例がまだ見られることから、〃ついていく〃といった意味で「伴ふ」が解される面があったようで、「～に伴ふ」の「伴ふ」はある程度具体的な意味の動詞として用いられている。(30)(31)のようにニ格に抽象的な事柄を表す名詞句をとる例も多く見られるが、この(30)(31)では「伴ふ」にはっきり主語が立てられている。こうした、ニ格に抽象的な事柄を表す名詞句をとる言い方は、比喩的な表現として生まれたものであろうが、それが多用されるようになって、たとえば(32)のような用法から、事柄の抽象的な「連動」関係を表す複合辞へと転じていくものと見られる。

一方、ヲ格をとる例では、既述のようにヲ格にはもっぱら「人」の意の名詞句がとられ、抽象的な事柄をとるような例は、今回見た限りでは、目につかない。

また、ヲ格とともに「行き先・場所」を表すニ格をとるパタンの例も、次のとおり見られた。

(35) 其運命は必亡に在るの邦國と結託するは、瀕死の病夫を戦場に伴ふが如し。（『太陽』（一八九五）「対清政策」）

2―4 ここで、やや横道にそれる気味もあるが、関連して明治期の用例のうち、注意すべきものをいくつか見ておきたい。

(36) 而して此の慘なる悲むべき現象［注・自殺］が全世界に於て文明の度に伴ふて益其の發生を頻繁にする傾向あらんとは誰れか豫想し得る者ぞ。（『太陽』（一八九五）「我邦に於ける社會的現象としての自殺」）

(37) 故に社會にありて永く其存生と昌榮を保たんと欲せば世運の推移に伴ひて隨時其身を處するの覺悟無かるべからず。（同（一八九五）［文學］）

「〜に伴って」の「〜に」の部分には、現代語では抽象的な事柄――もっぱら出来事のような内容がとられ、〃Aに伴ってB〃のパタンで言えば、Aが起こることにBが起こることが〃ついてくる〃こと（連動）が表される。しかし、(36)では「〜に」にとられるのが起こる出来事ではなくて、〃いろいろなあり様のあるもの・こと〃であり、「〜に伴って」は、そのあり様の如何に応じて以下のことがあるという関係を示すことになる。(37)も同様で、これらの「〜に伴って」は、「連動」というより「対応」の関係を表すものといえよう。現代語では、こうした関係は「〜に応じて」「〜に従って」などで表され、「〜に伴って」は使いにくい（「*成果に伴って報酬を与える」などとは言えないだろう）。ただし、次のような言い方は可能なようで、

(38) 天候に伴って、湿度も変化する。

「対応」を表す用法の「〜に伴って」は、現代語でもまだいくらかは残っているといえる。

次に、(39)(40)の例を見ていただきたい。

(39)　我國開明に伴なふ可き良史の無きを憂ふる久し。　（『國民之友』（一八八八）「小學校用日本歴史」）

(40)　逓信の長距離電話の如きは、實益に伴ふの施設なるか、　（『太陽』（一九〇二）「學政振張と財政」）

これらの「伴ふ」は、〝つり合いがとれている・合っている〟といった意味と解せられる。つまり、(40)で言えば、「實益に伴ふの施設」とは〝実益とつり合いがとれた施設（装置）〟といった意味と見られる。こうした意味・用法は、現代語では見られず、わずかに**1—3**で見た「実力が名声に伴わない」といった表現に残るだけのようである。

以上、現代語ではあまり継承されなかった用法が、明治期の例ではそれなりに見られる。このことは、現代語の「〜に伴って（伴う）」の用例の分布を理解するうえでの助けとなるものである。

2—5　明治（後）期の文語文の用例を見てきたが、現代語とのつながりを確認する意味で、その後の昭和初期あたりの用例もいくつか掲げておく。

(41)　之に反して、列国帝国主義においては、恐慌の進展に伴って、階級闘争の激化、一連の革命的昂揚、極度の大衆窮乏——反ソ戦争のための準備がみられる。（宮本百合子「労働者農民の国家とブルジョア地主の国家」）

(42)　なぜなら内容の開展に伴って必然的に要求せられてくる力強い技巧の開展がここでは不可能であったからである。（和辻哲郎「古寺巡礼」）

(43)　キリスト教の普及に伴って渡来したラテン語が尊重されて、学問は僧侶の手に帰し、文学もまた僧侶や貴族の支配するところとなりました。（宮原晃一郎「スカンヂナヴィア文学概観」）

(44)　その翌日、駒井甚三郎は、鉄砲を肩にして、従者としては船乗の清八ひとりだけを伴い、島めぐりのためと言って、早朝から出かけました。（中里介山「大菩薩峠」）

（45）見込捜査と云う事は無論ある程度まで危険を伴う。（甲賀三郎「支倉事件」）

（46）たまたまそれを取り上げて愛玩し加工し、また授受するような時世になっても、その説話は必ずしも弘く伝わらず、もしくは誤解と誇張とを伴って世に残った。（柳田国男「海上の道」）

（41）（42）（43）がニ格をとる例、（44）（45）（46）がヲ格をとる例だが、現代語と変わらない用法が見てとれる。ニ格をとる場合は、「〜に伴って」が事柄の「連動」を表す複合辞として用いられていると見られるし、ヲ格をとる場合は、ヲ格に「人」を表す名詞句とともに抽象的な事柄を表す名詞句をとる用法が見られることも、現代語と同じである。(8)

2—6　以上見てきたように、「伴う」は、かつてはニ格をとる場合も、「人」（や「もの」）について「ついていく」とか「連れていく・もっていく」といった具体的な動作の意味で使われたが、近代に入ると、少なくともニ格をとる場合については、「〜に」に抽象的な事柄をとる用法が目立つようになり、意味が抽象化して、現代語では「〜に伴って」の形で複合辞として働くものとなっている。ヲ格をとる場合についても、近代以降「〜を」に抽象的な事柄をとる用法が見られるようになったわけである。

三、ニ格をとる「伴う」が複合辞になる経緯

3—1　第二項で「伴う」の用法の歴史的な展開を簡単にたどってみたが、そうした歴史的な用法の変遷の結果、現代語では、「伴う」がニ格をとる場合であれ、ヲ格をとる場合であれ、ニ格もしくはヲ格に抽象的な事柄を表す名詞句をとることはできる。それに応じて、「伴う」の意味も、どちらの場合も同じように抽象的なものになるはずである。しかるに、なぜニ格をとる場合のみが複合辞化するのか（逆に言えば、ヲ格をとる「伴う」にだけ、そうした意味であっても、どうして動詞用法があるのか）。

この点については、以下に述べるような解釈が可能だと考える。「伴う」はもともとは具体的な動作の意味を表すものとして用いられた。しかし、それが抽象化すると、2—2で見たような、そうした具体的な意味の基底にある〝一緒になる・一緒に（なるように）する〟といった〝一緒〟である（共存）という意味が表立ってくるものと思われる。そして、主語名詞句とニ格名詞句もしくはヲ格名詞句で示されるものが〝共存〟することを表す意味になっていくはずだが、ニ格をとる場合・ヲ格をとる場合には、次のとおり主語との間に、もともとは、（主）—（述）というべき関係があった。

主語（従）——ニ格（主）
主語（主）——ヲ格（従）

念のため、いくらか説明を補足すると、

(13)　藤原惟規は世のすきものなり。父の越後守為時にともなひて、かの国へ下りけるほどに、重くわづらひけるが、……

(19)　義家朝臣、陸奥前司のころ、つねに堀河右府の御許に参りて囲碁を打ちけり。いつも小雑色一人ばかりを相伴たりけり。

例えば、右に再掲した(13)の場合、「ともなひて」の主語は「藤原惟規」だが、「惟規」は、ニ格の「父の越後守為時」に、越後下向に際して〝ついていった・同行した〟わけで、まず越後に下向する「為時」がいて、「惟規」が〝一緒になって〟行った（「為時」の下向がなければ、「惟規」が〝一緒になって〟行くこともない）のだから、この事柄においては、ニ格の「為時」がまず前提として考えられるという意味では（主）、主語の「惟規」の方が（従）というべき関係になっているといえる。これに対し、例えば(19)の例の場合、「相伴（あひともなひ）たりけり」の主語は「義家朝臣」で、「義家」は碁を打ちに行く時、ヲ格の「小雑色一人」を〝連れていった・同行させた〟のであり、まず碁を打ちに行く「義家」がいて「小雑色」が〝一緒になって〟行った（「義家」が行かなければ、「小雑色」が〝一緒になって〟行くこともない）のだから、この事柄においては、主語の「義家」がまず前提として考えられるという意味では（主）、ヲ格の「小雑色」が（従）というべき関係になる。

こうした、ニ格・ヲ格と主語との関係は、「伴う」の意味が抽象化した場合にも引き継がれるものと思われる（このことは、3―2で確認する）。むしろ、具体性が捨象されて〝共存〟ということをいう抽象的な意味合いが表立ってくると、〝共存〟する二者の間のこのような関係もまた表立ってくるだろう。

そして、ヲ格をとる場合、抽象的な〝共存〟をいうような意味で用いられると、まず主語で示されるもの（主）があり、それとの関係でヲ格名詞句に示されるもの（従）が〝一緒に〟あるということをいうことになるが、主語とは、その文の叙述内容の中核――その文でまず語られるものを示すものであるから、(9)そこに、〝共存〟する関係の二者のうち、まずあるもの・他方の前提となる主たるものが示されることは自然であろう。従って、「伴う」がヲ格をとる場合は、〝共存〟という抽象的な関係をいう文表現を無理なく形成できる。

（7）―b　計画の実行が（／は）、危険を伴った。

これに対し、ニ格をとった場合、現代語ではもはや具体的な動作を表す使い方はできなくなっているので、抽象的な〝共存〟の関係をいうものとして考えるよりない。しかし、主語をとって文表現を形成したとすると、まずニ格名詞句で示されるもの（主）があり、それとの関係で主語に示されるもの（従）が〝一緒に〟あるということをいうことになるだろうが、その文でまず語られるべきものを示すはずの主語に、他方を前提に考えられる（従）たるものが出てくるのでは、表現として齟齬をきたして不自然である。

（7）―c ＊危険が（／は）、計画の実行に伴った。

それ故、「伴う」がニ格をとるなら、文を形成する述語とはなり得ず、複合辞としてしか用いられない。見方を変えれば、現代語において「伴う」がニ格をとった場合、ニ格と主語の間に含意される関係から、主語をとって文を作ることは不自然になってしまう。そのような経緯で主語がとれなくなったことが、「～に伴って」の複合辞化を決定づけているわけである。

なお、これも念のため書き添えておくと、この節の第一・二項では、複合辞「～に伴って」の意味を、さしあたり「連動」などとしてきたが、「連動」することの基底には、まず「連動」する二者の広い意味での〝共存〟ということがある。複合辞についても、〝共存〟という意味を最も基本において考えるべきで、それを出発点として、はじめてその成り立ちの経緯を考えることもできると思われる。

3―2　以上のような理解は、次に述べるような事実からも的はずれではないものといえるだろう。

複合辞「～に伴って」は、〝Aに伴ってB〟のパタンで言えば、Aということに「連動」してBということがある関係を言うものと理解することができる。しかし、(47)で「披露宴」と「余興」は確かに「連動」するもの――更に言えば〝共存〟するものといえようが、aのように言えてもbのように言うのは不自然である。

(47)―a　披露宴に伴って、余興が行われた。

(47)―b　*余興に伴って、披露宴が行われた。

もちろん、「連動」し〝共存〟しているとはいえ、「披露宴」あっての「余興」であり、「披露宴」があることを前提に、その「余興」が行われる。先に用いた言い方をすれば、「披露宴」は前提として考えられる（主）たるもの、「余興」は「披露宴」を前提に考えられる（従）たるものということになる。そして、複合辞であっても、「伴う」と結びつくニ格の部分には、やはり（主）たるものと意識される方が示されることになっている（だから、そうなっていないbは不自然になる)。つまり、〝共存〟という抽象的な意味で用いられる「伴う」がニ格をとる場合でも、そこに〝共存〟するもののうちの（主）たるものが出てくるという関係性は、実際変わらず引き継がれているのである。

故に、まず語られるべき主語の方に（従）たるものが出てくるという不自然な表現が避けられて、主語が立たなくなることで、「〜に伴って」は自づと複合辞化するという解釈は十分根拠のある妥当なものと考える。

3—3　関連して、次のようなことも指摘しておきたい。「〜に先立って」という複合辞があるが、これは〝Aに先立ってB〟のパタンで言えば、BがAに先行するという時間関係を表すものだと、一応言える。しかし、時間の前後関係としては問題ないはずなのに、次のaのようには言えても、bのように言うのは不自然である。

（48）—a　研究発表会に先立って、開会の辞が述べられた。

（48）—b ＊閉会の辞に先立って、研究発表会が開催された。

この場合も、「開会の辞」「閉会の辞」は「研究発表会」あっての「開会の辞」「閉会の辞」なのだから、先の言い方で言えば、「研究発表会」が（主）たるもの、「開会の辞」「閉会の辞」は（従）たるものということになろう。そして、aが可でbは不可だということから考えれば、「〜に先立って」は「〜に」に（主）たるものが来ることに決まっている言い方のようである。だとすれば、これが複合辞化しているのも、「〜に伴って」と同様の経緯で主語が立てられない故だと考えることができそうである。

3—4　更に、右のように解釈することは、「伴う」がニ格をとっても、「〜には…が伴う」というような構造では自然な文が形成できるということとも、つじつまが合ってくる。

右の構造は、存在文に由来する所有文「〜には…がある」と同様のパタンである。そして、「伴う」は意味が抽象化して〝共存〟という（一種の〝存在〟の）意味を表すことになるが、〝共存〟するものにも先のとおり（主）たるもの（「〜に」示される）と（従）たるもの（「〜が」に示される）があることから、この〝共存〟は、更に

〝（主）たるものが（従）たるものをはらむ〟といった抽象的・擬似的な所有関係とも読み直せるだろう。そうした抽象的な所有関係を表す所有文の一種のヴァリエーションとして成り立っているのが、「〜には…が伴う」のような構造の文なのである。

（7）—d　計画の実行には、危険が伴った。

そして、この場合「伴う」がニ格——「〜には」の形だが——をとっても、述語として無理なく文表現を形成できる。これは、こうした文が一種の所有文であり、所有文ではガ格名詞句ではなく「〜には」の部分が主語[10]——まずその文で語られるべき叙述内容の中核を示すものだからである。「伴う」のとるニ格（「〜には」）には、〝共存〟の関係でとらえられる二者のうち、他方の前提となる主たるものが示されるが、そうした（主）たるものが、こうした構造の文では、まず語られるべきものを示す主語となるので、表現として齟齬をきたすことがないということである。このように考えられるということは、逆に、ふつうは「伴う」がニ格をとる場合、現代語では複合辞としてしか使われないことについての、**3**—**1**での解釈とも整合的であり、先の解釈を支持するものと言えるだろう。

四、いったんの結び

4　以上、この節のⅠでは、「伴う」がニ格をとる場合に、どうして複合辞にしかならないのかという点に関して、その経緯を解釈してみた。

一般には、動詞句由来の複合辞は、動詞句の動詞の意味が稀薄化・抽象化することで複合辞化したものであるといった説明で片づけられることが多いが、意味の稀薄化・抽象化というだけでは片づかないさまざまな要因が複合辞の成立にかかわっているのではないか。ここに述べたような解釈を示したことは、そのあたりに一歩踏み込んでみようとの意図によったものである。

複合辞「～に伴って」の意味・用法に関しても考えるべきことがあるが、その点については、次の「Ⅱ.『～に伴って』の意味・用法」で述べる。

Ⅱ.「～に伴って」の意味・用法

一、はじめに

1―1　Ⅰを承けてⅡでは、複合辞「～に伴って（／伴い）」の意味・用法について考えてみたい。念のため、煩をいとわず、用例を掲げておく。

（1）社長が死去したことに伴い、専務が新社長に昇格した。

（2）湿度の上昇に伴って、不快感が増していった。

（3）また、日本の南海上にある前線が、台風の接近に伴って北上し、活動が活発化している。（毎日新聞、夕、二〇一〇、一〇、三〇）

（4）わたしたちが六年生になったとき、新教育制度の発足にともない、教科書はすっかり変わった。（太田純子「子どものころ戦争だった」）

（5）トヨタは海外での生産を拡大してきた。それに伴って現地での部品調達も増えている。（毎日、朝、二〇一〇、一、三一）

（6）気象庁は4月、海外で起きた地震に伴って発生する「遠地津波」の予報の精度向上に乗り出した。（毎日、朝、二〇一〇、七、一四）

「～に伴って（／伴い）」という形式（以下、「～に伴って」で代表させて示す）は、もちろん「に」＋「伴う」＋「て」という動詞連語句に由来するものであるが、この場合は、Ⅰに既述の通り「伴う」という動詞が動詞としての働きを失って、「～に伴って」というひとまとまりで事柄の関係づけを表す複合辞に転じている。

この節のⅠでは、この「～に伴って」が複合辞となっている経緯について考察した。問題点をくり返せば、「伴う」は「～ヲ」とも「～ニ」とも結びつくが、次のとおり、ヲ格成分をとった場合は、言い切り述語として使うことができ、はっきり動詞として働くのに、「～ニ」と結びついた場合、言い切り述語では使えず、動詞として働かない。「～ニ」と結びついて使われるなら、複合辞ということになる。

（7）—a　計画の実行は、危険を伴った。

（7）—b　*危険は（／が）、計画の実行に伴った。

（7）—c　計画の実行に伴って、危険が生じた。

しかし、aの「～を伴う」の場合とcの「～に伴って」の場合とでは、〃伴う〃という動詞の部分の意味（その抽象性）に、相違はほとんど感じられない。複合辞化は、そのもとになった実質的な意味を持つ語の意味が抽象化・稀薄化することで起こると、しばしば説かれるが、そのような説明では、「伴う」が「～ニ」と結びつく場合にのみ複合辞として使われるのは何故かということが理解できない。Ⅰでは、そのあたりの問題を立ち入って論じた。しかし、この複合辞の意味・用法については、まだ十分掘り下げて考えるまでには至っていない。

そこで、このⅡでは、その点について検討することにしたい。

1—2　検討に先立って、若干確認しておくと、「～に伴って」は、先の用例の「社長が死去したこと」のような「～コト／ノ」節を承けることもできるが[11]、「湿度の上昇」、「台風の接近」、「海外で起きた地震」のような事柄を表す名詞句を承ける使われ方が目立つ。また、（5）のように、「それ（／これ）に伴って」などと、先行する事柄内容を指示語を承けることもしばしばである。このように、事柄内容を前件として承け、後件としての主節の事柄内容に関係づけるのが、「～に伴って」の使われ方である。

なお、「～に伴って」には、「社長が死去したことに伴う専務の昇格」「湿度の上昇に伴う不快感」のように連体用法もあるが、これについては**3—3**でいささかふれることにする。

1—3　従来、「～に伴って」の意味・用法については、立ち入った記述はなされていない。目についたところでは、グループ・ジャマシイ（一九九八）の記述くらいで、そこで述べられているのは、大略次のようなことである。

①　前件と後件は変化を表す表現である。

②　前件に述べることと連動して後件に述べることが起こるという意味を表す。

③　個人的な事柄でなく、規模の大きい変化を述べるのに用いる。

（四四八頁摘要）

他にも、「書きことば的でフォーマルな文体」などとあるが、複合辞とは、多くは細かな事柄関係やニュアンスを書き分けるために使われるものであるのだから、概してそのようなものといえよう。

さて、右の①～③のうち、③はあまり当たらないようで、「個人的な事柄」についても「～に伴って」は自然に使える。

（8）　佳那は、結婚に伴って姓が変わった。

また、①②で述べられている程度の記述で「～に伴って」の意味・用法が十分説明されるものとも言えないだろう。②の「連動」という説明についても、「連動」とはそもそもどういうことなのか、「～に伴って」がどうしてそのような意味をもつのか、今一歩掘り下げる余地があると思われる。ここでは、その点も含めて、複合辞「～に伴って」の意味・用法を、その基本義といえるところをおさえて考えてみたいが、説明の方向としては、既にⅠでおさえていることをふまえ、それを更に展開するものとなるだろうという見通しを予め示しておきたい。

二、前件と後件に関する制約など

2—1　この第二項では、「〜に伴って」の意味・用法をより詳しく見るため、「〜に伴って」が導く従属句・従属節（前件）と、それが係っていく主節（後件）についての内容的・文法的制約について、簡単に見ておきたい。

まず、後件すなわち主節についてであるが、次のような言い方は、かなり不自然と思われる（グループ・ジャマシイの指摘の①に「前件と後件は変化を表す表現」ということはあるが、「電話連絡が入った」ことも「誠」が「直ちに関係者にメールを送った」ことも、それぞれ一つの状況の変化であるから、①との関係でこの不自然さは説明できない）。

（9）—a　?電話連絡が入ったのに伴って、誠は直ちに関係者にメールを送った。

けれども、後件を次のようにすると、事実として同等の事柄が述べられているにもかかわらず、不自然さは解消する。

（9）—b　電話連絡が入ったのに伴って、直ちに関係者にメールが送られた。

今一例同様の例を考えると、aに対してbは、やはり不自然である。

（10）—a　新装開店にともない、店の前に花輪が飾られた。

（10）—b　?新装開店にともない、店主が花輪を店の前に飾った。

こうしたことから了解されるように、「〜に伴って」で前件と関係づけられる後件には、誰かの行為を描くスル表現が来るのではなく、出来事の生起を描くナル表現が来なければならない。

もちろん、後件に主語として人（誰か）が立てられていても、行為を描くとはいえない表現なら可である。例えば、冒頭の（1）の例を再掲すれば、

（1）　社長が死去したことに伴い、専務が新社長に昇格した。

右のような例では、後件は「専務が新社長に昇格した」と「専務」を主語に立ててはいるが、「専務」が意識的・無意識的に行った「行為」を述べるものではなく、「専務の昇格」という「出来事の生起」がこうした形で述べられたものであるので、実質的には出来事を描くナル表現に相当するものとして可なのである。

ちなみに、先のグループ・ジャマシイの指摘の③の「個人的な事柄でなく、規模の大きい変化を述べるのに用いる」といった記述も、実は「〜に伴って」のこうした表現性（後件の内容的制約）をおさえようとしたものだったのかもしれない。

ただし、やや微妙ながら、誰かの「行為」といえることでも、出来事として意義づけられ、「出来事の生起」のように受けとめられるなら、後件に出てくることは不自然にとられない。例えば、

（9）—c　電話連絡が入ったのに伴って、誠は一つの重大な決断を下した。

右のような文は、後件が誰かの「行為」を描くものであっても、不自然には感じられない。これは、「一つの重大な決断を下」すことは、重大な出来事が起こることと受けとめられるので、「行為」を描くものであっても、「出来事の生起」を描くナル表現と同じような意味合いに解されてしまうからであろう。

以上、「〜に伴って」で前件と結びつけられる後件には、出来事の生起を描くナル表現（及び、それと同様に解されるもの）が来ることを述べた。なお、前件についてもそうしたナル表現にあたるものが出てくることが実際多いが、誰かの行為を描くスル表現が出てくることも、不可ではない。例えば、次のaに比べてbが特に不自然ということはないように思われる。

（11）—a　窓が開いたのに伴って、月の光が射し込んできた。

（11）—b　卓郎が窓を開けたのに伴って、月の光が射し込んできた。

2—2　さて、右の「後件には、誰かの行為を描くスル表現が来るのではな」いという点からは当然のことだが、後件に意志や命令の表現はとれない。

(9)—d　*電話連絡が入るのに伴って、電話をかけよう。

(9)—e　*電話連絡が入るのに伴って、電話をかけろ。

このことに関連して、本章第4節では次のような区別を示した。

「作用的叙述」……話し手がその場で行う行為の遂行・働きかけの文の叙述
「対象的叙述」……右のようでない、事柄をそれとして提示して述べる文の叙述

意志や命令の文は、「作用的な叙述」の文であり、単に事実を書きとめるような文は、「対象的な叙述」の文である。

そして、事柄の関係づけに用いられる接続助詞のような助辞の中には、「作用的な叙述」の文では用いにくいものがある。例えば、次のように接続助詞「と」は、意志表明の文や命令文では用いられない。

(12)—a　雪がやむと、その男は行商に出かけた。

(12)—b　*雪がやむと、行商に出かけよう。

(12)—c　*雪がやむと、行商に出かけろ。

この点では、「〜に伴って」も同様であり、「〜に伴って」は「対象的な叙述」の文でしか用いられないものといえる。「対象的な叙述」とは、話し手が事柄を描き出し情報をさし出すものとして、自分からいわば突き放して提示していくものであるから、「〜に伴って」はそのような叙述——上述のような意味で、事柄と事柄の関係を〝客観的〟に描く叙述の仕方で用いられるものである。

2—3　今一つ、制約というのは当たらないかもしれないが、前件に関して、次例のような文で感じられる不自然

さについて考えてみたい。

(13) ?子供が誘拐されたのに伴い、身代金が用意された。

(14) ?父が斬られたのに伴って、仇討ちが行われることになった。

(13)(14)は、かなり不自然と思われる。しかし、述べられる事柄の関係自体はおかしなものではない。グループ・ジャマシイの言うように「～に伴って」が「前件に述べることと連動して後件に述べることが起こる」という関係を表すのであれば、(13)は〝子供の誘拐〟に対して〝身代金の用意〟がなされたのであり、(14)は「父が斬られた」ことに対し「仇討ちが行われることになった」ということで、いずれも「連動」することとして「～に伴って」で関係づけて表現されてもよいように思えるのだが、(13)(14)は、やはり何か変である。

このことについては、「～に伴って」の基本的な表現性の一面がかかわっているように思える。「伴う」は、古典語ではニ格をとって、次のように、〝ダレカについて行く・ついて来る〟といった意を表した。

(15) 藤原惟規は世のすきものなり。父の越後守為時にともなひて、かの国へ下りけるほどに、……

(「十訓抄」第一)

右は、藤原惟規が父為時の越後下向について行ったという記述だが、為時が下向するということがまずあって、惟規がそれについて行ったということであるから、「～に」に示されるのは、まず前提となる「主」たるものというべき「為時」で、これに対し（「ともなふ」の主語にあたる）「惟規」はそれがあっての「従」たるものということになる。こうした、「伴う」と結びつく「～に」の部分に前提となる「主」たるものが出てくるという含みは、「～に伴って」が複合辞化しても受け継がれていく。(7)－cを再掲すれば、

(7)－c　計画の実行に伴って、危険が生じた。

右では、「計画の実行」という「主」たることがまずあって、それに対して「危険が生じた」ことが「従」たるこ

ととして、いわば〝ついてきた〟わけである（このあたりは、Ⅰに詳述したので、参照願いたい）。

さて、「〜に伴って」の「〜に」に示されるのが、まず前提となる「主」たることであるという含みがあるのなら、「〜に」に示されることは、前提とされることだから、まずそのことがあることが当然受け入れられることだという含みも出てくるだろう。つまり、「〜に伴って」は、「〜に」に示されることを当然受け入れられる前提として持ち出す言い方だとも言えようが、おそらくこのことが問題なのである。つまり、(13)の「子供が誘拐された」、(14)の「父が斬られた」といったことは、あってはならない到底受け入れ難いことであるが、それが「〜に伴って」で、当然受け入れられることのように持ち出されることが、齟齬を生み、不自然さを感じさせるものとなっているのであろう。

このことは、次のような例を比較しても明らかである。

(16)―a　天皇の退位に伴い、皇太子が即位した。

(16)―b ?天皇の失踪に伴い、皇太子が即位した。

aに対しbはかなり不自然である。(12) これは、aの「天皇の退位」はあり得ることであり、受け入れられることなのに対し、bの「天皇の失踪」などということはおよそ考えられない、受け入れ難いことであるのに、それが当然受け入れられるべき前提であるかのように「〜に伴って」で持ち出されることに起因する違和感・不自然さだと言えよう。

以上、ここで見たような「〜に伴って」の表現性は、ふつうにはあまり意識されることはないかと思うが、こうした極端な例では浮かび上がってくる。

そしてまた、「〜に伴って」の「〜に」に示される前件が、まず前提としてとり上げられるものであるということは、後述のように、「〜に伴って」の意味・用法を考えるうえで、一つの重要なポイントと思われる。

三、「～に伴って」の基本義――「連動」ということの実質――

3―1　第二項では、「～に伴って」が関係づける前件・後件についての制約等を手掛りに、「～に伴って」の表現性をいくらか掘り下げてみた。この項では、今少し踏み込んで、「～に伴って」が表す関係づけの意味の基本といったことについて考えてみたい。

「～に伴って」の表す関係については、先のグループ・ジャマシイの②の指摘にもある「連動」というような言い方で、一応ある程度理解できるような気もするが、そもそも「連動」という言い方で、どのような関係が言われているのか、具体的には今一つよくわからないところがある。「～に伴って」で結びつけられる前件と後件の関係について、今少しよく見てみる必要があるだろう。

ところで、「～に伴って」は「～シタ（／ノ）結果」という言い方とほぼ同義的に書き換え可能なことが少なくない。例えば、次の（1）―aは、bのようにしてもほぼ同義だと思われる。

（1）―a　社長が死去したことに伴い、専務が新社長に昇格した。

（1）―b　社長が死去した結果、専務が新社長に昇格した。

「～シタ（／ノ）結果」は、大略時間軸上に先行する前件の事柄に対し、それに引き続いて生じる結果・行きつくところとしての後件の事柄があるという関係――基本的に「事柄の連鎖」というような関係を表すものと見られる。こうした「～シタ（／ノ）結果」とほぼ同義的に書き換えられる点では、「～に伴って」が表すのも、同様に「事柄の連鎖」のような関係かとも思えるが、そのような見方は、実は早計である。[13]

用例を詳しく見ていくと、「～に伴って」で関係づけられる前件の事柄と後件の事柄の時間軸上の関係には、三つの場合があり得ることがわかる。一つは、前件の事柄が完了し、後件の事柄がそれに続いて起こる場合（継起）、二つ目は、前件の事柄と後件の事柄が重なって起こる場合（並行）、そして三つ目は、後件の事柄が前件の事柄より先になる場合（先行）である。それぞれ、例を掲げておく。

（1）—a　社長が死去したことに伴い、専務が新社長に昇格した。［継起］

（17）—a　エスカレーター設置工事に伴い、新たな改修工事も始まっている。［並行］

（18）—a　引っ越しに伴って、まず不用品が廃棄された。［先行］

そして、（1）—aのような「継起」の場合には、先に見たように「～に伴って」を「～シタ（／ノ）結果」と書き換えてうまくいくことが少なくないが、（17）—aのような「並行」の場合や（18）—aのような「先行」の場合には、そのような同義的書き換えは基本的に不可である。(14)

（17）—b　*エスカレーター設置工事の結果、新たな改修工事も始まっている。

（18）—b　*引っ越しの結果、まず不用品が廃棄された。

従って、「～に伴って」が表すのは、時間軸上に展開する事柄の連鎖といったことではない（一部重なるところはあっても、本質的にそうしたことを表すわけではない）。では、時間的前後関係についてもいろいろな場合がある前件と後件を、「～に伴って」は、基本的にはどのような意味合いで結びつけているのか。

筆者の思うに、こうした前件と後件の関係づけの基本には、「共存」するものとするとらえ方があるだろうと思う。つまり、「～に伴って」は、前件の事柄に対し、後件の事柄を、（実際の時間的前後関係はともかくとして）それといっしょにあること・起こることとして関係づける言い方なのだと考えられる。そして、**2—3**でも見たとおり、とり上げられる前件の事柄は、まず前提となる事柄である。従って、例えば（1）の場合なら、「社長が死去した」ことがまず前提としてあり、それに対して「専務が新社長に昇格した」ことをいっしょにあったこととして関係づけるのが、「～に伴って」という言い方だと解せられる。また、（17）の場合は、「エスカレーター設置工事」

があることがまず前件で前提としてとり上げられ、それに対し、後件の「新たな改修工事」が、まさにそれといっしょにあることとして「〜に伴って」で結びつけられている。(18)の場合も、まず「引っ越し」があることが前件としてとり上げられ、それに対して、(前後関係はともかく)それといっしょに起こったこととして後件の「不用品が廃棄された」ことが、「〜に伴って」で関係づけられているのである。

以上のとおり、「〜に伴って」の表す関係づけの意味の基本は、

前件の事柄があることを前提としてまずとり上げ、それに対し(広い意味で)いっしょにあること・起こることとして後件の事柄を関係づける。

といったように考えるのがよいと思う。つまり、「〜に伴って」は、広い意味で、前件と後件の二つの事柄の「共存」の関係を表すと見たいのである。詳しく言えば、「〜に伴って」の「〜に」には、まず前提となることがとり上げられるのであるから、前件の事柄がまずあって、それといっしょに後件の事柄もある(共存する)という関係を表すということである。「連動」ということの実質は、このような、前件の事柄があることを前提にした後件の事柄の共存ということだと考えられる。

3―2　このような考え方をすることは、ごく自然な方向であると思う。何故なら、Ⅰの**3―1**でも見たとおり、「伴う」のもともとの基本義は「共存」ということであったと見られる。そうしたもともとの基本義が複合辞においても引き継がれていると見るのは、無理のない理解であろう。

そして、「いっしょになって」というような意味解釈で、複合辞「〜に伴って」の意味が素直に通ることも、実際に少なくない。殊に、動詞連体修飾句において「〜に伴って」が動詞に係るようなパタン[15]においては、〝〜といっしょになって……スル(N)〟といったようにパラフレーズしてほぼ同義といえる場合が多い。その種の例として、冒頭の(6)を再掲すると、

（6）　気象庁は4月、海外で起きた地震に伴って発生する「遠地津波」の予報の精度向上に乗り出した。

右の「海外で起きた地震に伴って発生する『遠地津波』」の部分は、「海外で起きた地震といっしょになって発生する『遠地津波』」と言い換えてもほぼ同義で、こうした例では「〜に伴って」のもつ「共存」といった意味合いが表立ってくるものと見られる。

更に、次のような用例が実際に見られることにも注意したい。

（19）　事実、骨格に伴って発見された木の葉から、この動物が死んだ砂の多い地点から、それほど遠くないところに樹木があったことがわかる。（W. E. スウィントン（小畠郁生・訳）「恐竜」）

右の「骨格に伴って発見された木の葉」の部分は「骨格といっしょになって発見された木の葉」とパラフレーズすれば非常によくわかる言い方であり、「〜に伴って」は〝〜といっしょになって〟と解するのが自然である。しかも、右の場合は〝モノといっしょになって発見されたモノ〟というようなことが述べられていて、事柄の関係づけをもっぱらにする「〜に伴って」の用法からややずれて見えるものになっている。少なくとも、こうした用法の「〜に伴って」を「連動」などとするのは、そぐわないだろう（「連動」というと、事柄と事柄の結びつきのように解されるのがふつうであろう）。むしろ、このような言い方まで視野に入れるなら、「〜に伴って」の関係づけの意味を「共存」ということを基本に見ていくことが、妥当でもあり、また、射程の広い見方だともいえる。

3—3　ここで、関連して「〜に伴って」の連体用法の形「〜に伴う」についても、少しふれておきたい。

「〜に伴う」は「〜に伴って」の連体用法の形であって、その用法は、基本的に「〜に伴って」と並行的だと考えられる。つまり、「〜に伴って」が前件の事柄と後件の事柄を関係づけるのと同様の関係づけを連体修飾の形で表すものと予想される。実際、冒頭の例をもとに言うなら、

（1）　社長が死去したことに伴い、専務が新社長に昇格した。

→社長の死去に伴う専務の（新社長）昇格
（3）また、日本の南海上にある前線が、台風の接近に伴って北上し、……
→台風の接近に伴う前線の北上

右のとおり、「～に伴って」による前件と後件の関係づけの表現は、「～に伴う」を用いた同内容の名詞句表現に無理なく書き直せる。

さて、「～に伴う」は、「～に伴って」が前件の事柄と後件の事柄を関係づけるものであるのと並行する言い方であるのなら、やはり事柄と事柄を結びつける言い方になるだろう。つまり、〝Aに伴うB〟というパタンで考えれば、AもBも事柄的内容のものになると考えられる。実際、右の（1）（3）の書き直しもそうだし、用例を見ていくと（20）～（22）のような、AもBも事柄的内容といえるような例は、ふつうに見られる。

（20）安全委員会は、原子力の利用の進展に伴う審査等の業務の増大に対応すべく（中略）スタッフの充実増強を図るよう努力することがまず必要となるものと考える。（原子力安全白書）

（21）なお、水痘の治癒後ウイルスが神経節内に潜在し、免疫不全、老化に伴うウイルスの活性化によって帯状疱疹が起こる。（斎藤厚「ナースの内科学」）

（22）これらの中には、エルニーニョ現象に伴う太平洋熱帯域の大気変動により直接に影響を受けているもののほか、何も関係なさそうな遠く離れた二地点の天候が同期して変動するような現象があります。（佐伯理郎「エルニーニョ現象を学ぶ」）

しかし、注目されるのは、次の（23）～（25）のような例で、AはともかくBの方には事柄とはいえない内容の語・語句が出てきている。

（23）経済的リスクには、病気や介護需要に伴う費用、長生きに伴う老後の生活費のように保険方式で対応する

ことが可能なものと、対応が困難なものがある。（経済白書）

(24)　また核爆発実験に伴う放射性降下物及び原子力軍艦寄港地周辺の調査は放射能測定調査委託費による委託事業として、各地方公共団体等においても行われている。（原子力安全白書）

(25)　解体に伴う廃材は、業者のほうで責任をもって処分致します。

(23)の「病気や介護需要に伴う費用」「長生きに伴う老後の生活費」は、「病気や介護需要に伴う費用の発生」「長生きに伴う老後の生活費の充当」のような内容であるところを「の発生」が意味として自明なために消えた言い方と考えることもでき、従って、このＢも事柄を表すのに準じた内容と解せなくもないが、(24)「核爆発実験に伴う放射性降下物」や(25)「解体に伴う廃材」の場合は、そのように解するのは難しく、[16]Ｂとしては「放射性降下物」「廃材」というモノがとり上げられていると考えるのが自然であろう。このように、Ｂの方に事柄ではなくモノが出てくる例も実際よく見られる。

そして、こうした「に伴う」を文意に即して同義的にパラフレーズするなら、〝といっしょに生じる〟といったくらいが適切であろう。

更に次のように、Ｂのみならず A の方にも事柄ではなくモノを表す語が出てくる、次のような例さえ見いだされる。この「に伴う」は、パラフレーズするなら〝といっしょにある〟くらいであろう。

(26)　すでに杉本城周辺では赤星という城郭関連遺構の中に尾根道や耕作、それにやぐらに伴う平場など、城郭とは無関係なものも混じっている可能性が指摘されている。（岡陽一郎「中世都市鎌倉の実像と境界」）

こうした用法が見られる点で、「〜に伴う」の用法は、事柄と事柄を関係づける「〜に伴って」と必ずしも並行しない、ずれた部分があることには注意しておきたい。そして、右のような用法では、「に伴う」は〝といっしょに生じる・ある〟というように解するのが自然で、〝いっしょに〟（共存）という意味合いが、ここでも際立つことになる。

以上のような、「〜に伴って」の連体用法の形「〜に伴う」の用法の広がりをも考え合わせるなら、「〜に伴って」（そして「〜に伴う」）の意味を、「共存」ということを基本に考えることは、やはり妥当なものと思われる。

3―4　この節では、「〜に伴って」（及び「〜に伴う」）の意味を、「共存」ということを基本において考えるという見方を示してきた。先に述べたことをくり返すなら、複合辞「〜に伴って」は、前件の事柄があることを前提に、それに対し後件の事柄を、それといっしょにあることとして関係づける言い方と考えられる。

ただ、「〜に伴って」の基本義を右のように考えるとしても、その意味・用法の理解のために（当たり前といえば当たり前かもしれないが）おさえておくべき基本的なことを併せて確認しておくべきかと思う。以下、そのあたりについて補足的にふれておく。

まず、「〜に伴って」の関係づけの意味を、「共存」ということを基本に考えるということを述べてきたが、二つの事柄が「共存」するものであっても、それだけでは「〜に伴って」で関係づけて表現できるとは限らない。全く偶然に同じ場所・時点に共存するというような事柄は、「〜に伴って」で関係づけることができない。

(27)―a　スタートの号砲と同時に転倒する者があった。

(27)―b ?スタートの号砲に伴って転倒する者があった。

「号砲」と同時にたまたま「転倒する者があった」という場合は、bのようには言えない（これでは、まるで〝号砲を聞いて（驚いて?）倒れた〟とか〝号砲を聞いたら倒れようと思っていて倒れた〟とかいうようなことのように聞こえる）。

従って、「〜に伴って」は、前件の事柄が後件の事柄の成立に何らかの影響を与えているような場合でないと使われない。つまり、それが、〝前提である〟ということのより本質的な意味合いであろう。ただ、それでは「〜に伴って」は結局「因果関係」を表すのかというと、そのように言うのは、いささか限定し過ぎることになろうかと思う。

確かに、「〜に伴って」の前件と後件は、原因と理由ととれる場合も多く、それ故「〜に伴って」は、次のように「〜ので」と同義的に書き換えられることもしばしばである。

（1）―a　社長が死去したことに伴い、専務が新社長に昇格した。

⟶c　社長が死去したので、専務が新社長に昇格した。

しかし、次のような例では、「〜ので」との書き換えが不自然になることからも知られるように、前件は後件の（少なくとも直接の）理由とは言いにくい。

（17）―a　エスカレーター設置工事に伴い、新たな改修工事も始まっている。

⟶c？エスカレーター設置工事が行われるので、新たな改修工事も始まっている。

この例で述べられている事態について考えるなら、「新たな改修工事」が始められる理由というべきことは、他に（設備の老朽化とか利便性向上の必要等々）あったかと想像される。前件の「エスカレーター設置工事」は、そうした「理由」というべきものには当たらず、「新たな改修工事」が始められるいわばきっかけ・契機（これをやるのならそっちもやろうと思わせた事柄）というべきものと思われる。

このようなことをふまえるなら、「〜に伴って」の使用条件としては、〝前件は、後件の事柄の成立の原因・理由や契機となる事柄である〟という程度におさえておくのがよかろう。(17)

今一つ、これも当たり前のことかもしれないが、「〜に伴って」は、前件と後件の二つの事柄を関係づけるものである。従って、前件と後件は別々の事柄でなければならない。それ故、次の（28）（29）は、aのように言えても、bのようには言えない。

（28）—a　審査の結果、不合格となった。
（28）—b　*審査に伴って、不合格となった。
（29）—a　立入禁止となった結果、入れなくなった。
（29）—b　*立入禁止となったのに伴って、入れなくなった。

（28）の場合、「不合格と」する（→なる）ことまでが審査であり、後件の事柄は、前件の事柄の一部であって別のことではない。また、（29）の「立入禁止となった」ことは、つまり「入れなくなった」ということであり、前件と後件は同じ事柄ととれる。このように、前件と後件が別々の事柄といえない場合、「〜に伴って」は用いられない。(18)

四、「変化の対応づけ」の用法について

4　この節のⅡとして述べるべきことは、ほぼ記したが、念のため今一点付け加えておく。

（2）—a　湿度の上昇に伴って、不快感が増していった。

右のような例でも、「〜に伴って」は、「共存」というとらえ方を基本に関係づけをしているものと解してよいと思われる。つまり、右は大略「湿度の上昇」があることを前提として、それといっしょに「不快感が増してい」くということがあったということを述べるものと理解できる。ただ、こうした例——つまり、前件の事柄と後件の事柄がともに段階的・漸進的に変化するものである場合、前件の変化と後件の変化は対応するものと読まれるのがふつうである。（2）で言えば、湿度が一定の度合で上昇すると、不快感もその度合に対応した分だけ増していったというように読まれるわけである。だから、（2）—aのような例は、次のように言い換えても、ほぼ同義といえる。

（２）―ｂ　湿度の上昇につれて、不快感が増していった。

「～に伴って」が関係づける前件と後件がそれぞれ段階的・漸進的に変化する事柄の場合、前件の変化と後件の変化が対応するものと解されることになる、言い換えれば、「～に伴って」がそうした変化の対応づけのような意味をもつ、ということは明らかであり、更に次のような例も見られる。

（２）―ｃ　湿度に伴って、不快感も増減する。

（30）―ａ　天候に伴って、湿度も変化する。

先の（２）―ａのような場合、前件の変化の方向（増減・昇降等のどちら向きか）は一方向に決まっていたが、（２）―ｃでは、それが決まっておらず、どちら向きの変化であれ、それに対応して後件のようなことがあることが述べられる。（30）―ａのような例になると、もはや前件の変化は右のような方向性をもつものでなくなる。こうした例では、「～に伴って」の「変化の対応づけ」といった意味合いが際立ってくる。

このような「～に伴って」は、「～に応じて」のような言い方とほぼ同義的に言い換えられる。

（２）―ｄ　湿度に応じて、不快感も増減する。

（30）―ｂ　天候に応じて、湿度も変化する。

ただ、Ⅰでも述べたとおり、（２）―ｃや（30）―ａのような用法では、「～に伴って」は今日あまり自由には用いられないようである。

（31）―ａ　*成果に伴って報酬を与える。

（31）―ｂ　成果に応じて報酬を与える。

前件・後件の内容によっては「～に伴って」が「変化の対応づけ」の意味をもつことになることや、類義の「～につれて」「～に応じて」との比較は、興味深い事柄ではあるが、ここでは、以上の事実を指摘するにとどめ、立ち入ることはしない。

五、結　び

5　この第17節のⅡでは、複合辞「〜に伴って」の意味・用法を、その基本義をおさえることに主眼を置いて検討した。「〜に伴って」の関係づけの意味の基本は、

> 前件の事柄がまずあることを前提として、それに対し後件の事柄を、それといっしょにあることとして関係づける

といったことだと考えられる。そして、前件は後件に対する前提なのであり、「前件の事柄は、後件の事柄の成立の原因・理由や契機となるものである」という使用条件がある。

【第17節・注】

（1）グループ・ジャマシイ（一九九八）では、「〜に伴って」の意味・用法について、

「にともなって」の前と後に変化を表す表現を用いて、前で述べる変化と連動して後に述べる変化が起こるという意味を表す。（四四八頁・原文横書き）

と述べている。

（2）なお、「〜に伴って」には、「計画の実行に伴う危険」のように連体用法もあるが、ここでの議論では特に立ち入らない。これについては、Ⅱの第三項の**3**—**3**でふれる。

（3）ヲ格をとる場合には、もちろん、ヲ格に人を表す名詞句をとる用法もある（そちらの方がもともとあった用法であ

るが、そうした用法の歴史的な展開については、Ⅰの第二項で概観する）。

（4）ちなみに、「計画の実行には危険を伴った」のような形がでてくることもあるが、これは、「計画の実行には危険が伴った」と「計画の実行は危険を伴った」の混淆と考えられる。

（5）『日本語歴史コーパス』（ＣＨＪ）では、中世後半から近世の用例が得られないとのことであったので、『新編日本古典文学全集』所収作品他を検索して用例を補った。

（6）なお、（24）（25）（26）のような主語しかとらない言い方も今日では用いられない。「*多くの人が伴った」などとは言えない。

（7）古典語では、もともと主語は「〜ガ」の形をとるものではなかったから、「Xガ」のような書き方はおかしいかもしれないが、便宜上主語を表すために「Xガ」のような書き方をする。

（8）複合辞化しているなら「伴って」の部分はもはや動詞ではなくなっているのだから、「ニ格をとる」というのもおかしいが、これも便宜上「伴って」が「〜に」と結びついて複合辞になっている場合にも、「ニ格をとる」といった言い方をしているところがある。

（9）文（平叙文および疑問文）を事態を語る言語形式と考える尾上（二〇〇四）では、ガ格に立つ「主語」とは、「事態認識の中核」であり、「事態認識における着眼点」だとされる。

（10）所有文の主語がガ格の部分でなく「〜には」の部分であることについては、柴谷（一九七六）などを参照されたい。なお、尾上（二〇〇四）では、こうした所有文についての言及はないが、少なくとも論旨から考えて「〜には」を「事態認識における着眼点」と見るものと判断される。

（11）例は多くないが、「〜スルに伴って」のように、「の」「こと」を介さず直接動詞のスル形を承けるような使われ方も見られる。

（ア）アメリカの軍事占領が進展するに伴って、フィリピン人司祭は、ふたたびかれら固有の課題である教会の革命に取り組まなければならなくなった。（池端雪浦「フィリピン革命とカトリシズム」）

（12）次のとおり、「市長の失踪」くらいなら可であろう。

（イ）市長の失踪に伴い、助役がその職務を代行することになった。

「市長」も一般人であり、その「失踪」はないとはいえないことなので、受け入れ可能なのだろう。なお、(16)―b についても、天皇もやはり人間なんだから失踪することだってあるだろうと思う人なら可と判断するかもしれないが、それは一般的な判定とはいえまい。

(13)「～シタ（／ノ）結果」の導く前件は、一見後件に対する原因・理由を表すものと考えられそうだが、「すったもんだの結果、溝端氏が代表に決まった」のような例がふつうに見られる点で、前件は後件に対する原因・理由を示すのとは限らないといえる（「すったもんだ」が「溝端氏が代表に決まった」理由では決してない）。「～シタ（／ノ）結果」の用法の基本は、「事柄の連鎖」を示すところにあると見ておきたい。

(14) ただし、例えば冒頭の(2)は「並行」の例であるが、次のとおり「～に伴って」を「～の結果」と書き換えても不自然ではないと思われる。

（ウ）湿度の上昇の結果、不快感が増していった。

しかし、これは、（ウ）のようにすると、「湿度の上昇」ということがまず起こって、それを承けて「不快感が増していった」ということが起こるように読まれ、事柄の関係が「継起」的に解されるので、不自然にはならないからだと考えられる。

(15) もちろん、連体修飾句でなくても「～に伴って」が「～といっしょになって」と同義的にパラフレーズできる場合はいろいろあるが、特に連体修飾句においてはそうした理解が際立つものと思える。

(16) もっとも、こうした(24)(25)のような例も、BのモノはAの事柄があって生じたものと解される点では、(23)につながるものである。

(17) ここで述べているのは事柄を関係づける一般的な用法の「～に伴って」についてであり、そこからずれた用法の場合については、こうした条件は当てはまらないことになる。

(18) なお、「～シタ（／ノ）結果」については、「事柄の連鎖」を示すのが基本と考えたが、この「事柄の連鎖」は、(28)(29)―aに見るとおり同じ事柄が重複する形になることも可であるようである。

第2章・参考文献

永野　賢（一九五三）「表現文法の問題―複合辞の認定について―」（金田一博士古稀記念論文集刊行会編『金田一博士古稀記念言語民族論叢』三省堂、のち、永野賢（一九七〇）『伝達論にもとづく日本語文法の研究』東京堂出版に再録）

松村　明（編）（一九七一）『日本文法大辞典』明治書院

柴谷方良（一九七六）『日本語の分析』大修館書店

中右　実（一九八〇）「文副詞の比較」（『日英語比較講座』2　大修館書店）

玉村禎郎（一九八四）「〜ものなら」（『日本語学』三―一〇）

沼田善子（一九八六）「とりたて詞」（奥津敬一郎・他『いわゆる日本語助詞の研究』凡人社）

戴　宝玉（一九八七）「複合助辞『にしても・にしろ・にしたところで』―接続助詞と限定助詞との関連―」（『日本語教育』六二）

小泉保・他編（一九八九）『日本語基本動詞用法辞典』大修館書店

森田良行・松木正恵（一九八九）『日本語表現文型』アルク

田野村忠温（一九九〇）「文における判断について」（崎山理・佐藤昭裕（編）『アジアの諸言語と一般言語学』三省堂）

江田すみれ（一九九一）「複合辞による条件表現Ⅰ『となると』の意味と用法」（『日本語教育』七五）

――（一九九二）「複合辞による条件の表現Ⅱ――『と』『とすると』『となると』の意味と機能について」（『日本語教育』七八）

坪根由香里（一九九四）「『ものだ』に関する一考察」（『日本語教育』八四）

――（一九九六）「終助詞・接続助詞としての『もの』の意味―『もの』『ものなら』『ものの』『ものを』―」（『日本語教育』九一）

中畠孝幸（一九九五）「ダケニとダケアッテ」（宮島達夫・仁田義雄（編）『日本語類義表現の文法（下）』）

服部　匡（一九九六）「『〜どころか（どころではない）』等の意味用法について」（『同志社女子大学日本語日本文学』8）

――――（二〇〇六）「『〜どころか』、『〜どころで（は）ない』とその周辺の諸表現―あわせて、『〜ばかりか、〜はおろか』等との比較―」（藤田保幸・山崎誠（編）『複合辞研究の現在』和泉書院）
増倉洋子（一九九六）「『ものなら』について考える」（『長崎大学外国人留学生指導センター紀要』四）
藤井ゆき（一九九六）「文末の『モノダ』の意味・用法」（『広島大学留学生センター紀要』六）
馬　小兵（一九九七ａ）「『資格・立場』を表わす『として』の用法について―「に・で」との比較を中心に―」（『筑波日本語研究』二）
――――（一九九七ｂ）「複合助詞『として』の諸用法」（『日本語と日本文学』（筑波大学）二四）
グループ・ジャマシイ（一九九八）『日本語文型辞典』くろしお出版
藤田保幸（二〇〇〇）『国語引用構文の研究』和泉書院
――――（二〇〇一）「引用形式『〜トスル』の表現性―『当局は、早急に調査するとしている』などの表現について―」（『国語語彙史の研究』二〇）
――――（二〇〇七）「複合辞『〜とあって』について」（『言語文化学研究』二（大阪府立大学人間社会学部言語文化学科））
――――（二〇一八）「複合辞『〜とあって』再考」（『日本言語文化研究』第二三号）
国立国語研究所［山崎誠・藤田保幸］（二〇〇一）『現代語複合辞用例集』国立国語研究所刊
尾上圭介（二〇〇四）「主語と述語をめぐる文法」（尾上圭介（編）『朝倉日本語講座６　文法Ⅱ』朝倉書店）
田中　寛（二〇〇四）『日本語複文表現の研究』白帝社
――――（二〇一〇）『複合辞からみた日本語文法の研究』ひつじ書房
北村雅則（二〇〇四）「モノダ文の解釈を決める諸要因」（『名古屋大学国語国文学』九五）
中島紀子（二〇〇五）「『モノナラ』に関する一考察」（『國文学踏査』一七（大正大学国文学会））
村木新次郎（二〇〇五）「〈とき〉をあらわす従属接続詞―「途端（に）」「拍子に」「やさき（に）」などを例として―」（『同志社女子大学学術研究年報』第五六巻）
澤田　治（二〇〇六）「『はおろか』構文・『どころか』構文に関する意味論的・語用論的考察」（上田功・野田尚史（編）

『言外と言内の交流分野　小泉保博士傘寿記念論文集』大学書林）
藤村知子（二〇〇七）「～に限らず―非限定を表す―」（グループＫＡＮＡＭＥ（編）『複合助詞がこれでわかる』ひつじ書房）
三枝令子（二〇〇八）「複合助詞につく『は』―『について』と『については』―」（『一橋大学留学生センター紀要』一一）
宮崎和人（二〇一〇）「動詞『限る』の中止形―その後置詞化をめぐって―」（『国語語彙史の研究』二九）
中俣尚己・内丸裕佳子（二〇一七）「原因・理由を表す表現」（中俣尚己（編）『コーパスから始まる例文作り』くろしお出版）

第3章　各　論（二）——複合助詞に隣接する形式の研究

1．「形式名詞」再考——佐久間鼎「吸着語」の再検討を通して——

一、はじめに

1—1　次の（1）—aの「拍子に」は、bのように「に」がない形では不自然であり、「拍子に」でひとまとまりになった複合辞といえるが、（2）—aの「あげくに」の場合、bのように「に」がない形でも使われ、「に」を伴って固定化しているわけではないので複合辞とは言い難く、従来の言い方なら「形式名詞」（および「形式名詞」が格助詞「に」を伴う形）ということになるだろう。

（1）—a　台所で転んだ拍子に、骨折した。

（1）—b　*台所で転んだ拍子、骨折した。

（2）—a　さんざん飲んだあげくに、終列車で乗り過ごしてしまった。

（2）—b　さんざん飲んだあげく、終列車で乗り過ごしてしまった。

しかし、「形式名詞」という語類・概念の内実は、実際は必ずしも明確に設定されているわけではない。（2）の「あげく（に）」のような形式の適切な位置づけのためにも、一度「形式名詞」の類の内実を見直し、整理してみる必要があると思われる。

1—2　「形式名詞」という用語は、学校文法などでも一般に広く用いられる。次は、少し前の文法辞典の記述だが、この程度の理解が今日でも一般的といえよう。

形式名詞《けいしきめいし》　名詞の中で、実質的な意味を欠いているためその意味を補充する語句が上にないと用いられないもの。たとえば、「やろうと思えばできないこともない」「それこそ望むところだ」などがよく挙げられる。しかし、「事を構える」「所を選ばずにごみを捨てる」などと使われた場合には、実質的な意味をもっているから、特に意味を補充する語句を必要とせず、こういう名詞を実質名詞と呼んで区別することがある。前掲のほかに「あいだ・うち・とおり・とき・もの・せい・はず・ほう・ほど・まま」などが挙げられる。しかし、そもそも形式名詞という名称は、名詞の中の特殊なものを取り出した場合の仮の呼び名といった程度のものであるから、その包摂範囲は学者によって多少の出入りがある。（以下略）

（池上秋彦執筆）

（松村明（編）（一九七一）『日本文法大辞典』「形式名詞」）

右のような一般的な考え方によれば、「形式名詞」は、

①　名詞である。

②　実質的な意味を欠く。

③　（②故、）必ず意味を補充する語句（＝連体修飾句）を承けて用いられる。

の三点で規定される（②と③は裏表にとらえられ、③が②を含意するような見方だともいえる）。たとえば、「あいだ」が「形式名詞」であることは、

（3）—a　寝ているあいだに、夢を見ていた。

（3）—b　駿は寝ていた。そのあいだに、夢を見ていた。

（3）―c　*駿は寝ていた。あいだに、夢を見ていた。
（3）―d　寝ているあいだが、一番平和だ。
（3）―e　寝ているあいだを休憩時間と見なした。

a～cに見るとおり必ず修飾句を承けて用いられ（3）、また、de（やa）のように格助詞を伴って名詞句を形成すること（1）によって保証されるわけである。

しかし、次の「ところ」の場合、aはともかくbcのような言い方は、少なくとも現代語としては不自然である。

（4）―a　それこそ望むところだ。
（4）―b　?望むところがわからない。
（4）―c　?望むところを教えて下さい。

「ところ」が「形式名詞」であることは、やはり③と①によって保証されるのだろうが、bcに見るとおり、自由に名詞句を形成して格助詞を伴うことはできないから、結局この場合の①という判定は「所を選ばずに」のようにも使われて「ところ」は名詞であるという知識に拠るものであろう。しかし、それでいいのか。

また、例えば次のように使われる「はず」の場合は、

（5）　努力すれば、出来ないはずがない。

「はず」という実質名詞は現代語にないが、（5）のような例で「が」を伴うことと③とで、これを「形式名詞」と考える判断がふつうに見られる。しかし、「出来ないはずがある」とは言えないし、「出来ないはずを……」などという言い方は考えられないから、「はず」が名詞句を形成する性質をちゃんと持っているか、つまり①「名詞である」かは疑問である。だが、辞書の記述でも大抵注記もしくは併記されるように、古典語で「はず」という実質名詞があったことが、右のような「はず」を「形式名詞」と認める大きな根拠になっていることは明らかであろう。

以上若干見てみたところからも知られるように、①の「名詞である」ことを認める根拠が、同形で同語と見なされるものが格助詞を伴って名詞句を形成できることや、その語がもともと名詞である（であった）という知識に拠っているようなことがあるため、実は①が保証されているとは限らず、結果として「形式名詞」には本当の意味で「名詞」というべきものからはみ出すものが、いろいろ含まれることになってしまっている。

また、②の「実質的な意味を欠く」ということは、右のように見てきても別段確認されるわけではない。むしろ、③の「必ず修飾句を承けて用いられる」ことを以て②のような理解がなされているというのが実際のところである。

しかし、そのような理解でよいのかは一度考えてみるべきであろう。

「形式名詞」という概念・語類には、以上のように見てみても既に問題のあることが納得されよう。

二、「形式名詞」に関するこれまでの所説の展開と本書の考え方

2—1　ここで、「形式名詞」に関するこれまでの所説にいささか目を向けておきたい。

「形式名詞」にあたる語類が問題にされるようになるのは、山田孝雄の次の記述あたりである。山田は、その著『日本文法論』（一九〇八）において、

其の意義頗広汎にして単独にては如何なる意義なるかを仔細に捕捉し難きまでみゆるもの　（九〇頁）

として、「故・為・時・間・処・物・ほど・位・ころ・条・件」といった語をその例として挙げている。

次いで、松下大三郎は、その著『改撰標準日本文法』（一九二八）において「形式名詞」という用語を用いて次のように述べる。

形式名詞は、形式的意義ばかりで実質的意義の欠けてゐる概念をあらはす名詞である。（用例略）形式名詞は実質的意義を控除して形式的意義だけを表すものであるから、実際に説話の中に用ゐる場合には他語を以て其

の控除した実質的意義を補充しなければ意義が具備しない。（二二三〜二二四頁）

日本語の形式名詞には二種有る。（中略）第一種の形式名詞は連体語の下に用ゐられる形式名詞［藤田注・原文「形式動詞」と誤植している］である。（二四一頁）

また、その語例としては、次のようなものが挙げられている。

「もの・こと・の・譯・筈・かた・奴（ヤツ）・方（ハウ）＊・為（タメ）・所・所以・中（ウチ）・儘・由・儀・箇所・件・人（ジン）・向・とち［藤田注・「どち」の誤植か］・どうし＊・分・部・目・たけ・邊・節・際・段・砌・都度・てい・様・たび・風・通り・せゐ＊　＊は口語専用」（二四一〜二四二頁）

ちなみに、「第二種の形式名詞」とは、今日では副助詞もしくは接尾語とされる「など・なぞ・なんど・なんぞ・なんか・等」の六つで、松下によれば「名詞と並列的に用ゐる」（二四九頁）ものとされている。

ともあれ、こうした大文法家の所説として、実質的意義を欠き、もしくは、意味が極めて漠然としていて、必ずそれを補う連体修飾句を承けて用いられる名詞があるという認識が、初めて明確に語られるようになってきたわけである。

2―2　次いで、時枝誠記の所論を見ておきたい。時枝は、その著『日本文法口語篇』（一九五〇）において、「ところ」「こと」「はず」といった語を挙げ、「形式名詞」を「一定の実質的意義をもつてゐないもので、単に名詞としての一般的形式しかもつてゐないもの」とする木枝増一の規定を引いて、

これらの語が、単に名詞としての一般的形式しかもつてゐないと見ることは疑問であつて、やはり語として或る概念を表現するものであることは間違ひないであらうが、ただその概念が極めて抽象的形式的であるために、常にこれを補足し限定する修飾語を必要とするやうな名詞であるといふ方が適切である。従つて、これらの語が表現する概念内容が漠然としてゐるといふ点で、接尾語と極めて近いのであるが、異なるところは、接尾語

は、他の語と結合して一の複合語を構成することが出来るのに対して、形式名詞は、他の語に対する接続の関係は、独立した名詞と同じやうに用ゐられるが、それだけで独立して用ゐられることがないといふことである。（九〇頁）

（以下略）

と述べている。

木枝の「実質的意義をもつてゐない」という見方は、先の松下の「実質的意味の欠けてゐる概念をあらはす」という見方に連なるものであろうが、こうした説明は先にも見たとおり今日でもしばしばなされる。しかし、かなり粗雑な言い方であって、もし実質的な意味を欠いて単に形式として名詞であるだけというようなことなら、「形式名詞」とされるものがいろいろあって使われ方も違うということが理解できない。時枝のように意味が「抽象的形式的である」とする方が、少なくとも慎重な説明の仕方だといえよう。

さて、右の時枝の記述でも「常にこれを補足し限定する修飾語を必要とする」「それだけで独立して用ゐられることがない」とくり返されている点でもうかがわれるように、「形式名詞」の理解においては、必ず修飾語を承けて用いられるという機能の面に重点が置かれるようになっていく。品詞論から統語論へと文法研究の主軸が移っていくに従って、そのような方向性が際立っていったように思われる（その反面、「形式名詞」が名詞であるという点については、あまり大きく問題にされず、ともすればなおざりにされがちであったのではないか）。そうした方向を推し進めるさきがけとなったのが、佐久間鼎の「吸着語」というとらえ方であっただろう(1)。

佐久間の「吸着語」の考え方は、まとまった形ではその著『現代日本語法の研究』の「二〇　吸着語」に示されている(2)（この書物は、一九四〇年に刊行されたものだが、以下一九五六年の改訂版に拠って述べる。同書に言及する際は、佐久間（一九五六）とする）。佐久間によれば、「吸着語」とは「何か具体的な内容を示す他の語句を承けて、それと共にどれかの品詞の資格を得るもの」「前に来る語句に何かの品詞の性格を与えるもの」（三二五頁）であり、ここで問題にしている「形式名詞」は、この「吸着語」の一部（それもかなり大きな部分）ということになる。

かの「形式名詞」は、ここに述べた吸着語としての特質を十分備えている語詞に外ならないわけです。すなわちこれは主として体言の資格を与えるもの、いわば名詞的な吸着語といえるようなものです。しかし、形式名詞としてあげられた中には名詞的とはいいきれないようなものを含んでいました。吸着語としての共通点はもっているものの、用法の上で名詞的とはいえないものも、便宜上その中に投げこまれていた次第です。

（三二六頁）

このように述べたうえで、佐久間（一九五六）では、「名詞的な吸着語」として数多くの語例が挙げられている。今日でも、佐久間の示したところから、「形式名詞」とイメージされるもののとらえ方はあまり変わっていないものと思われる。「吸着語」とされるもののうち少なくとも名詞性という点が保証されるものと考えるか、その点も突きつめず、「吸着語」から副助詞・助動詞の類を除いたくらいを、漠然と「形式名詞」としてイメージするのが実際のところであろう。

また、「形式名詞としてあげられた中には名詞的とはいいきれないようなものを含んでいました」という佐久間の指摘はもっともながら、佐久間のあげた名詞的吸着語すなわち形式名詞についても、その点ではなおいろいろ問題があるように思える。

そこで、次の第三項以下では、「名詞的な吸着語」を中心に、佐久間（一九五六）の挙げる「吸着語」の語例を再検討することを通して、「形式名詞」として漠然とイメージされる語類を見直し、整理することにする。

2―3　とはいえ、右のように漠然とイメージされているものをそのまま眺めてみても、整理はおぼつかないので、まず、「形式名詞」を少なくともどのようなものとしてとらえるかについての、本書なりの見方をここで示しておきたい。

まず第一に、「形式名詞」が必ず連体修飾句を承けて用いられるものであることは、もちろんである。ただ、連体修飾句を必ず承けるのは、「形式名詞」の意味が抽象的・稀薄であるため、具体的な内容補充が必要だからだというような見方については、既述のとおり、一考を要するものと考える（この点、後述するところがある）。

第二に、「形式名詞」という概念を生かしていく以上、やはりその「名詞性」ということは不可欠であろう。すなわち、形式名詞及び形式名詞によってとりまとめられる句・節が名詞としての性格をもったまとまりとして使われるものであるということである。具体的に言えば、例えば「花」「書いた論文」といった名詞・名詞句は、「花が……」「花を……」「……花だ」等とか「書いた論文が……」「書いた論文を……」「……書いた論文だ」等のように、格助詞等を伴って文の構成要素になり、自由な組み合わせで使える。このように、名詞としての働きを自由にはたせるものが本当の意味で名詞というべきものであるはずであり、このような使い方ができる場合に「名詞性」があるものと考えたい。

従って、例えば先に見た（5）の「出来ないはずがない」の場合、「出来ないはず」は「が」や「だ」を伴ってしか使えず、「出来ないはずを」等の言い方はできない（また、「が」を伴っても「出来ないはずがある」などとはいえない）。このように限られた結びつきでしか使えないものは、もはや名詞のもつ助詞等を伴って自由に文の構成に参与するという本来の性格、すなわち「名詞性」を失っているわけである。あるいは「彼の文章は、説明過剰になる嫌いがある」のような文における「嫌い」も必ず修飾句を承けて用いられるが、このような用法の「嫌い」が形作る節も、「説明過剰の嫌いを（／に）……」などと、いろいろな格助詞を伴って使われることはなく、「……嫌いがある」のような結びつきでしか出てこない。これも、自由な組み合わせで使われる名詞としての性格が失われているといえる。従って、右の「はずがない」「はずだ」は、このひとまとまりを〝当然の否定的推測〟や〝当然の推測〟を表す助動詞に近い複合辞と考え、また、「嫌いがある」は、やはりこのひとまとまりで、〝傾向がある〟というような意味合いをネガティブなニュアンスで言う連語の慣用表現（慣用句）と位置づけるべきであろう。ただ修飾句を承けることが必須であることを根拠に、こうしたものまで、「形式名詞」と扱うことが多かったことが、「形式名詞」の概念を混乱させる一因であったように思われる。

第三に、「形式名詞」として使われるなら、「形式名詞」としての意味で使われていると考えられるということである。当たり前のことのようだが、「形式名詞」を独自の働きをもった形式として特立する以上、そこには、それを支える独自の意味があると考えるのは当然のことである。[3] このことが問題になってくるのは、何より同じ語が実質名詞としても使われる場合で、例えば「面」という語は、「面（≒顔を覆うもの）を打つ」「立方体には、面（≒境が区切られた広がり、平面）が六つある」などと実質名詞としても使われるが、必ず連体修飾を承け形式名詞として「今回の交渉には難しい面（≒部分）がある」などとも使われる。この例でも明らかなように、実質名詞の場合と形式名詞の場合とでは意味が違う（だから、「*今回の交渉には難しい平面がある」などとは言えない）。意味が違うからこそ、「形式名詞」たり得ているのである。この点に関連して、例えば「右」という語は、何の「右」かが示されないと意味が通らないから、「机の右」「ポールの立っている右」などと連体修飾句を伴って使われることが多い。考えようによっては、連体句がないと意味が抽象的で充足しないとも言えるから、「右」のような語も「形式名詞」と扱う考え方さえ出てくるが、[4]「右」が単独で（≒何も承けないで）使われ実質名詞であることがはっきりしている場合と、連体句を承けて使われる場合とでは、「右」の意味に別に違いはないから、こうした語が連体句を承けて使われる場合を「形式名詞」と考えるのは不当である。

以上、「形式名詞」を考えるにあたって、少なくとも右の三つの点を念頭において、検討に入っていくことにしたい。

三、佐久間（一九五六）の「吸着語」の再検討（1）――名詞的な吸着語――

3―1　この項では、佐久間（一九五六）が挙げる「名詞的な吸着語」の語例を具体的に見ながら、これらを「名詞的吸着語」すなわち「形式名詞」とすることの当否を検討し、それを通して問題を掘り下げてみたい。佐久間（一九五六）では「名詞的な吸着語」を、「一　人に関するもの」「二　物に関するもの」「三　事に関するもの」「四　事態・様態に関するもの」「五　所に関するもの」「六　時に関するもの」「七　程度を示すもの」「八　事由・所存を示すもの」の八つに分けて語例を掲出しているが、このうち「七　程度を示すもの」については語例が示されず、「『副詞的』といわれるもので、時として体言的に用いられるのがある。大抵副助詞として取扱われる」（三三二頁）との注記があるだけなので、これは除き、残りの七類について順次掲出された語例を示しつつ考えていくことにする。[5]

3―2　まず、「一　人に関するもの」から見ていく。なお、原文では漢語のものはカタカナ表記されているので、ここでも以下そのようにして挙げる。

> ひと・ひとたち・かた・かたがた・やつ・やつら・もの・ものども・連中［藤田注・レンチューもしくはレンヂューとあるべき］・てあい・どうし・ジン・ゴジン

右のうち、「ジン・ゴジン」については、現代語としてはほとんど使われないので、ここでは取り上げないでおく。

右の語例を一見して、「ひとたち」「かた」「かたがた[6]」「もの」「ものども[6]」「てあい」「どうし」は、確かに連体句を承けなければ使えず、「名詞的吸着語」すなわち「形式名詞」というべきものであろう。ただ、右で問題に思えるのは、「ひと」「やつ」「やつら」「連中」のように明らかに何も承けず単独ででも用いられるものが、「名詞的吸着語」すなわち「形式名詞」に入れられている点である。

しかし、「やつ」「やつら」「連中」については、修飾句を承けて不特定の〝(ソノヨウナ)人間〟や個別・具体的な〝人〟をややぞんざいなニュアンスを伴って表すのに対し、何も承けずに単独で用いられる場合は場面指示的に特定の人を指すことになり、意味・用法がはっきり分かれている。

(6)―a　そんなことを言うやつ(／やつら／連中)がいるなら、お目にかかりたい。

(6)―b　昨日会ったやつ(／やつら／連中)にも声をかけてみよう。

(6)―c　やつ(／やつら／連中)に聞かれるとまずい。

単独で使われる場合とは意味分化して別物になっているとすれば、修飾句を承ける場合の意味では確かにこれらは修飾句を必ず承けて使われる「名詞的吸着語」すなわち「形式名詞」と考えてよいだろう。

一方、「ひと」の場合は右のようにはいかない。「ひと」は、何も承けない単独の形では不特定の〝人間〟を指すのがふつうである。これに対し、修飾句を承ける「ひと」は、次のbのように一見個別・具体的な〝人間〟を指すかとも思うが、必ずしもそうとは限らない(cのように不特定の〝人間〟も表せる)のだから、単独で使われる場合と修飾句を承けて使われる場合とで意味分化があるわけではない。

(7)―a　人は見た目が一〇〇パーセント。

(7)―b　昨日会った人に電話した。

(7)―c　この世界に存在する人は、皆幸せを求めている。

それでも敢えて、修飾句を承けて使われるもののうちbのような個別・具体的な〝人間〟を表す「ひと」の場合だけを、修飾句が必須の「名詞的吸着語」すなわち「形式名詞」だとしようとしたとしても、それも無理な話で、そもそも連体修飾の働きの一つは、同種のものの中から対象を限定・特定することであるから、（実質名詞である）普通名詞が連体修飾を承けて個別・具体的なものを表すことは、「ひと」に限らずごく普通のことである。何も承けない場合に対し、修飾句を承ける場合で個別・具体的なものを表すなら「名詞的吸着語」だとするのなら、同じ論法で次のｂの「花」も「名詞的吸着語」となってしまうはずである。

（8）―ａ　花には、盛りというものがある。

（8）―ｂ　庭に咲いている花を摘んだ。

もちろん、「吸着語」とは「具体的な意味をもたない」（三二五頁）とか、少なくとも意味の具体性が乏しいとされるものであるが、考えてみれば（7）―ｂの「人」も〝人間〟といった意味ははっきり持っているのであり、（8）―ｂの「花」の表す〝花〟の意味より具体性が乏しいというのも無理があろう。そして、このような見方では、「吸着語」という概念自体が歯止めなく広がってしまう。

当たり前のことを長々書いたような気もするが、要するに「ひと」を「名詞的吸着語」すなわち「形式名詞」とすることは、理屈の立たない見方といわざるをえない。

佐久間の考えの筋道を想像してみるなら、例えば次の（9）―ａの例の「者」は、単独では使えず、必ず修飾句を承けて用いられる。

（9）―ａ　宿題を忘れた者は手を挙げなさい。

そして、佐久間の言い方に従えば、この「者」は「漠然と『何かの資格をもつ人』『何かの限定をうけている人』をあらわして」（三二六頁）、前の具体的な修飾句と一体となって、名詞句となる（つまり、どんな〝人〟か具体的に表す句となる）わけである。これに対して、次のｂのような例を考えれば、ｂの「人」はａの「者」と同義で

「何らかの資格をもつ人」「何らかの限定をうけている人」を表すから、この「人」も「名詞的吸着語」すなわち「形式名詞」ということになると判断するのであろう。

（9）―b　宿題を忘れた人は手を挙げなさい。

しかし、「者」が決して何も承けずに単独で使えないのに対し、「ひと」は何も承けないでも単独で使えるのであるから、少なくとも単独で用いた場合とこうした使い方の場合では、「ひと」の意味がはっきり分かれているといえるかどうかを確認しておくべきであろうが、どうもそのあたりが十分突きつめられていないようである。実際は、単独で用いられようが修飾句を承けて用いられようが、「ひと」は一貫して〝人間〟というような意を表すと考えるのが自然で、「ひと」を「名詞的吸着語」すなわち「形式名詞」とするのは、やはり不当である。

このように、何も承けずに用いられる単独用法がはっきりある語について、その修飾句を承ける用法を（その一部でも）「名詞的吸着語」とするのなら、「吸着語として使われるときの意味」（三二六頁）とそうでない場合の意味がはっきり分かれていなければ理屈が通らないわけだが、その点の詰めが今一つ甘いと見られ、「名詞的吸着語」として佐久間の挙げる語例には、その点でいかがかと思われるものがしばしば見られるのも事実である。

3―3　関連して、ここで一点付け加えておきたい。右に見たような「名詞的吸着語」すなわち「形式名詞」とされる語が、本当に〝実質的意味を欠く（少なくとも、乏しい）〟とか〝抽象的形式的な概念を表す〟から修飾句を承けることが必須となるのかという点についてである。

例えば、「名詞的吸着語」すなわち「形式名詞」としてよいだろう「ひとたち」の場合、

（10）―a　先日行田《ぎょうだ》というところに行ったが、そこで会った人たちは、皆親切だった。

（10）―b　先日行田というところに行ったが、そこで会った人々は、皆親切だった。

（10）―c　*先日行田というところに行ったが、人たちは、皆親切だった。

（10）―d　先日行田というところに行ったが、人々は、皆親切だった。

aとbの例でもわかるように、「人たち」は「人々」とほぼ同義と感じられる。にもかかわらず、「人たち」がcのように何も承けないで単独では用いられないのに対し、「人々」はdのように単独で用いられる。ということは、「人たち」が〝抽象的形式的概念を表す〟から修飾句で具体的な内容を補充しなければならないといった説明は一考を要するということをうかがわせる。

これまで、必ず修飾語を承けるということは、「形式名詞」の意味の抽象性・稀薄さを反映したものと考えられてきた（そして、意味が抽象的であることを〝これ、このとおり〟とはっきりわかるように示して見せることの困難さから、必ず連体修飾を承けることを以て、「形式名詞」は意味が抽象的・稀薄なものと論じられてきた）。しかし、右のような事実を見ても、必ず連体修飾を承けるということの理由が意味の抽象性・稀薄さだと言ってよいかどうかは考えるべきことであろう。

むしろ、ある程度意味が抽象的・稀薄に思える名詞が、名詞としての自立性を捨てて、必ず連体句を承けて名詞句・節を形成する働き――準体助詞「の」に見られるような――をもつに至っているのが「形式名詞」という語類であるように、筆者には思える。

3―4　次に、「二　物に関するもの」であるが、

の・もの・ホー・ブン

「ホー（方）」「ブン（分）」は、連体修飾句を承けなければ使えないから、「名詞的吸着語」すなわち「形式名詞」としてよかろう（もっとも、「ホー」は場所に関するものの転用と見られるので、ここで挙げるべきか問題かもし

れないが)。

「もの」については、「もの(≠物質)に執着する心を捨てよ」のような実質名詞としての単独用法があり、これに対して、連体句を承ける用法でも「私の買ったものはこれだ」ような「もの」は、はっきり意味が分かれるものとは思えない。こうした場合は、敢えて「名詞的吸着語」すなわち「形式名詞」と扱うべきではなかろう。しかし、連体句を承けても、例えば「体験から得たものは大きかった」のような場合の「もの」は、必ずしも〝物質〟に類する意味とは言えないだろうから、こうした場合は実質名詞とは意味の異なるもので、「名詞的吸着語」すなわち「形式名詞」と見るべきであろう。このあたり微妙だが、何も承けずに実質名詞として使われる場合と意味が分かれているかどうかという点に即して判断すべきところである。また、文末の「〜ものだ」や接続助詞的な「〜ものなら」「〜もので」等は、今日の見方からすれば複合辞と扱うべきものと思われる。従来、こうした形式に出てくる「もの」は「形式名詞」と扱われることが多かっただろうが、今日ではより適切な位置づけを与えることができる。

「の」も「名詞的吸着語」すなわち「形式名詞」として挙げられているが、「の」を「形式名詞」とする扱いは他にも見られることで(奥津(一九七四)など)、機能の面から必ず連体句を承けて名詞句・節を形成する働きをもつものを「形式名詞」とするなら、「の」はその働きだけをもつ最も単純な「形式名詞」と言ってもよかろう。ただ、多くの「形式名詞」が実質名詞から転じて、それに応じたある程度の意味をそれぞれ持つものと見られ、「形式名詞」という用語にそのような含みを読みとって用いようとするのなら、「の」を他の「形式名詞」と全く等しなみに考えることは、一考を要するところかもしれない。

3—5　続いて、「三　事に関するもの」である。

こと・はなし・テン・かど・かどかど・シダイ・ケン・よし・おもむき・ギ・むね・ふし・ふしぶし

現代語で用いられない「かどかど」や「ふしぶし」、明らかに古語的な「ギ（儀）」は措くとして、「はなし」は何も承けずに用いることができる語であり、連体句を承けて使われる場合も何も承けずに明らかに実質名詞として用いられている場合と意味にほぼ相違はないと見られるので、敢えて「名詞的吸着語」すなわち「形式名詞」とすべきものとは思われない。

これに対して、「テン（点）」も単独で実質名詞として使われるが、その場合と、必ず連体句を承けて用いられる「名詞的吸着語」すなわち「形式名詞」とすべき場合とで、明らかに意味が異なる。

(11)―a　ここに点のように見えるのが、病原菌だ。

(11)―b　行傍に点を打って強調した。

(11)―c　彼女のよい点を挙げて下さい。

実質名詞の「点」は「点々（テンテン）」とほぼ同義で、abの「点」は「点々」と言い換えても同義的な文として成り立つのに、「形式名詞」とすべきcの「点」はもちろんそうはならない。

「形式名詞」と認めるにあたって実質名詞とは意味が分化していること――実質名詞とははっきり異なる「形式名詞」としての意味をもつことを要件として考えてきたが、逆に言えば、このように意味がはっきり分化していることが「形式名詞」が「形式名詞」であることを支えているともいえる。この「点」の場合などは、一つの端的な事例である。

また、「こと」の場合も、確かに修飾を承けない形でも用いられるように思えるが、ほぼ慣用句や決まったコロケーションでしか用いられないものと思われる。

(12)―a　事を好む人が密告した。
(12)―b　*事が好きな人が密告した。
(12)―c　事は急を要する。
(12)―d　*事は早くすべきである。
(12)―e　事の成り行き／推移／*変遷／*プロセス

同様に、「おもむき」も、修飾を承けない形で使えるとしても、「おもむきがある」とか、せいぜい「おもむき（#印象・雰囲気）を変える」といった言い回しにおいてのみで、もっぱら連体句を承けてしか使えない。

つまり、これらは実質名詞として自由に使いにくくなっており、実質名詞の用法がいわば衰えたものになっていることが[7]、「名詞的吸着語」すなわち「形式名詞」として働くものであることをはっきりさせていると言ってもよかろう。

実質語としての用法の衰えや、実質語としての用法の場合との意味分化が、形式語（もっぱら文法的な働きを担うものに転成した形式）として働くことの支えになっている――こうしたことは、「複合辞」の場合にも見られたことであり、例えば「つく」というもとになった動詞の動詞としての用法の衰退が、「～について」という形式が複合辞として働くことの支えとなっており、また例えば「おく」という動詞の現代語の動詞としての用法の場合と意味がそもそも断絶していてつながりがたどれないことが、「～において」という形式が複合辞として働くことを支えている。これと同様の状況が、連体句を必須のものとして承け、もっぱら名詞句・節を形成する機能を担う「形式名詞」の場合にも認められるのである。

右以外の「かど」「シダイ（次第）」「ケン（件）」「よし」は、連体句を承けなければ使えない。「ふし」「むね」

も、ここで問題になる「事に関する」というような意味では、やはり連体句を承けてしか用いられない。ただ、「かど」は、「盗みのかどで取り調べる」のように、「〜の（／した）かどで」という形でしか使われず、「かどで」でひとまとまりの慣用表現とすべきかと思われる。(8) また、「ふし」も、「私を疑っているふしがある」のように、「ふしがある」の形でしか用いられず、やはりこのひとまとまりで慣用表現とすべきである。

「むね」「よし」は、いささか問題がある。「むね（旨）」は、「それが承認できない旨、文書で返答した」「その旨、了承した」のように、意向の伝達・了承の意の述部に係って、その意向内容を示す。係る述部の内容が限定される点では、自由な結びつきを作れるとはいえず、しかも右のとおりしばしば助詞を伴わずに用いられている点で、引用標識に近づいている（つまり、助辞化しつつある）面もあるが、まだ「それが承認できない旨を文書で返答した」のように助詞を伴うこともできるので、助辞化したものとまではいえない。ここでは、特定の述部と結びつく点で、さしあたりは広義の慣用表現を形成するものとしておく。「よし（由）」も、「むね」と同様、「近々入院する由、手紙で書き送った」「無事退院された由、うかがいました」のように、情報の伝達・受けとりの意の述部に係って、その情報内容を示す。やはり自由な結びつきを作るとはいえず、助詞を伴わない用法が目立つが、「近々入院する由を手紙で書き送った」のように助詞を伴うことはできる。これも、「むね」と同様さしあたり広義の慣用表現を形成するものと考えたい。しかし、「よし」は、これにとどまらず「無事ご退院のよし、おめでとうございます」と伝聞内容を示して、それに対する儀礼的所感を述べるような表現で用いられる。この場合の「〜よし」は「〜ダソウデ」に近い伝聞の意に解されるが、このような「〜よし」も決まったパタンで使われるので、右とは別に今一つこうした広義の慣用表現をも形成するものと見ておく。このあたりの位置づけは、なお検討すべきところがあろう。

他は、ある程度いろいろな結びつきで使うことができるので、「名詞的吸着語」すなわち「形式名詞」としていいだろう。

3—6　今度は、「四　事態、様態に関するもの」を見てみる。

> ばあい・シマツ・はこび・はめ・め・あんばい・ぐあい・ヨース・チョーシ・モヨー・ありさま・ざま・てい・ていたらく・ふり

　このうち、「ばあい」「シマツ（始末）」「あんばい」「ぐあい」「ありさま」「ざま」「ふり」は、実質名詞としての用法は衰えて、何も承けず単独で使われるとしても特定のコロケーションや慣用表現に限られ、もっぱら連体句を承け名詞句・節を形成して用いられる。また、「てい」「ていたらく」は、単独で実質名詞として使われることはなく、やはり必ず連体句を承け名詞句を形成して用いられる。これらは、「名詞的吸着語」すなわち「形式名詞」としていいだろう。

　これらの語についても、実質名詞としての用法がほとんど、あるいは全く見られないということが、「形式名詞」として働くことの支えになっているといえる。

　「はめ」は、何も承けず単独では「はめをはずす」のような慣用句でしか用いられず、「他人の後始末をするはめになった」のようにもっぱら連体句を承けて用いられるが、「～はめになる／陥る」というような言い回しでしか用いられないので、「はめ」は自由な結びつきができる名詞句を作る「形式名詞」とは言えない。「～はめになる／陥る」でひとまとまりの慣用句と見ておくべきである。

　「はこび」は、「事態・様態に関する」というような意味では[9]「めでたく婚約の運びとなった」（≠婚約するに至った）「許可が下りれば、すぐ出発する運びになっている（／すぐ出発する運びだ）」（≠すぐ出発する予定だ）

のように必ず連体句を承け、「〜の（／する）運びとなる」「〜の（／する）運びとなっている（／運びだ）」といった形で用いられる。このような形でしか用いられないので、これも「はこび」を「形式名詞」とするのではなく、「〜運びとなる」「〜運びとなっている（／運びだ）」でひとまとまりの慣用句とするのが適切である。

　また、「め」を「名詞的吸着語」すなわち「形式名詞」とするのは、「ひどい目に会う」「つらい目を見る」などの場合を考えてのことだろうが、確かに身体の〝目〟や〝視覚・視線〟といった意味ではなく、全く異なる〝事態の体験〟というような意味ともとれる「目」が必ず連体句を承けて用いられるのだから、この場合は「名詞的吸着語」すなわち「形式名詞」と見てもよさそうであるが、実際のところは、こうした意味では「〜目に会う」「〜目を見る」（あるいは「〜目を見せる」）といった形でのみ用いられるので、やはり「名詞的吸着語」すなわち「形式名詞」とは見ずに、「〜目に会う」「〜目を見る」「〜目を見せる」でひとまとまりの慣用句とすべきだろう。

　「チョーシ（調子）」については、「いつもの調子で頑張れ」「エンジンの調子がおかしい」といった連体句を承ける用法と、「調子はいいよ」のような何も承けずに単独で用いられる明らかに実質名詞としての用法の間に、「調子」の意味の違いは特に感じられず、これを「名詞的吸着語」すなわち「形式名詞」とする理由はない。

　「モヨー（模様）」「ヨース（様子）」については、〝図柄〟とか〝そぶり・ありさま〟といった意味ではなく〝状況〟とでもいうような意味では、確かに必ず連体句を承けて用いられるように見える。こうした意味では「模様」「様子」は、もっぱら「〜模様だ」「〜様子だ」のような形で使われ、この形で助動詞相当の文末形式（複合辞）になっているものと見られる。[10] 実際、連体修飾句であるなら一般に主格を表す「ガ」が「ノ」に書き換え可能のはずだが、次の（13）（14）でaをbのようにすると不自然であることからも、「模様だ」「様子だ」は、このひとまとまりで助動詞のように働く一種の複合辞になっているものと考えてよい。従って、この場合も敢えてこれを「名詞的吸着語」すなわち「形式名詞」とすべきではない。

(13)―a　補講が中止になった模様だ。
(13)―b　*補講の中止になった模様だ。
(14)―a　何かまずいことが起こった様子だ。
(14)―b　*何かまずいことの起こった様子だ。

3―7　更に、「五　所に関するもの」だが、

ところ・とこ・あたり・へん・カイワイ・ホー・きわ

「あたり」は、「あたりには誰もいなかった」のような実質名詞であることがはっきりしている単独用法と「お寺のあたりには誰もいなかった」のような連体句を承ける用法とで、「あたり」の意味に特に違いが感じられるわけでもないので、特に「名詞的吸着語」すなわち「形式名詞」とすべき理由はなかろう。

「へん」「カイワイ（界隈）」「ホー（方）」は、何も承けずに単独で用いることはできず、常に連体句を承けて用いられ、それぞれ名詞句・節を形成していろいろな結びつきで用いられる点で、「名詞的吸着語」すなわち「形式名詞」としてよい。「きわ」も、「きわまで寄ってのぞき込んだ」のような言い方は出来るかもしれないが、それでも単独用法はかなり限定され、もっぱら連体句を承け名詞句・節を形成してさまざまな結びつきで用いられる点では、先の三つと同様、基本的に「形式名詞」と見るべきだろう。

「ところ」は、もともと〝場所〟の意であることは明らかだが、実際は、慣用的な言い回しを除いては、何も承けずには用いられない。そして、次のとおり、「形式名詞」といえるものと助詞・助動詞相当の辞的形式に転じているものの両方がある。

(15)—a　ここは、私が生まれたところだ。
(15)—b　犯人が寝ているところを急襲した。
(15)—c　やっと赤ん坊が泣きやんだところだ。
(15)—d　いろいろと金田一さんが調べたところ、意外なことがわかったんだ。

ａｂでは主格助詞「ガ」を「ノ」に書き換えても文は成り立つ（ガ‐ノ可変）から、これらでは「ところ」は連体句を承ける「形式名詞」といえるが、ｃｄでは成り立たず、これらの「ところだ」「ところ」は、助動詞相当の文末形式及び接続助詞相当の辞的形式に転じたもので、「形式名詞」とすべきではない。しかし、ともすればこれまでｃｄのようなものまで「形式名詞」と扱う嫌いがあったように思える。

なお、「とこ」は「ところ」の口語的な形と見られるが、必ずしも全く同様には使えない。例えば（15）で言えば、少なくともｄのような言い方では「ところ」に代えて「とこ」は使えないだろう。

3—8　そして、「六　時に関するもの」である。

とき・うち・あいだ・ころ・おり・ジブン・セツ・トーザ・サイチュー

「とき」については、〃（経過するものとしての）時間〃の意味では単独用法がいろいろあり得るが、〃時点・時期〃の意味では、「時は元禄十四年…」といったやや古風な言い回しでもなければ単独用法では用いられない(11)。後者の意味の場合に、基本的に「名詞的吸着語」すなわち「形式名詞」であると考えられる。

「あいだ」「うち」についても、空間的な意味では何も承けずに単独で使うことも可能だが、時間的な意味では必ず連体句を承けて使われるので、後者の意味の場合に「名詞的吸着語」すなわち「形式名詞」だといえる。

「ころ」「ジブン（時分）」「セツ（節）」「サイチュー（最中）」には単独用法はなく、必ず連体句を伴って用いられる。「おり」も、「おりを見て」「おりもおり」といった慣用的な言い方を除けば、必ず連体句を承けて使われるものである。これらは、「名詞的吸着語」すなわち「形式名詞」としてよい。

「トーザ（当座）」は、「解雇された当座は、途方にくれたが……」のように連体句を承けて用いられることが多いが、「当座は、これでなんとかやっていける」「当座の生活費として……」のように何も承けない形でもある程度使え、意味も〝当面の時期〟というような意味合いであることは同じであるので、「名詞的吸着語」すなわち「形式名詞」としてしまうのは行き過ぎであり、実質名詞として扱っておくのが妥当である。

3―9　最後に、「八　事由・所存を示すもの」だが、「事由」つまり〝原因・理由〟と「所存」つまり〝考え〟とはかなり異なる事柄であるし、「はず」のような「事由」とも「所存」とも言いにくいものもここに挙げられていて、この八の部類はいささか雑録の気味がある。

> ゆえ・ゆえん・き・かんがえ・つもり・所存〔藤田注・ショゾンとあるべき〕・存念〔同・ゾンネンとあるべき〕・はず

「かんがえ」は、実質名詞として単独でもふつうに用いられ、連体修飾を承けて用いられる場合と特に意味の違いがあるとは思われないので、「名詞的吸着語」すなわち「形式名詞」とすべきはない。「存念」も、硬い言い回しながら何も承けないでも「一度存念をうかがいたい」などと使える。連体修飾句としては「ダレダレの存念」のような「存念」の所有者を示す句がくるだけで、「かんがえ」と比べると用法も狭い（例えば、「新規事業に参入する（という）考えで、準備を進める」のような内容を補充する修飾句を「存念」はとることが難しい）。ともあれ、単独で用いられる場合と連体句を承けて用いられる場合とで、もちろん意味の違いが感じられるわけではないから、これも「名詞的吸着語」すなわち「形式名詞」とすべき理由はない。

「き」は、いろいろと問題になる語であるが、〝気配・あたりを満たすもの・（何らかの）精神的エネルギー〟のような意味の場合は措いて、〝心の持ちよう・考え〟のような意味では、「気が変わる」「気を使う」のように単独で使われる実質名詞のようにも見えるが、こうした言い方はいずれも連語の慣用表現と考えるべきものと思われる。また、「妙な気がした」のように、必ず連体句を承けて使われる場合もあるが、これは「気がする」でひとまとまりの慣用的な言い回しとなっていると見るべきもので、こうした「気」を取り出して「名詞的吸着語」すなわち「形式名詞」とするのは適切ではない。他の表現も同様で、〝心の持ちよう・考え〟のような意味に解せられる「気」は、現代語ではもっぱらひとまとまりの慣用表現の構成要素と見ておくのがよかろう。

「ゆえ」「ゆえん」「つもり」「所存」「はず」は、何も承けないで使うことはできず、必ず句・節を承けて用いられる。このうち、「ゆえん」は硬い言い回しながら「偽りを述べたゆえんはしかじかのことである」「偽りを述べたゆえんを知りたい」などと、連体句・節を承けて名詞句・節を形成し、ある程度いろいろに使われるので、「名詞的吸着語」すなわち「形式名詞」と見てよかろう。しかし、「ゆえ」と「つもり」「所存」「はず」は、そのような使い方はできない。「ゆえ」は、節を承けて後の主節との因果関係づけを示すのにもっぱら使われ、いわば接続助詞的な辞的形式に転成していると言ってよい。また、「つもり」「所存」「はず」は、「ダ」を伴って「～つもりだ」「～所存だ」「～はずだ」のような〝意図〟や〝当然（の判断）〟を表す言い方として用いられ、このひとまとまりで一種の助動詞的な複合辞形式に転じているものと見られる。従って、「ゆえ」もしくは「つもり」「所存」「はず」を取り出して、敢えて「名詞的吸着語」すなわち「形式名詞」とするのは妥当ではない。

3―10　以上、**3―2**～**9**では佐久間（一九五六）が「名詞的吸着語」すなわち「形式名詞」として挙げた語につ

［表6　「名詞的吸着語」の再整理］

佐久間（一九五六）の分類	名詞的吸着語（形式名詞）	慣用表現・慣用句の一部	複合辞の一部・単一の転成辞形式
［人］	ひとたち・かた・かたがた・もの（者）・ものども・てあい・どうし・やつ・やつら・連中（以上三語、場面指示でない用法で）		
［物］	ホー（方）・ブン（分）・もの（物質に類する意味でない場合）・（の）		～ものだ・～ものなら・～もので
［事］	テン（〝点々〟といった意味でない場合）・こと・おもむき・シダイ・ケン（件）	かど（～かどで）・ふし（～ふしがある）・むね（～むね、伝える等）・よし（～よし、伝える／～よし、おめでとうございます等）	
［事態・様態］	ばあい・ぐあい・シマツ・あんばい・ありさま・ざま・ふり・ていたらく	はめ（～はめになる（／陥る））・はこび（～はこびとなる等）・め（～目を見る等）	～模様だ・～様子だ
［所］	へん・カイワイ（界隈）・ホー（方）・きわ・ところ（とこ）		～シタところ・～ところだ
［時］	とき（〝時点・時期〟の意味で）・あいだ・うち・ころ・ジブン（時分）・セツ（節）・サイチュー		
［事由・所存］	ゆえん	き（気・慣用句の一部）	～ゆえ・～つもりだ・～はずだ・～所存だ

いて検討した。念のため、結果を表6に一覧しておく。なお、実質名詞とすべきものは、特に表には示さない。また、趣旨がよくわかるよう、適宜（　）を付して、意味・用法についての注記、使われる形、漢字表記を付記する。また「複合辞の一部・単一の転成辞形式」の項では、複合辞等として使われる形で表示する。

四、佐久間（一九五六）の「吸着語」の再検討（2）

——時に関する吸着語、条件・理由についての吸着語など——

4―1　第三項では、佐久間（一九五六）が挙げる「名詞的吸着語」すなわち「形式名詞」の語例を検討したが、佐久間（一九五六）では「名詞的吸着語」の記述のあと、更に「時に関する吸着語」「条件・理由についての吸着語」という項を立てて具体的な語例を挙げて述べている。そこで扱われているのは、概して言えば、接続助詞のように前件と後件の関係づけに用いられると見られるものであるが、採り上げられている語には、「名詞的吸着語」の項でとり上げられたものと重複するものもあり、また、しばしば「形式名詞」と扱われるようなものが含まれているので、この項では、それらの語例について検討しておきたい。

4―2　以下、佐久間（一九五六）の「時に関する吸着語」「条件・理由についての吸着語」において挙げられた語例を、筆者なりにA・B・Cの三群に整理して示す。

《A》

とき（二）・おり（二）・うち（二）・あいだ（二）・サイチュー（二）・ジブン（二）・ころ（二）・まえ[12]（二）・のち[12]（二）

なお、（二）のような（　）付きの添え書きは、こうした助詞（もしくは語尾）を伴った形でも使われることを示す（以下同じ）。

《A》とした語群は、例えば「誠が帰ってきたとき（／ときに）、部屋には誰もいなかった」のように、前件と後件を関係づける接続助詞のように働くものとも見える。しかし、「誠が帰ってきたときを見はからって電話をかけた」「誠が帰ってきたときがチャンスだ」のように、この「とき」は名詞節を形作ってかなり自由に使える。そして、「十二月二十四日（に）、部屋には誰もいなかった」のように、時点・時期を表す名詞句は単独もしくは助詞を伴って時の規定語として使えることを考えるなら、右の「誠が帰ってきたとき（／ときに）」も名詞句の同様の用法と考えることができ、こうした「とき」は名詞句・節を形成する「形式名詞」と考えるのが妥当かと思う。《A》の語群は、いずれも連体句を承けてガ格やヲ格などでも使えると判断され、いずれも「形式名詞」と考えるべきものである。

これに対し、次の《B》としてまとめた語群は、いずれも連体句を承けた形でガ格やヲ格などには使えない。

《B》

うえ（ニ）・うえ（デ）・サイ（ニ）・トタン（ニ）・たび（たんび）（ニ）・さなか（ニ）・イッポー（デ）・かたわら（で）[13]・すえ（ニ）・あげく（ニ）・以上（ハ）・かぎり（ハ）・ゆえ（ニ）・ため（ニ）・やさき（ニ）

例えば、「戸を開けたとたん（／とたんに）、黒装束の男が飛び込んできた」のように使われる「とたん（に）」は、〝瞬間〟といった意味合いに近いといえようが、だからといって「*戸をあけたとたんが、運命の分かれ路だった」「*戸をあけたとたんを狙って賊が侵入した」などとはいえない。他も同様である。これらは、もはや「形式名詞」としての「名詞性」はもたず、辞的形式に転成したものと見られる。このような一単語で辞的形式化したものは、何語かが結びついて辞的形式化した「複合辞」に対し、第1章第1節で述べた「単一転成辞」とすべきものであろう。そして、例えば「とたん」は、この一語が一つの接続助詞的辞形式[14]となっているものと考えられ、「とたんに」でも同様の意味（関係づけ）を表すと思えるので、「とたん」「とたんに」両形を〃形の揺れ（異形態）〃としてもっているものと処理できよう。**1—1**で見た「あげく（に）」も、こうした語類の一つとして位置づけられる。「あげく（に）」については、次節で詳述したい。

そして、次の《C》としてまとめた語群は、このひとまとまりで複合辞と扱うべきものである。

> 《C》
>
> わりに・おりから・拍子に・はずみに・ついでに・また・そばから・分には・からには・せいで[15]・もので[15]

例えば「拍子に」の場合、冒頭でも見たとおり「転んだ拍子に、骨折した」とは言えても「*転んだ拍子、骨折した」とは言えず、「拍子に」はこのひとまとまりで固定した複合辞といえる。もちろん、「*転んだ拍子がみっともなかった」とか「*転んだ拍子を写真に撮られた」などとは使えないことでも明らかなように、「拍子」が「形式名詞」として働いているわけでもない。

以上、佐久間（一九五六）の「時に関する吸着語」「条件・理由についての吸着語」で挙げられた語例を筆者なりに整理してみた。佐久間の扱いからもうかがわれるとおり、こうした語はともすれば等し並みにとらえられ、そして、しばしば「形式名詞」と一括されてきた。しかし、大枠として以上のようなことを考え、一歩踏み込んだ仕分けをしておくことは必要であろうと思う。

4—3　若干補足しておく。佐久間（一九五六）の「時に関する吸着語」「条件・理由についての吸着語」として挙げられた語例のうち、右のA・B・Cのどの枠に入るか少し気になるものとして、「セツナ（刹那）」がある。佐久間は「セツナニ」の形が可能であるように記しているが、「戸が開いたと思った刹那、気が遠くなった」のようには言えても、「?戸が開いたと思った刹那に、気が遠くなった」は、現代語として不自然と思われる。「〜シタ刹那」という節が名詞句としてガ格やヲ格で使われることもないと思われるので、この「セツナ」は単一の転成辞形式で、その点ではBに入るが、形の揺れのない（なくなった）ものだと考えられる。

また、時や条件・理由に関するものではなく「副詞的および接続詞的な吸着語」の中に挙げられているものだが、「とおり」や「まま」はしばしば「形式名詞」とされてきた。確かに、「とおり」は〝同様〟といった意味ではガ格やヲ格でも使われ、「形式名詞」と言ってよい。

(16)―a　昨日やったとおり（に）やりなさい。

(16)―b　昨日やったとおりがいい。

(16)―c　昨日やったとおりをくり返す。

しかし、次のような用法では、〝同様〟というより〝それが間違いなく〟のような意味合いにずれており、そのことと相応じて「とおりに」の形はとれない。

(16)―d　溝端氏の言ったとおり、それが正しい。

(16)―e　その点は、先にも述べたとおり、不可能だ。

こうした場合、「とおり」は、前置きもしくは補足的語句を導く一語の辞的形式に転じているといえるだろう。

なお、(16)―aのように、様態を修飾する言い方では「とおり」は「に」を伴わない形でも用いられ、そうした点では、確かに副詞句・節を形成するものとも見える。

「まま」も、〝(ソレガ)変わらない状態〟といった意味で、必ず連体句を承け、ガ格やヲ格でも用いられるから「形式名詞」として然るべきであるが、「とおり」と同様、助詞を伴うことなく様態修飾句・節になる点で、やはり副詞句を形成するものと見える。

（17）　華子は、立ったまま（／ままで）本を読んでいる。

さしたあたり、「とおり」「まま」は「形式名詞」とするにせよ、これが形成する「……とおり」「……まま」といった句・節には、名詞句・節と副詞句・節の二面性があると見ておくことにする。

今一つ「条件・理由についての吸着語」として挙げられていたものだが、「かわり（に）」は、「前回の取り引きで譲歩してもらったかわり（に）、今回はそちらの条件を呑もう」などと使われ、前件の事柄の代償・代案として後件の事柄があるという関係づけを示す形式と解することもできる。が、「前回譲歩してあげたかわりがこれですか」のように、名詞節を形成してガ格に立てるから、この「かわり」は「形式名詞」とすべきかと思える。しかし、実際は「かわり」が導く節は名詞節としてはあまり自由に使えないようで、「＊前回譲歩してあげたかわりを要求します」などというのは、いかにも不自然である。結局、この「かわり（に）」は、「形式名詞」から辞的形式に移行しつつあると見るのが妥当なところだろう。

4—4　なお、AやBでは、形式名詞もしくは転成した辞的形式が、単独の形で使われたり「に」等の助詞（もしくは語尾）を伴った形で用いられたりするが、概して言えば、Aの語群の場合は、「に」等を伴うか伴わないかで微妙に意味の違いが生じることが少なくない。例えば、冒頭でも見た「あいだ（に）」を例にして言えば、確かに（3）—aのような場合は「あいだ」「あいだに」のどちらでも可のように思えるが、（3）—f gのような場合は、「あいだに」でないと不可である。

（3）—a′　寝ているあいだ（に）、夢を見ていた。

（3）—f　寝ているあいだに、事件は解決した。

（3）—g　＊寝ているあいだ、事件は解決した。

Ａの語類は「形式名詞」であり、それが連体句・節を承けて形成する名詞句・節が助詞を伴って用いられる場合と伴わないで用いられる場合とでは、助詞の意味の有無が効いてきて、微妙な違いが生まれるものと見られる。一方、Ｂの語群の方は、「に」等を伴っても伴わなくても特段の意味の違いは生じないのがふつうで、これは「に」等が転成した辞的形式にとってはもはや語尾のようなもので、その有無は〝形の揺れ（異形態）〟のような意味しかないからであろう。

五、結　び

5 この節では、佐久間鼎（一九五六）の「名詞的吸着語」及び、「形式名詞」に関連する「時に関する吸着語」「條件・理由についての吸着語」などを具体的に検討することを通して、「形式名詞」とイメージされるものの内実とその概念自体についても考えてみた。

事柄の経緯を大きくとらえるなら、「形式名詞」とは、名詞と見られるものでありながら「実質名詞」のように修飾句なしで自由には使えないもの、つまりは「実質名詞」ではないものという形で規定されたものといえる。しかし、Ａに対して非Ａというだけでは、非Ａの内実がいかなるものかは規定されない（例えば、「白」に対し「白でない」ということがどういうこと（何色）なのかは決まらない）ということを考えても予想できるように、「実質名詞」ならざるものとして、必ず連体句を承けるという規準だけで考えられる「形式名詞」の内実が、さまざまな質の異なるものを含む雑多なものとなったのは、当然のことであっただろう。また、研究の展開の中で、連体修飾を承けるという機能が強調される反面、ともすれば「形式名詞」の「名詞性」ということがさほど顧慮されない嫌いのあったことも混乱に拍車をかけた面があったように思える。

このような経緯で、「形式名詞」としてイメージされるものの内実は、実際雑多である。しかし、少なくとも今日では、その雑多なものを整理するための道具立て（文法概念）も、ある程度用意できるようになってきた。複合辞、慣用句（慣用表現）、あるいは、単一の転成辞といったとらえ方でとらえるべきものはそのように位置づけ、「形式名詞」の内実を整理すべきであろう。また、その前提として、「形式名詞」という概念を維持する以上は、これがあくまで名詞句・節を形成し、名詞句・節として用いられるまとまりを作るものであるという点、すなわち「形式名詞」（の形作る句・節）の「名詞性」ということは不可欠の特徴だといえる。この節の第三・四項で試みたことは、そのような見方に立っての「形式名詞」とされるものの整理である。

また、しばしば「形式名詞は、具体的な意味が稀薄であるため、連体修飾句による内容補充が必須である」といった説明がなされてきたが、そうした見方が一考を要することを述べた。そもそも、「意味が稀薄・抽象的」であるかどうかを、どのように測るかが厄介で、むしろ連体句を必ず承けることを以て、（そうした句で補充しなければならぬほど）意味が稀薄であるとの根拠としていたというのが実際であろう。しかし、それでは議論は〝同語反復《トートロジー》〟である。むしろ、意味が稀薄・抽象的と思えるような語が、通常の名詞から転じて、連体句を必須のものとしてとる働きをもつものとなったのが「形式名詞」であるとした方が無理のない説明かとも思うのであるが、この点については、なお後考に俟つべきものと考えている。

そして、「形式名詞」が「形式名詞」として働くことは、共時的に見れば、同じ語が実質名詞として働かなくなっていたり、実質名詞として使われる場合とはっきり意味において分かれていることに支えられているということにも注意を促した。これは、複合辞の場合とも軌を一にすることである。「形式名詞」も、もっぱら名詞句・節を作る文法的役割を担うという意味では、広い意味での文法形式に転成したものといえようが、複合辞であれ形式名詞であれ、転成した文法形式がそれとして働くにあたっては、もとになった語との共時的な体系の中での関係が支えになっているわけである。

【第1節・注】

（1）その後、三上章は三上（一九五三）（一九六〇）などで「準詞」という概念を提出しており、例えば三上（一九五三）では、

　　それ自身としては独立して使われない小形の語詞で、先行の語句をたゞちに受けて、その全体をあたかも一つの品詞のようにするもの、これを「準詞」と名づける。（二六頁）

と述べられている。三上自身が記しているように、これが佐久間の「吸着語」を承けたものであることは、よく知られている。「吸着語」を問題にする以上、「準詞」をも視野に入れて考えたいところだが、「準詞」についての三上の記述は概して断片的であり、どのような範囲のものを「準詞」として見ていくのかといった全体像がよく見えないので、今回はこれにはふれないでおくことにする。

（2）なお、これに先立って昭和一三年（一九三八）には「吸着語の問題」という論文が出されているが、ここでは「吸着語」という考え方の由来や、それまでの著作で「形式名詞」という用語で積み重ねてきた佐久間自身の研究が「吸着語」論に引き継がれるといった経緯は記されているが、「吸着語」そのものについては具体的にどのようなものを考えているのかといった点についてはあまり述べられてはいない。

（3）この点、佐久間（一九五六）でも、「吸着語」が何も承けずにそれだけでは使えないことについて、

　　吸着語として使われるときの意味と同じ意味内容の語としては、独立する語として用いられないものです。（三二六頁）

と述べられている。

（4）佐久間（一九五六）でも、「名詞的な吸着語」の「五　所に関するもの」の「註」として、

　　「まえ」・「うしろ」・「うえ」・「した」・「なか」・「そと」・「まわり」・「みぎ」・「ひだり」のような語は、自立しても使われるので名詞と見られるが、前に来る語句で限定される場合が多い。（三三一頁）

とあり、「右」などが「吸着語」に準ずるもののように取り上げられている。

（5）なお、それぞれに「註」として付記されている語例については、「吸着語的に使うことがある」とか「前に来る語句で限定される場合が多い」などとするもので、必ずしも本来的なものとは見られていないようなのでさしあたりと

り上げないが、次の第四項で扱うものと重なるところがある。

(6)「かたがた」「ものども」も、場面指示的な対称として用いられそうにも思うが、何やら時代劇のことばのようで、実際には現代語としては使いにくいだろう。

(7) もちろん、その「衰え」の最たるものは、実質名詞として使えないことである。

(8) 複合辞とするには「かど」に〝容疑〟というような実質的な意味合いがはっきり感じられるので慣用表現としたが、「形式副詞」というような用語を採るなら、それがぴったり来るかもしれない。

(9) なお、「はこび」は〝動かし方・進め方〟といった意味で「足の運び」「筆の運び」などとも使われるが、興味深いのは、こうした意味の「運び」は名詞としては単独で使えず、必ず「〜の」という連体句を伴って用いられることで、だからといってこうした「運び」を「形式名詞」とするのは、他の「形式名詞」と考えられているものとかけ離れていて、かなり違和感がある（少なくとも「運び」には具体的な〝動き〟の意味がはっきり感じられ、「形式名詞」を意味が稀薄・抽象的なものとする考え方からすると、何かそぐわないものと思える）。

実は、このように実質的意味がはっきり感じられるのに連体句なしでは使えない名詞は他にもあって、「春の訪れ」「足のくばり」「目のつけどころ」といった言い方で使われる「訪れ」「くばり」「つけどころ」は、「〜の」という連体句なしでは使えないし、「くばり」は「足の」、「つけどころ」は「目の」と、承ける連体句も決まっている。

「目のつけどころ」は、おそらく「目をつけるところ」というフレーズから作られた名詞句と思われ、「つけどころ」は、この名詞句でしか使われないということなのだろう。そこから考えると、「足のくばり」の「くばり」は「足をくばる」という句を、「筆の運び」のような「運び」は「筆を運ぶ」というような句を、また「春の訪れ」のような「訪れ」は「春が訪れる」といった句を、それぞれ連語の名詞句にして生じた言い方の一部で、それがそのような連語の名詞句で使われるにとどまり、独立して使われるような用法を持たないままで今日に至ったということではないのかと思う。

このような事例も、名詞が必ず連体句を承けて使われるということは、少なくとも意味が稀薄だから補充するためだと解釈される場合ばかりではないということを考えさせてくれるものである。

(10) ただし、「模様」については「現場の模様を伝える」といった言い方も可能で、その意味では少し名詞性も残っているといえるかもしれないが、こうした言い方では、「模様」が承けるのは「現地」「現場」くらいに限定されているようで、「*大阪の／*大学の模様を伝える」などいろいろに使うことはできないようである。

(11)　確かに「時は今だ」「時が来た」といった言い方はあるが、こういった言い方の「時」は、単なる「時期・時点」ではなく「好機」とか「待っていた時点」といった特別の意味合いの「時期・時点」であり、「形式名詞」の表す単なる「時期・時点」とは既に意味が分かれたものとなっているので、「単独用法では用いられない」ことの反例にはならない。

(12)　「まえ（ニ）」は、「時に関する吸着語」のところでは「まえ」という形でだけ挙げられているが、「まえに」の形もあるので、このように挙げた。「まえ（ニ）」に対して、「あと（デ）」も挙げられているが、「あと」は、何も承けずに使われても連体句を承けて使われても、〃意識される規準の時点より以後〃といった意味合いになる。特に意味が分かれているとは感じられないので、実質名詞としておいてよいと思われる。しかし、「まえ」は、連体句を承けて使われると〃意識される（＝連体句で示される）規準の時点より以前〃という意味合いになるが、何も承けずに使われると漠然と〃以前・昔〃といった意味合いになり、〃いつより以前〃という規準の時点はあまり強く意識されないように感じられる（「あと」の場合、何も承けずに用いられると、発話時点が規準としてはっきり意識されようが、「まえ」の場合、そうした意識は稀薄と思われる）。となると、何も承けずはっきり実質名詞として使われる場合と連体句を承けて使われる場合とで意味が微妙に分かれるように思えるので、ここでは連体句を承ける「まえ（ニ）」は「形式名詞」としておきたい。

また関連して「のち（ニ）」については、「のち」は、「のち」「のちに」の形で時の規定句として使われる場合は別にして、何も承けずに使いにくく、基本的に句・節を承けて「形式名詞」として使われるものと考えられる。

(13)　「かたわら（デ）」は、〃行為・営みの並行〃といったような関係を表す。

（ア）　水谷氏は美容室を経営するかたわら（／かたわらで）、キリシタン資料を研究している。

このような意味では、「かたわら」と「かたわらで」は形の揺れ（異形態）と見てよい。こうした用法で重要なのは、「かたわら（で）」が、もはや場所としての近接ということを含意していないということである。（ア）の「美容室を経営する」という前件の事柄と「キリシタン資料を研究している」という後件の事柄とは、全く別の場所で行われていてもよい。

「かたわらで」による関係づけの場合、前件の主語と後件の主語とが別になることが出来る場合がある。「かたわら」では、そのようなことは出来ない。

（イ）―a　みずほが寝ているかたわらで、真奈美がダンスの練習をしている。

（イ）―b　*みずほが寝ているかたわら、真奈美がダンスの練習をしている。

しかし、こうした用法を根拠として単に「かたわらで」と「かたわら」が別の形式だと考えるのは、適切ではない。右のように別主語が可能なのは、「かたわら」が場所としての具体的意味を持つ場合であり、従って、そうした場合は前件の事柄と後件の事柄については場所としての近接ということが含意される。別主語でありながら、前件と後件の事柄が全く別の場所での事柄という表現は成り立たない。

（ウ）*みずほが教室で寝ているかたわらで、体育館に行った真奈美はダンスの練習をしている。

前件と後件で別主語とすることが可能な、（イ）―aのような言い方での「かたわらで」は、「かたわら」が場所としての具体的意味をもつ実質名詞だと考えられる。場所としての意味の具体性を捨象して同一主体の〝行為・営みの並行〟といった関係を表す「かたわら（デ）」は、辞的形式に転じたもので、この場合は「かたわら」と「かたわらで」はやはり〝形の揺れ〟と見るべきである。

(14)　Bの語類は、いずれも同様に接続助詞的な辞的形式になっているものと見られる。ただし、「接続助詞的」とはいうものの、佐久間も指摘するとおり、多くは、いわゆる接続助詞とは違って、「そのとたん（に）」「試行錯誤のあげく（に）」のように、連体詞や〝出来事〟的な意味の名詞（＋「の」）を承けても用いられる。

(15)　ただし、「せいで」は「せいだ」という形も考えられるので、「せいだ」の連用形と見るべきかもしれない。また、「もので」についても「ものだ」という文末形式と関係づけて位置づける余地もあろう。このあたり、なお検討を要するところである。

2．接続助詞的に用いられる「〜あげく（に）」について

——単一転成辞形式の一事例研究——

一、はじめに

1—1　この節では、次例に見られるような接続助詞的に用いられる「〜あげく」「〜あげくに」という形式をとり上げて、その表現性（意味・用法の特質）についていささか検討する。

（1）油屋の跡取り息子、与兵衛は乱行が過ぎて親から勘当を受け、金に困ったあげくに油屋の女房、お吉を殺してしまう。（毎日新聞、夕、二〇〇四、一一、二九）

（2）北朝鮮の核問題をめぐる6ヶ国協議は、3日間の会期を空費したあげく、再開のメドが立たないまま休会入りした。（毎日、朝、二〇〇七、三、二五）

（3）その女は、うその証言をしたあげく、後《のち》には知らん顔で通した。

（4）鉄郎は吟子の一人娘の小春（蒼井優）の披露宴で、酔ったあげくに大暴れ。（毎日、夕、二〇一〇、一、二九）

（5）うちの父さんと伊兵衛さんは口論のあげく、逆上して殴り合いになったのよ。（杉本苑子「姿見ずの橋」）

（6）今回の人事では、彼はさんざん迷ったあげく、一つの決断をした。

（7）携帯電話で、避難するしないの親子げんかをしたあげく、私は深く悟った。父には父の理由がある、と。（毎日、朝、二〇〇四、九、一三）

（8）朗々たる台詞のやりとりが長くつづいたあげく、修道女はスペイン語で叫ぶ。「院長さま。わたしは嘘をついておりました。この方はわたしの恋人です！」と。（毎日、朝、二〇〇二、五、五）

（9）太田知事の就任当時、大手金融機関に新たな課税を求める東京都の銀行新税導入が話題を集めていた。[注・太田知事は] 思案のあげく、野中氏に電話を入れた。「大阪でも銀行新税を導入できるでしょうか」。（毎日、夕、二〇〇一、二、六）

（10）異世界に飛び込んだ主人公がすったもんだのあげく、正義のために立ち上がる。（毎日、夕、二〇〇二、一〇、二五）

右に見るとおり、こうした表現では、「〜あげく」の形と「〜あげくに」の形の両形が用いられる。あるいは微妙はニュアンスの違いがあるのかもしれないが、この節では基本的に同等な、形の上でのヴァリエーションと考え、一括して論ずることにする。以下では、「〜あげく（に）」として言及していく。

こうした接続助詞的用法の「〜あげく（に）」は動詞のシタ形を承けて用いられるが、同等の表現として、（5）（9）（10）のように動作・出来事を表す名詞が格助詞「の」を伴った形を承けて用いられることもある。しかし、「〜あげく（に）」の表現性の点では違いはないと考えられるので、以下では特に区別することなく考えていくことにする。

また、こうした「〜あげく（に）」の用法の展開として、「〜あげく」が「の」を伴って、動作・出来事を表す名詞を連体修飾する次のような言い方も用いられる。

（4′）酔ったあげくの大暴れ。

（6′）迷ったあげくの決断。

こうした言い方は、複文の前件と後件との関係づけにおいて「〜あげく（に）」が表すのと同様の意味合いを、連体修飾句と被修飾名詞の関係づけにおいて表すものといえようが、その表現性自体は、接続助詞的用法の「〜あげく（に）」の場合に準じて考えてよかろうと思うので、以下では、これを特にとり上げて論じることはしない。

ここで見ていくような「〜あげく（に）」という形式及びこれによる表現については、その表現性が十分適切に理解されているとは言い難い。試みに国語辞典の記述を見てみると、「あげく」の項には確かにこうした用法があることについての言及は見られる。しかし、「あげく」がもともとは連歌・連句の最後の句をいうものだとする記述が必ずなされ、その原義との関わりが指摘（もしくは示唆）はされるものの、「〜あげく（に）」の意味については、「いろいろやってみた結果。結局のところ」（大辞林）とか「（ある物事をした）すえ。おわり。とどのつまり」（学研国語大辞典）といった程度の言い換えで片づけられており、「〜あげく（に）」の意味・用法の特質を的確におさえたものとは、とても言えない。もとより一般的な辞書の記述であるから、この程度のものとなっていることはやむを得ないのかもしれないが、次項で見るように、実は研究レベルの辞典等の記述でも、言われていることは、以上のような一般的な辞書の記述を大きく超えるものではないのである。そのような現状に鑑み、この節では、「〜あげく（に）」の表現性について、今一歩踏み込んで論じてみたい。

1―2　ところで、「あげく」は、連歌・連句に関する専門的な話の中ででもなければ、もはや原義で使われることはないと言ってもよいだろう。今日では、原義は一般にはほとんど忘れられ、もっぱら文法関係を表す抽象的な意味合いの語として用いられる。従来の品詞論的位置づけからすると、形式名詞とされるだろうが、本章前節で検討したとおり、本書ではこれを単一転成辞の一つとして考えていく。

また、以上見たとおり、これは「〜あげく（に）」の形で接続助詞的に使われることが多いが、それ以外にも、「あげく／そのあげく」「あげくに／そのあげくに」「あげくが／そのあげくが」「あげくは／そのあげくは」といった形をとって、接続詞相当の接続語として文頭や文中に用いられ、文と文、節と節を関係づける用法が見られる。

それぞれの例をあげておく。

(11)　山田孝之演じる丑嶋は、債務者を冷たい目で見下ろし、部下を椅子ごと後ろからけり倒す。あげくに（／そのあげくに）「生き残るためには（中略）奪われる前に奪うことだ」と言い放つ。

（毎日、夕、二〇一〇、一〇、九）

(12)　「油地獄」は近松門左衛門作品。油屋の河内屋の跡取り息子である与兵衛は、不行跡のため親に勘当された。そして、同業の豊島屋の女房お吉に借金を断られ、あげくに（／そのあげくに）殺してしまう。

（毎日、夕、二〇〇九、五、一九）

(13)　経済優先で走ってきて、あげく（／そのあげく）バブル経済がはじけたとき、何か大切なものを置き忘れてきたことに気付いた。

（毎日、朝、二〇〇七、八、九）

(14)　交番にひっぱられ、訊問に答えなかったため、殴られた。あげく（／そのあげく）、翌日の新聞に「小学生の乱暴」と報道された。

（出久根達郎「行蔵は我にあり　出頭の102人」）

(11)～(14)は、「あげくに」「あげく」の例。(11)(14)は文頭、(12)(13)は文中に用いられた例で、それぞれ「そのあげくに」「そのあげく」としても、基本的に同義である。

これらは、次のように「～あげく（に）」でつなぐ複文の形に書き直しても、ほぼ同等の表現と感じられる。

(11′)　……、部下を椅子ごと後ろからけり倒したあげくに、「生き残るためには（中略）奪われる前に奪うことだ」と言い放つ。

(14′)　……、殴られたあげく、翌日の新聞に「小学生の乱暴」と報道された。

従って、こうした接続詞的な「あげくに／そのあげくに」「あげく／そのあげく」については、「～あげく（に）」に準じて考えることもできそうではあるが、なお考えるべきこともあるようである（その点は、第四項に後述する）。

次に、「あげくが／そのあげくが」「あげくは／そのあげくは」の例である。(1)

(15)　4年前の軍クーデター以来、誰が虎に乗る［注・ここでは「権力を握る」意］かをめぐりタクシン派と反タクシン派の抗争が続いてきたタイだ。両派共に支持者を街頭行動に動員して権力奪取を図ってきた。あげくが（／そのあげくが）今日の内戦前夜を思わせる大混乱である。（毎日、朝、二〇一〇、五、一六）

(16)　今まで会社のためにさんざん尽してきたんだ。そのあげくが（／あげくが）、この有り様だ。おれの人生、何だったんだ。

(17)　大学四年間、さしたる拘束もない自由を享受し、そのあげくは（／あげくは）あまたの企業から低頭して迎えられる。（和田亮介「船場往来　語り継ぐなにわ商法」）

(18)　これなら予選突破できるぞと皆言いはじめ、あげくは（／そのあげくは）優勝だという声まで出はじめた。

紙数を考えて例をしぼったが、「あげくが／そのあげくが」も文中で用いられるし（(15)を「……図ってきて、あげくが（／そのあげくが）……」としても可）、「あげくは／そのあげくは」も文頭で用いられる（(18)を「……皆言いはじめる。あげくは（／そのあげくは）……」とすることもできる）。

そして、更に関連するものとしては、周知のとおり、「あげくのはてに」「あげくのはては」「あげくのはてが」のような言い方もある。

(19)　頭痛がするやら嘔吐したり下痢したり、あげくの果ては（／あげくの果てに）菜切包丁を持ち出して苦しいから殺してくれと暴れ回る。（井上ひさし「イヌの仇討」）

(20)　態度は傲慢になり、生意気になっていきます。あげくの果てに（／あげくの果ては）バカにされて捨てられてしまいます。（安奈泉「1ヶ月以内に『いいこと』がたくさん降ってくる法則」）

以上見てきた「あげく」を含む表現は、接続助詞的な「～あげく（に）」と、接続表現としてその表現性に当然共通性があるものと思われる。しかし、常にほぼ同等の意味合いで関係づけするとと言ってよいのかは、一応検討してておく必要があるだろう。この点については、改めて第四項で考える。

二、先行記述とその問題点

2—1　話を「〜あげく（に）」に戻し、検討を進める前に、これについての研究レベルでの先行記述について確認しておくことにする。

「〜あげく（に）」について立ち入って考察した論文はないようである。ただ、こうした文法形式として用いられる形式名詞等の転成形式をも扱った包括的な研究書・辞書類では、森田・松木（一九八九）、グループ・ジャマシイ（一九九八）に、「〜あげく（に）」についていくらかの記述がある。以下、それぞれの記述を引いて検討するが、議論の便宜上、グループ・ジャマシイ（一九九八）の記述から見てみたい。

グループ・ジャマシイ（一九九八）では、「あげく」の項に、1としてここで問題にしている「〜あげく（に）」がとり上げられ、2では「あげくのはてに（は）」にふれている。1のみ引いておく。

【あげく】

1……あげく

［Nのあげく］

［V—たあげく］

(1)さんざん悩んだあげく、彼には手紙で謝ることにした。

(2)考えに考えたあげく、この家を売ることに決めた。

(3)弟は6年も大学に行って遊びほうけたあげくに、就職したくないと言い出した。

(4)それは、好きでもない上司の御機嫌を取ったり、家族に当たり散らしたりの大騒ぎをしたあげくの昇進であった。

(5)姉は籍を入れないだの一緒に住まないだのと言って親と対立し、すったもんだのあげくにようやく結婚した。

後ろに何らかの事態を表す表現を伴って、前で述べた状態が十分長く続いた後にそのような結末・解決・展開になったという意味を表す。その状態が続くことが精神的にかなりの負担になったり迷惑だったりするような場合が多い。(5)のように「あげくに」の形も使われる。名詞の前では(4)のように「あげくのN」となる。

（グループ・ジャマシイ（一九九八）六頁・原文横書き）

まず、この記述にはいささか問題だと感じられるところがある。「〜あげく（に）」の導く前件の節について、「前で述べた状態が十分長く続いた後に」というような意味合いで解せられるものとしているわけだが、そもそも前件の節には動詞述語（もしくは名詞＋「の」）、しかも、用例から明らかなようにもっぱら動きを表すものしかとれない。それを「状態」というのはいささかおかしな書き方に見える。

が、そのことは措くとして。「〜あげく（に）」の表現性に一歩踏み込んだ書き方になっていて注目されるのは、「その状態が続くことが精神的にかなりの負担になったり迷惑だったりするような場合が多い」という記述である。つまり、「Aあげく（に）B」というパタンで言えば、前件のAの事柄があることが「精神的に負担」だったり、「迷惑」だったりするものであるということであろう。しかし、「精神的に負担」とか「迷惑」とかいうのは、誰にとってそうなのか。右の用例からすると、おそらくは前件の事柄の主体・当事者、更には関係者にとってといったことかと思われるが、右の用例のみならずこの節の冒頭に掲げた例を思い起こしても、確かに（1）の「金に困ったあげくに人を殺してしまう」ような例なら「金に困」るのは当人にとって「精神的に負担」かもしれない。しかし、冒頭の（4）の「披露宴で、酔ったあげくに大暴れ」のような例なら、酒を飲んで酔っぱらうのは好きでやったことで、当人にとって「精神的に負担」でも何でもないし、めでたい席で「酔う」こと自体は当然といってよいことで、関係者にとって「迷惑」ということにはならない。更に、次の(21)のような例もふつうに考えられるが、前件の「その男の言うことを頭から信じ込んだ」という事柄自体は、当人にとって「精神的に負担」だったわけではなかろうし、関係者に「迷惑」だったということも（少なくともこの文表現からは）感じられない。

(21)　華子は、その男の言うことを頭から信じ込んだあげくに、まんまと欺されてしまった。

こうした例は、いろいろ考えられるのであり、前件の事柄が主体・当事者や関係者にとって「精神的に負担」「迷惑」といった意味合いになるというような見方は、「〜あげく（に）」の表現性を的確にとらえたものとはいえないだろう。

ただ、こうした「〜あげく（に）」の表現に、何らかのネガティヴなニュアンスがついて回ることは事実である（その点は、(4)や(21)もそうだと言える）。しかし、それは事柄の主体・当時者や関係者の立場でというよりも、話し手（書き手）の立場からの否定的なとらえ方・評価というべきだろう。

2―2　次に、森田・松木（一九八九）の記述を見ておきたい。森田・松木（一九八九）では、「〜あげく（に）」を「継起」を示すものとして「〜すえ（に）」「〜うえ（で）」と一括して掲げている。「〜あげく（に）」を基本的に「継起」を表すとする見方は、首肯できる。

形式名詞「上」「末」「挙句（連歌・俳諧の最後の句から〝最後に行きついた（好ましくない）結果〟の意）」を中心とした表現で、過去・完了の助動詞「た」を受けて、「Aしたうえ（で）Bする」「Aしたすえ（に）Bする」「Aしたあげく（に）Bする」の形をとり、ABの継起をとらえる役割を持つ。助詞「の」を介して、「Aした」に相当する動作性の名詞を受けることもできる。（中略）「すえ（に）」「あげく（に）」は、〝Aしたあと最終的にBした〟〝Aしたあとやっと（のことで）Bした〟の意で、既に起こった事実の前後関係を描写するものであるから、未来のことを表現することはできない。また、ＡＢが抵抗なく継起したのではなく、〝紆余曲折を経ながら心ならずもＡしたあと、結果的にＢするに至った〟の意味合いを含むため、自己や他者が最初からＡＢの継起を意図していたような場合には用いられない。特に「あげく（に）」は、「挙句の果て」という表現にも見られる通り、ＡＢ共に本意ではない行為を余儀なくされた場合が多い。

（森田・松本（一九八九）八三～八四頁）

この記述は、（中略）以下では、「～あげく（に）」のみにあてはまる記述もなされているが、もっぱら「～あげく（に）」を「～すえ（に）」とひとまとめにして、その表現性について述べている。しかし、ここでは右を「～あげく（に）」についての説明として見ておきたい。

右で言っていることのポイントを整理すると、次のようなことになるだろう。「Ａあげく（に）Ｂ」のパタンで言えば、

（一）「～あげく（に）」を用いた文では、未来のことは表現できない。

（二）Ａは、紆余曲折を経てなされるものである。

（三）ＡＢの継起が最初から意図されていたような場合には「～あげく（に）」を用いた文は使えない。

（四）ＡＢは、ともに本意でない行為を余儀なくされたものである（場合が多い）。

また、「あげく」を「最後に行きついた（好ましくない）結果」の意としていることから、

（五）Ｂには「好ましくない」結果というべき内容が出てくる。

といったことも暗に言われていると言えよう。つまり。「Ａあげく（に）Ｂ」の「Ａあげく（に）」を「Ａシタ（好ましくない）結果」とするのだから、以下に導かれる後件Ｂには、その「（好ましくない）結果」としての事柄内容が示されることになるわけである。

右のうち、（一）は妥当だと思われる。例えば次のような未来の表現は明らかにおかしい。

（22）?彼は明日、いろいろ検討したあげくに、決断を下す。

しかし、（二）～（五）は必ずしも的確な指摘（もしくは示唆）ではないようである。

まず、Aが紆余曲折を経て、つまり、さまざまな事柄があったうえでなされることだという（二）の指摘は、確かに理解できるようにも思える。冒頭の（1）の例でも、「乱行が過ぎて親から勘当を受け、金に困ったあげくに」と、前件の事柄は紆余曲折あってのことであるし、（2）の例の「3日間の会期を空費したあげく」も、いかにもいろいろなことがあって「空費した」のだろうと思える。（10）の「すったもんだのあげく」に至っては、前件はまさに紆余曲折そのものである。こうして見ると、前件の事柄は紆余曲折あってのことといった含みがあるということは、いろいろな例について認められそうではあるが、しかし、必ずしも常にそうともいえない。（4）の「披露宴で、酔ったあげくに大暴れ」のような場合、前件の「酔」うことは、別に紆余曲折あってそうなったということではあるまい。あるいは、やはり冒頭の（3）の「その女は、うその証言をしたあげく、後には知らん顔で通した」でも、前件でいわれているのは「うその証言をした」という事柄一つだけである。このような例がふつうに見られる以上、前件が常に紆余曲折あってのこと、いろいろな事柄が積み重なってのことでなければならないわけでもないのである。

次に（三）についても、次のとおり十分反例が考えられる。

（23）思い切ったことをしたもので、卓郎のやつ、一人で相手方に乗り込んだあげく、きちんと話をつけてきたよ。

（23）の場合、もちろん主体の「卓郎」は「一人で相手方に乗り込んだ」うえで「きちんと話をつけ」ようと最初から意図していたはずである。このように、（三）についても必ずしもそのようなことは言えない。

また、(四) のＡＢとも不本意なことという指摘も、必ずしも常にそうとはいえない。たとえば、冒頭の（8）の例「朗々たる台詞のやりとりが長くつづいたあげく、修道女はスペイン語で叫ぶ」の場合、「台詞のやりとりが長くつづく」という前件の事柄も、「スペイン語で叫ぶ」という後件の事柄も、決して当人が不本意にやっていることではない（ちなみに、（8）は芝居の話だが、作中人物の「修道女」の立場で見ても、後件の告白は意を決したうえのことで、「不本意」とはいえまい）。「〜あげく（に）」の用例としてこのような例はふつうに見られるものであり、必ずしも「本意でない行為を余儀なくされた場合が多い」とは言えないのである。

そして、(五) の後件に「好ましくない」内容が来るという点だが、冒頭に掲げた（1）〜（10）の例で言えば、（1）〜（5）の後件は確かに「好ましくない」事柄といえよう。「〜あげく（に）」の用法としては、このような例を想起しやすいことは事実である。しかし、（6）〜（10）の後件は、必ずしも「好ましくない」ことではない。（7）（10）などは、むしろ「好ましい」ことである。従って、後件に「好ましくない」事柄が来るということも、「〜あげく（に）」を用いた表現において必ずしも絶対の要件とは言えないのである。

以上見たとおり、森田・松木（一九八九）の記述も、一部の事例についてだけ見ていると妥当と思えるところはあるが、残念ながら「〜あげく（に）」の表現性を広く的確に説明できているとは言えない。

2—3　現在の「〜あげく（に）」についての記述のレベルは、右の程度であって、決して十分とは言えないことが了解されよう。次項以下では今少し考察を進め、「〜あげく（に）」の表現性についてより的確な説明を試みたい。

そして、以下の考察にあたっては、次のような点に留意したい。

まず、「〜あげく（に）」を用いると、何かしらネガティヴなニュアンスがついて回ることが多いことは、既に見たとおりであり、ナイーヴな内観からしても納得できるところである（グループ・ジャマシイ（一九九八）で「精神的に負担」とか「迷惑」などと言い、森田・松木（一九八九）でも「本意ではない」とか「好ましくない結果」

などとしているのも、そうしたネガティヴなニュアンスを何とかおさえようとしたものと見られる）。そうした〝ネガティヴなニュアンス〟とは、つきつめればどのようなことなのか。そしてまた、そのようなニュアンスが感じられない例もある。冒頭の例でいえば、（6）～（10）には、否定的な含みはほとんど感じられないと言ってよかろう。そうした例をどう考えるのか。

右のような点について、まず次の第三項で論じ、第四項でその補足をする。

また、森田・松木（一九八九）では、「～あげく（に）」とひとまとめにしてその用法が説かれていた「～すえ（に）」についても、「～あげく（に）」との相違を考えておきたい。

これについては、第五項で論じることにする。

三、「～あげく（に）」の表現性の本質

3―1　この項では、「～あげく（に）」の表現性について、筆者なりの説明を与えてみたいが、その前提として改めて確認しておきたいのは、「～あげく（に）」を用いた文には、否定的なニュアンスがついて回るものと、そうでないものがあったということである。冒頭の例を簡略にして再掲すれば、（1）（4）―aは否定的な意味合いの感じられる例、（6）（9）―aは必ずしもそういった意味合いが感じられない例である。

（1）―a　金に困ったあげく、人を殺してしまった。

（4）―a　披露宴で酔ったあげくに、大暴れした。

（6）―a　さんざん迷ったあげく、一つの決断をした。

（9）―a　思案のあげく、野中氏に電話を入れた。

（1）（4）―aについて感じられる否定的なニュアンスは、更に言語化して、例えば（1）（4）―bのように

言うことができよう。一方、（6）（9）―aについては、そうした否定的な含みがないので、パラフレーズもしようがない。

（1）―b　金に困ったあげく、人を殺してしまったとは、けしからん。

（4）―b　披露宴で酔ったあげくに、大暴れしたとは、とんでもないことだ。

（6）―b ?さんざん迷ったあげく、一つの決断をしたとは、……（?）……。

（9）―b ?思案のあげく、野中氏に電話を入れたとは、……（?）……。

以上のように、まず「〜あげく（に）」を用いた文には、否定的なニュアンスがついて回るものと、そうでないものがあることは確かだといえる。以下、前者の文をⅠタイプ、後者の文をⅡタイプと呼ぶことにする。「〜あげく（に）」を用いた文に、この二つのタイプのものがあることを念頭に置いて、「〜あげく（に）」の表現性をどのように考えることができるか、以下に私見を示す。

3―2　筆者は、「〜あげく（に）」の用法として基本的なのはⅠタイプの用法であると考えたい。そして、Ⅰタイプの表現での「〜あげく（に）」の表現性は、「Aあげく（に）B」のパタンで考えれば、次のようなものだと解釈する。

AからBという結末への展開が、受け入れ難い、とてもついて行けないといった話し手（書き手）の気持ちを表す。

いささかの説明が必要かと思う。従来の記述では、前件の事柄や後件の事柄――殊に、後件の方がネガティヴな意味合いのものになるといった趣旨の説明がなされてきた。それは、この言い方が、話し手（書き手）が後件（もしくは前件）の事柄について否定的な見方でとらえて問題にするものだと見ることにもなるだろう。しかし、筆者の思うに、否定的にとらえられるのは、前件や後件の事柄自体ではなく、むしろ、前件から後件への展開・推移の仕方なのである。

確かに、「～あげく（に）」を用いたⅠタイプの文では、殊に後件には「好ましくない」と見られる事柄が来るのがふつうである（既に見てきた例は、ほぼそうしたものであった）。しかし、実際には、ネガティヴなニュアンスを伴うⅠタイプの文であっても、後件に必ずしも事柄自体としては「好ましくない」とは言えないようなものが出てくる例も、十分に考え得る。

(24)―a　妻は、さんざんぜいたくを重ねたあげく、急にこれからは倹約に努めようと言い出した。

(25)―a　支店長は、他人の気も知らずひとしきりまくしたてたあげく、いつになく上機嫌だった。

(24)―aの後件「(急に)倹約に努めようと言い出」すことも、(25)―aの後件「いつになく上機嫌だった」ことも、事柄自体としては「好ましくない」ことではない。しかし、両文とも否定的ニュアンスが感じられることは明らかで、それを次のようにパラフレーズすることもできよう。

(24)―b　さんざんぜいたくを重ねたあげく、急にこれからは倹約に努めようと言い出すとは、いい気なものだ（／本当に腹が立つ）。

(25)―b　他人の気も知らずひとしきりまくしたてたあげく、いつになく上機嫌だったなんて、ムカつく。

また、言うまでもなく、前件に「好ましくない」とは見られない事柄が来ることも、ごくふつうにある。

(26)―a　彼女は不実な夫に誠心誠意尽したあげく、最後に捨られてしまった。

これももちろんⅠタイプで否定的なニュアンスが感じられ、右と同様にそれを、例えば次のようにパラフレーズすることができる。

(26)―b　不実な夫に誠心誠意尽したあげく、最後に捨られてしまったなんて、本当にひどい話だ。

以上で明らかなように、本質的には、後件もしくは前件の事柄それ自体の問題ではない。否定的に見られているのは、前件のような事柄があって、それから後件のような事柄が続いて出てくること。つまり、前件から後件への展開・推移の仕方なのである。

（27）—a　ドラマの中では、森山博士は宇宙人の存在を証明したあげく、なんとその宇宙人と交信まで始めるのである。

右のような例では、前件の「宇宙人の存在を証明した」ことも、後件の「宇宙人と交信まで始める」ことも、

「好ましくない」ことどころか、むしろすごいことである。この場合の「〜あげく（に）」には、確かに「好ましくない」とはっきり否定する気持ちは感じられないが、必ずしも手放しで「すごい」と賞賛ばかりもできないというような、微妙な含みが感じられるように思える。それをパラフレーズしてみれば、次のようなことにもなろうか。

（27）—b　宇宙人の存在を証明したあげく、その宇宙人と交信まで始めるなんて、とてもついて行けないよ（／参ったな）。

この場合、すごいことから更にすごいことへの展開に、とてもついて行けないと敬して遠ざける（その意味では、ある種の否定的なものを含む）気持ちが、「〜あげく（に）」で示されていると言える。こうした例も、Ⅰタイプの極端な例として考えてよいと思えるが、こうしたものも含めて「〜あげく（に）」の表現性を説明するには。先に示したような見方が妥当だと考える。

なお、こうした（27）のような例では確かに否定的な含みはごく弱いものと言うべきであるが、おそらく、このような用法からⅡタイプの用法が派生していったのではないかと思える。

3—3　**3—2**で示したような見方をとることで、Ⅰタイプの例がより的確に説明できると思われる。典型的な（1）〜（4）—aの例を再掲して、今少し考えておきたい。

（1）—a　金に困ったあげく、人を殺してしまった。

（4）―a　披露宴で酔ったあげくに、大暴れした。

（4）―aの「披露宴で酔った」こと自体は、既に述べたように、別に悪いことではない。めでたい席なのだし、そうであっても別に非難されることではない。そのことから、「大暴れした」という展開になることが、「～あげく（に）」で否定的にとらえられていると言える。（1）―aにしても、「金に困った」ことは、当人にとっては辛いことかもしれないが、それ自体は仕方のないこととも言える。否定的に見られているのは、そのことから「人を殺してしまった」という展開であり。それに対する否定的な気持ちが「～あげく（に）」という言い方で示されることになるのである。だから、たとえ「金に困っ」ても、次のような否定的に見られることのないような話の展開になる場合には、「～あげく（に）」を用いるのは不自然である。(2)

（1）―c ?彼は金に困ったあげく、まじめに働きはじめた。

Ｉタイプの文の後件には、確かに「好ましくない」事柄が来ることが少なくない。だが、それは後件の結末が「好ましくない」ことであるなら、前件からそんな後件への展開も、「好ましくない」ものになるからである。しかし、先にも見たとおり、後件の事柄自体は必ずしも「好ましくない」とは言えないものであっても、Ｉタイプと言えるような文はあり得た。Ｉタイプにおける「～あげく（に）」は、後件（もしくは前件）の事柄内容そのものの意味合いに関わるのではなく、前件から後件への展開についてネガティヴな評価の気持ちを添えるものなのである。

3―4　ここで、「～あげく（に）」の表現性について**3―2**で述べたことに今一つ説明を補っておきたい。「あげく」の原義が尾を引いているということでもあろうか、「～あげく（に）」以下に導かれる後件は、一つの結果・結末といった印象のあるような内容でなければならない。従って、次のbのような言い方はかなり不自然である。

（28）―a　彼はさんざん苦労したあげくに、大失敗を犯してしまった。

（28）―b？彼はさんざん苦労したあげくに、ちょっと失敗してしまった。

「大失敗」は一つの結果・結末と感じられるが、「ちょっと失敗」では些細なことで、まだ先があるような気がする。いわば、「結末感」が乏しいということであろう。

3―2で、特に「Bという結末」としたのは、こうした点を念頭に置いてのことである。

3―5　さて、次に「〜あげく（に）」を用いた文のうち、Ⅱタイプのものについての筆者の解釈を示す。

Ⅱタイプの文の「〜あげく（に）」の場合、「受け入れ難い、とてもついて行けない」といったような否定的な含みが感じられないことは、既に見たとおりである。用法が拡がり、そうした含みが消えた用法に移行したものと思われる。そして、そうした否定的な含みが消えて、残るのは、前件から後件という結末に至る展開への注目、とりわけ後件の結末への注目というような表現性だと考えられる。

そこで、Ⅱタイプの文では、〝（〜シタあげく）ドウナッタノカ〟ということへの注目が際立って、伝達内容の中心が（ドウナッタという）後件に置かれることになる。そして、「〜あげく（に）」に導かれる前件の節（もしくは句）は、後件の内容への前置き的注釈といった意味合いが強くなる。（6）（9）―aの典型例を再掲して考えたい。

（6）―a　さんざん迷ったあげく、一つの決断をした。

（9）―a　思案のあげく、野中氏に電話を入れた。

こうした例では、言いたいことの中心が後件にあり、前件句は前置き・注釈的に添えられているといった関係になっているので、次のように書き換えても同等のことを伝える言い方になる。

（6）―c　一つの決断をしたのは、さんざん迷ったあげくのことだった。

（9）―c　野中氏に電話を入れたのは、思案のあげくのことだった。

これは、ちょうど（29）―aのような注釈副詞句の表現が（29）―bのように書き直すことができ、それで同等のことを伝える言い方になるのと同様のことと考えられる。

（29）―a　幸いに、人に出会って教えてもらった。

（29）―b　人に出会って教えてもらったのは。幸い（なこと）だった。

これに対して、Ⅰタイプの文は、こうした書き直しをすると不自然になる。伝達内容の問題なので、文脈の中で対比して考えると、このことははっきりするだろう。

まず、Ⅱタイプの（6）（9）―aに文脈を添えた（6）（9）―dの例で、再度同様の書き直しを試みてみる。

（6）―d　彼は、難しい選択を迫られた。そして、さんざん迷ったあげく、一つの決断をした。

→e　彼は、難しい選択を迫られた。そして、一つの決断をしたのは、さんざん迷ったあげくのことだった。

（9）―d　知事は、この件について判断がつかなかった。そこで、思案のあげく、野中氏に電話を入れた。

→e　知事は、この件について判断がつかなかった。そこで、野中氏に電話を入れたのは、思案のあげくのことだった。

右のとおり、文脈の中でⅡタイプの（6）（9）―dは（6）（9）―eと書き換えても、同等のことを伝えるものとして、自然につながる。これは、次の（29）―cを（29）―dのようにしても自然につながるのと同様のことであろう。

（29）―c　会場はどこかよくわからなかった。だが、幸いに人に出会って教えてもらった。

→d　会場はどこかよくわからなかった。だが、人に出会って教えてもらったのは幸い（なこと）だった。

これに対して、Ⅰタイプの文を、文脈の中で同じように書き換えると、かなり不自然である。Ⅰタイプの典型例（1）（4）―aに文脈を添えた（1）―d及び（4）―cの例で考えてみよう。

（1）―d　与兵衛は、親に勘当された。そして、金に困ったあげく、人を殺してしまった。
―→e ?与兵衛は、親に勘当された。そして、人を殺してしまったのは、金に困ったあげくのことだった。
（4）―c　鉄郎は、結婚式に招待された。だが、披露宴で酔ったあげくに、大暴れした。
―→d ?鉄郎は、結婚式に招待された。だが、大暴れしたのは、披露宴で酔ったあげくのことだった。

少なくとも、文脈の中でIタイプの文を右のように書き換えると、Ⅱタイプの場合と違って、かなり不自然である。これは、次のように考えることができるだろう。Ⅱタイプの文では、後件に伝達内容の中心が来て、前件の節（もしくは句）は前置き的に添えられるといった関係になっており、これを、後件の内容を主語節にして、前件の内容をそれに説明を付け加える述部のように書き換えても、伝達内容の中心は変わらないと見られる。これに対して、Iタイプの文は、前件から後件へ事柄が順に展開する、その展開の仕方を問題にする言い方であって、このように書き換えては、展開の順がわかりにくくなり、その文脈の中で伝えるべきことがうまく伝わらなくなるのだと考えられる。

以上の検討から了解されるように、Ⅱタイプの文では、「〜あげく（に）」に否定的な含みが消え、もっぱら後件の結末に注目する表現性が際立って、文の伝達内容の中心が後件に来るような表現構造になっている。この点は、Ⅱタイプの文のIタイプとは異なる一つの特性といえるだろう。

以上、この項では「〜あげく（に）」を用いた文について、それをIタイプとⅡタイプに分け、それぞれの特性を、「〜あげく（に）」の表現性についての筆者の見方をふまえて説明・解釈してみた。「〜あげく（に）」についての、一番のポイントになることは以上に述べたが、以下更に関連する表現形式とも対比しつつ、今少し考察を進めてみたい。

四、「あげく」を含む接続詞的形式とのかかわりから

4—1　ここでは、「～あげく（に）」の関係づけのあり方と、「あげく／そのあげく」「あげくに／そのあげくに」「あげくが／そのあげくが」等の接続詞的形式の関係づけのあり方とを比較してみたい。

「～あげく（に）」の文は、前件と後件を切り離し、「あげく／そのあげく」等の接続詞的形式でつなぐ形にしても、次のように、同等のことを表す表現として通ることが多い。

（1）—f　与兵衛は、金に困ったあげく、人を殺してしまった。
（1）—g　与兵衛は、金に困った。あげく（／そのあげく）、人を殺してしまった。
（1）—h　与兵衛は、金に困った。あげくに（／そのあげくに）、人を殺してしまった。
（1）—i　与兵衛は、金に困った。あげくが（／そのあげくが）、人を殺してしまった。
（1）—j　与兵衛は、金に困った。あげくは（／そのあげくは）、人を殺してしまった。
（1）—k　与兵衛は、金に困った。あげくのはてに、人を殺してしまった。

しかし、このような書き換えが広く成り立つのは、結論から言えば、「～あげく（に）」の文がⅠタイプのものの場合で、Ⅱタイプの場合、このような書き換えが成り立つのは、「あげく／そのあげく」もしくは「あげくに／そのあげくに」を用いる場合くらいである。

（6）—f　彼はさんざん迷ったあげく、一つの決断をした。
（6）—g　彼はさんざん迷った。あげく（／そのあげく）、一つの決断をした。
（6）—h　彼はさんざん迷った。あげくに（／そのあげくに）、一つの決断をした。
（6）—i　?彼はさんざん迷った。あげくが（／そのあげくが）、一つの決断をした。

（6）―j ?彼はさんざん迷った。あげくは（／そのあげくは）、一つの決断をした。

（6）―k ?彼はさんざん迷った。あげくのはてに、一つの決断をした。[3]

右のとおり、Ⅱタイプの文は、「あげくが／そのあげくが」「あげくは／そのあげくは」「あげくのはてに」を用いて二文に書き換えると不自然になってしまう。Ⅱタイプの文における「～あげく（に）」のような意味関係を近似的に表せるのは、「あげく／そのあげく」「あげくに／そのあげくに」だけである。しかも、次のように、Ⅱタイプでも後件が大いに「好ましい」事柄になる場合、つまり、「好ましくない」展開とは言えないことがよりはっきりする場合など、やはり不自然さが感じられるように思える。

（30）―a　森山博士は、さんざん失敗を重ねたあげく、世紀の大発見をなしとげた。

（30）―b ?森山博士は、さんざん失敗を重ねた。あげく（／そのあげく）、世紀の大発見をなしとげた。

（30）―c ?森山博士は、さんざん失敗を重ねた。あげくに（／そのあげくに）、世紀の大発見をなしとげた。

4―2　以上のとおり、「～あげく（に）」を用いた複文を、二文に切って「あげく」を含む接続詞的形式でつなぐ形に書き換えようとした場合、Ⅰタイプの文については概してうまくいくが、Ⅱタイプの文については、書き換え可能なのは「あげく／そのあげく」「あげくに／そのあげくに」を用いた場合くらいであって、それらを用いても不自然になることもある。Ⅱタイプの文は、概して書き換えの可能性が制限されてしまう。このことは、次のように解釈できると思われる。

「あげく」に由来する接続表現には、もともと基本的に、それがつなぐ前の事柄と後の結末について、前の事柄から後の結末への展開に対し否定的な気持ちを示すという表現性があったと考えられる。それ故、「～あげく（に）」を用いた複文表現でⅠタイプの文が見られるし、それと同様の関係づけが、「あげく」を含む接続詞的形式によってもなされることになる。しかし、（おそらくは、使用頻度が高い）「～あげく（に）」を用いた複文表現では、用法の拡張が生じてⅡタイプの文のような用法が成立した。しかし、接続詞的形式の方では、そのような用法拡張が十分進んでいないため、Ⅱタイプの「～あげく（に）」のような関係づけには、一部を除いて、概して用いにくいのだろう。**3—2・5**で、「～あげく（に）」を用いた文について、Ⅰタイプの用法が基本で、Ⅱタイプの用法は用法の拡張だとしたのも、こうした理解に立ってのことである。

五、「～すえ（に）」との相違

5—1　最後に、類義形式としてしばしば言及される「～すえ」「～すえに」（以下、一括して「～すえ（に）」とする）との相違についていくらかふれておきたい。

確かに、両者は基本的に「継起」を表す点で類義的であり、「～あげく（に）」を用いた複文では、特にⅡタイプの例でなら、「～あげく（に）」は「～すえ（に）」とほぼ同義的に書き換えやすいように思える。実際、冒頭に掲げたⅡタイプの文の用例（6）～（10）は、いずれも「～あげく（に）」を「～すえ（に）」と書き換えて違和感はない。

（6）—l　彼はさんざん迷ったあげく、一つの決断をした。
　↓m　彼はさんざん迷った末に、一つの決断をした。
（7）—a　親子げんかをしたあげく、私は深く悟った。
　↓b　親子げんかをした末に、私は深く悟った。
（8）—a　朗々たる台詞のやりとりが長くつづいたあげく、修道女はスペイン語で叫ぶ。
　↓b　朗々たる台詞のやりとりが長くつづいた末、修道女はスペイン語で叫ぶ。
（9）—a　思案のあげく、野中氏に電話を入れた。

→f　思案の末に、野中氏に電話を入れた。

(10)—a　主人公がすったもんだのあげく、正義のために立ち上がる。

→b　主人公がすったもんだの末に、正義のために立ち上がる。

一方、Ｉタイプの例では、「〜あげく（に）」の「〜すえ（に）」との書き換えは、違和感が残るもののようにも思える。例えば、Ｉタイプの典型例（1）（4）は、いずれも「〜あげく（に）」を「〜すえ（に）」とすると不自然になる。

(1)—f　与兵衛は、金に困ったあげく、人を殺してしまった。

→l　?与兵衛は、金に困った末に、人を殺してしまった。

(4)—a　披露宴で酔ったあげくに、大暴れした。

→e　?披露宴で酔った末に、大暴れした。

以上のように見てくると、一見「〜あげく（に）」の「〜すえ（に）」との書き換え可否は、「〜あげく（に）」の文がＩタイプかⅡタイプかということと関わるようにも思える。

しかし、次のようにＩタイプの文からの書き換えが決して不自然でない場合もある。

(31)—a　その患者は、あちこちの病院をたらい回しにされたあげくに、亡くなった。

→b　その患者は、あちこちの病院をたらい回しにされた末に、亡くなった。

(32)—a　主事は、この件でさんざん非難されたあげく、罷免された。

→b　主事は、この件でさんざん非難された末に、罷免された。

どうも、「〜あげく（に）」を用いた文で、「〜あげく（に）」が「〜すえ（に）」と書き換え可能かどうかということ（つまりは、「〜あげく（に）」と「〜すえ（に）」の意味・用法がどこでずれるのかということ）は、その文がⅠタイプかⅡタイプかということとは、特に関わらないようである。

おそらく、（1）—lや（4）—eに違和感が出るのは、前件の内容が「積み重ね」的なものではないからだと思われる。つまり、「〜すえ（に）」は、「Aすえ（に）B」というパタンで言えば、前件Aの内容が〝イロイロアッタ〟とか〝イクラモ繰リ返サレタ〟といえるような「積み重ね」的なことでなければならないのである。そして、「〜すえ（に）」は、「前件Aのような積み重ねがあって、最後に後件Bのような事柄に至る（とか、後件Bのようなことを達成する）」といった関係を表すものと考えられる。実際、（6）（7）（8）（9）（10）や（31）（32）の場合、前件は「積み重ね」的な内容といえるが、（1）（4）にはそうした意味合いは乏しい。そこで、たとえば（4）の前件を次のようにすると、「〜すえ（に）」に書き換えても不自然ではなかろう。

（4）—f　披露宴でさんざん酒を飲んだあげくに、大暴れした。

⟶g　披露宴でさんざん酒を飲んだ末に、大暴れした。

また、Ⅱタイプの文であっても、次のように、前件が「積み重ね」といえないような内容の場合、「〜あげく（に）」を「〜すえ（に）」に書き換えると不自然になる。

（33）—a　勇太は、わざわざ警官を呼びとめたあげく、拾った札束を残らず届けた。

⟶b ?勇太は、わざわざ警官を呼びとめた末、拾った札束を残らず届けた。

「〜あげく（に）」「〜すえ（に）」の導く前件について、それが「紆余曲折を経て」といった意味合いのある内容だとする趣旨の指摘があったことは、先に第二項で見たとおりであるが、そこでも検討したように、「〜あげく（に）」の導く前件の内容については、必ずしもそういった〝イロイロアッタ〟といった意味合いのものでなくてもよかった。それに対して、「〜すえ（に）」の導く前件は、〝イロイロアッタ〟とか、〝イクラモ繰リ返サレタ〟といった「積み重ね」的な内容でなければならないという制約がはっきりあるといえる。

5—2　「〜すえ（に）」の表現性を、「（前件に示されるような）「積み重ね」られた事柄の結果としての（後件に示されるような事柄への）到達、（その）達成」と解釈して、「〜あげく（に）」との相違を考えてみたが、このことから、次のような事実も理解できる。

（34）—a　彼は、今回の交渉でも、随分時間をかけたあげく、何もできなかった。

（34）—b　?彼は、今回の交渉でも、随分時間をかけた末に、何もできなかった。

後件が、（34）—bのように、何らの達成・到達とも言えない場合、「〜すえ（に）」はかなり不自然である（一方、aは「何もできなかった」ことが一つの「結末」ではあるから、可となる）。また、（35）のように、前件の「積み重ね」的な事柄から、後件の事態が達成された（それに到達した）とは言えない場合、「〜すえ（に）」を用いるのは、やはり不自然である。

（35）—a　さんざん他人に迷惑をかけたあげく、知らん顔で通した。

（35）—b　?さんざん他人に迷惑をかけた末に、知らん顔で通した。

5—3　以上、「〜すえ（に）」の表現性に光をあてて、「〜あげく（に）」との違いを考えてみたが、今度は、「〜すえ（に）」の方から「〜あげく（に）」への書き換えをめぐって、気のつくことを書き添えておきたい。

例えば、次の（36）—aをbのように書き換えると、「〜あげく（に）」を用いたⅡタイプの表現として通りそうなのに、bはいささか不自然である。

（36）—a　地道に研究を重ねた末に、立派な成果をあげた。

⟶b　?地道に研究を重ねたあげく、立派な成果をあげた。

おそらくこれは、Ⅱタイプの文では、後件の結末への注目という含みがあり、それだけに、後件は注目に値するだけの内容でなければならないのに、この例では、後件は前件から十分予想される平凡な内容であることが違和感を生むのであろう。このことは、次例を見ても明らかである。

（37）―a　実験を繰り返した末に、予想どおりの結果が得られた。

→b ?実験を繰り返したあげく、予想どおりの結果が得られた。

（37）―c　実験を繰り返した末に、思いもよらぬ結果が得られた。

→d　実験を繰り返したあげく、思いもよらぬ結果が得られた。

後件が「予想どおり」で注目度の低い内容だと「～あげく（に）」は不自然だが、「思いもよらぬ」注目に値する内容だと、「～あげく（に）」としても不自然にはならない。

こうした事実から知られるように、「～あげく（に）」を用いたⅡタイプの文では、後件の内容が注目に値するものでなければならないという条件があるものと考えられる。この点、ここで指摘して書き添えておきたい。「～すえ（に）」に関しては、なお考えるべきことがあるかもしれないが、ここでは以上に止める。

六、結　び

6　この節では、単一転成辞形式の一例として、接続助詞的に用いられる「～あげく（に）」という形式をとり上げ、その表現性について、いくらか踏み込んで論じてみた。「～あげく（に）」を用いた場合、しばしば特有の否定的な含みが感じられることもあり、その意味・用法はそうしたことを手掛りに一見比較的容易に説明できそうに思えるのかもしれないが、実際はなかなか複雑な面もあり、従来あまりきちんと考察されては来なかった。この節の記述が、そのあたりの補いになればと思う。

【第2節・注】

（1）「あげくが」については、次の（ア）のように、「……シタあげくが……ダ」のような、二つの事柄を一文で結びつける言い方も可能である。

（ア）さんざん選んだ挙げ句が、こともあろうに一番の貧乏くじだ。（篠田節子「女たちのジハード」）

ただし、こうした言い方では、「……ダ」の部分が出来事・状態を表す名詞述語か名詞句に近いまとまりをつくる「ノダ」文末等の述語でなければ安定しない。してみると、こうした言い方は、複文的というより、「AがBダ」型の名詞述語文の色合いが濃いものと思われる。

（2）一見Ⅱタイプの文としてなら許容されるかと思えるが、**5—3**に述べるように、Ⅱタイプの文の後件は、注目に値するような内容でなければならない。しかし、（1）—cで述べようとする、金に困ったうえで「まじめに働きはじめた」というようなことは、平凡なことで、特に注目に値することでもないので、（1）—cはⅡタイプの文としても許容されない。

（3）（6）—kは、あるいは可と判断する人もいるかもしれない（つまり、「あげくのはてに」を「あげくに」の強調形ととらえ、「あげくに」に近く感じてしまうのだろう）。なお、この例の「あげくのはてに」を「あげくのはては」とすると、これは明らかに不自然だろう。

第3章・参考文献

山田孝雄（一九〇八）『日本文法論』宝文館出版

松下大三郎（一九二八）『改撰標準日本文法』紀元社（復刊一九七四年勉誠出版、本書ではこれに拠る）

佐久間鼎（一九三八）「吸着語の問題」（『国語・国文』八―一〇）

――（一九五六）『現代日本語法の研究』くろしお出版（一九四〇年恒星社厚生閣刊の同名の書物の改訂版、本書ではこれに拠る）

時枝誠記（一九五〇）『日本文法　口語篇』岩波書店

三上　章（一九五三）『現代語法序説』刀江書院（復刊一九七二年くろしお出版、本書ではこれに拠る）

――（一九六〇）『日本語の構文』くろしお出版

奥津敬一郎（一九七四）『生成日本語文法論』大修館書店

森田良行・松木正恵（一九八九）『日本語表現文型』アルク

グループ・ジャマシイ（一九九八）『日本語文型辞典』くろしお出版

付章　慣用句の研究

1.「折り紙をつける」という言い方をめぐって

一、はじめに

1―1　この節では、慣用句の各論的記述の一つの試みとして、次例に見るような「折り紙をつける」という慣用句(1)及びそこから派生した「折り紙つき（だ／の）」という言い方をとり上げて、類義の語句とも比較しながら、その意味・用法についていささか考えてみたい。

（1）識者も、矢島氏には「現存の尺八演奏の第一人者」の折り紙をつけている。

（2）浩司は勝った。40人の中で最初の勝ち名乗り。内藤は「プロにしたら八段は堅い」と折り紙をつけた。（毎日新聞、夕、一九九七、七、一五）

（3）白井はドイツ国内においても、現在ドイツ歌曲の解釈においてトップ・クラスの折り紙をつけられている。（毎日、夕、一九九四、一〇、一七）

（4）ちょっと年はとっているが、ヤノフスキの実力は折り紙つきだ。（毎日、朝、一九九一、三、一〇）

（5）「世界ナンバーワン」と折り紙付きの耳は、微細な狂いも聞き逃さない。（毎日、夕、一九九三、一〇、九）

1—2　現代日本語の文法研究において、慣用句が本格的に考究されるようになるのは、宮地裕（一九八二）に代表される宮地の一連の研究に始まる。[2] そして、これまでの慣用句の研究では、主として、まずその認定・分類の問題が論じられ、また、慣用句はひとまとまりの固定的な形式であることから、その固定度とそれを反映する文法的制約といったことが考察されることが多かった。[3] しかし、近年は慣用句の意味を類義の慣用句や単語とも比較しつつ記述するような研究が見られるようになってきている。[4] この節でも、そのような慣用句の意味の掘り下げた考察を、特に文法的な面での手掛りに基づいて試みることにする。

ところで、右にあげた宮地（一九八二）では、「慣用句例解」として多くの慣用句をとり上げ、その意味・用法を基本的なレベルで記述している。これは、慣用句研究の出発点としてまず参照されるべきものであり、有用である。そして、そこでは「折り紙をつける」も立項されているが、その「類義語句」として「保証する」「太鼓判を押す」が挙げられている。一見すると、これらには〝何かに保証を与える〟といった意味合いにおいて共通性が感じられるということであろう。そこで、ここでもこれに従い、類義の語句としてはこの二つをまずとり上げて、「折り紙をつける」と比較して考える（その他、「折り紙つき」に関しても、いくつかの類義語句に言及する）。

1—3　なお、「折り紙をつける」という慣用句に関しては、この「〜をつける」という他動詞的な形に対して、「折り紙がつく」という自動詞的な形の言い方は——少なくとも筆者の内観では——使われないように思えるのだが、実際に用例を検索してみると、数は多くないが、いくらか見出せる。

（6）　日本基督教団浪花教会は[5]30（昭和5）年に完成した。手掛けたのは、大丸心斎橋店や、話題になっている滋賀県の豊郷（とよさと）小の校舎を設計した建築家、メレル・ボーリズ。12代目の牧師村山盛芳さん(46)は「阪神大震災の際に補修したら、メンテナンスをすれば、あと70年はもつと折り紙がついた」と、うれしそうだ。

（毎日、夕、二〇〇二、一二、一八）

（7）ところが第1夜、彼は荒野を歩く代わりに〝最もロマンチックなホテル〟と折り紙のつく島のホテルに泊った。（毎日、夕、一九九七、八、一三）

（8）四国の「四万十川100キロスーパーマラソン」は、日本最後の清流と折り紙もつく川の表情がみずみずしい。（毎日、朝、一九九六、九、八）

筆者の語感では、（7）（8）のような連体修飾の形の方が許容度は高く感じられるが、ともあれ、このような言い方はあり得るにしても一般的とは感じられない。実際、宮地（一九八二）の「折り紙をつける」の項でも、このような言い方があるといった記述はなされていない。そこで、以下ではもっぱら一般的な「折り紙をつける」「折り紙つき（だ／の）」に焦点をしぼって考えることにする。

二、「折り紙をつける」「折り紙つき」の基本的な文型

2—1　『日本国語大辞典』の記述によれば、「折り紙」とはもともと「書画、刀剣、器物などの製作者や伝来、または由来を証明する鑑定書」のことであり、従って「折り紙をつける」とは、本来「書画、刀剣、器物などの鑑定保証書を付ける」ことで、そうした「品質を保証したり、正当な評価をしたりする」ことから、「転じて、物事や人物などを信用できる確かなものとして保証する」といった意味を表すようになったという。原義と、そこからの意味の変容の大筋はこのようなことであろうが、しかし、こうしたことだけで現代日本語における「折り紙をつける」の意味が的確にとらえられるわけではない（実際、右の「転じて」以下の意味説明は大雑把なものでしかない）。ここでは、「折り紙をつける」の実際の使われ方をおさえて、その意味を具体的に考えていきたい。

考察の手掛りとして、まずこの慣用句がどのような文型（基本的な構文パタン）を形成して用いられるのかを検討する。

この点、宮地（一九八二）では、「折り紙をつける」の項の「文法」の説明の最初に、
文型「ダレダレがダレナニにドウドウと――。」
という文型説明がある。しかし、どうもこのような大まかなことでは、「折り紙をつける」の基本的な使われ方（構文パタン）は的確におさえられていないのではないかと思われる。
筆者なりの整理を次に述べる。

2―2　筆者は、少なくとも、次のように基本文型として二つのものがあると見るべきだと考える。「折り紙をつける」は、何らかの評価を与えることをいう言い方であることは間違いない。そこで、その評価が与えられるモノ・コトはニ格に示されるが、そのニ格の内容に違いのある二つの文型が区別できる。

①　A（評価対象）ニ　～ト（／～ノ等）折り紙をつける
ex.（9）―a　矢島氏に「当代一の尺八の名人」と（／の）折り紙をつけた。

②　A（評価対象）ノB（評価される属性）ニ　折り紙をつける
ex.（9）―b　矢島氏の尺八の技量に折り紙をつけた。

「折り紙をつける」主体（つまり、評価主体）は、もちろんガ格で立てるべきだろうが、自明なので省略した。

①と②の区別は、右のとおりニ格に立つものの違いである。①は、ニ格に「折り紙をつけ」られる、つまり、評価を受ける人やモノが来るものである。そして、この場合、評価内容を表すものとして、それがどういう意味での評価なのかがわかる（もしくは、何らかでもうかがわれる）引用句「～ト」や連体句「～ノ」などが必須になる（あるいは、cのような修飾句で説明されることもある[6]）。

（9）―c　尺八の名演奏家として、矢島氏に折り紙をつけた。

更にいくらか実際の用例も掲げておく（なお、念のため［　］でパタンの説明をつけたものもある）。

（10）改めて説明するまでもなく、辻は日本一の二塁手の折り紙がつけられている。（毎日、朝、一九九二、三、五）
［〈辻に日本一の二塁手の折り紙をつけている〉］

（11）もちろん、［注・「日本・モンゴル民族博物館」は］わが国初の専門施設。前モンゴル国立歴史民族博物館長のイッチンホルロギーン・ルハグバスレン氏（41）は「日本最高」の折り紙を付ける。（毎日、夕、一九九六、一二、一〇）

（12）ウクライナは、ソ連崩壊時に、ロシアを除いてまともにやっていける唯一の共和国と折り紙を付けられた。（毎日、朝、一九九四、三、一〇）
［〈ウクライナに～と折り紙をつけた〉］

（13）東儀秀樹という音楽家は、奈良時代からの時々の朝廷や幕府に仕え雅楽を演奏し伝承する家系に生まれ、ロック少年だった時期を経て、現在は特に篳篥（ひちりき）の演奏家として折り紙をつけられる人である。（毎日、夕、一九九六、四、六）
［〈東儀秀樹という音楽家に篳篥の演奏家として折り紙をつける〉］

これに対して、②は、ニ格に評価を受ける人・モノのもっている評価を受ける側面や事項が来るものである。ここでは、そうした側面や事項等を一括して「属性」ということにする。この場合、①の場合のような「～ト」や「～ノ」は、出てきてもよいが必須ではなくなる。

（9）—d　矢島氏の尺八の技量に「当代一」と折り紙をつけた。

また、誰・何の「属性」なのかは文脈上明らかなことも多く、「A（評価対象）ノ」がないことも少なくない（例えば、後に掲げる（16）（17）の例参照）。

やはり、いくらか実際の用例を掲げておく。

（14）先輩獣医は川崎さんの技術に折り紙をつける。だが、「獣医だけじゃ何もできない。動物の変調を見つけるのは、飼育係にかなわない。名医の極意は実は飼育係との情報交換」と、飲みニケーションを欠かさない。

(15)　ＮＢＣ側も、これだけの身長とコーチが折り紙をつける技術をもつリ選手に関心は持つはずだが、各チームとも公式にはリ選手に接触はしていない。
(毎日、夕、一九九二、四、一〇)
［〈コーチが（リ選手の）技術に折り紙をつける］

(16)　ＩＬＳは着陸態勢に入った航空機に電波で進入方向、角度、滑走路までの距離を知らせる装置で、日吉信彦・同省首席飛行検査官は「関西空港のＩＬＳはわが国の空港の中でも最新式のもの。今後二カ月の検査で安全性に折り紙をつけたい」と話していた。
(毎日、朝、一九九四、一、一二)

(17)　輸出産品として最近、注目されているのはワイン。ワイン用のブドウの産地としてフランスと気候が似通っているといい、価格も手ごろ。首都サンティアゴ駐在のフランス大使が「もはや本国からワインを取り寄せる必要がなくなった」と味に折り紙をつけたとの話も当地の外交団の間に広がっている。
(毎日、朝、一九九六、一一、八)
［〈フランス大使が（〜と）味に折り紙をつけた］

なお、次のように「〜ト」の形で評価内容が詳しく述べられ、ニ格が出ないような場合など、①か②かはっきりしなくなることがある。

(9)―ｅ　識者は「矢島氏こそ当代一の尺八の名人だ」と折り紙をつけた。

確かにこのような例は見出されるが、それでも、典型的には①と②を区別することは妥当であろうと思う。宮地（一九八二）のように、「ダレダレがダレナニにドウドウと――。」と一括してしまうと、「〜ト」（ドウドウと）が必須的になったり任意的になったりするという点、それがニ格に立つ名詞句の内容の違いによるという点が見えなくなってしまう。そして、そうした構文パタンの違いをおさえておくことは、慣用句「折り紙をつける」の意味を考えていくうえで、以下に見るとおり重要なことである。

2―3　①と②のような区別は、更に「折り紙つきだ」を述語として、同様に二つの基本文型が考えられる（A・Bは**2―2**に同じ）。まず、「折り紙つき」の場合にも対応してくる。

①　Aガ　～ト（／～ノ等）折り紙つきだ

ex.（9）―f　矢島氏は、「当代一の尺八の名人」と折り紙つきだ。

②　AノBガ　折り紙つきだ

ex.（9）―g　矢島氏の尺八の技量は折り紙つきだ。

この場合も、①では評価内容を表す「～ト」や「～ノ」等が必須になるが、②では、次のhのようにあってもよいが、必須ではない。

（9）―h　矢島氏の尺八の技量は、「当代一」の折り紙つきだ。

この点で、「折り紙つきだ」の文の①と②の区別は、先の「折り紙をつける」の文の①と②の区別に対応している。こうした区別が一貫してあることは、重視して然るべきである。

「折り紙つきだ」の文についても、いくつか実際の例をあげておこう。（18）～（20）は①文型の例、（21）～（23）は②文型の例である。

（18）テングサと寒天の大手卸売商「小形商店」（東京豊島区）によると、「神津島産のテングサは粘り、強度ともよく、トコロテンの原料としては折り紙付きだ」という。　（毎日、朝、一九九八、二、二五）

（19）今回ニューヨークで見つかった［注・広重の東海道五拾三次の］五十五点は、初版に近い刷りの上質な一級品と専門家の折り紙付き。　（毎日、朝、一九九五、九、二一）

（20）白神山地は世界最大級のブナ原生林など、貴重な自然が残っており、なかでも名所「暗門の滝」付近の清水は、おいしいと折り紙付き。　（毎日、朝、一九九三、七、四）

(21)　円生といえば唯一、皇居で御前落語を演じたことがある大御所。晩年、真打ちの粗製乱造に反対、一門を引き連れ落語協会を飛び出した。その円生が脱会後、最初に真打ちに推したのが鳳楽。だから、鳳楽の実力は折り紙付き。（毎日、朝、一九九七、一〇、一四）

(22)　中国・内モンゴル出身の女性歌手が、長年の夢だった日本デビューを果たした。10歳から始めた胡弓の腕は、折り紙付き。（毎日、夕、一九九七、一〇、九）

(23)　[注・メキシコ産缶入り粉コーヒーの]味は「甘く、香りが高い」と専門家の折り紙付きだ。（毎日、朝、一九九三、四、一〇）

なお、右の(19)(23)に見るとおり、評価主体（評価を与える者）は「～の」の形で示せるが、これも必須ではない。

2—4　従って、評価内容を表す「～ト」や「～ノ」等が必須になる「折り紙をつける」「折り紙つきだ」の文と、必須でない「折り紙つきだ」の文があるということであるが、そうなると両パタンでは、「折り紙をつける」「折り紙つき」の意味も微妙に違ってくることになる。

「～ト」等が必須の場合、「折り紙をつける」「折り紙つきだ」は、そうした要素に示されているようなことで評価するとか評価されるものであるといった意味で用いられるものといえる。しかし、「～ト」等が必須でない場合、「折り紙をつける」「折り紙つきだ」は、それ自体で既に〝よい・優れていると評価する〞とか〝よい・優れていると評価されるものである〞といった意味を表していることになる。これは、意味が特定化・限定化されたものといえる。というのも、「折り紙をつける」「折り紙つきだ」が評価内容を示す「～ト」等を必須として伴う①の場合、「～ト」等には、悪い評価はもちろん出てこないが、必ずしも〝よい・優れている〞というように単純には割り切れない内容が出てくることがある。例えば、次の(24)の場合「昭和初期を思わせる稀少な建築」というような内容は、よい・悪いとか優れていないといったように単純に割り切れることではない。

(24)—a　小田氏は、その駅舎に「昭和初期を思わせる稀少な建築」と折り紙をつけた。

(24)—b　その駅舎は、「昭和初期を思わせる稀少な建築」と折り紙つきだ。

こうした場合、いわば、そのような点において価値が認められるというような広い意味での評価なのであり、「折り紙をつける」「折り紙つきだ」も、そのような広い意味での評価を与えるとか評価されるものであるとかいったことを意味していると解せられる。

このような広い意味合いまで表す①パタンの「折り紙をつける」「折り紙つきだ」に対し——そして、「折り紙」の原義から考えてこうした広い意味での評価を表せるのがもともとだろうが——②では意味が一つの方向に限定されているわけである(もちろん①パタンの「折り紙をつける」「折り紙つきだ」が結局〝よい・優れている〟といった意味で解される場合もあるが、いつもそうだというわけではない)。そして、そのような意味の違いは、また、文型の違いとしても反映しているということである。

2—5　さて、「折り紙つきだ」の①文型と②文型の別は、「折り紙つきの〜」という連体修飾の形になっても、そのまま引き継がれる。

(9)—f　矢島氏は、「当代一の尺八の名人」と折り紙つきだ。［①文型］

→「当代一の尺八の名人」と折り紙つきの矢島氏

→*折り紙つきの矢島氏

(9)—g′　(矢島氏の)尺八の技量は、折り紙つきだ。［②文型］

→折り紙つきの尺八の技量

→「当代一」と折り紙つきの尺八の技量

すなわち、被修飾名詞が評価対象を表す場合、評価がどういうものかを示す「〜ト」等が必須なのに対し、被修飾名詞が評価される属性を表す場合、「〜ト」等は必ずしも必須ではない。そして、例えば「折り紙つきの技量」といえば〝優れていると認められている技量〟といったことと解せられ、「折り紙つきの」自体が〝優れた・よい〟という意味を含む表現になっている。

ところで、連体修飾の「折り紙つきの〜」の場合、右のように①及び②の文の展開として文に対応づけて考えることができないパタンが見出される。例えば次の場合、対応する形の文が考えられない。あえて文の形にすると、不自然なものにしかならないのである。(7)

(25)—a　折り紙つきの美人

→?美人は折り紙つきだ。

(26)—a　折り紙つきのまじめ人間　（毎日、朝、二〇〇〇、九、三〇）

→?まじめ人間は折り紙つきだ。

こうしたパタンの表現は、次のように解釈できるだろう。右のaの連体修飾の表現は、ほぼ次のbと同義と考えられる。

(25)—b　折り紙つきの美シサヲモツ人

(26)—b　折り紙つきのマジメサヲモツ人

つまり、被修飾名詞「美人」「まじめ人間」は、評価対象としての「人」「人間」の意味とともに評価される属性としての「美シサ（ヲモツ）」「マジメサ（ヲモツ）」も意味として含んでいる。それで、「折り紙つきの」という連体修飾句は、被修飾名詞にかかって対象の意味とも属性の意味とも関係をもつ。いわば、次のcのような意味の関係が成り立つことになると思われる。

(25)―c　折り紙つきの美シサヲモツ折り紙つきの人
(26)―c　折り紙つきのマジメサヲモツ折り紙つきの人間

そこで、評価対象がどのような属性について「折り紙つき」と評価されるかが読みとれることとなり、その意味では、「〜ト」等を伴う①文型の連体修飾の場合と同様必要な情報が満たされるので、表現として不自然さなく充足する。

しかし、これを文の形にあえて直すと、たとえば(25)なら、

(25)―d　?美人(=美シサヲモツ人)は折り紙つきだ。

「美人(美シサヲモツ人)」は「折り紙つきだ」の主語として措定されることになり、「美人」は評価対象の「人」を表すと読まれるが、その「美シサヲモツ」という意味は、この場合「人」に従属するので、「折り紙つきだ」と直接意味関係を結べず、「折り紙つき」という評価がなされる属性としての情報と解されない。言い換えれば、「美シサヲモツ」は評価対象に予め付加された情報にとどまって、「折り紙つき」との評価がその対象についてどのような意味でなされたのかを示すものにならない。むしろこの(25)―dは、「美シサヲモツ人は(何ラカノ意味デ)折り紙つきだ」というように読まれ、これでは必須の説明の語句を欠いた①文型の文のようになってしまい、それ故不自然となるのである。(8)

「折り紙つきの美人」「折り紙つきのまじめ人間」といったパタンは、連体修飾の構造だからこそ成り立つ構造である。文法構造が異なれば、その構造特有のパタンも生じるのである。そして、こうしたパタンでは、被修飾名詞の方に、「折り紙つき」と評価される属性をもつという意味が含まれる。それ故、「折り紙つきの」の意味も、そうした属性をもつ点で〝相当な・並々ならない〟といった程度表現に近いものにずれていくと感じられる。

以上、基本となる文型の違いを手掛りに、「折り紙をつける」「折り紙つきだ」の意味の微妙な違いに光をあて、

併せて「折り紙つきの～」のような連体修飾の構造には文の形に対応づけられない特有のパタンとその意味の変容も見出されることを指摘した。

次に項を改めて、今度は「折り紙をつける」の意味をまず立ち入ってきちんと整理・確認し、更に類義の語句との意味の基本的な違いについても考えてみることにする。

三、「折り紙をつける」の意味と類義語句との基本的な違い

3―1　宮地（一九八二）では、「折り紙をつける」の項で、その意味を次のように記述している。

> 鑑定して、品物・人物などについて、その価値・性格・技術などを保証すること。「折紙《ママ》つき」となると、そのような定評があることを意味する。

右の意味記述は、「折り紙をつける」の意味についての大まかな概念を与えるものとしてはこのようなことかと思われるが、掘り下げて考えていくにあたっては、いくつか気になるところがある（「折り紙つき」については、第五項で考える）。

まず、「鑑定して」とあるが、原義としてはともかく、今日の慣用句の意味としてこのようなことを常にはっきり含むとは考えにくい。次のように、「鑑定」すなわち〝専門家の目で調べ見定めて価値を判定する作業〟を特に行わない場合でも、「折り紙をつける」とはいえるのであり、必ずしも「鑑定して」というほどの意味を常に含むと考える必要はあるまい。

(27)　旧知の仲なので、今回尋ねられて、迷わず「矢島氏の尺八の技量は当代一だ」と折り紙をつけた。

(28)　大橋優子氏というだけで、協会はその水墨画に「名品」と折り紙をつけた。

次に「保証すること」としているが、この第三項では以下で「保証する」と「折り紙をつける」を比較するので、

意味の違いを説明すべき語を意味の説明に含む形で考えることは避けたいし、また実際「折り紙をつける」の意味は、後述のとおり「保証する」とははっきりずれる点があるので、それを「……保証すること」と説明してしまうのは、必ずしも的確ではない。

以上のようなことを考え、更に、第二項での文型の整理・記述をふまえて、「折り紙をつける」の意味を筆者なりに今少し的確に書いてみるなら、次のようなことになる。

（評価を行うだけの識見・権威が認められる者が、）対象のある属性について判断・判定して、それをこれこれの点で価値が認められるものがあるとかよい・優れているとする評価を公に示すこと。

3—2　いくらか説明を加えておくと、第二項で整理した②文型では、はっきりと二格に「対象の評価される属性」を表す名詞句が出てきたし、①文型では、ニ格に評価される対象を表す名詞句が立つが、その場合もどのような意味で（つまり、どのような属性に関わって）評価されるのかがうかがわれる「〜ト」等が必須であった。従って、「折り紙をつける」ということは、〝対象のある属性について〟なされるものといえる。その点は、意味として明示すべきだろう。

また、先に「鑑定して」とまでは必ずしも常に言えないと述べたが、「*思わず折り紙をつけた」というようなことはやはりおかしいから、何らかの〝判断・判定〟は意味として含んでいるとしたい。

更に、先の（24）の「『昭和初期を思わせる稀少な建築』と折り紙をつけた（／折り紙つきだ）」のように、単に優れている・よいというのではなく、〝これこれの点で価値が認められるものがある〟といった意味合いの評価がなされることをも意味することがある点はおさえておきたい。

そして、「*心の中で／人知れず／ひそかに折り紙をつけた」というような言い方はおかしいから、「折り紙をつける」は〝評価を公に示す〟ことを意味するものと考えていいだろう。

今一つ、「折り紙をつける」主体は、〝評価を行うだけの識見・権威が認められる者〟でなければなるまい。実際、「師範は三四郎の柔道の実力に折り紙をつけた」というのは問題なかろうが、「?彼は、柔道のことはよく分からないが、三四郎の柔道の実力に折り紙をつけた」というのはかなりおかしい（これが可となるとしたら、「彼」は「柔道」そのものは知らなくとも、何らか「折り紙をつけ」られるだけの知識や情報をもつ者であると解せられる場合だろう）。そして、〝識見・権威〟がある者が〝評価を公にする〟ということから、「折り紙をつける」には、〝公認する〟といったニュアンスも出てくる。

以上、「折り紙をつける」の意味を筆者なりに整理してみたが、更に類義の語句と対比しつつ、今少しこれを掘り下げてみたい。

3―3　「折り紙をつける」と類義の語句としてもっぱら言及されるのは、既に見たとおり、「太鼓判を押す」や「保証する」であるが、これらと「折り紙をつける」とは次のような点で大きく用法が異なり、意味が違っていることがわかる。

(29)―a　誠は、彼は必ず帰ってくると太鼓判を押した。
(29)―b　誠は、彼は必ず帰ってくると保証した。
(29)―c　＊誠は、彼は必ず帰ってくると折り紙をつけた。

何らかの事柄の成立が確かであると単に述べる場合には、「折り紙をつける」は不可である。「折り紙をつける」が〝対象の属性〟についての評価を公にするものである以上、このような場合に用いられるものでないことは明らかである。確かに、次のように、将来における何らかの事柄の成立が確かだというようなことをいうと解せられる場合に「折り紙をつける」が用いられる例もある。

(30)―a　江口九段は、その子は名人になれると太鼓判を押した。

(30)―b　江口九段は、その子は名人になれると保証した。
(30)―c　江口九段は、その子は名人になれると折り紙をつけた。

しかし、この場合は「その子」という対象についてその属性（素質）を「名人になれる」だけのものがあると評価しているという意味で解せるから「折り紙をつける」が可となると考えられる（この点、(29)―cの場合、「必ず帰ってくる」が「彼」についての何らかの属性の評価の言葉とは読み難い点と比較されたい）。

(30)―abと(30)―cのような表現がいずれも成り立って類義の文に見えるようなことから、「太鼓判を押す」「保証する」と「折り紙をつける」とは類義的と見られるようだが、abとcとでは言っていることの意味合いが必ずしも同じではない。

3―4　一方、(24)―aを再掲すると、aのように対象を品定めして価値を認め、評価する場合、「折り紙をつける」は自然に用いられる。しかし、同様のことを言う形で「太鼓判を押す」「保証する」としては、不可ではないかもしれないが、かなり落ち着きが悪い。

(24)―a　小田氏は、その駅舎に「昭和初期を思わせる稀少な建築」と折り紙をつけた。
(24)―c　?小田氏は、その駅舎に「昭和初期を思わせる稀少な建築」と太鼓判を押した。
(24)―d　?小田氏は、その駅舎を「昭和初期を思わせる稀少な建築」と保証した。

しかし、次のようにすると、「太鼓判を押す」「保証する」の場合もずっと違和感がなくなる。

(24)―e　小田氏は、その駅舎に「間違いない、昭和初期を思わせる稀少な建築だ」と太鼓判を押した。
(24)―f　小田氏は、その駅舎を「間違いない、昭和初期を思わせる稀少な建築だ」と保証した。

もちろん、「『昭和初期を思わせる稀少な建築だ』と太鼓判を押した／保証した」と引用句内を発話された文の形にはっきり改めただけでも自然になるが、「間違いない」と入ると一層「太鼓判を押す」「保証する」という語の語感がはっきり伝わるように思える。つまり、「太鼓判を押す」「保証する」は、ある判断や評価、あるいは事柄が成り立つことを〃確かだ・間違いない〃とする態度で言明する点にその意味の一つの重点があると考えられる。以下、この〃確かだ・間違いない〃とする態度で言明することを、「受け合う」ということにする。それに対し、「折り紙をつける」は、そうした態度で殊更言明するといった意味合いは際立たない。意味の重点は、もっぱら〃対象の属性について公に評価を示す〃という点に意味の重点があると見られる。〃公に評価を示す〃ことが、必ずしもはっきりした発言（言明）の形でなければならないという含みはないのである。

以上、まず簡単に比較しただけでも、「折り紙をつける」と「太鼓判を押す」「保証する」の基本的な違いがある程度浮かび上がってきたが、項を改めて、文法的な手掛りから更にこれら相互の違いを検討する。

四、「折り紙をつける」と類義語句の更なる比較

4―1　まず、次のような相違から考えてみたい。「保証する」が命令の形でも使えるのに対し、「折り紙をつける」「太鼓判を押す」は命令の形では使いにくい。

(31)―a 「大丈夫だ」と保証した。
　　→ 「大丈夫だ」と保証しろ。
(31)―b 「大丈夫だ」と折り紙をつけた。
　　→ ?「大丈夫だ」と折り紙をつけろ。
(31)―c 「大丈夫だ」と太鼓判を押した。
　　→ ?「大丈夫だ」と太鼓判を押せ。

これは、一つには「折り紙をつける」「太鼓判を押す」には〃（識見・権威が認められる者の評価である故）権威

が感じられる〃評価とか〃強い自信をうかがわせる〃言明といった他者の目からのとらえ方の意味合いが加わっていることにもよるだろう（後者の「太鼓判を押す」は比喩的に転義して成立した慣用句だが、この「太鼓判」というのは大きなハンコであり、それを「押す」ということに象徴されるのは、絶対といわんばかりの強い自信をもった態度である）。

この点、いささか敷衍して言えば、例えば次の（32）（33）も命令の形はとりにくい。

（32）真吾は、模型飛行機を巧みに操縦した。

→模型飛行機を操縦しろ。

→*模型飛行機を巧みに操縦しろ。

（33）友子は、問題を見事に解決した。

→問題を解決しろ。

→*問題を見事に解決しろ。

「巧みに」「見事に」は、単なる様態の説明ではなく、他者の目から見た事柄のとらえ方（批評）の意味合いが加わっている。そうした〃とらえ方〃は、成立した事柄に対して他者の目からなされるものであり、未成立の事柄をこれから成立させるよう求める場合、こうした言い方は不自然になる。「折り紙をつける」「太鼓判を押す」が命令で用いにくいのも、そういった他者の目からのとらえ方の意味を含むという面があるからだと思われる。

しかし、次のようになると、話はいささか違ってくる。

（34）―a　聞かれたら、ともかく「大丈夫だ」と保証しておけ。

（34）―b　聞かれたら、ともかく「大丈夫だ」と太鼓判を押しておけ。

（34）―c　*聞かれたら、ともかく「大丈夫だ」と折り紙をつけておけ。

このような場合、「太鼓判を押す」は命令化可能のようである。これは、「ともかく……ておけ」というような言い方から、〝外見ダケデモ……シロ〟といった命令と解せるようになる故と思われる。そして、ここで思い合わせられるのは、先の他者の目からのとらえ方を含む表現も、次のようになると、命令化できるようになることである。

(35)　この難問を見事に解決してみせろ。

これは、「……テミセロ」という言い方で、行為のあり様（見え方）に殊更に焦点があてられた結果、「見事に」が他者から批評する意味から〝（他者にも）見事と見えるように〟のようなもっぱら様態を説明する意味にずれる故と思われる。「太鼓判を押す」が、この場合命令の形になれるのも同様のことで、〝外見ダケデモ……シロ〟という言い方で行為のあり様に焦点があてられた結果、〝強い自信をうかがわせる〟というような他者の目からのとらえ方の意味合いが、〝そのように見えるように〟といった様態説明へとずれる故であろう。

しかし、「折り紙をつける」は、(34)―cのようにしても、やはり命令では使えない。[9] これは、「折り紙をつける」の意味に「判断・判定して」といった内容が前提として含まれており、主体的な判断まで含むことなので、他から命令し難いものと思われる。

以上のように見てきて、「折り紙をつける」と「太鼓判を押す」「保証する」とでは、やはり大きく異なっていることがわかる。「折り紙をつける」は命令化できないが、これは動作主の主体的な判断を前提として意味に含む故である。一方、「保証する」はもちろん「太鼓判を押す」も場合によっては命令が可となるが、これは、ともに基本的には何かを〝受け合う〟つまり〝確かだとする態度で言明する〟ことをもっぱら表すからで、そのような態度・姿勢を示して言明せよという命令は十分なされ得る。もちろん、実際問題としては、そうした言明の前提に何らかの判断があるはずだが、これらの語句の意味としては、その点まで含むものではないのである。

4―2　なお、一点補足するなら、「折り紙をつける」にも〝確かだ・間違いない〟といった態度は感じられるようにも思えるが、これは「折り紙をつける」の〝識見・権威が認められる者が公に評価を示す〟という意味から派生する印象であろう。つまり、いったん権威ある者が見解を公にする以上は、後にはひけなくなるので、後にはひけない姿勢で、つまり、〝間違いない〟とする姿勢で見解を示すものと感じられるようになるのである。これに対し、「保証する」「太鼓判を押す」の主体は必ずしも権威者とは限らず、「〝確かだ・間違いない〟とする態度で」という意味は、そうしたところから派生するものではない。

4―3　さて、他者の目からのとらえ方といったような意味合いが加わることは措いて、「保証する」と「太鼓判を押す」は、何かを〝受け合う〟というような意味では共通するものとした。しかし一方で、この二つには更にはっきりした違いがある。

(36)―a　絶対に塚本が勝つと保証するよ。

(36)―b　絶対に塚本が勝つと太鼓判を押すよ。

(37)―a　自分は決して約束は破らないと保証するよ。

(37)―b　＊自分は決して約束は破らないと太鼓判を押すよ。

単なる未来の出来事の成立を間違いないと言明する場合には両者ともに用いられるが、動作主がコントロールできることをいう場合には「太鼓判を押す」は不自然である（(37)―bのように言っては、他人事のようで変である）。そして(37)―aの場合の文意を考えてみると、「保証する」動作主は、「約束を破らない」ことに責任をもつ、もし破ったら責任をとると言っているのだと解せられる。つまり、ある事柄の成立について〝間違いないとする態度で〟言明するにしても、「保証する」はそれに〝責任をもつ〟含みがはっきりあるが、「太鼓判を押す」には必ずしもそういった含みはない（だから、(37)―bのように言うと、自分のこととして責任をもたず他人事のように言っているような、おかしな印象が生まれる）。従って、(36)―abの場合も、aでは「塚本が勝」たなかった場合には何らかの責任をとるとも解し得るが、bについては必ずしもそのようには読めないだろう。

〝責任をもつ〟ためには、責任がもてる何らかの根拠がなければなるまい。[10] (37)―aの場合は、何より自分がコントロールできることであるということが根拠だが、(36)―aの場合は、そう主張できる情報等を持っているといったことであろう。ともあれ、根拠なしには「保証する」ことはできない。従って、次のとおりaは不自然と感じられる。「よく考えもせず」ちゃんと根拠を踏まえないでは、「保証した」ことにならないのである。

(38)―a ?よく考えもせず、何でもかんでも「そうなる」と保証した。

(38)―b よく考えもせず、何でもかんでも「そうなる」と太鼓判を押した。

一方、「太鼓判を押す」の場合なら、bのように言うことも可であろう。この点でも、「太鼓判を押す」が〝(相応の根拠に拠って)責任をもつ〟といった意味を必ずしも持たないことが分かる。

また、次のような場合は、今度は「保証する」がいささか不自然と感じられる。

(39)―a あの二人ならきっとうまくやっていけると太鼓判を押した。

(39)―b ?あの二人ならきっとうまくやっていけると保証した。

この場合、二人が「うまくやってい」くことは本来二人の問題であって、ふつう他人がそれに〝責任をもつ〟ようなことではないからであろう。

なお、「折り紙をつける」については、原義の〝鑑定保証書を付ける〟といった意味から考えても、当然〝責任をもつ〟という含みが伴いそうに思えるが、実際のところは必ずしもそうともいえない。最初にあげた「識者は矢島氏に『当代一の尺八の名人』と折り紙をつけた」のような例を考えても、もし「矢島氏」が本当はそうでなかったら「識者」が〝責任をとる〟というような話ではあるまい。

4―4 以上、「折り紙をつける」を類義とされる「保証する」「太鼓判を押す」と比較しながら考察を深めた。以

［表7　「折り紙をつける」「太鼓判を押す」「保証する」の意味の相違］

	“対象の属性”について判断・判定	“間違いない”とする態度で言明	“責任をもつ”含み
「折り紙をつける」	○	×	△
「太鼓判を押す」	△	○	×
「保証する」	△	○	○

△：そうとは限らない

上でおさえた三つの語句の意味の相違のポイントを整理して、上の表7としておく。

五、「折り紙つき」とその類義語句について

5—1　ここで併せて、「折り紙をつける」（形としては、自動詞的な「折り紙がつく」）から派生した「折り紙つき」に関して今少し見てみることにしたい。

まず、既に述べたところを簡単にふり返っておく。「折り紙つき」が述語になる文には、評価される主体が主語に立つ①文型と、主体の属性が主語に立つ②文型とがあり、前者ではどのような意味で評価されるのかがわかるような「〜ト」等の成分が必須であった。（9）の例を再掲しておこう。

（9）—f　矢島氏は、「当代一の尺八の名人」と折り紙つきだ。

（9）—g　矢島氏の尺八の技量は折り紙つきだ。

（9）—i　*矢島氏は、折り紙つきだ。

また、②文型の場合、「折り紙つきだ」は、ほぼ〃優れている・よい〃に近い意味に限定される。「矢島氏の尺八の技量は折り紙つきだ」は、「矢島氏の尺八の技量は優れている（と認められている）」というのに等しい。しかし、①の文型の場合、「折り紙つきだ」は基本的には〃価値を認められている〃程度の意味で、必ずしも常に〃優れている・よい〃と限定された意味を表すものではない。例えば、次例の「日本有数の怪談本のコレクション」ということは、必ずしも〃優れ

ている・よい〃で割り切れるようなことではない。「折り紙つきだ」も、せいぜい〃（そのような意味で）価値がみとめられるものだ〃といったような意味を表すものだと解せられる。

(40)　近藤氏の蔵書は、日本有数の怪談本のコレクションと折り紙つきだ。

「折り紙」の原義からしても、①文型の場合のような広い意味がもともとで、②文型となると一歩意味が特定化されたものといえる。このあたりも、既に述べたとおりである。

ところで、「折り紙をつける」は、既述のとおり、まず何らか判断・判定がなされることが前提として意味に含まれていた。「折り紙つき」もそれを引き継いでおり、従って〃その価値が（／優れている・よいと）認められている〃という意味に伴って〃判断・判定がなされて〃といった含みが感じられることになる。しかし、実際の用例をみていくと、必ずしも「判断・判定」がまずなされたということが前提としてとれない文意で、「折り紙つきだ」が用いられた例が見出される。

(41)　滋賀・彦根東高時代は千五百メートルが専門で、一万メートルの自己ベストは27分50秒46とスピードは折り紙つきだ。（毎日、朝、一九九六、一一、六）

「～ト」内は、この選手の実績を述べるものであり、評価内容ではない。そして、その実績をもとにまず判断・判定がなされた結果「折り紙つき」だと評しているといった文意には読めない。むしろ、この例では「判定がなされたら必ず優れていると判定されるほど優れている」→「誰が見ても優れている」といったような意味へと、「折り紙つきだ」の意味がずれて、変容していると解せられる。

動作的な「折り紙をつける」に対し、「折り紙つき」は状態表現であり、そのことがこのような微妙な意味のずれの生じる契機となっているものであろう。

5―2　さて、右のようにずれないふつうの使われ方では、「折り紙つきだ」は「判断・判定されてその価値を認められている」といった意味であろうが、そうした使われ方では、「定評がある」という言い方と意味が極めて接近する。このことについては、3―1にあげた宮地（一九八二）の「折り紙をつける」の意味説明にも指摘があった。

この「定評がある」にも、二つの文型が考えられる。一つは、ニ（ハ）格に評される対象がくる場合で、これを（一）文型とすると、この文型ではどのように評されるかを示す「～ト」等が必須となる。

（一）　Aニ（ハ）　～ト（／～トイウ等）定評がある

ex.（42）―a　春団治には、「当代一の名人」との定評があった。

今一つは、ニ（ハ）格に評される対象の属性がくる場合で、これを（二）文型とすると、この文型では「～ト」等は必須ではない。

（二）　AノBニ（ハ）定評がある

ex.（43）―a　春団治の話芸には定評があった。

そして、これら両パタンの文は、いずれも「折り紙つきだ」を述語とする文に書き換えて違和感なく同義的な文として成り立つ。

（42）―b　春団治は、当代一の名人と折り紙つきであった。

（43）―b　春団治の話芸は折り紙つきであった。

こうして見ると、「折り紙つきだ」と「定評がある」は同義的のように見えるが、実は「定評がある」の「評」の内容が必ずしも〝価値が認められる〟といった意味合いのものとは限らないので、その点で「定評がある」は「折り紙つきだ」と大きくずれている。例えば、次の（44）（45）―aは「折り紙つきだ」の文には書き換えられない。

(44)—a　春団治は、後家殺しと定評があった。

(44)—b　*春団治は、後家殺しと折り紙つきだった。

(45)—a　ミュンヒハウゼン男爵は、大ボラ吹きと定評があった。

(45)—b　*ミュンヒハウゼン男爵は、大ボラ吹きと折り紙つきであった。

「定評がある」の方が、意味する範囲が広いのである。また、右のように悪い意味合いで使えない点では（二）文型も同様で、例えば次のaをbの「折り紙つきだ」の文に改めては不自然であろう。

(46)—a　彼の嘘八百には、定評がある。

(46)—b　*彼の嘘八百は、折り紙つきだ。

ただ、次のような例も見られ、おそらくはシニカルな言い回しなのだろうが、このような言い方が一般化していくと、「折り紙つきだ」が〃（よくも悪くも）相当なものだ〃といった意味で用いられるようになっていくかもしれない。

(47)　先にKOされた巨人・木田も、制球難は折り紙つきだ。（毎日、朝、一九九四、五、一二）

5—3　「折り紙つき」は、「価値が認められる」「優れている・よい」といったよい意味合いで用いられるが、連体修飾の場合、よい意味の「折り紙つきの」に対して、悪い意味で「札つきの」といった対立する表現が考えられる。だが、「札つきの」の用法はずっと狭いようである。

「札つきの」は、aのような言い方が典型的で、基本的に人についてその素行の悪さの面を問題にして言うのにしか使えない。

(48)—a　札つきの悪党／ごろつき／ろくでなし

(48)—b　*札つきの物忘れ／下手くそ／弱虫

被修飾名詞としては、評価対象の人を表すものでなければならず、悪い意味合いのものでも属性（振る舞いや性向）そのものを表す名詞がくることは不自然である。

（48）—c　*札つきの悪行／虚言癖／手癖の悪さ

ところで、「札つきの悪党」に対して「折り紙つきの善人」という対照的な内容の表現も考えられるが、「折り紙つきの善人」は「折り紙つきの善イ性質ヲモツ人」とほぼ同義で、「善イ性質ヲモツ」という評価される属性を含んだ一語が被修飾名詞となったものであり、この連体修飾の形は「……は折り紙つきだ」という対応する文の形が考えられないものだということは既に述べた。この点、「札つきの悪党」のような場合も同様で、被修飾名詞が意味として評価される属性を含んでいて、対応する文の形の表現はやはり考えられない。また、「折り紙つきの善人」には、類義的な表現として、「善人と折り紙つきの男」などという言い方が考えられ、これについては「（その）男は善人と折り紙つきだ」というように、同趣のことを言う対応する文が考えられる。この点、「札つきの」の場合は、「?悪党と札つきの男」のような言い方はやはり自然ではなく、「*（その）男は悪党と札つきだ」のような対応する文も考えにくい。こういった言い方は、類推で生じることはあるかもしれないが、本来的とはいえないように思われる。

文と対応づけられない連体修飾でもっぱら用いられる点で、「札つきの」は、連体修飾の特別のパタンで用いられる、用法が連体修飾に特化した表現といえる。

以上、「折り紙つき」について、用法のパタンが「折り紙をつける」と対応している面がある点と、意味においてずれが生じている例もある点とを確認し、併せて類義表現(11)についても検討した。

六、結　び

6　この節では、慣用句「折り紙をつける」及びそこから派生した「折り紙つき」という言い方をとり上げ、その用法や類義の語句との意味の違いについて検討した。慣用句と類義語の意味の相違の記述・分析はまだあまり行われていないので、一つのケース・スタディとして方法的に探るべきところがあれば幸いである。

舞台裏を明かせば、この節のもととなる原稿[12]を執筆した年の夏、研究に関するメモの類を整理していた際に、大学院生時代に書いた『「折り紙をつける」の意味について―類義語句との関係から―』と題するレポートを発見した。誠に拙いもので、今の目で見て評価できるところはほとんどないが、それから三十年近く経って齢五十を過ぎていたことでもあり、今少しまっとうなことが書けるのではないかという気がして筆を執ってみた次第である。

【第1節・注】

（1）　慣用句の認定の問題に特に立ち入ることはしないが、「折り紙をつける」は、もともとの「鑑定書を添える」意味から「評価を示す」といった意味に意味が一般化しており、もともとの字義どおりに解せられない固有の意味をもつものであるし、「*折り紙をちゃんとつける」などと言えない点でもひとまとまりの固定的な形式となっていることは明らかで、慣用句と扱って問題はないものと考える。

（2）　それに先立つものとして、高木一彦（一九七四）があり、慣用句研究に関する問題点を広くおさえている。

（3）　例えば、飛鳥（一九八二）、坂本（一九八二）など。

（4）　例えば、石田（二〇〇三）など。

（5）　原文では教会の電話番号とおぼしき数字が添えられているが、個人情報に類することであろうから、ここでは省いた。

(6) なお、次のような「B（評価される属性）においてA（評価対象）に折り紙をつける（／は折り紙つきだ）」のようなパタンは、形の上では評価対象を二格にとるが、意味として考えれば、むしろ②パタンのヴァリエーションと見た方がよいかもしれない。

（ア）尺八の技量において、矢島氏に折り紙をつける（／は折り紙つきだ）。

このあたり、更に検討が必要かもしれない。

(7) もっとも、あえて強引に「美人」＝「美人デアルコト」と読めば理解はできなくないが、「折り紙つきの美人」の「美人」は人を指すものと解せられるから、右のように読んでは連体修飾のパタンに文として対応するものとはいえなくなる。

(8) 従って、「三国一と折り紙つきの美人」のように評価内容をうかがわせる「〜ト」などを伴っておれば、これは①のパタンとなって、「（その）美人は三国一と折り紙つきだ」といった対応する文が考えられる。

(9) ただし、「うそでもいいから、この壺に『本物』と折り紙をつけてくれ」というように〝うそを言え〟と命令するような場合は命令化できるかもしれないが、〝うそ〟として使うのでは本来的な意味を大きく逸脱することになろう。

(10) かつて「約束する」を「保証する」と比較して論じた際、「保証する」を「現実がそうであることに責任をもつことを表明する」ものとしたが、それは、ここで述べている「責任をもてる根拠がある」ことを踏まえての言明ということである。藤田（二〇〇〇）二八四頁以下参照。

(11) なお、「折り紙つきの」の類義表現としては他に「名うての」という言い方を考えることもできるが、これも用法が限られており、「名うての悪党／賞金かせぎ／幸若舞の名手」のように文と対応づけられない連体修飾の形で用いられ、こうした例に見るように、もっぱら〝芸や荒っぽい仕事・行状において名を馳せた〟といったくらいの意味を表す言い方である。

(12) この項のもとになった論文は、二〇一二年九月末に脱稿したものである。

2.「名詞慣用句」について

一、はじめに

1―1　この節では、慣用句のうち「名詞慣用句」とされる形式について、その中味を見直し、また注意しておきたい表現を一、二とり上げて、いくらか検討してみたい。

慣用句とは、一般的な用語としては、「決まり文句」にあたるような語と解されて、さまざまな語句・言い回しを指して用いられるようだが、日本語研究の領域では、およそ次のようにとらえられている。

日本語で慣用句というのは、いつでも二つ以上の単語が一続きに、相応じて用いられ、その結合が、全体として、ある固定した意味を表すものを指す。

（『国語学大辞典』「慣用句」の項（永野賢執筆））

いくつかの単語がいつもかたくむすびついてつかわれて、特別の意味をあらわすことがある。

はなが　たかい（「とくいだ」「じまんだ」の意味）
はらを　たてる（「おこる」の意味）
きもを　つぶす（「おどろく」の意味）
くびを　きる（「解雇する」の意味）

これらは、単語のくみあわせのあらわす本来の意味とちがった意味をあらわしている。また、

どじを　ふむ（「失敗する」の意味）

らちが　あかない（「はかどらない」の意味）

のように、いつもこうしたくみあわせのなかでしかつかわれない単語（「どじ」「らち」）を含むものもある。

このように、いつもかたくむすびついてつかわれて特別の意味をあらわす単語のくみあわせを「慣用句」という。

（教科研東京国語部会・言語教育研究サークル『語彙教育』一八五頁）

すなわち、慣用句はいくつかの単語が結びついて用いられるものであるが、一般的な単語の結びつき（連語）と違って、

① その結びつきが強く、ひとまとまりになっている（ひとまとまり性）

② その全体が、それを形作る個々の語の意味の総合として理解できないような特定の意味を持つ（特定の意味）

といった特性をもつものと考えられているのである。

日本語の慣用句が、文法論の研究対象として本格的にとり上げられるようになったのは、後でも述べるとおり、一九七〇年代に入ってからであるが、そうした研究においては、もっぱら「腹を立てる」「首を切る」などといった動詞慣用句や「鼻が高い」のような形容詞慣用句が検討の対象とされてきた。しかし、ここでは、従来あまり問題にされてこなかった「名詞慣用句」に光をあてて考えてみたい。

というのも、これまでの研究で「名詞慣用句」と扱われてきた（と思われる）形式の内実はかなり雑多に見えるものであり、いろいろ問題を孕んでいるように思えるからである。

一つには、上に見た慣用句の定義的理解をふまえて考えた場合、「名詞慣用句」とされるものが、いずれも本当に慣用句と呼んで然るべきものか疑問なものがいろいろあるように思われる。

また、今一つには、次のようなことも問題である。「腹を立てる」「首を切る」といった動詞慣用句は、慣用句と

しての特性をもつにせよ、動詞句というべきものであるし、「鼻が高い」などの形容詞慣用句も、もちろん形容詞句というべきものである（そのような品詞性の形式として、文の構成に参与する）。だが、それでは「名詞慣用句」は、同様に名詞句といえるのか。この点についても、実はいろいろ問題があり、それは、一面で「名詞慣用句」という括りがかなり便宜的なものとしてなされている結果でもあろう（必ずしも名詞句といえるか問題があるものもあるという含みで、この節では、従来「名詞慣用句」とされてきた形式に言及する場合、「名詞慣用句」とカギカッコを付して記す）。

そしてまた、「名詞慣用句」とされるものの用法を見ていくと、いささか考えてみたいようなものも目につく。そうしたあたりにも、注意する必要はあろう。

1—2　上述のように、日本語の慣用句についての研究は、一九七〇年代に入って本格化するが、その中心になったのは、宮地（一九八二）に集約された宮地裕の一連の研究であった（そして、今日でもそのレベルから研究はさほど進んでいないと思われる(1)）。

ただ、宮地の慣用句論でも、もっぱらとり上げられたのは、動詞慣用句の類であって、それは、もちろん量的にこの類が多いということもあるが、何より慣用句の「ひとまとまり性」や「特定の意味」を論じるのに、わかりやすい題材であったからだと思われる(2)。「名詞慣用句」について、宮地の慣用句論で論じられていることは、さほどない。次の記述は、動詞慣用句・形容詞慣用句の複合語化といった問題を論じた議論を承けてのもので、「名詞慣用句」を正面からとり上げた数少ない記述である。

あとまわしになったが、もっとも複合語的な慣用句は名詞慣用句の一部であって、

▽水のあわ　▽袋のねずみ　▽もとのもくあみ　▽つるの一声　▽あとの祭り　▽虫の息
▽草葉のかげ　▽すずめの涙　▽あげ句の果て

など、ノ助詞による二語の連語句は、慣用句とも複合語とも連語とも言えるだろう。熟合度だけから言えば、一般連語句という連語よりはひとまとまりになっているから、慣用句か複合語だというだけのことで、慣用句なり複合語なり連語なりの体系的組織のなかで、それぞれ位置づけると主張されれば、それをさまたげる積極的な根拠は見あたりにくいようにおもう。

（宮地（一九九九）三一六〜三一七頁）[3]

しかし、今見てみても何とも煮え切らない記述であって、「一般連語句という連語よりはひとまとまりになっているから、慣用句か複合語だというだけのこと」とどちらでもよいように言うのなら、どうしてこれらを「名詞慣用句の一部」として持ち出してくるのか、よくわからない。自身も言うとおり、「慣用句」の「体系的組織」（というのが大仰なら、慣用句としてとらえる規準としての見方）のなかで位置づけること、そうした試みがまずなされていなければならないが、そうした志向が見られないため、宮地がどうしてこれらを「名詞慣用句」とするのか、そもそも「名詞慣用句」とはどういうものかがわからないのである。

更に、宮地は「名詞句とも言えるが、副詞句・形容動詞句的につかわれることがおおいもの」（同上三一七頁）として、「着のみ着のまま／すんでのことニ／すんでのところデ／そ知らぬ顔デ／どこ吹く風デ／目の黒いうちニ／思うつぼデ／年がら年中／日がな一日」といった言い回しを挙げる。しかし、これらがいずれも本当に「名詞句とも言える」のか、筆者には疑問に思えるし、また、そのように「つかわれる」なら、どうして「副詞句」等としないのかもよくわからない。

以上のとおり、宮地の慣用句論は、今日の慣用句研究の基礎となる重要な仕事ではあるが、残念ながら「名詞慣用句」について掘り下げて考える指針を与えるものではない。宮地の慣用句研究では、まず学習用国語辞典五種の見出しに挙げられた「慣用句」をすべてリストアップして慣用句リストが作られ、それに基づいて研究が進められた（そのリストは、宮地（一九八二）の「常用慣用句一覧」のもとになる）。それ故、慣用句の認定の点では、〃世間一般でそのように見られている〟といったレベルでなされているところがあると見られるし、名詞句と見ることも、そうした見出しの表示に拠るところがあるように思われる。そのあたりについて十分に掘り下げがなされていない点が限界であり、それが「名詞慣用句」の場合に露呈してきているように思われる。

さて、「名詞慣用句」を正面からとり上げた先行研究・先行記述といえるようなものは思い当たらないが[(4)]、もし挙げるとすれば、宮地（一九八二）の「慣用句解説」にある「二　品詞別の特徴」の項の「名詞慣用句」くらいであろうか。これは、二頁弱のごく短いものだが、実は筆者が大学院時代に執筆したもので、「名詞慣用句」について、形の上で、次のように四つに大きく分けて簡単に論じている。

二つの名詞から成る名詞プラス名詞慣用句は、形式上、次のように四大別できよう。

(1) A　B型　例　うり二つ　十重二十重　口八丁手八丁
(2) AニB型　例　青菜に塩　寝耳に水　渡りに舟
(3) AノB型　例　氷山の一角　後の祭り　揚句の果て
(4) その他　例　一か八か　幸か不幸か　一事が万事

（宮地（一九八二）［藤田執筆］二四五頁）

この「名詞慣用句」の記述は、今読んでみてさほど違和感のないものとも思えたが、やはり不十分・不徹底あるいは妥当でないところも目につく。何より、このように形の上で分類して考えることにどれほど有効性があるかは疑問に思えるので、以下ではこれにとらわれずに論じることにする。

1―3　次の第二項では、「名詞慣用句」とされるものについて、その内実を見直し、整理してみたい。そのうえで、第三項では、それらのいくつかに関わる、気になる表現の問題を、一、二論ずることにする。

二、「名詞慣用句」の整理

2—1　「名詞慣用句」の内実をおさえるにあたり、具体的にどのようなものが「名詞慣用句」とされているのかを、まずおさえる必要がある。そこで、ここでは宮地（一九八二）の「常用慣用句一覧」という慣用句リストに拠って見てみることにする。宮地（一九八二）は、先にふれたところからも知られるように、今日でも慣用句研究の基本文献であり、ここで「常用慣用句」として掲げられているもののうち、（特に「名詞慣用句」などと明記はされていないにせよ）敢えて名詞句の形で掲出されているものは、「名詞慣用句」と考えられているものと見てよいだろう。そうした、名詞句の形で掲出されているものを、以下に抜き出してみる。ただし、「一日の長／一日の長がある」のように動詞句で使う形が並記されているものは、動詞句の形を一般的な使い方と考え、除いた。また、「折り紙つき」は、「折り紙をつける」と並記されているが、少なくとも「折り紙つき」で一語と見るべきで、慣用句とはいえないから、これも採らない。「横紙やぶり」のような明らかな一語も挙がっていたが、もちろんこれも採らない。

揚句の果て	あこがれのまと	あとの祭り	あの手この手	いざという時
一事が万事	命の恩人	命の綱	いばらの道	いまわのきわ
上を下への大騒ぎ	浮かない顔	浮世の荒波	牛の歩み	うなぎの寝どこ
鵜の目鷹の目	瓜二つ	雲泥の差	運命の糸	永遠の眠り
思うつぼ	風の便り	関心のまと	着のみ着のまま	草葉の陰
苦心の末	口も八丁手も八丁	犬猿の仲	公然の秘密	心の糧
心の杖	沙汰のかぎり	思案の末	雀の涙	青天の霹靂
先見の明	そ知らぬ顔	高嶺の花	高みの見物	多勢に無勢

立て板に水　他人のそら似　玉の汗　力のかぎり　長足の進歩
出来不出来　敵もさるもの　どこふく風　ながの別れ　泣きの涙
なしのつぶて　なに食わぬ顔　年がら年中　抜き足さし足　年貢の納め時
背水の陣　日がな一日　一足ちがい　火の海　氷山の一角
不安の色　風前のともしび　袋のねずみ　不幸中の幸い　平気の平左
ほうほうの体　まさかの時　まっかな嘘　末期の水　水に油
水の泡　緑の黒髪　みのりの秋　耳よりの話　見よう見まね
無実の罪　虫の息　無用の長物　目と鼻のあいだ　目の黒いうち
もとのもくあみ　ものはためし　矢の催促　選り取り見取り　割れるような拍手

以上、合計八五句を拾うことができる（さしあたり、五十音順に並べてある）。
「常用慣用句一覧」は、収録された慣用句の総数が記されていないが、一頁につき約七五句が掲げられており、総頁数は一七頁余なので、約一三〇〇句を収めるものと見られる。そのうち、上に抜き出したものは八五句であり、「名詞慣用句」とされるらしいものは、「常用慣用句一覧」に掲げられる慣用句全体の一割にも満たない。そして、この八五句についても、これらをすべて「名詞慣用句」と見てよいかは、問題である。

2—2　まず、上記八五句のうち、次の一四句は慣用句とすべきものではなく、通常の連語句と見るべきものと思われる。

あこがれのまと　命の恩人　関心のまと　苦心の末　公然の秘密　思案の末
力のかぎり　出来不出来　不安の色　まさかの時　末期の水　みのりの秋

無実の罪

ものはためし

このうち、「あこがれのまと」「関心のまと」は、他にも「羨望のまと」「注目のまと」などといった類例的な言い方が考えられ、「~のまと」というパタンにある程度生産性がある点で、「ひとまとまり」の固定的な言い方とは言い難い。「まと」が〃心・注意がひきつけられる対象〃といった意味であると見れば、全体として特定の意味をもつのではなく、個々の意味の総合として理解できる。冒頭に見た慣用句の定義的理解には、いずれの点でも合致しないので、むしろ通常の連語句とすべきである。「苦心の末」「思案の末」も、「努力の末」「議論の末」「研究の末」等と類例的な言い方が考えられるし、「不安の色」も「疲労の色」「喜びの色」など、いろいろ同趣の言い方は考えられ、いずれも個々の語の意味の総合として理解できる点では、同様である。このようなものまで慣用句として挙げていることは、「常用慣用句一覧」というリストが、まだまだ十分整理されたものになっていないことをうかがわせる。

また、「ものはためし」は、通常は「ものはためしだ」と前置き的な文の形で使われ、そもそも名詞句として位置づけるものかが問題だし、この文も、一種のウナギ文的に、〃物事は、試し(にやってみるのがよいの)だ〃と、文形式と個々の語の意味を総合することから十分全体の意味が把握できる点で、全体として特定の意味を持つ慣用句とすべきものとは思われない。

確かに、「ものはためしだ」のような言い方は、よく使われるものではあろうが、表現としてそのような言い方がよく使われるということと、言語の単位として「慣用句」というまとまりであることとは、別に考えるべきことと思う。

その他も同様で、類例的な言い方は考え得るし、個々の語の意味の総合から意味理解できる点で、通常の連語句としていいだろう。例えば、「息子の恩人」が、〃息子を助けてくれた恩ある人〃と解せるのと同様、「命の恩人」

も〝命を助けてくれた恩ある人〟と解せる。「無実の人」は、その人が実際は罪があるものではないこと（＝無実）を言うが、同様に「無実の罪」は、「罪」とされるあることが実際は罪があることではないということ（＝無実）である。このように、いずれも個々の語の意味の総合から意味理解できる。「まさかの時」などという言い方も、引用されたコトバと見なされるものが「〜の」の形で持ち出されている点は特別に見えるかもしれないが、この種の言い方は「いよいよの時」などと類例も考えられる（「そろそろの時には声をかけてくれ」などという言い方も可能だろう）。引用されたコトバは、発せられた（もしくは、発せられる）と見なされるコトバを再現・提示するものであることにより、発言という行為・出来事を表す表現性をもつものであるから、「まさかの時」は、その表現性を換喩的に利用して、〝まさかという発言がなされるような状況の時〟ということを表す言い方である。やや複雑ではあるが、部分のそれぞれの表す意味の総合から全体の意味が読みとれる点では、これも、全体で特定の意味を表す慣用句とすべきものではない。

2—3　また、次の一六句は、通常の比喩表現と考えておけばよかろう。

命の綱　いばらの道　浮世の荒波　牛の歩み　うなぎの寝どこ　運命の糸
永遠の眠り　心の糧　心の杖　雀の涙　高嶺の花　玉の汗
一足ちがい　火の海　風前のともしび　割れるような拍手(5)

確かに、これらは頻用される比喩であるが、比喩であるとの認識のもとに、個々の語の意味の総合をふまえて全体の意味に思い及ぶことができる点では、敢えて慣用句とすべきものではない。

ここでも繰り返すなら、表現としてこうした比喩がよく使われることと、言語の単位として「慣用句」というまとまりであることは、基本的に別のことである。例えば、「死ぬほど疲れた」の「死ぬほど」は、よく使われる比喩的言い回しである（一種の決まり文句と言ってもよい）が、これを慣用句というのは当たらないだろう。（比喩であるとの理解のもとに）「死ぬ」と「ほど」という各語の意味の総合から言わんとする全体の意味は理解されるし、「立っていられないほど疲れた」「声も出ないほど疲れた」等の類例的な言い方もいろいろ考えられる。つまり、これらと同様、自由な組み合わせで作られた通常の連語句と位置づけて然るべきである。よく使われる決まり文句のような言い方であるからといって、それが「ひとまとまり」のものとして結びついて、全体として特定の意味をもつ慣用句だとは限らない。むしろ、次のような区別を考えることが重要かと思う。

表現論的決まり文句
意味―統語的決まり文句（＝慣用句）

なお、「一足ちがい」は、一種の比喩的な言い方と言えようが、やはりその意味は「一足」と「ちがい」の意味の総合として十分理解できる。しかも、「一足ちがいだ／で」のような形では使えても、「?一足ちがいが／に／を」のように格助詞を伴う形などでは使いにくく、そもそも名詞句として掲出すべきものなのかも問題である。「風前のともしび」も、個々の語の意味をもとに自然に理解できる比喩といえるが、これも「〜だ／で」の形でしか使いにくく、同様の問題がある。「雀の涙」も、個々の語の意味をふまえて十分理解できる比喩であるが、これもまた上と同様の面がある。

2―4　さて、いささか注意すべきなのは、次の一八句である。

いざという時　**いまわ**のきわ　**浮かない**顔　**犬猿**の仲　**沙汰**のかぎり
先見の**明**　**そ知らぬ**顔　高みの見物　他人の**そら似**　**長足**の進歩
ながの別れ　**なに食わぬ**顔　**年がら**年中　**日がな**一日　**不幸中**の幸い
ほうほうの体　**耳より**の話　無用の**長物**

これらでは、名詞句を形作る少なくとも一方（太字）が単独では使えないものになっている。つまり、「いまわ」

「浮かない」「犬猿」「高み」「そら似」「長足」「なが」「年がら」「ほうほう」「耳より」「長物」などは、単独の用法が考えられず、他の結びつきでも使いにくい（「いざ」「沙汰」は、単独でも使えて他の結びつきも可のように思えるが、実際は時代劇のセリフかことわざでもなければ使われることはまずないだろう）。また、「先見の明」の場合、「先見」「明」の両方がそうである。つまり、こうした語は、もっぱらこのような結びつきの形でのみ使われるものであり、こうしたまとまりを「名詞慣用句」とするのも、故なきことではない。

ただ、まず一方がこの形でしか使われない結びつきであるにしても、だからといって全体が固定したひとまとまりになっているとは、必ずしも言えないのではないか。例えば、「浮かない顔」「そ知らぬ顔」「なに食わぬ顔」の「浮かない」「そ知らぬ」「なに食わぬ」は、確かに「顔」と結びついてしか用いられないが、それぞれ一定の意味は読みとれる。また、類例的な言い方も、「不満な顔」「真剣な顔」「いらいらした顔」などいろいろ考えられる。こうした〝連体句＋「顔」〟は、「～顔をする／だ／で」のような形で様態表現として使われるのが一般的である。「浮かない」「そ知らぬ」「なに食わぬ」は、「不満な」等と並んで「顔」の内容（様態）を補充する連体句となる語句であるが、「不満な」等とは違って、使われ方が限定されたものになっていると考えるのが妥当だろう。

この点、いわゆる「連語的慣用句[6]」とは、いささか区別すべきであろう。例えば、動詞慣用句の例を考えると、「あぐら」は必ず「(を) かく」と結びつくものであり、ひとまとまりの連語的慣用句だとされるが、これは、「かく」にほとんど実質的な意味が読みとれず、「あぐら」という実質的意味を担う部分に対し、全体を動詞句とする文法的働きだけを担うものと見られるので、「あぐらをかく」が、全体として〝胡坐する〟といった意味をもった慣用句と見なされるわけである。しかし、「浮かない顔」といった結びつきは、「浮かない」が必ず「顔」と結びつくものであるにせよ、「浮かない」にも「顔」にも一定の具体的意味が読みとれる点で、「あぐら」が必ず「かく」と結びつくといった連語的慣用句の場合とは同じではない。「浮かない顔」は「浮かない」と「顔」に還元して考えることが可能であり、むしろ問題は「浮かない」という語句の働き方と見るべきだと考える。この2―4で最初に示した一八句で上記以外のものも、後述のものを除き同様に考えられる。

ちなみに、あまり気づかれることのない同趣の事例を加えておくと、「運び」という名詞は、単独では用いられず、「足の運び」「筆の運び」というように、必ず特定の名詞を連体修飾句とし、それを承ける形で用いられる。その点は、「長物」が必ず「無用の」を承けて用いられるのと同様である。しかし、「足の運び」「筆の運び」が慣用句とされることはまずないだろう。「足」「筆」にも「運び」にも具体的な意味があり、それらの意味の総合で全体の意味が理解される点で、全体として特定の意味を担う慣用句には見えないからである。であるなら、「無用の長物」も、「長物」に〝かさばる要らないもの〟といった意味が読みとられる以上は、同様に通常の連語句と同じように扱うべきものと考える。後述の「年がら年中」「日がな一日」を除けば、他も同じことである。

「先見の明」も、「先見」「明」それぞれに一定の意味が読みとれ、全体の意味はその個々の語の意味の総合として理解できるので、基本的には通常の連語句に準じて考えたい。確かに、「先見」は「明」と、「明」は「先見」としか結びつかないとなると、両者は強く結びつくもので「ひとまとまり性」があるとも言えそうだが、それぞれの意味の総合で全体の意味が理解できる点で、全体として「特定の意味」をもつというわけではないので、慣用句とされる要件を満たさないのである。

一方、「年がら年中」「日がな一日」は、「年がら」「日がな」に実質的意味は読みとりにくく、部分の意味の総合として全体の意味が理解されるということになっていない。しかし、これらはひとまとまりの慣用句とするより、むしろ一語と見るべきものだろう。何故なら、「年がら」「日がな」の部分は、語であるとも意識しにくく、その点で「いくつかの単語が結びついて用いられる」という慣用句の基本条件に合わないものとなっているからである。従って、「年がら年中」「日がな一日」は、複合語と考え、「年がら」「日がな」は、いわゆる無意味形態素（「ビー玉」の「ビー」のような）とするのが適切だろう。それに、そもそも「年がら年中」「日がな一日」は、何も伴わずにこの形で副詞としてしか使われないのだから、これを名詞句と扱うのも問題である。

2—5　以上の四八句を除いて、三七句が慣用句といえそうなものである。念のため、ここでそれらを一覧して示しておく。

揚句の果て	あとの祭り	あの手この手	一事が万事	上を下への大騒ぎ
鵜の目鷹の目	瓜二つ	雲泥の差	思うつぼ	風の便り
着のみ着のまま	草葉の陰	口も八丁手も八丁	青天の霹靂	多勢に無勢
立て板に水	敵もさるもの	どこふく風	泣きの涙	なしのつぶて
抜き足さし足	年貢の納め時	背水の陣	氷山の一角	袋のねずみ
平気の平左	まっかな嘘	水に油	水の泡	緑の黒髪
見よう見まね	虫の息	目と鼻のあいだ［注・むしろ「目と鼻の先」か］		
目の黒いうち	もとのもくあみ	矢の催促	選り取り見取り	

少し注を付しておくと、例えば「瓜二つ」は、比喩ではあろうが、「瓜」という語に〝似ているもの〟といった意味・含みが一般にあるわけではなく、名詞句を形成する語「瓜」「二つ」の意味の総合から全体の意味は読みとり難い（そもそも「瓜二つ」とは、二つに割った瓜の双方がよく似た形であることから出た比喩だということだが、この「瓜二つ」から割った瓜の話だなどとは思い及ばないだろう）。また、「虫の息」も、かすかな息をする様子をたとえて、そこから〝瀕死の状態〟をいう言い方だが、およそ「虫の息」（虫のする息？）などという語列を与え

られても、まずどのようなことなのか直ちに想像はつくまいし、かすかな息という意だと考えたとしても、そこから〝瀕死〞の様子だとするのは飛躍があって、必ずしも思い至ることとはいえない（息をひそめて気配を消した様子などという理解の可能性も、全体の意味を知らなければあり得るはずである）。「氷山の一角」などは、全体の意味を知っている者にとっては自明の比喩に見えるかもしれないが、これが〝冷たく尖ったもの〞などというたとえではなく、〝かくれた全体のうちのごく一部〞といった意味になることは、これを構成する語の意味の総合から必然的に決まることでもない。

このように、比喩とはいえ、全体が表す意味が個々の語の意味の総合からは理解できないほどかけ離れたものになっているものもある。こうしたものは、単なる比喩ではなく、「全体で特定の意味をもった」慣用句とすべきだと思われる。上掲の句のうち、比喩的な句は、そうしたものである。

一方、「泣きの涙」や「まっかな嘘」などは、個々の語の意味を総合しても言っていることはかえってわからなくなるくらいで（「では、泣かない『涙』なんてあるのか」とか「どうして『嘘』がまっ赤なんだ」などと考えてもはじまらない）、やはり全体として特定の意味を表すものとなっているし、「緑の黒髪」では、「緑」に〝つややか〞などという意味が一般にあるわけではないから、個々の語の意味を総合しても全体の意味には決してたどりつけない。「もとのもくあみ」「なしのつぶて」に至っては、「もくあみ」とは何か、「なし」とはどの「なし」で、どうしてその「つぶて」なのか等、個々の語の意味自体が今一つよくわからないのであり、全体として一定の意味が読みとられるものでしかない。この種の言い回しも、上掲の中にいくつも見いだされるが、やはり慣用句とすべきであろう。

とりまとめて言えば、上掲の三七句は、一応「全体として特定の意味を表す」という条件を満たしている点で、慣用句とすべきものといえる。更に言えば、全体として特定の意味を表すとなれば、その「特定の意味」を表すには、このような言い方をしなければならず、また、類義の類例的表現も考えにくいという点で、これらには「ひとまとまり性」があるともいえよう。

2—6　しかし、**2—5**に挙げた句が慣用句であると考えられるにしても、これらが、「名詞慣用句」、つまり名詞句としての慣用句と位置づけるべきものなのかどうかは問題である。つまり、これらに文法的（統語的）に名詞性が認められるかどうかが問題であるが、その点を論じるために、ここで「名詞性」（名詞としての文法的性格・働き）ということについて、若干述べておきたい。

名詞は、統語的には、格助詞等を伴って他の語・語句と自由な結びつきを作り、文の構成に参与するのが、本来の働き・性格である。ある語・語句が、そのように使われる（働く）なら、それは「名詞性」があり、名詞・名詞句だといえる。

例えば、「本」「読んだ本」のような語・語句は、次のとおり、格助詞等を伴って自由な結びつきを作り、文の構成要素となるから、「名詞性」があり、名詞・名詞句だといえる。

（1）—a　本（／読んだ本）が机の上にある。

（1）—b　本（／読んだ本）を人に貸す。

（1）—c　本（／読んだ本）に栞を挟む。

（1）—d　カバンに入っているのは、本（／読んだ本）だ。

これに対し、「はず」という語は、しばしば「形式名詞」などとされるが、これが形成する「～はず」という句は、「*～はずを（／に）……」などと使えず、「～はずがない」とは言えても「*～はずがある」などとは言えないなどといった点で、格助詞等を伴って自由な結びつきを作るものとはいえず、従って「名詞性」が認められないから、名詞句（節）とはいえないということになる（それ故、「はず」を名詞句（節）を形成する「形式名詞」と見るのは妥当ではないということにもなる）。

このような見方で考えた場合、**2―5**で掲げた句のうち、名詞句として自由な結びつきを作って使えるのは、「緑の黒髪」と（やや窮屈な感はあるが）「まっかな嘘」「上を下への大騒ぎ」くらいである。

（2）―a　緑の黒髪を｜梳く（／めでる）。
（2）―b　緑の黒髪に｜見とれる（／手をやる）。
（2）―c　緑の黒髪が｜美しい（／のびている）。
（3）―a　その男のまっかな嘘を｜見破る（／信じてしまう）。
（3）―b　その男のまっかな嘘に｜腹をたてる（／翻弄される）。
（3）―c　その男のまっかな嘘が｜許せない（／大事を招いた）。
（4）―a　上を下への大騒ぎを｜引き起こす（／何とも思わない）。
（4）―b　上を下への大騒ぎに｜呆れる（／ふり回される）。
（4）―c　本社の上を下への大騒ぎが｜気になる（／わずらわしい）。

名詞慣用句を、名詞句としての慣用句と考えるのなら、それに該当するのはこれくらいなのである（もちろん、あくまで「常用慣用句一覧」の範囲のことではあるが）。

2―5で掲げた句のうち、これら以外は、必ずしも名詞句としての文法的性格・働きをきちんともっているものとは言えない。以下に、今少しその内実を見ておこう。

2―7　**2―5**で掲げた「慣用句」と考えることのできる三七句から、**2―6**でとり上げた三句を除き、残り三四句をいくらか使われ方を整理して示す。ⅰとⅱに分けて示すが、まずⅰとしたのは、「～だ／で」の形でもっぱら使われるものである（《　》及び〔　〕で、適宜その典型的な用法についての情報を付記する）。

i—a（「〜だ／で」）

《AハB（様態）ダ》

〔〜ト〜トハ〕瓜二つ

〔〜ト〜トハ〕雲泥の差

口も八丁手も八丁

青天の霹靂

氷山の一角

袋のねずみ

平気の平左

〔〜ト〜トハ〕水に油

水の泡

虫の息

目と鼻のあいだ（むしろ「目と鼻の先」）

〔〜ト等〕矢の催促

〔〜シテカラ等〕なしのつぶて

選り取り見取り

i—b（主語を取らず「〜だ／で」）

《〜シタラ／シテモ等〜ダ》

あとの祭り

思うつぼ
もとのもくあみ
《モハヤ〜ダ等》
年貢の納め時
i—c（もっぱら「〜で」）
あの手この手
鵜の目鷹の目
抜き足さし足
泣きの涙
背水の陣
着のみ着のまま
見よう見まね

既にふれたとおり、これらは名詞句としては使いにくい。例えば、「瓜二つ」なら、次のとおり、

（5）—a *彼らの瓜二つが|面白い。
（cf. 彼らが瓜二つなのが|面白い。）
（5）—b *彼らの瓜二つを|見た。
（cf. 彼らが瓜二つなのを|見た。）
（5）—c *彼らの瓜二つに|気づいた。
（cf. 彼らが瓜二つなのに|気づいた。）

格助詞ガ・ヲ・ニを伴って自由な結びつきを作って用いようとしても不可である。「～瓜二つなのが（／を／に）……」のような言い方なら可となることからも知られるように、「瓜二つ」は必ず「だ」を伴い不可分の形で用いられる。

また、例えば「思うつぼ」の場合、格助詞ガ・ヲ・ニを伴って絶対に使えないこともないような気もするが、やはりcf.のような言い方が自然で、直接ガ・ニ・ヲを伴っては、はしょった無理のある言い方と感じられよう。

（6）―a ?相手の思うつぼがまずい。
（cf. 相手の思うつぼであることがまずい。）
（6）―b ?相手の思うつぼを見破った。
（cf. 相手の思うつぼであることを見破った。）
（6）―c ?相手の思うつぼに気づいた。
（cf. 相手の思うつぼであることに気づいた。）

他の句も同様なのは、納得されよう。ただ「矢の催促」は、

（7）―a 編集者の矢の催促が、華子を追いつめた。
（7）―b 編集者の矢の催促を、華子は無視した。
（7）―c 編集者の矢の催促に、華子は辟易した。

のように、格助詞をいろいろ伴って自由な組み合わせを作ることができ、名詞性が認められる。しかし、この「矢の催促」は、「だ」を伴う様態を表す述語としては、「催促」の内容や意図を表す規定句を必ず伴って用いられるが、そのような形では名詞的に使いにくい（もちろん、fのように規定句も連体的な形にしてしまえば可だが）。

（7）―d 編集者は、締切を守れと、矢の催促だ。

（7）—e ？締切を守れと矢の催促が、華子を追いつめた。

（7）—f 締切を守れとの、矢の催促が、華子を追いつめた。

「矢の催促」については、名詞句の用法と「だ」を伴い様態を表す述語用法が、用法として分化しているようである。

ともあれ、i—a・bとして示したものは、全般に名詞句とは言い難く、むしろ形容動詞語幹にも近い、様態・状況表現の述語句を形成するものと見るべきである。敢えて慣用句というなら、「～だ／で」の形で形容動詞句を形成する形容動詞的慣用句とでもいうべきであろう（なお、bの方は一般に主語をとらずに用いられる点でも注目されるが、これらについては、次項で今少しふれる）。

一方、i—cは「～だ」の形でも使えなくはないが、むしろ「～で」の形で副詞句を形成して用いられるのが本来のように思われる。例えば、次のaに対し、「～だ」形をとったbの方は、様態の如何に焦点をあてた強調表現のように感じられよう。

（8）—a 彼は、あの手この手で恭子の歓心を買おうとしている。

（8）—b 彼は、恭子の歓心を買おうとあの手この手だ。

これらi—cに挙げたものも、敢えて慣用句というなら、「～で」の形を基本とする副詞的慣用句を形成するものとすべきである。

2—8 後は、iiに「その他」として一括したが、いろいろなものが含まれている。

ii（その他）

（～と）立て板に水　どこふく風

（～で（場所））草葉の陰

（〜に）颪の便り
（〜は）〔〜ノ〕目の黒いうち
（副詞句）一事が万事
（「〜は／が／に」で接続詞的に）揚句の果て
（挿入句）敵もさるもの　多勢に無勢

もっぱら「〜と」「〜で」「〜に」「〜は」といった形で、文の規定句を形成するようなものは、そのひとまとまりを副詞句と見るべきで、慣用句というなら、それを副詞的慣用句とすべきであろう。「一事が万事」は、明らかに副詞句として用いられるものであり、これも副詞句とすべきである。「揚句の果て」は「は／が／に」を伴う形で接続詞的に用いられる。敢えて言うなら、（それらを伴った形で）接続詞的慣用句といえよう。これについては、第3章第2節で論じた。

「敵もさるもの」「多勢に無勢」は、次のように挿入句的に用いられるのがふつうだが、[7]もちろん名詞慣用句というべきものではない。

(9)　丹羽方は、洞ヶ峠に伏兵をおいたが、敵もさるもの、服部勢は間道を抜けて、ひそかに峠の北側に先回りした。
(10)　全員が武器をとって戦ったが、多勢に無勢、次第に押しまくられていった。

こうしたフレーズの用法については、次項で今少し考えることにする。

以上のように見てみると、「名詞慣用句」とされたものは、未整理の諸表現の掃き溜め状態になっていたと言わざるを得まい。以上の整理もまだ考えるべき点がいろいろあろうが、少なくともこの程度の見直しをしてみることは、慣用句研究のために必要なことだろうと思う。

三、一、二の表現をめぐって

3—1　この第三項では、「名詞慣用句」に関連して、筆者が気になる一、二の表現についてふれておきたい。

まず、**2—8**で「敵もさるもの」「多勢に無勢」という句について、これが次のようにしばしば挿入句的に用いられることを見た。

（9）丹羽方は、洞ヶ峠に伏兵をおいたが、敵もさるもの、服部勢は間道を抜けて、ひそかに峠の北側に先回りした。

（10）全員が武器をとって戦ったが、多勢に無勢、次第に押しまくられていった。

「敵もさるもの」「多勢に無勢」は、名詞慣用句、つまり名詞句としての働きにおいて使われる慣用句というようなものではなく、むしろ、こうした挿入句としてしばしば使われる決まり文句的フレーズだというべきである。そして、こうした挿入句の形で用いられる決まり文句的フレーズは、他にもいろいろ見られる。

（11）—a　急ぎ病院に駆けつけたが、時既に遅し、父親は亡くなっていた。

（12）—a　その経緯はよく承知しておりますが、言わぬが花、あえてお教えは致しません。

（13）—a　噴火が近づいていると言っても、にわかには信じられないだろうが、論より証拠、観測データを見てほしい。

この種の用法で用いられる決まり文句的フレーズの典型的なものは、いわゆることわざ・格言の類いで、例えば次のとおり、こうした用法に極めて自然にはまる。

（14）いろいろ気になることもあろうが、案ずるより生むが易し、まずは検査を受けて見なさい

（15）最初はその日の食事にも事欠く有り様だったが、稼ぐに追いつく貧乏なし、日々の仕事に精出すうちに、

次第に収入も安定してきた。

こうした文は、挿入句が以下に述べられる事柄の理由・状況説明を示すものとなっている。また、挿入句の部分は、「で」を伴う形にしても、また、ここでいったん「〜だ」と切って続ける形にしても、同趣の言い方として成り立つ。例えば、次のとおりである。

(13)—b　噴火が近づいていると言っても、にわかには信じられないだろうが、論より証拠で、観測データを見てほしい。

(13)—c　噴火が近づいていると言っても、にわかには信じられないだろうが、論より証拠だ。観測データを見てほしい。

ここで問題にしている挿入表現は、世間でよく知られ、口にされている(と考えられる)所与の出来合いのフレーズを引用して挟むことで、″〜ということばのとおり″″〜といったことばのように″といった意味合いでそれを引き合いに出して、以下のことに対する理由・事情説明として利用するものである。(8) このような表現を、仮に「出来合いフレーズの挿入表現」とでも呼んでおく。

重要なのは、挿入され引き合いに出されたコトバが、話し手がその場で紡ぎ出している他の部分のコトバとは異質の所与のものであることがわかるということである(それによって一種の異化作用が働き、挿入句が自ずと注目され、参照されて、理由・事情説明ととられるわけである)。その点では、何より、そうしたフレーズが出来合いの、世間でよく知られたものであることが、こうした用法が可能であることの支えとなっているが、上記の例のように「さるもの」「遅し」「言わぬが」等といった古典語的言い回しが用いられたフレーズであることも、他とは異質のものであることを明確にするのに貢献している。

上記のようなことであるから、世間周知の出来合いフレーズであれば、ことわざ・格言の類いでなくても、いろいろなものがこうした用法で用いられる。

(16)　何より、松のことは松に習え、対象をよく観察することが基本です。（∧「三冊子」）

(17)　いくら相手が名家の出だからって、天は人の上に人を作らず、へいこらすることはないさ。（∧「学問のすすめ」）

(18)　今回の原稿は、どこまで続くぬかるみぞ、どこまで書いても終わりが見えない。（∧軍歌）

(19)　道路は復旧しましたが、災害は忘れた頃にやってくる、まだ油断は禁物です。（∧標語）

こうした挿入表現については、既に三上章（一九五三）（一九六〇）に簡単な指摘・記述がある。

こゝへちょっと間投しておくが、人口にカイシャした成句はそのまゝ間投的に使われて理由を表す。

タ、ケヨ然ラバ開カレン、一ツ思切ツテ当ツテミルコトダ。

オイ、三十六計、逃ゲチマハウ

この際活用形も古体のまゝが効果的であって、なまじ現代訳すると、つなぎの接続助詞や承前詞が必要になってくる。

（三上（一九五三）三二三頁）

文の形のイワユル［藤田注・「借用」されたコトバ］は、格助詞や言定めのdeで受けられる。あるいは、イワユルの形のままで、理由の気分を表す係りになることがある。係りらしくないそのままの形で係りになる点、やや間投句に似ている。人口にカイシャを前提とするから陳腐になるが。

それでは、〝あつものにこりて何とやら〟、あんまり消極的すぎるよ。

彼等とて、〝焼野のキギス、夜のツル〟、子供がかわいくないのではありません。

〝細工はリュウリュウ〟、まあだまって見ていろ。

（三上（一九六〇）一四八頁・原文横書き）

この表現に関する基本的なポイントはきちんと押さえられており、さすがだと思う。ただ、挿入されるコトバを、

「イワユル」、つまり「借用」されたコトバなどとするのは、いかがか。「借用」とは、引用に似て引用助詞「と」がつかないものだそうだが（三上章（一九六〇）一四七頁）、「引用」（＝引用されたコトバの表現）の本質は「と」の有無というようなことにあるわけではないから、このような区別だては意味が乏しい。[9] こうした挿入表現も、世界に流布・定着しているモノとしてのコトバを引用したものと考えておいてよい（このあたりは、藤田（二〇〇〇）一一六～一一七頁も参照）。

そして、「敵もさるもの」「多勢に無勢」「時既に遅し」等は、ことわざや格言のように何かの社会的な知恵を教え授けるフレーズとしてあるわけでもなく、また、書物や文章の一節として流布しているものでもないが、いわばこの種の挿入表現で好んで用いられるものとして用意されている出来合いのフレーズとでも言うべきものかと思える。その意味では、ことわざや格言、名文句などとともに、これらも広く表現論的な決まり文句の一環として位置づけるべきものであろう。

3―2　次に、今一つ考えてみたいのは、**2―7**でi―bとしてとり上げた、次のような「～だ／で」の形をとる表現である。[10]

(20)―a　そんなことをしたら、相手の思うつぼだ。

(21)―a　何を言っても、もはやあとの祭りだ。

「思うつぼだ」「あとの祭りだ」に対しては、主語は考えにくい。「?おまえは、相手の思うつぼだ」のような言い方は、できなくはなさそうに思えて、実際はやはり無理があると思われる。

それでも、例えば次のような言い方は可能だろうが、

(20)―b　そんなことをしたら、それは（／それこそ）相手の思うつぼだ。

「それ」の指す内容は、「そんなことをした」結果生じるであろう状況・事態だと考えられる。このことからも知ら

れるように、「思うつぼだ」は、状況・事態について、それをひとまとめにとらえて規定する言い方といえる。「あとの祭りだ」は、「それは」というような主語さえとらないが、表現性としては同様であろう。また、「もとのもくあみ」も、表現性においては同じように思える。

ある程度主観的な印象なのかもしれないが、このような言い方は、これこれと状況・事態を言い定めてつきつけるような、相応に印象的で強い言い方のように聞こえる。そして、それが必ずしも主観的印象とばかりは言えないと思えるのは、次のような事実もあるからである。これらは、否定の形をとっては使いにくい。

(20)―c ＊そんなことをしても、相手の思うつぼではない。

(21)―b ＊何とか頑張れば、まだあとの祭りではない。

このことに関しては、次のようなことを思い起こしたい。

(22)―a　今日は、忙しい。

　　↓　今日は、忙しくない。

(22)―b　今日は、非常に忙しい。

　　↓　?今日は、非常に忙しくない。

通常はaのように否定できる語も、bのように、その意味を強めた言い方では否定しにくい（部分否定のようなことは、今は問題にしていない）。敢えて意味を強めた言い方にしておきながら、それを打ち消すというのは、表現として矛盾するからだろう。

このことを参考にすれば、「思うつぼだ」「あとの祭りだ」が否定しにくいのも、これらの意味が、何らか〝強め〟の加わったものであるからだと考えられそうである。

以上のように、状況・事態をひとまとめにとらえて規定し、ある程度強く印象的な言い方になる「思うつぼだ」等の表現性について、そのよって来たるところを以下いささか考えてみたい。

さしあたり、「思うつぼだ」を例に考えてみるが、これについて一つ注意したいのは、「思うつぼ」は、もともとは「思うつぼにはまる」という動詞慣用句の一部として使われる語句だということである（だから、これだけを取り出して「名詞慣用句」とするような「常用慣用句一覧」の扱いは、おかしい）。そしてまた、注目すべきは、次のとおり、「思うつぼにはまる」なら主語もとれる。つまり、「そんなことをした」結果の事態を、ひとまとまりにとらえて言い定めるのではなく、誰がどうなるという形で分析して描く表現になる。

(20)—d　そんなことをしたら、おまえは相手の思うつぼにはまるぞ。

また、否定も可能である。

(20)—e　そんなことをしたくらいでは、相手の思うつぼにははまらないさ。

「思うつぼだ」が、「思うつぼにはまる」という動詞慣用句をもとに、その一部（ニ格の部分）を切り出した形で作られた言い方であることは、疑いない。ちなみに、動詞慣用句の一部を切り出して、「思うつぼだ」のような言い方を作ることは、他にもいろいろ可能である。二、三例を挙げておく。

大目玉をくらう　⟶　大目玉だ
ひんしゅくを買う⟶　ひんしゅくだ
閑古鳥が鳴く　　⟶　閑古鳥だ

そして、例えば「大目玉だ」は、〝大目玉をくらう〟事態をひとまとまりに示す。他も同様である。

ともあれ、「思うつぼだ」と「思うつぼにはまる」では、上記のとおり、表現性の大きな違いが認められた。そうした違いは、どのような経緯で生じてくるのか。

思うに、「思うつぼだ」や「大目玉だ」等のような「〜だ」表現は、もとの動詞慣用句の一部を示すことで、その一部によってもとの慣用句のフレーズ全体を指し示す言い方なのだと思われる。いわば、一種のメタ言語で、部分で全体を指し示す換喩的な指示表現となっていると思われるのである。となると、もとの動詞慣用句が用言句として主体に対してそのあり様を描く一定の意味を示すものであるのに対し、こうしたメタ言語的な指示の句は、もとの動詞慣用句を指し示し、その慣用句の表すあり様を、ひとまとまりの事態（≒匿名的なあり様）として想起させることになる。そうした、ひとまとまりの事態を表す表現性がある故に、当該事態をひとまとまりにこうだと言い定める表現となるのである。しかも、「指示」ということは、他との区別を基本に、当該のものを（他ならぬ）それとして指定するものであるから、メタ言語的指示に拠る「思うつぼだ」のような表現には、表す事態（〝思うつぼにはまること〟）を他ならぬそれとして印象的に示して見せる表現性も出てくるわけである。

以上、さしあたり「思うつぼだ」を例に、こうした「〜だ」表現の表現性を解釈してみた。しかし、「あとの祭りだ」や「もとのもくあみだ」の場合、「あとの祭り」「もとのもくあみ」には、もとになった動詞慣用句など考えられない。だが、これらも基本的には同様のことと思われる。もともと「あとの祭り」は、祭りの終わった後の無用な山車に関しての話（言説）、「もとのもくあみ」は、「もくあみ」という人物が、大名の身代りをつとめ、役目を終えて元の身分・境遇に戻ったといった話に基づく言い方だそうだが、そうした話にかかわる語句をとり出して、それによってもとの話（の要点）をひとまとまりの事柄として指し示し、更にもうひとひねりして、それを〝その話のような事態〟ということをいう比喩に利用したものと見られる。

先にもふれたが、「あとの祭り」「もとのもくあみ」などという語句は、それを構成する個々の語の総合から考えても何を言っているのかよくわからない言い回しと言わざるをえないが、そうであるのは、一つには、こうした言い回しが、言わんとすることを換喩的に指示することを介して表すものであるため、構成要素の語義の総合と、全体として表す意味とが大きくかけ離れたものになっているからである。また、「あとの祭り」等のもともとの話は、今日一般的に意識されることはない（また、「思うつぼだ」が「思うつぼにはまる」から来たものといちいち意識されることもない）が、表現の成り立ちが上記のようなことであった故、事態をひとまとまりにとらえて言い定める強い表現性が認められるのだと思われる。

以上、ここでは「思うつぼだ」「あとの祭りだ」のような、基本的に主語をとらない「～だ」表現の表現性の所以を解釈してみた。この種の表現については、まだ考えるべきことがいろいろあるが、ここでは以上にとどめたい。

四、結　び

4　私事にわたるが、筆者の大学・大学院での指導教授は宮地裕先生であったので、筆者が大学院生であった一九八〇年代の前半には、ゼミではもっぱら慣用句（若しくは、慣用句を含む複合言語形式）の研究がテーマとなっていた。しかし、筆者は、正直なところ慣用句の研究は好きになれなかった。そもそも、何をしようとしてるのか、何をすべきなのかがよく分からなかったと言ってもよい。それは、ひとえに筆者が不出来な大学院生で、何も分かっていなかったことによるが、種々多様な諸形式を広く集めて、そもそも慣用句とは何なのかといった基本的なところをさほど突きつめないまま、その種々多様なものに取り組むことに、何とも違和感を抱いていた（といっても、これは、今思い返して整理すればそんなことだったかと言えるにすぎず、その時はとにかく何やらよく分からなかったというのが実際である。不甲斐ない大学院生であった）。

ただ、筆者が主に扱ったのは「名詞慣用句」である。名詞＋動詞のような動詞慣用句であれば、少なくとも動詞句として働くし、形容詞慣用句であれば、形容詞句として働くであろう。品詞的な構成から、一応大まかな構文機能の共通性は保証される。品詞的な構成の面から慣用句を整理することは、動詞慣用句・形容詞慣用句などでは、一定の意義は認められよう。しかし、「名詞慣用句」の場合、名詞句の形だからといって名詞的に（名詞らしく）

働くとは限らない（そのことは、先に見てきたとおりである）。むしろ、ここでは種々雑多さが際立つのである。

大学院を出て大学に勤めた後は、慣用句の研究に取り組むこともほとんどなかった（ただ、七年前にひょんなことから一本だけ個別記述の論文（本章前節がそれにあたる）は書いた）が、齢六十を迎えて、自分がかかわったことに自分なりにいろいろ区切りをつけたいと思うようになった。この節の議論も、そのようなことの一環であって、第二項は、いわば筆者が抱いた「違和感」とはどういうことだったかを形にしようと試みたものである。また、第三項でとり上げた二つの表現は、ともに気になっていたもので、特に後者の「思うつぼだ」と「思うつぼにはまる」の表現性の違いの問題などは、大学院以来ずっと頭の片隅にあった。まだ十分論じ得たとは思わないが、この機会に考えるところの大筋を書き留めておきたい。

当初の予想を超えて、無用に長くなってしまったような気もするが、以上の所論になにがしか採るべきところがあれば幸いである。

【第2節・注】

（1）近年では、石田プリシラが慣用句についていくらか研究を行っているが、その著である石田（二〇一五）で見てみると、いくつかの文法的操作を手掛りに、慣用句の意味的固定度を段階的に測ることができるとする。ただ、そこでとり上げられた文法的操作は、宮地（一九八五）に掲げられた検討すべき条項の範囲にとどまり、いわば宮地によって示唆された方向を具体的に掘り下げてみたといった体《てい》のものとなっている。

しかも、石田の主張するような度合（それを測るモノサシといえる文法的操作適用可否の階層）が本当にはっきり示し得るものなのかも問題である。例えば、石田（二〇一五）では、

「命令表現」と「意志表現」を作ることができる慣用句は、「名詞句への転換」が不可能であっても、「連体修飾語の付加」と「連用修飾語の挿入」は可能である。

（一二五〜一二六頁）

とする。しかし、例えば「あぐらをかく」の場合、「かいたあぐら」のような「名詞句への転換」はもちろんできないが、「あぐらをかけ」「あぐらをかこう」のような命令・意志表現は可能である。しかし、「*大きな／*くつろいだ／?いつものあぐらをかく」のように連体修飾句を付加すると不自然だし、「くつろいで／ゆったりとあぐらをかいた」と連用修飾は可能でも、「?あぐらをくつろいで／ゆったりとかいた」と修飾句を挿入する形にしては、やはりかなり不自然である。つまり、少し考えてみても、石田の言うような度合い・階層の設定には反例が出るのである。この種の研究はいろいろくり返されているが、決定的な成果があがっているともいえない。

(2) 例えば「気がつく」という動詞慣用句は、「すぐ気がついた」といえても「?気がすぐついた」というのはかなり不自然であり、また「*ついた気」などと連体修飾の形に転換できないことを根拠に、ひとまとまりのものであるということができる。こうした文法的な操作がいろいろ考えられ、それを指標にできる点では、動詞慣用句や形容詞慣用句は研究しやすい題材だといえる。

(3) この部分の記述の初出は、宮地（一九八五）であるが、宮地の慣用句研究に関する諸論考は宮地（一九九九）に収められているので、この節ではそれに拠る。

(4) 「名詞慣用句」と題した論文として、大坪（一九八五）があるが、これは、「名詞慣用句」は日本語・英語ともに隠喩表現だと断じ、隠喩についての言語学での理論を紹介するといった体《てい》のもので、とり上げる例もほとんど英語であり、また、少なくとも日本語の「名詞慣用句」は隠喩だと片づけられるほど単純なものではないので、日本語の「名詞慣用句」を考える上では参考になるものではない。

(5) 「割れるような拍手」は、「〜ような」という言い方になっていることからしても、比喩と見るべきものであるが、「割れる」に「声や音が非常に大きい」（大辞林）のような意味があるとする辞書がある。しかし、一般にそのような語義を「割れる」に認めるのはあたらないと思われ、「割れるような」という言い方を与えられることで、我々はそれを〝何かが割れるような（大きな音の）〟という比喩として理解するのが実際ではないかと思うので、ここに位置づけておく。

(6) 宮地裕の用語で、「うそをつく」「恥をかく」のように、結びつきが固定的（動詞句としては、「うそ」は必ず「つく」と、「恥」は必ず「かく」と結びついて、その種の行為・状態（虚言や面目失墜）を表すものとして使われる）

だが、比喩的慣用句のような派生的意味はもたないものをいう。なお、用語・位置づけは何度か改められている。

（7）「多勢に無勢」は、「戦っても、多勢に無勢だ」と言い切りでも自然に使えるが、このような例は、「戦っても、多勢に無勢（だ）、勝ち目はない」のような言い方の結論部分が消えた形で、いわゆる擬似条件文のような言い方と見るべきかと思う。基本的な使い方としては、「多勢に無勢」も挿入句的に使われるものと見ておく。

（8）ちなみに、「～ということばのとおり」「～ということばのように」とはっきり言語化していう類義表現も、実際可能である。

（11）―b　急ぎ病院に駆けつけたが、時既に遅しということばのとおり、父親は亡くなっていた。

（12）―b　その経緯はよく承知しておりますが、言わぬが花ということばのように（／ということばのとおりで）、あえてお教えは致しません。

（9）引用表現の本質は、引用されたコトバが通常の言語記号とは異なるイコン記号の表現で、所与と見なされるコトバを再現する形で示す点にある。

（10）ちなみに、i―bには「年貢の納め時」という句も挙げておいたが、これも「年貢の納め時だ」の形で、特に主語をとらずに用いられる。しかし、「まだ冬だ」「そろそろ彼が帰ってくる頃だ」のように、時を表す名詞・名詞句が「～だ」の形で特に主語をとらずに使えることを考えれば、特に気になる表現ではない。

付章・参考文献

三上　章（一九五三）『現代語法序説』刀江書院（復刊一九七二年くろしお出版、本章ではこれに拠る）
――（一九六〇）『日本語の構文』くろしお出版
教科研東京国語部会・言語教育研究サークル（一九六四）『語彙教育　その内容と方法』麦書房
高木一彦（一九七四）「慣用句研究のために」（『教育国語』三八、のち松本泰丈編（一九七八）『日本語研究の方法』（むぎ書房）に再録）
飛鳥博臣（一九八二）「日本語動詞慣用句の階層性」（『言語』一一―一三）
坂本　勉（一九八二）「慣用句と比喩：慣用化の度合いの観点から」（『言語学研究』一）
宮地　裕（編）（一九八二）『慣用句の意味と用法』明治書院
――（一九八五）「慣用句の周辺―連語・ことわざ・複合語―」（『日本語学』四―一）
――（一九九九）『敬語・慣用句表現論』明治書院
大坪喜子（一九八五）「名詞慣用句―特に隠喩的慣用句について―」（『日本語学』四―一）
藤田保幸（二〇〇〇）『国語引用構文の研究』和泉書院
石田プリシラ（二〇〇三）「慣用句の意味を分析する方法」（『日本語と日本文学』三七）
――（二〇一五）『言語学から見た日本語と英語の慣用句』開拓社

初出一覧

第1章　総　論

1．はじめに――複合辞研究の立場――

（複合辞研究に関する二、三の補論（第一節）『國文學論叢』（龍谷大学国文学会）第64輯　二〇一九・二　加筆改訂）

2．複合辞が複合辞であるための共時的条件――動詞句由来の複合辞を中心に――

（複合辞であることを支える共時的条件について　『龍谷大学グローバル教育推進センター研究年報』第26号　二〇一七・三　及び　複合辞研究に関する二、三の補論（第二節）『國文學論叢』第64輯　二〇一九・二　以上二篇をもとに加筆改訂）

3．引用形式の複合辞への転成について

（引用形式の複合辞への転成について　『國文學論叢』第61輯　二〇一六・二）

4．複合辞の連体形式について

（複合辞研究に関する二、三の補論（第三節）『國文學論叢』第64輯　二〇一九・二）

第2章　各論（一）――複合助詞表現の諸相

1．「～ごとに」～雨がふるごとに、暖かくなる～

（「～するごとに」という言い方について　『表現研究』第70号　一九九九・一〇）

2．「～拍子に」～転んだ拍子に、腰を打った～

（複合辞「～拍子に」について　『龍谷大学国際センター研究年報』第24号　二〇一五・三）

3．「～として」～誠は、長年研究所に貢献したとして、表彰された　など～

（接続助詞的用法の「～トシテ」について―「複合辞」らしさの生まれるところ―　『滋賀大国文』第41号　二〇〇三・七）

4．「～とあって」～今日は十日戎とあって、たくさんの人が出ている～

（複合辞「～とあって」について　『言語文化学研究』（大阪府立大学人間社会学部言語文化学科）第2号　二〇〇三・七　及び　複合辞「～とあって」再考『日本言語文化研究』（日本言語文化研究会）第23号　二〇一八・一一　以上二篇をもとに加筆改訂）

5．「～にしても」～常識がないにしても、ほどがある　など～

（複合辞「～にしても」について　『日本言語文化研究』第8号　二〇〇五・一二）

6．「～（よ）うと／（よ）うが」～誰が来ようと、会うわけにはいかない～

（複合接続形式「～（よ）うと／（よ）うが」をめぐって　『日本言語文化研究』第12号　二〇〇八・四）

7．「～ものなら」～そのようなことを口にしようものなら、ただではすまないぞ　など～

（複合辞「～ものなら」について　『形式語研究論集』和泉書院　二〇一三・一〇　一部加筆改訂）

8．「～となると」～直下型地震が起こったとなると、その被害は計り知れない～

（複合辞「～となると」について　『表現研究』第103号　二〇一六・四）

9．「～わりに」～ここの蕎麦は、高いわりにさほど美味くない～

10.「～はおろか」～パソコンはおろかスマホさえ使ったことがない～
（「～はおろか」の統語的関係構成と表現性『日本言語文化研究』第17号　二〇一三・二）

11.「～からして」～ものの言い方からして、気にくわない　など～
（複合辞「～からして」について『龍谷大学グローバル教育推進センター研究年報』第25号　二〇一六・三）

12.「～に至っては」～大根も白菜も値上がったし、ほうれん草に至っては通常の倍の値段だ～
（複合辞「～に至っては」について『國文學論叢』第62輯　二〇一七・二）

13.「～に限って」～うちの子に限って、そんなことをするはずはない　など～
（複合辞「～に限って」について『滋賀大国文』第42号　二〇〇四・七）

14.「～に限らず」～オランダ語は、オランダに限らずベルギーの北部でも話されている～
（複合辞「～に限らず」について『滋賀大国文』第43号　二〇〇五・七）

15.「～について」「～につき」～会議中につき、静粛に願います　など～
（複合辞「～について」「～につき」をめぐって『日本言語文化研究』第20号　二〇一五・一一）

16.「～に比べて」～菜穂子は、弘実に比べて背が高い～
（「～に比べて」という言い方について『日本言語文化研究』第19号　二〇一五・一）

17.「～に伴って」～医学の進歩に伴って、難病の治療に光明が見えてきた～
（Ⅰ．複合辞「～に伴って」小考『日本言語文化研究』第22号　二〇一八・一　Ⅱ．複合辞「～に伴って」の意味・用法『國文學論叢』第63輯　二〇一八・二）

第3章　各論（二）――複合助詞に隣接する形式の研究

1.「形式名詞」再考――佐久間鼎「吸着語」の再検討を通して――
（「形式名詞」再考―佐久間鼎「吸着語」の再検討を通して―『龍谷大学論集』（龍谷学会）第491号　二〇一八・三）

2.接続助詞的に用いられる「～あげく（に）」について――単一転成辞形式の一事例研究――
（接続助詞的に用いられる「～あげく（に）」について『龍谷大学論集』第486号　二〇一五・一〇）

付章　慣用句の研究

1.「折り紙をつける」という言い方をめぐって
（「折り紙をつける」という言い方をめぐって『國文學論叢』第58輯　二〇一三・二）

2.「名詞慣用句」について
（「名詞慣用句」について『龍谷大学グローバル教育推進センター研究年報』第27号　二〇一八・三）

あとがき

本書を以て、筆者の複合辞研究の区切りとしたい。

望むらくは、本書に関心のある読者が、それぞれの目で本書の内容を批判的に読み、それぞれの判断でご評価いただければと願う。研究書を読むということは、当然ながら本来そういうことだと思う。そして、それが今後の日本語研究になにがしかでも寄与するきっかけとなれば、これにまさる喜びはない。

拙い思索の跡であるが、筆者がこれまで日本語の研究を続けてこられたのも、何よりまず学生時代以来ご指導をいただいてきた恩師の方々のお導きによるものである。とりわけ、筆者の博士論文のご審査を賜り、和泉書院とのご縁も結んで下さった前田富祺先生の学恩に感謝申し上げたい。

思い返せば、筆者の学生時代以来の研究テーマは、引用の文法的研究であったが、本書にも論じたとおり、引用形式からは多くの複合辞が派生するので、引用の研究を進めるうちに、おのずと引用形式由来の複合辞の問題にも取り組むこととなっていった。そんな筆者の初期の複合辞研究の成果は、最初の著書『国語引用構文の研究』に収めてある。

一九九四年のこと、当時ご面識もなかった国立国語研究所の山崎誠氏から親書をいただき、引用に関する研究会を行うので参加するようお誘いを受けた。有り難いお話なので、その打ち合わせもかね、初めてまだ板橋にあった国立国語研究所を訪ねたのが、その三月のこと、ちょうど東京は時季外れの雪が降ったあとだったことを覚えている。山崎氏とはその時以来ご厚誼をいただき、引用の研究会は二年続いて、自然な流れで、次は複合辞をやろうということになった。その後、積み重ねた研究会の成果を公にするという趣旨で、山崎氏と筆者で報告書として複合辞の解説付き用例集を作ることになった。これは予想以上に大変な仕事で、作業は年度末ぎりぎりまでかかり、最後は山崎氏と研究所で午前三時頃まで仕事した。そして、何とか年度内に入稿して刊行にこぎつけたのが、『現代語複合辞用例集』である。確かにこれを一年で仕上げるのは大変ではあったが、この仕事を通して、複合辞全般を広く総覧し検討する機会が得られたことは、筆者の複合辞研究の得がたい基礎となった。

山崎氏には、その後も研究のあらゆる面でご意見・ご助力をいただいてきた。右のとおり、筆者が複合辞を研究テーマの一つとすることになり、今日まで複合辞研究を続けることができたのも、何よりもまず山崎氏のおかげである。今更ながらではあるが、衷心より御礼申し上げたい。

その後、二度にわたり科学研究費助成金（基盤B）を得て、複合辞・形式語に関する共同研究を行う機会があった。その成果は、『複合辞研究の現在』『形式語研究の現在』として公刊した。また、筆者の勤める龍谷大学の龍谷学会から助成金を得て、筆者らの科研・研究グループの研究成果を『形式語研究論集』としてまとめた（筆者は、形の上では「研究代表者」となったが、いずれも山崎氏といわば二人三脚での仕事である）。こうした共同研究を通して多くの方の研究に学ぶことができたことも、得がたい体験であった。その意味で、こうした科研・共同研究に参加してこれらの論文集（特に後の二書）にご執筆下さり、ともに研鑽し合った多くの研究者の方々に御礼申し上げる。

その中でも、特にお名前をあげるなら、真田信治先生、砂川有里子氏、そして矢島正浩氏には、改めてこの場で御礼申し上げたい。真田先生は、周知の通り社会言語学の分野の大家で、筆者とは研究分野も違うが、常々筆者のことをお心掛けて下さり、筆者の内地研究にあたってもお引き受け下さるなど、ひとかたならぬお世話をいただいた。のみならず、『形式語研究の現在』にも最新のご研究をご寄稿下さり、筆者らの研究をご支援下さった。誠に過分なことと感じている。また、砂川氏は、研究領域が広く、複合辞のみならず引用の研究にも優れたお仕事があり、筆者とは研究領域が重なることもあって、冗談で〝商売敵〟だねなどと言ったこともあった。時には御説に対して強い批判的な発言をしたこともあったが、もう三十年近くのおつきあいとなり、今は同じ学問を追究してきた〝戦友〟のような気がしている。矢島氏は、筆者が最初に勤めた愛知教育大学で同僚となったご縁で、今日までご厚誼をいただいているが、ご研究の中心は、近世語の接続形式の発達の問題であり、そのご研究の深まりから、複合辞に関しても多くのことを学ばせていただいた。研究会などでもいろいろな面でお支えいただき、矢島氏がいらっしゃらなかったら、自分の研究を十分幅広く進めることはできなかっただろうと、今改めて感じている。

更に、序言にもお名前をあげた丹羽哲也氏、そして服部匡氏、田野村忠温氏には、折にふれ、筆者の複合辞の研究に有益なご意見・ご批判をいただいてきた。もう三十年を超えるおつきあいであるが、このような優れた研究上の知友を得られたことへの感謝の念は、今に至るまで変わることはない。

また、研究分野は違うが、山本真吾氏と佐野宏氏にも、ここで改めて感謝の気持ちを表したい。山本氏とは、やはりもう三十年以上のおつきあいになるが、同じ学問を志す仲間として、常に心が通じている思いがしていた。だから、常々山本氏に恥ずかしくないような研究をしなければと思ってきた。それが、ともすれば怠惰に流れがちな自分を叱咤し励ます心の拠り所であった。佐野氏とは、近年知遇を得たが、何より分野違いの筆者の論文を的確にお読み下さり、〝わが意を得たり〟とか〝そういう方向も考えられるのか〟といったご批評を賜ることが有り難かった。研究者とは、結局書いた論文で評されるものである以上、拙論を本当によく読み解いて下さる佐野氏のような方と、研究上のことを語り合うのは、筆者にとって無上の喜びであった。

今お一人、特にここでお名前をあげておきたいのだが、西村印刷株式会社社長西村英之氏には、この場で特に御礼申し上げたい。筆者は、ＰＣなどの機器には疎く、今も原稿は手書きであって、自分の論文を入力するなど到底おぼつかない。西村氏は、そんな筆者を支えて、長年筆者の論文等の入力を一手に献身的に引き受けて下さった。

もし、西村氏のご助力がなければ、今のような時代に筆者は十分な研究・執筆活動を行うことなどできなかっただろう。また、そのような仕事の上でのおつきあいだけでなく、西村氏とは年齢が近いこともあり、よく飲んだ、よき友である。改めてというのもいささか気恥ずかしい気がするが、ここで一度きちんと御礼を申し上げておきたいと思う次第である。

長々あとがきを書き連ねるようなことは、今までしてこなかったが、齢六十を超え、来し方を振り返って、いささか感謝の思いを記したくなった。冗長と見えるところがあるなら、ご海容願いたい。

今回も、和泉書院の廣橋研三社長・廣橋和美専務には、大変お世話になった。末筆ながら、常々筆者の研究活動を支えて下さるお二人にも、改めて御礼申し上げたい。

二〇一九年四月

藤田保幸

索引

凡　例

1．索引として、語句索引と事項索引を付した。事項索引には、人名・書名を含む。配列は、それぞれ五十音順とする。
2．それぞれ、本文及び注について、主要な語句・事項・人名・書名を検索できるようにした。立項した項目でも本文の論旨にかかわらない形で、ただ言葉としてたまたま出てきているような場合は、とっていない。
3．序言と、参考文献・初出一覧・あとがきの部分、また、例文や語句リストの部分は、索引の対象外とする。また、藤田（二〇〇〇）のような文献の表示も、対象としない。
4．ある項目が三頁以上にわたって出てくる場合は、「43～45」のように示した。
5．原文の平仮名表記・片仮名表記は、そのままの形で見出し語として示した。語句索引では、両表記がある場合、極力並記するようにした。なお、読みを考える場合「～」は読まない。従って、「～ごとに」とあっても、「ゴトニ」と読むものと考える。
6．検索に際して誤解のないよう、「時［実質名詞用法］」「［～スル］ところだった」「［～シタ］形［複合助詞の］」「かど［「盗みのかどで」などのかど］」のように、［　］で注記をつけてどのような項目であるかを明確にするようにした箇所がある。また、「よし（由）」のように漢字を添えたところもある。
7．同じ（もしくはほぼ同義の）項目について、形に多少違いがあるものがある場合は、分けずにひとまとめにして「～に関し／～に関して」のような形で立項した。また、ほぼ同様のことを意味する関連項目が、離れたところに出てくる場合は、「――→動詞用法の衰退」のように参照指示を付し、相互に参照できるようにした。
8．「事項索引」では、「複合辞」「複合助詞」「文法論」といった、全般にわたる項目はとらない。

語句索引

ア行

〜あいだ／あいだ　14 472
相伴ふ　415
あぐらをかく　552 572
〜あげく　10 487 488
あげく　29 489 490 507
あげく／そのあげく　489 506 507
あげくが［接続助詞的用法］　513
あげくが／そのあげくが　489 491 506 507
〜あげく（に）／〜あげくに　487〜495 497〜503 505〜512
あげく（に）　451 478
あげくに／そのあげくに［接続助詞的用法］　489 490 506 507 513
あげくのはてが　491
あげくのはてに　491 507 513
あげくのはてに（は）　492
あげくのはては　491
あげくは／そのあげくは　489 491 507
あこがれのまと　549
あたり　377 471
あたる　24
あて　377
あとの祭りだ　566 567 569 570
ありさま　469
あんばい　469
勢い　99 100
勢いがつく　99
至る　299
命の恩人　549
う／よう／（よ）う　170 173〜175 181〜185 187 191 209〜213 216
〜うえ（で）　494
上を下への大騒ぎ　557
浮かない顔　552
うち　472
うっかり　87
瓜二つ　554 559 560
応じる　24
大目玉だ　568
大目玉をくらう　568
おく　27 28
訪れ　484
思うつぼ　560
思うつぼだ　566〜570
思うつぼにはまる　568 570
〜思ったら　47
おもむき　467
おり　473
折り紙　517
折り紙がつく　516
折り紙つき　521 522 525 526 535 536 539 540
折り紙つき（だ／の）　515 517
折り紙つきだ　521〜523 525 535〜538
折り紙つきの／折り紙つきの〜　524 526 538 541
折り紙をつける　515〜518 520 522 523 525〜537 539 540

カ行

カイワイ（界隈）　471
限って（限る）　334 340
限らずに　354
限らないで　354

限る　21 22 331 339 347 348 365
仮想用法の「む」　184
かた　460
かたがた　460 484
かたわら／かたわらで／かたわら(で)　485 486
かど［「盗みのかどで」などのかど］　467 468 484
〜から　142 295 296
〜からして　272〜297
〜からしても　275
〜からすると　273 275 279 281〜286 296
〜からすれば　273 275 279 281〜286 296
〜（から）といって　42
からには　12
駆る　36
かわり（に）　480
かんがえ　473
閑古鳥が鳴く　568
閑古鳥だ　568
関心のまと　549
き［気］　474
気がつく　572
嫌いがある　459
ぐあい　469
苦心の末　549
くせ　29
くせに　29
くばり　484
比べる　408
結果［接続助詞的用法］　435 447
〜けれども　153
ケン（件）　467
こと　466
〜こととなる　233
〜ごとに／〜スルごとに［接続助詞的用法］　67〜79
ごとに［対応関係］　377
ごと（に／の）［名詞を承ける用法］　68 79
〜ことになる　233
ころ　473

サ　行

サイチュー（最中）　473
先立つ　60
ざま　469
思案の末　549
シダイ（次第）　467
ジブン（時分）　473
シマツ（始末）　469
事由　473
準体助詞「の」　464
〜シようとして　109
〜しようハズガナイ　181 211〜213
所存　473 474
〜すえ（に）　494 495 498 508〜512
雀の涙　551
〜スルたびに　67〜72 74 78 79
〜するハズガナイ　211 212 458
〜スル拍子に　92
せいで　486
責任をもつ　534
セツ（節）　473
セツナ（刹那）　478
先見の明　552 553
そ知らぬ顔　552
そのあげく　490
そのあげくに　490

その拍子 105
その拍子に 84 105
そのわりに 235 236
それにしても 159 160
存念 473

タ 行

太鼓判を押す 516 528～534
「対比」の「は」 250 251
だけ 36 326～328 330 333 335～337 342 347 348 367
～だけあって 131 132 138 147 148
～だけでなく 352 357～360 362 364 366
～だけに 36 131 132 147 148
～だけは 345 346
多勢に無勢 562 563 566
～だって 151
～たびに
→～スルたびに
だろう 175 181 185 209 210
チョーシ（調子） 470
ついては／つきましては 373
つく 20 21 369 371～374 382
つけどころ 484
つもり 474
～つもりだ 217
てあい 460
てい 469
ていたらく 469
定評がある 537
敵もさるもの 562 563 566
手拍子 103 106
～ても 176 178
テン（点） 466
伝聞の「～という」 147
～とあって 126～138 140～142 146～149
～とあっては 142～144 146 147
～といい…といい 43
～という 43
～というだけあって 147 148
というんだ 30
～といえども 42
～といえば（／というと） 31 40～42
～といっても 31 40～42 53 319
どうし 460
道理がない 210 211 213
トーザ（当座） 473
通す 25
～ト思ウ（／～と思う） 113 135
～と思うと 47～52
～と思えば 47～50 52
～と思ったら 47～50 52
～と思って 114
とおり 479 480
とき 477
時［実質名詞用法］ 485
時既に遅し 566
～ときたら 53 308
とこ 472
ところ 453 471 472
～どころか 259
［～スル］ところだった 149
～として 32 33 43～46 53 107～109 113～121 123～125
～としても 44～46 122 151 155 156 159 161 166 232
～とする（／しよう） 44 109 110 119～121
～とすると 44 231 232

〜とすれば　44
〜とたん（に）　82〜84　104　105　177
〜となった　319
〜となったら　219　220　233
〜となる（／なった）　223
〜となると　31　32　219〜233　308　319
〜となれば　219　220
〜と述べる／〜ト述ベル　109　110
〜とは　13　323
〜とはいえ　42
伴う　411〜414　421〜424　426　428　433
伴ふ　414〜417　420
トントン拍子に　103

ナ　行

名うての　541
泣きの涙　555
なしのつぶて　555
なに食わぬ顔　552
なるほど　148
〜にあたって　24
〜にあって　26　36
〜に至って　26　301　302　313〜316　324
〜に至っては　26　32　298　299　301〜304　306〜313　316〜318　320〜322　324
〜に至るまで　26
〜において　13　27　28　467
〜に応じた　61
〜に応じて　24　60　61　419　444
〜にかかわらず　367
〜に限って　9　15　21　22　325〜334　336〜350
〜に限っても　350
〜に限らず　351〜362　364〜368
〜に限らない　356
〜に限り　9　328〜330　337　347
〜に限る　22
〜に関し／〜に関して　8　9
〜に比べたら　391　406　407
〜に（／と）比べて（／比べ）　33　34　37　390〜401　404〜409
〜に比べても　407
〜に比べると　391　406
〜に比べれば　406
〜に際して　19
〜に先立って　34　59　63　425
〜に従って　25　60　419
〜にしたって　154
〜にしては　239〜242
〜にしても　150〜157　159〜168
〜にしろ　154
〜に対して　123　301　398　399
に対して　377
〜に対しての　62〜64
〜に対しては　301
〜に対する　62　64
〜について　9　10　13　20　21　369〜374　377　379〜388　467
〜については（／も）　380　381　388
〜につき　9　13　369〜371　373〜376　383〜386
〜につれて　60　444
〜にとっては　284
〜に伴う［連体用法の形］　438〜441
〜に伴って／伴い　34　140　410　411　414　417　419　421　424　425　427〜430　432〜445　447
〜に伴って（伴う）　420
〜に伴ひて　416
〜に伴ふ　414　415　418
〜になって　324
〜には　413　426　446

〜にもかかわらず　236 246 247 254
〜によって　28 29 59
〜によって（は）　28
〜によらず　28
〜により　28
〜によると　28
〜によれば　28
年がら年中　553 554
の［形式名詞］　465
のち（二）　485
〜ので　13 127 133 136 137 142 442
〜のに　236
〜のみならず　352 358〜360

ハ　行

ばあい　469
〜はおろか　256〜262 264 266〜270
〜ばかりか　357〜359
はこび　469 470
運び（／はこび）［「足の運び」などの運び］　484 553
はず　453 474 556
はずがない
→するハズガナイ・しようハズガナイ
はずだ　458
はずみ　101
はずみがつく　99
〜はずみで　83 84 93〜102 106
〜はずみに　82〜84 98 99 106
はなし　466
はめ　469
〜はもちろん　257〜270
日がな一日　553 554
ひと　461〜463
一足ちがい　551
ひとたち（／人たち）　460 463 464
人々　464
氷山の一角　555
拍子　102 103
〜拍子に　80〜102 105 106 451 478
→〜スル拍子に
ひんしゅくだ　568
ひんしゅくを買う　568
不安の色　549
風前のともしび　551
ふし［「嘘をついているふしがある」などの「ふし」］　467 468
札つきの　538 539
ふと　87
ふり　469
ブン（分）　464
へ［格助詞］　13
へん（辺）　471
ホー（方）　464 471
保証する　516 526 528〜530 532〜534

マ　行

まい　170
まえ（二）　485
まさかの時　550
まっかな嘘　555 557
まま　479 480
緑の黒髪　555 557
無実の罪　550
虫の息　554
むね（旨）　467 468
無用の長物　553
め　470

名詞を承ける場合の「ごと（に／の）」　79
面　459
もくあみ　569
もとのもくあみ　555　567　569
もとのもくあみだ　569
もの（／者）　460　462
もの［物］　465
～モノダ／～ものだ　200～206　208　209　217　465
～もので／もので　465　486
ものども　460　484
～ものなら［(ヨ)ウを伴うもの・伴わないものを一括で示す］　186～190　196～198　200　216　465
～モノナラ［(ヨ)ウを伴わないものを示す］　187
→～(よ)うものなら／～ようモノナラ　190　192　195～197　199　200　205　206　208　209　215～217
～ものならば　216
ものはためし　549
モヨー（模様）　470　484　485

ヤ　行

～やいなや　51
約束する　541
やつ　461
やつら　461
矢の催促　560　561
やれるもんならやってみろ　208
ゆえ　474
ゆえん　474
～(よ)うと／～(よ)うが　169～181　184　213
～(よ)うとも　172　173
～(よ)うものなら／～ようモノナラ　182
→～モノナラ　183　187　188　191　193～197　199　209～211　213～217
ヨース（様子）　470
よし（由）　467　468
～より　391～393　395～398　400　401　403～405　409

ラ　行

連中　461

ワ　行

わけがない　181　210　211　213
割り　240
わり　245
わり［名詞用法］　235　249　254
割合（／割合に）［副詞用法］　237
～割合に［接続助詞的用法］　237　252　253
わりと　252
わりに［副詞用法］　237　251　253
～わりに　234　236～255
～わりには　235　250　251　255
～を介して　36
～を駆って　26　36
～を通じて　60
～を通して　25　60
～を通す　25
～を伴って　412
～を伴ひて　416
～を伴ふ　415
～を問わず　26
～を前にして　123

～をめぐって／～めぐり 8～10
～をもって 26

事項索引

ア行

相反するあり様を対照する用法 397
値（尺度の上の位置）の違いを問題にする言い方 401
〝あり様のアンバランスさ〟 247
言い切り 24 25
言い切り述語の用法 26
言い切り用法 23 25 28 33
意外性 342
異化作用 564
イコン記号 573
位置づけ 45
一般性 198 204
一般的・標準的な予想・推論 167
一般的傾向 200～202 204
意味─統語的決まり文句（＝慣用句） 551
意味の稀薄化 16
→具体的意味の稀薄化・実質的意味の稀薄化・実質的な意味の稀薄化・実質的な意味が稀薄化
引用句「～ト」／「～ト」 518 519
引用形式 38～47 49 52 53
引用形式に由来する複合辞／引用形式由来の複合辞 38～40
引用されたコトバ 550 573
引用標識 468
受け合う／〝受け合う〟 530 532 533
受け入れる意識 232
ウナギ文的／ウナギ文的表現 22 549
乙類の辞 13 14
「於」の訓読 27

カ行

『改撰標準日本文法』 454
回想 200 204
格言 563 564 566
格パタン 331
加算的 71～74
仮想 211

〝形の揺れ〟／形の揺れ　9　10　29　478　481　486
仮定の事柄　44　108　118
「(××が) ～トシテ……スル」のパタン　112～114　117　123
〝可能性〟としてあること　267
可能動詞　192
可能表現　188　192　195　196　205　208
感慨　200　204
換喩的　550　569
　→提喩的
木枝増一　455
擬似条件文　573
〝きっかけ〟　85　86　96
規定句　562
決まり文句　542
決まり文句的フレーズ　563
吸着語　456　457　483
共存　422～424　436　437　440　441
具体的意味の稀薄化　15
　→意味の稀薄化・実質的意味の稀薄化・実質的な意味の稀薄化・実質的な意味が稀薄化
形式語　11　14
形式語（転成形式）　37
形式的にも固定化／形式として固定化／形式としての固定化　114　121　128
形式としての固定度　108　118
形式副詞　14　484
形式名詞　11　14　451～454　456～474　476～478　480～485　556
形態的固定性（ひとまとまり性）　8　9
形態的なヴァリエーション　8
形容詞慣用句　543　544　570　572
形容動詞的慣用句　561
結末　511
結末感　503
限局　9
「限局・問題外化」の用法／「限局」して「問題外」と扱う　347～349
現実性の承認　157
「現実の世界におけること」ととらえない姿勢　213
『現代日本語書き言葉均衡コーパス』　379
『現代日本語法の研究』　456
語彙素　379
行為遂行の文　149
行為の遂行・働きかけの表現　142
後件の内容への前置き的注釈　503
後件の文末制約　88
〝公然〟たる了解・認識　134～136　138　142
後置詞　10
後方移動スコープ　289　297　322
項目関係づけ用法　352　360　368
項目非限定用法　353　360～362　368
甲類の辞　13
「告示」の文　375　386
語調を整えて強調する「して」　277　294
事柄の生起が不随意に連鎖する／事柄の不随意の連鎖　90　93　102
事柄の連鎖　435　447
言葉の線条性　377
ことわざ　563　564　566
コピュラ／コピュラ的形式　22　225
コロケーション　132

サ行

佐久間鼎 456
〝さまざまな可能性を考える〟こと 183
作用域（スコープ） 289
作用的叙述／作用的な叙述 139～141 146 217 432
自己言及的なメタ言語的表現／自己言及的な用法 319 320
指示 569
「～シタ」形［複合助詞の］ 55 56 58～62
実現可能性 266～268 271
実現の可能性の低いこと 192
実質的意味の稀薄化／実質的な意味が稀薄化／実質的な意味の稀薄化 6 7 41
→具体的意味の稀薄化・意味の稀薄化
実情仮定 196
「～シテノ」形［複合助詞の］ 56 58 60～62
従属接続詞 81
「主語が失われ」ているという要件／「主語が失われる」こと／「主語が失われる」ということ／「主語が失われる」という要件／主語が見当たらなくなること／主語が見当たらなくなるということ／主語との関係を断ち切られた使われ方 32 34 35 37 115 117 334 336 408
→対応する主語が消えた文
「主題」の用法／「主題」用法 221～223 226～228 230
準詞 483
準体助詞 167
状況設定 196
消極的な「反期待」 344
「条件」の用法 221～230
条件・理由についての吸着語 476 478 481
〝焦点〟 226 227
常用慣用句一覧 545 547～549 557 568
所有文 425 426 446
遂行的表現 119
遂行文 120
推量判断実践文 140 141
〈推論〉とその連鎖・省略 166
数量の対応用法 370
「～スル」形［複合助詞の］ 55 56 58 60 62
スル表現／スル表現的 31 231 430～432
整調の「して」 295
〝責任をもつ〟含み 533
接続詞的慣用句 562
設定 44～46
接尾語 79
説明／〝説明の用法〟 200 204
〝前提〟 226 227
前提的な性格づけ／前提的な何らかの性格づけ 162 163
操作／操作する 41～43 46
相対的な関係を言うだけの言い方 401
挿入句／挿入句的 562 563 564

タ行

対応する主語が消えた文 117

→「主語が失われ」ているという要件
代行［三上章］　287
対象的叙述／対象的な叙述　139　141　142　149　217　432
対象用法　370
対比　241　242　259～261　266～269
田野村忠温　196
単一転成辞／単一の転成辞　11　13　29　478　482
〝段階的な進展・推移〟の意識　230
単純辞　13　14
断絶があること　35
知識表明文　140　141
注釈副詞句　387　503
抽象的・擬似的な所有関係　426
中納言　379
注目度　245　512
長単位検索　379
通達的意味　263～265　267
「積み重ね」的な内容　510
程度的意味　244
程度的な対応関係　250
程度副詞的　236
提喩的　49　224
→換喩的
提喩的用法の引用されたコトバ　226
出来合いフレーズの挿入表現　564
出来事の生起　430　431
「～テノ」の形［複合助詞の］　55
「～ても」節　177
添加を示す　357
転成辞　11
伝聞　468
当為　200　217
同音異形式　386
当該語句が複合辞であることを支える条件　16
当該語句を複合辞たらしめる条件　16　17　117
動詞慣用句　543　544　552　569　570　572
当事者的に向き合うといった意識　228
動詞用法との意味・用法の分化　22
動詞用法の衰退／動詞としての用法が衰退　19　35
→本動詞用法が見当たらなくなっていること
通り一遍でない　290
→〝並々ならぬこと〟
時枝誠記　455
時に関する吸着語　476　478　481
特定の意味　543　544　553　555
特別な機会・時期　132
特別な状況　146
特別の状況　130　131
「トスル」形式の「～テ」／「～トスル」形式の「～テ」形　116　117
「～とする（／している）」形式の表現／「～トスル」形式の表現　109　110　113
「～とする」表現　44　46
「～となる」表現　223～227　229　233
とりたて詞／とりたて詞（副助詞）　289　321
とりたて詞の『後方移動スコープ』　288　321
とりたて詞の作用域　321

ナ 行

〝並々ならぬこと〟／並々ならないという気持ちで／並々ならぬ事柄／〝並一通りでない〟 143 144 146 180 194 214 307 308
→通り一遍でない
ナル表現 231 430 431
ナル表現的 31
ニ格 411〜414 416〜418 421〜426 518〜520 527
「〜にしても」節 152 153 157
「…ニ〜トアル」構文 129
「に」と「と」の相違 225
ニ（ハ）格 537
『日本語書き言葉均衡コーパス』 131
『日本語歴史コーパス』 414 417 446
『日本文法口語篇』 455
『日本文法論』 454
「〜（の）なら」節 229

ハ 行

話の前提となる取り決め（了解事項）／前提となる了解事項／話の前提 44 109 120〜122 124
場面指示的 461
場面指示的な対称 484
反期待 9 341〜343 348
反実仮想 215
判断する根拠や観点／〝判断の根拠〟／判断の根拠・観点／〝判断の根拠（もしくは観点）〟 273 274 283〜286
範列的な関係を表す助詞的な形式 367
否定のスコープ 90 262
ひとまとまり性 15 543 544 553 556
皮肉 344
批評的な気持ち 310
比喩的慣用句 573
比喩的な句 555
比喩表現 550
評価性 358
評価的態度 157
表現理解の一つの型 113
表現論的決まり文句／表現論的な決まり文句 551 566
表象喚起 226
表面的な不つり合い 248
比率・割合 249
複合辞が複合辞であることを支える条件 17
複合辞認定の基準 338
副詞的慣用句 561 562
副助詞的 288
副助詞（とりたて詞）的な形式 287 290
付帯事項 258 261
プロポジション 361 362
文副詞 361
文法化 12
文末制約 243
文末表現「〜に至る」 314 315
並一通りではない 194
並立助詞 368
〝並列〟の関係 128
変化の対応づけ 444
他を暗に意識させ類推させる／他を暗に類推させる／他を類推させる言い方 280 287 291
本動詞用法が見当たらなくなってい

ること　374
→動詞用法の衰退

マ　行

前置き的な文　549
前置きもしくは補足的語句　479
前件から後件への展開・推移の仕方　499
松下大三郎　454
三上章は「代行」　287
宮地裕　544　545　570　572
無意味形態素　553
〝向き合う〟意識　229
名詞慣用句　542〜548　552　556　557　562　568　570　572
名詞性　458　477　481　482　556　560
名詞的吸着語／名詞的な吸着語　457　460〜474　476　481　483
名文句　566
メタ言語　569
メタ言語的自己言及／メタ言語的な自己言及　30〜32　35　39　42　120　318　320
メタ言語的指示　569
モダリティ　361
持ち出し　41　42　46
もとの動詞との意味・用法の分化／意味・用法の分化が生じていること　26　35
もとの動詞との断絶／断絶があること　27　35
物事の処理・取り扱いの考え方／物事の取り扱いについての考え方　44　108　118
〝物事の段階的な進展・推移〟の意識　229
物事の必然の帰結　285　286
「〜モノダ」の条件形　209
「〜モノナラ」節　192　195　205〜208

ヤ　行

山田孝雄　454
「〜ようモノナラ」節　192　194　195　214
〝予想との齟齬〟　240　243　244
よろしからぬことが連鎖／よろしからぬことの連鎖　344　345

ラ　行

理由・口実　108
理由用法　370
類推の方向性　292
連語的慣用句　552
連体句「〜ノ」　518

ワ　行

「〜わりに」節　243
ヲ格　411〜414　416〜418　421〜423

■著者紹介

藤田保幸

龍谷大学文学部教授　博士（文学）

主要著書・論文：『国語引用構文の研究』（和泉書院、二〇〇〇・一二）、『引用研究史論』（和泉書院、二〇一四・五）、『複合辞研究の現在』（共編・和泉書院、二〇〇六・一一）、『形式語研究の現在』（共編・和泉書院、二〇一八・五）、『形式語研究論集』（編著・和泉書院、二〇一三・一〇）、『言語文化の中世』（編著・和泉書院、二〇一八・四）、「森鷗外初期言文一致体翻訳小説の本文改訂から見えてくるもの」（『国語語彙史の研究』第二四集、二〇〇五・三）など

研究叢書515

複合助詞の研究

二〇一九年九月三〇日初版第一刷発行

（検印省略）

著者　藤田保幸

発行者　廣橋研三

印刷所　亜細亜印刷

製本所　渋谷文泉閣

発行所　有限会社　和泉書院

大阪市天王寺区上之宮町七-六

〒五四三-〇〇三七

電話　〇六-六七七一-一四六七

振替　〇〇九七〇-八-一五〇四三

ISBN978-4-7576-0918-1　C3381

研究叢書

- 第29回『金田一京助博士記念賞』受賞 国語引用構文の研究　藤田保幸著　260　一八〇〇〇円
- 複合辞研究の現在　藤田保幸・山崎誠編　357　一一〇〇〇円
- 形式語研究論集　藤田保幸編　440　一三〇〇〇円
- 引用研究史論　藤田保幸著　446　一〇〇〇〇円
- 言語文化の中世　藤田保幸編　498　一〇〇〇〇円
- 形式語研究の現在　藤田保幸・山崎誠編　499　一三〇〇〇円

＊　＊

- 緑の日本語学教本　藤田保幸著　一三〇〇円

（価格は税別）